조선전기
국가와 사찰

조선시대
불교 역사상에 대한
비판과 성찰

불교연구총서
⑲

조선전기
국가와 사찰

조선시대
불교 역사상에 대한
비판과 성찰

손성필 지음

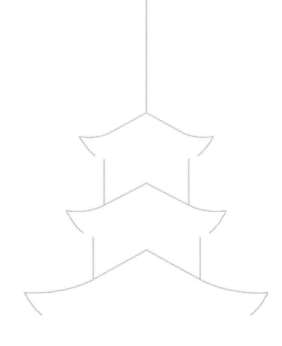

씨
아이
알

책을 내며

　이 책은 조선시대의 국가, 사찰, 불교에 관한 연구서이다. 사찰, 불교라는 특수한 주제에 대한 것으로 여겨질 수도 있을 것 같다. 하지만 우리나라 전역에 수많은 사찰이 고루 분포했고, 한국 역사에 불교가 지속적으로 큰 영향을 미쳐 왔다는 점을 생각해 보면, 사찰과 불교가 특수한 주제라고만은 할 수 없어 보인다. 더구나 조선시대는 근현대 한국 문화의 토대가 된 시기로, 오늘날의 한국을 이해하는 데에 중요한 시기이다. 그렇다면 조선시대의 사찰과 불교는 한국의 역사와 문화를 이해하기 위한 보편적인 주제라고 할 수 있지 않을까. 그러나 근대 이후 조선시대 불교에 대한 부정확한 지식이 통용되고 과장된 인식이 형성되면서, 조선시대 불교는 학계에서 크게 관심 받지 못하는 주제가 되었다. 이 책은 그 부정확한 지식, 과장된 인식에 관한 것이라고 할 수 있다. 조선시대 불교에 관한 정확한 사실을 파악하고, 이를 바탕으로 기존의 역사 인식을 성찰하고자 하였다. 이에 이 책은 조선시대 불교에 관한 성찰이면서, 조선시대의 역사상에 관한 성찰이라고 할 수 있다. 이를 통해 한국의 역사와 문화에 대한 이해와 성찰에 조금이나마 도움이 될 수 있기를 바란다.

필자가 처음부터 조선시대 불교 역사상에 대한 비판과 성찰을 주장했던 것은 아니다. 이 책은 기본적으로 역사 연구 방법에 관심을 가져 온 필자의 연구 결과물이다. 근거는 무엇인지, 자료의 성격은 어떠한지, 사실은 정확한지, 해석은 타당한지 등을 필자가 질문하고 검토하며 수행한 연구의 성과인 것이다. 이는 역사 연구자라면 응당 해야 하는 질문이고 갖추어야 할 자세이므로, 필자의 연구에 별다른 점이 있다고 생각하지 않는다. 그런데 그렇게 연구를 수행해 가면서 필자가 마주한 것은, 뜻밖에도 조선시대 불교에 대한 근현대 한국인의 오해와 편견이었다. 어떻게 이렇게 과장되고 부정확한 인식을 하게 되었는지에 대해서는 앞으로 여러모로 따져봐야 할 만만치 않은 연구 과제로 보인다. 다만 분명한 것은 사실을 정확히 파악하고, 근거를 충실히 분석하며, 관점을 끊임없이 성찰하는 자세로 연구에 임해야 한다는 점이다. 이에 이 책이 단지 필자의 연구 결과를 주장하는 글로 읽히기보다는, 연구 방법에 대한 논의, 문제 의식에 대한 공감 등을 통해 새로운 연구와 성찰을 이끄는 글로 읽히기를 바란다.

이 책은 필자의 박사학위논문 「16, 17세기 불교정책과 불교계의 동향」(2013)의 연구 성과를 토대로 하되, '조선전기 국가와 사찰'로 주제를 한정하고 후속 연구 성과를 종합, 정리한 것이다. 박사논문은 불교정책, 사찰과 승도, 불서 간행, 고승문집 편찬, 고승비 건립 등의 주제를 포괄적으로 다루었지만, 이 책에서는 불교 정책과 제도, 사찰로 주제를 한정하였다. 이는 박사논문의 주제와 내용이 다기하고 방만하기 때문에, 이 책에서는 학술적 의미가 큰 주제를 집약적으로 논의하는 것이 바람직하다고 판단했기 때문이다. 이에 이 책은 박사논문을 기반으로 하되, 필자가 후속 연구를 통해 심화 논의한 연구 논문을 재편하는 방식으로 집필되었다. 2장은 「조선시대 불교사 자료의 종류와 성격」(불교학연구 39, 2014), 「조선시대 불교정책의 실제」(한국문화 83, 2018), 「조선시대 승려 천인신분설의 재검토」(보조사상 40, 2013) 등을, 서언과 3장, 4장은 「사찰의 혁거, 철훼, 망폐」

(진단학보 132, 2019), 「조선 태종·세종대 '혁거' 사찰의 존립과 망폐」(한국사연구 186, 2019), 「조선 중종대 불교정책의 전개와 성격」(한국사상사학 44, 2013), 「15세기 강진 무위사의 국가적 위상」(동국사학 75, 2022), 「16세기 후반~17세기 전반 사찰의 존립 실태 (1)」(남도문화연구 36, 2019), 「14~18세기 영광 불갑사의 역사와 위상」(학술대회 자료집, 2022) 등을 재편, 수정, 보완하여 수록하였다. 명종대 승정체제의 운영에 대해서도 함께 논의하고 싶었지만, 미처 연구를 완결하지 못해 후속 논문을 기약할 수밖에 없게 되었다. 결언의 2절 '과제와 성찰'은 이 책을 펴내면서 새로 집필하였다. '과제와 성찰'은 이 책의 논의와 최신 연구 성과를 바탕으로 조선시대 불교에 관한 연구 과제와 방향을 여러 측면에서 논의해 본 것으로, 기존 역사상을 성찰하고 새로운 역사상을 함께 그려가는 데에 도움이 되길 바라며 집필한 글이다.

이 책의 출간은 2013년에 필자의 박사학위논문이 제10회 불교소장학자 지원사업에 선정된 데에 따른 것이다. 이 사업을 기획한 불교학연구지원사업회의 원력에 깊이 감사드린다. 이 책이 나오기까지 10년이나 기다려 주신 것에 송구한 마음과 함께 깊은 감사의 마음을 전하고 싶다. 이 책이 여러 연구자에게 읽히고 학계와 사회에 긍정적인 영향을 미쳐, 사업회의 노고에 보답할 수 있기를 바랄 뿐이다. 아울러 이 책을 정성껏 편집하고 출간해 주신 도서출판 씨아이알 김성배 대표님, 최장미 선생님께도 깊이 감사드린다.

이 책은 연구자의 길을 걷기 시작한 이후 필자의 이름으로 처음 펴내는 저서이다. 연구자의 길을 걸을 수 있도록 도와주신 인연들께 감사의 마음을 전하지 않을 수 없다. 적은 지면에 어떻게 전할지 막막하지만, 짧게나마 감사의 마음을 전하고 싶다. 먼저 지도교수이신 김상현 선생님의 학은에 머리 숙여 감사드린다. 선생님께 학부, 대학원에서 가르침을 받으면서 역사와 불교를 연구하는 방법과 연구자의 자세를 느끼고 배울 수 있었다.

연구를 해갈수록 기본적인 방법과 자세의 중요성을 더 깊이 깨달아 가고 있다. 선생님께서는 학교에 재직하신 마지막 학기에 필자의 박사논문을 세심하게 지도해 주신 뒤, 이듬해 여름 돌아가셨다. 선생님께서는 제자들을 대할 때 엄하면서도 따뜻하셨다. 필자가 교수가 되고 책을 펴내는 모습을 보셨다면 누구보다 기뻐하셨을 것 같다.

동국대학교 사학과의 교수님, 선후배, 동기들에게 감사드린다. 동국대에서 역사학, 철학, 불교학, 인류학 등의 인문 학풍을 두루 경험할 수 있었던 것은 큰 행운이었다. 한국고전번역원 선생님들께도 존경과 감사의 마음을 전하고 싶다. 15년 동안 배우고 일하면서 익힌 한문, 문헌학은 지금의 연구 활동을 가능하게 한 밑거름이다. 불교사 연구 모임의 여러 선생님들께도 감사드린다. 훌륭한 학연들과 함께 공부할 수 있었던 덕분에 학업을 지속할 수 있었다. 박사논문을 심사해 주신 정병삼, 노대환, 최연식, 김용태 교수님께 깊이 감사드린다. 엄정한 심사와 따뜻한 지지로 연구자로 스스로 설 수 있도록 도와주신 점 평생 잊지 못할 것이다. 또한 조선대학교 역사문화학과의 동료 교수님들께도 감사드린다. 앞으로도 연구자이자 교육자로 함께 걸어갈 수 있기를 바란다. 역사문화학과 학생들에게도 고마운 마음을 전한다. 학업을 통해 각자 선생으로서, 학생으로서 함께 성장해 나아가길 기대한다.

연구자의 길을 걸으면서 책상 앞에서 보내는 시간이 많을 수밖에 없었다. 가족들의 사랑과 이해, 배려가 있었기에 이 길을 걸을 수 있었고, 이 책을 펴낼 수 있었다고 생각한다. 부모님께 받은 큰 사랑은 이루 말로 다 표현하기 어렵다. 부모님께서 묵묵히 지지해 주시고 살뜰히 보살펴 주신 덕분에 안정적으로 학업을 이어갈 수 있었다. 늘 건강하시기를 간절히 바란다. 한국 고전문학 연구자로 자신의 학업에 바쁜 와중에도 가족의 일을 꼼꼼하게 챙겨준 아내 덕분에 이 책을 펴낼 수 있었다. 훌쩍 커서 의젓해진 큰아이 지인, 재잘거리기 시작한 작은아이 유인, 그리고 아내에게 온 마음을 다해 사랑과 고마움을 전한다. 필자와 아내가 학업을 지속할 수 있도록 가까이서 도와주고 멀리서 지지해 준 동생과 처제, 친척들께도 깊은 감사의 마음을 전하고 싶다. 감사의 마음 잊지 않고, 초심을 잃지 않는 연구자로 정진해 가겠다는 다짐으로 글을 맺는다.

2024년 12월
무등산 끝자락 조선대에서
손성필

차례

1

서언

이 책은 조선전기 국가 제도와 사찰에 대한 것이다. 조선시대 불교를 연구하는 방법과 관점에 관한 것이기도 하다. 그간 조선전기 국가 제도와 사찰에 대한 이해가, 조선시대의 불교를 연구하고 인식하는 데에 결정적인 영향을 미쳐 온 것으로 보이기 때문이다. 조선전기에 국가가 많은 사찰을 철폐하였고 이에 따라 아주 소수의 사찰만 유지할 수 있었는가? 조선 사회에 사찰은 얼마나 있었고 어떻게 운영되었는가? 불교, 승도, 사찰에 대한 국가의 정책이나 제도는 어떠했는가? 국가가 불교나 사찰을 억제하거나 억압했는가? 만약 그렇다면 무엇을 위해, 어떻게 억제, 억압했는가? 이러한 질문들은 비단 조선전기의 불교사뿐만 아니라 정치사, 제도사, 사회사, 경제사, 사상사, 문화사 등을 이해하는 데에도 중요해 보인다. 이에 이 책에서는 당시의 자료를 근거로 조선전기 국가 제도와 사찰에 관한 구체적인 사실들을 확인할 것이며, 그 확인된 사실에 의거하여 기존 인식을 검토하고 논의할 것이다. 그러므로 이는 조선시대 불교를 연구하는 기존의 방법과 관점을 성찰하기 위한 것이면서, 실제에 부합하는 역사상을 함께 그려 나아가기 위한 것이라고 할 수 있다.

1. 문제 제기

조선전기는 일반적으로 불교를 억제하거나 억압하기 위한 정책이 시행된 시기로 널리 알려져 있다. 특히 태종과 세종은 이른바 '억불(抑佛)' 정책을 단행한 것으로 알려져 있는데, 그 핵심적인 사례이자 근거가 사찰의 '혁거(革去)'였다. 태종은 1406년(태종 6)에는 242개의 사찰을 지정하고 그 밖의 사찰을 혁거하였고, 세종은 1424년(세종 6)에는 36개의 사찰을 지정하고 그 밖의 사찰을 혁거하였는데, 이는 억불 정책에 따른 강력한 조치로 이해되어 왔다. 이때 242개, 36개 사찰로 지정되지 못하고 혁거된 사찰이 모두 망폐(亡廢)한 것인가, 모두 망폐한 것은 아닌가, 이 조치의 성격이 사상적인 지향에 따른 불교 억압(탄압)에 가까운가, 정치적인 목적에 따른 불교 억제에 가까운가라는 등의 의문이나 질문에 대해 연구자마다 다소 견해차가 없었던 것은 아니다. 그러나 일반적으로 242개, 36개 이외의 사찰을 혁거하고 그 사사전(寺社田)을 속공(屬公)한 조치는 불교계의 몰락과 사찰의 경제적 기반 해체를 초래한 결정적 사건인 것으로 이해되어 온 것으로 보인다.[1]

---

1   조선 태종과 세종의 승정체제 개혁을 직·간접적으로 연구한 기존의 성과들을 제시하면 다음

그런데 조선전기의『조선실록(朝鮮實錄)』, 문집, 금석문, 고문서 등의 당시 자료를 살펴보면, 태종·세종대 이후뿐만 아니라 태종·세종대 당시에도 242개, 36개 지정 사찰 이외의 사찰 명칭을 어렵지 않게 확인할 수 있으며, 사찰을 신창(新創)하거나 중창(重創)한 사례도 확인할 수 있다. 또한 세종대에서 연산군에 이르는 시기의『실록』에서는 당시 사찰과 승도의 수가 아주 많았다는 기사가 적지 않게 확인되는데, 성종대에는 당시 사찰의 수가 9,500개이며, 승도의 수가 10만 5, 6천에 이른다는 꽤 구체적인 수치가 제시되기도 하였다.[2] 242개, 36개의 사찰과 9,500개의 사찰, 이 현격한

과 같다. 高橋亨, 1929,『李朝佛教』, 寶文館; 이상백, 1954,「儒佛 兩敎 交代의 機緣에 對한 一研究」『韓國文化史研究論攷』, 을유문화사; 한우근, 1993,『儒敎政治와 佛敎: 麗末鮮初 對佛敎施策』, 일조각; 有井智德, 1976,「李朝初期における收租地としての寺社田」『朝鮮學報』81; 안계현, 1982,『韓國佛敎史研究』, 동화출판사; 김갑주, 1983,『朝鮮時代 寺院經濟研究』, 동화출판공사; 허흥식, 1986,「朝鮮初의 寺院과 所屬宗派」,『高麗佛敎史研究』, 일조각; 김영태, 1990,『韓國佛敎史槪說』, 경서원; 이봉춘, 1991,「朝鮮初期 排佛史 研究: 王朝實錄을 中心으로」, 동국대 불교학과 박사논문; 송수환, 1992,「朝鮮前期의 寺院田: 특히 王室關聯 寺院을 中心으로」,『한국사연구』79; 이병희, 1993,「朝鮮初期 寺社田의 整理와 運營」,『전남사학』7; 이재창, 1993,『韓國佛敎寺院經濟研究』, 불교시대사; 최재복, 1998,「世宗代 36寺의 指定과 機能」,『청계사학』14; 이정주, 1999,「朝鮮 太宗·世宗代의 抑佛政策과 寺院建立」,『한국사학보』6; 하종목, 2000,「조선초기의 사원 경제: 국가 및 왕실 관련 사원을 중심으로」,『대구사학』60; 유기정, 2002,「朝鮮前期 僧政의 整備와 運營」,『청람사학』5; 윤기엽, 2007,「朝鮮初 寺院의 實態와 그 機能: 寺院施策에 의한 公認寺院을 中心으로」,『불교학보』46; 김용태, 2011b,「조선전기 억불정책의 전개와 사원경제의 변화상」,『조선시대사학보』58; 사문경, 2011,「高麗末·朝鮮初 佛敎敎關 研究」, 충남대 사학과 박사논문; 이병희, 2011,「朝鮮前期 寺刹의 亡廢와 遺物의 消失」,『불교학보』59; 이경식, 2012,『(增補版) 韓國 中世 土地制度史: 朝鮮前期』, 서울대출판문화원 ; 양혜원, 2017,「조선초기 법전의 '僧' 연구」, 서울대 국사학과 박사논문; 양혜원, 2019b,「15세기 僧科 연구」,『한국사상사학』62 등.

2   『成宗實錄』卷122, 성종 11년 10월 26일. "佛敎之有益於世 臣愚未之或知也 以兩宗所屬寺社計之 全羅道二千 慶尙道三千 忠淸道一千五百 江原·黃海道幷一千 永安·平安道幷一千 京畿·京山一千 大槪不下一萬 而僧徒之數 亦不下十萬五六千矣". 조선시대 사찰의 수에 대한 조사, 파악 방식은 당시에도 조사 주체, 목적 등에 따라 달랐는데, 사찰의 성격, 종류, 규모 등을 고려하여 조사에 포함하기도, 제외하기도 하였다. 예컨대『신증동국여지승람』,『동국여지지』와 같은 전국 지리지에는 중급 규모 이상의 사찰만 수록되었고, 소규모 사찰과 암자는 특별한 사유가 있는 경우에만 수록되었다. 15세기 후반에 편찬되고 16세기 전반에 증보된『여지승람』에는 이러한 방식으로 1,600여 개의 사찰이 조사·수록되었는데, 16세기 후반, 17세기 전반에 편찬한 사찬 읍지에는 『여지승람』에 수록된 것보다 상당히 많은 수의 사찰이 수록되었다. 조선시대 사찰의 양적 실태에 대해서는 4장 2절에서 자세히 다룰 것이다.

사찰 수의 차이를 어떻게 이해해야 할까? 기존의 일반적인 해석처럼, 국가의 불교 억압에도 불구하고 불교계의 자구 노력, 국왕의 개인적인 신앙, 왕실의 사적인 신앙으로 사찰이 명맥을 유지할 수 있었던 것일까?

일찍이 이정주는 이와 같은 취지의 문제 제기를 한 바 있다. 그는 『실록』, 금석문, 고문서 등을 통해 이른바 강력한 억불 정책이 시행된 태종·세종 대에 사찰이 새로 건립된 다양한 사례를 조사하고, 오히려 국가의 지정을 회피하고자 한 장성(長城) 백암사(白巖寺)의 사례를 발굴함으로써,[3] 조선의 억불 정책, 사찰 통제 정책의 실효성에 대해 의문을 제기하였다. 그는 우선 국가의 사찰 지정과 혁거에 대해서는 "그렇다면 과연 공인된 242개의 사찰을 제외한, 다른 사찰들은 모두 폐지되었는가? 『실록』에는 분명히 그렇게 기술되어 있다. 공인 사찰을 제외한 나머지 사찰이 혁거되고, 암자나 사원을 짓는 것이 철저하게 금지되었다는 것이다."라고 하였다.[4] 그리고 승도의 수가 수만 명, 30여만 명에 이른다는 세종대와 세조대의 『실록』 기사를 제시하면서,[5] "왜 같은 『실록』이라는 사료에서 이렇게 서로 모순되는 듯이 보이는 기록이 동시에 나타날까? 그것은 정책과 실제의 차이에서 비롯된 것이었다. 즉 사찰의 수를 240여 개로 유지하려는 것은 조선 정부의 정책일 뿐이고, 현실적 상황에서 그러한 정책이 제대로 시행되지 못했을 수 있다는 점 또한 고려해야 하는 것이다."라고 하였다.[6] 이정주의 이러한

---

3 「永樂丁亥長城監務關子」(朝鮮總督府 中樞院 편, 1937, 『吏讀集成』, 附錄 24~25쪽); 이정주, 1999, 앞 논문, 218쪽. 1407년 11월 9일에 작성된 이 關文에 따르면, 장성 백암사는 文貞公 李嵒과 王師 復丘 등이 私財로 중창하여 固城 李氏 가문의 주도로 운영된 사찰인데, 慈恩宗의 中德 戒天이 1406년 개혁으로 지정된 장성의 邑內 資福寺를 대신하여 백암사를 자복사로 지정하려 하자, 이 암의 손자인 鐵城君 李原 등이 이를 막고자 하였다.

4 이정주, 1999, 앞 논문, 217쪽.

5 『成宗實錄』卷111, 성종 10년 11월 29일. "致崐曰 雖已令充軍 然守令未盡奉法 假有還俗者 或役於官 中 而不差軍役 去丁亥年號牌時 僧徒三十餘萬 以是觀之 今幾四十餘萬矣". 1479년(성종 10) 사헌부 장령 구치곤은 당시 승도의 피역 문제를 거론하면서 1467년(세조 13)에 호패법을 시행할 때 승도가 30여만이었으므로 지금은 거의 40여만에 이를 것이라고 하였다.

문제 제기와 연구 방법은 기본적으로 적확하고 타당하다. 기존의 연구 성과와 『실록』 등의 당시 자료를 통해 볼 때 제기될 수밖에 없는 의문으로 보이기 때문이다. 『실록』에서 거론된 정책의 실제 시행 여부를 엄밀히 따져 보아야 한다는 그의 지적도 타당한데, 이는 사찰, 승도 관련 정책을 연구할 때 세심한 주의가 필요한 지점이다. 그렇다 하더라도 242개, 36개와 9,500개라는 사찰 수의 차이는 너무 크지 않은가?

조선전기의 사찰 수에 대한 이러한 의문이 제기될 수밖에 없는 것은 사찰 혁거를 포함하여 태종과 세종이 1406년, 1424년에 단행한 일련의 조치를 기존 연구에서 잘못 이해하거나 불명확하게 이해해 왔기 때문으로 보인다. 3장에서 상세히 논의하겠지만, 1406년과 1424년 단행된 조치는 국가가 주지(住持) 임명, 사사전과 사노비(寺奴婢) 지급 등을 통해 사찰과 승도를 지원하고 관리하며 보호하고 통제하는 국가적인 시스템(체제)을 개혁한 것이었다.[7] 다시 말해 '지정 사찰',[8] 소속 종(宗), 사사전과 사노비의 수, 상주승(常住僧)의 인원, 승정(僧政) 기구의 조직과 기능 등을 통합하고 감축하여 새롭게 재편함으로써 여말선초의 기존 국가 체제를 개혁하고자 하였으며, 이에 국가가 주지를 임명하고 사사전을 지급해 수조권(收租權)

---

6 이정주, 1999, 앞 논문, 215쪽.

7 손성필, 2019b, 「寺刹의 혁거, 철훼, 망폐: 조선 태종·세종대 승정체제 개혁에 대한 오해」, 『진단학보』 132; 손성필, 2019c, 「조선 태종·세종대 '혁거' 사찰의 존립과 망폐: 1406년과 1424년 승정체제(僧政體制) 개혁의 이해 방향과 관련하여」, 『한국사연구』 186.

8 '지정 사찰'은 국가가 승정체제 소속으로 지정하여 주지를 임명하고 사사전을 지급한 사찰을 말한다. 3장 1절에서 자세히 논하겠지만, 이는 『實錄』 기사에서 확인되는 "定數內各寺", "定數外寺社", "定額外寺社" 등의 서술에 의거한 것이다. 다만, '지정 사찰'이라는 용어가 그 자체로는 '무엇에 지정된 사찰'이라는 일반적인 의미를 담고 있을 뿐이므로, 승정체제 소속으로 지정된 사찰을 지칭하는 학술 용어로 적합한지에 대해서는 다각도로 검토와 논의가 필요해 보인다. 기존에는 '공인 사찰'이라는 용어를 흔히 사용해 왔다. 공인 사찰이라는 용어는 다카하시 도루가 조선시대 불교를 논하면서 '公認'이라는 개념을 사용한 이래 계속 사용된 것으로 추정되는데, 공인되지 않은 사찰은 국가가 허용하지 않아 사상적 억압을 받을 수밖에 없었을 것이라는 관념을 전제하고 있다는 점에서, 조선시대 사찰, 불교의 현실에 부합하지 않을 수 있다(손성필, 2019b, 앞 논문, 63쪽; 77~78쪽; 82쪽).

을 부여한 주요 사찰을 개혁하고자 한 것이었다. 개혁의 대상인 이 체제를 '비보사찰체제(裨補寺刹體制)', '교단체제(敎團體制)', '승정체제(僧政體制)' 등으로 규정할 수 있는데, 이 책에서는 비교적 일반적인 용어인 '승정체제'를 사용하고자 한다.[9]

고려는 국가에서 승도를 선발하여 국가적 지위에 임명하고 주요 사찰을 경제적으로 지원하는 제도를 운영하였다.[10] 이러한 국가의 제도는 승도의 과거인 승과(僧科) 시행, 승도의 관품인 승계(僧階) 수여, 승도의 관직인 승직(僧職) 임명 등과 같은 인사 행정을 통해 운영되었다. 승도에 대한 인사 행정을 '승정'이라고 하며, 이와 관련한 제도 전반을 일반적으로 '승정체제'라고 규정한다. 국가는 주요 사찰에 고위 승직인 주지를 임명했고, 관서 운영을 위한 수조지(收租地)의 일종이라고 할 수 있는 사사전을 지급해 그 사찰의 운영을 지원했다. 이에 주요 사찰에 대한 주지 임명뿐만 아니라 사사전 지급도 넓은 의미의 승정체제 운영에 포함된다고 할 수 있다. 이 승정체제는 고려 국가체제의 일부였다고 할 수 있으며, 고려초기에 성립된 이래 변천을 거듭하면서 고려 말과 조선 초까지 유지되었다. 태종과 세종은 고려로부터 계승되어 국가체제의 일부로 운영된, 이 승정체제를 개혁

---

9 손성필, 2019b, 앞 논문, 83~84쪽. 국가가 주지 임명, 사사전 지급 등을 통해 사찰과 승도를 지원하고 관리하며 보호하고 통제하는 국가적인 시스템을 어떻게 규정할 지에 대해서는 앞으로 다각도의 연구와 논의가 필요해 보인다. 이에 우선 1406년과 1424년 개혁의 대상, 내용, 성격 등을 규정하기에 적합한 기존 용어를 상정한 것인데, '비보사찰체제'는 개혁의 대상인 고려의 체제를 규정하는 용어로는 적절하나 새로 성립된 조선의 체제를 규정하는 용어로는 부적절할 수 있고, '승정체제'는 僧의 인사 행정을 중심으로 규정한 용어이므로 사찰, 사사전 등과의 유기적 관계가 잘 드러나지 않는다는 한계를 지닌다. 그럼에도 일단 '승정체제'로 규정해 둔 것은 가장 일반적인 학술 용어라는 점, '僧政'의 핵심이 지정 사찰의 주지 임명임을 감안하면 이 체제의 유기성을 어느 정도 함의하는 용어라는 점, 개혁의 대상인 기존 체제와 개혁의 결과로 성립한 신규 체제를 포괄적으로 지칭하기에 무난한 용어라는 점 등을 고려하였다.

10 손성필, 2024a, 「조선전기 승정체제 운영의 실제」, 『한국불교사: 조선·근대』, 한울아카데미, 19쪽. 고려의 승정체제에 대해서는 한기문, 1998, 『高麗寺院의 構造와 機能』, 민족사; 박윤진, 2006, 『高麗時代 王師·國師 研究』, 경인문화사; 김윤지, 2022, 「高麗 僧政 研究」, 고려대 한국사학과 박사논문 등 참조.

하고자 했던 것이다. 그러나 기존 연구에서는 이 태종대, 세종대 승정체제 개혁의 주요 조치인 종 통합, 사찰 지정과 혁거, 사사전과 사노비의 속공, 승록사(僧錄司)의 폐지 등을 유기적으로 이해하지 못한 듯하며, 이에 따라 개혁의 목적, 대상, 성격에 대해서도 명확하게 규정하고 해석하지 못한 것으로 보인다.[11]

또한 국가 승정체제로부터 사찰을 '혁거'한 것을 사찰의 '철훼(撤毁)', '망폐'와 명확히 구분하지 못함에 따라, 242개, 36개 지정 사찰을 제외한 전국 대부분의 사찰이 철훼되었다거나 망폐할 수밖에 없었던 것처럼 오해되기도 했다. 3장 1절에서 구체적으로 분석하겠지만, 사찰의 '혁거'는 승정체제에서 해당 사찰을 지정 해제한다는 의미이며, '철훼'는 사찰의 건물을 물리적으로 철거한다는 의미이고, '망폐'는 폐허화되거나 퇴락한 사찰의 상태를 형용하는 표현이다.[12] 그러므로 사찰이 승정체제로부터 '혁거'된다고 해서 '철훼'되거나 '망폐'하는 것이 아니었다고 할 수 있다. 한편 『경제육전(經濟六典)』과 『경국대전(經國大典)』에 규정된 사찰 신창·중창 금제(禁制)는 승정체제 개혁과는 목적, 대상, 성격 등이 다른 정책이었다.[13] 이 금

---

11 1406년과 1424년의 개혁을 기존 국가 체제의 개혁으로 규정하고 해석한 기존의 연구는 거의 찾아보기 어렵다. 이는 기존 연구에서 이 개혁이 경제사적 관심에 따라 사사전 감축, 사노비 속공 등을 중심으로 이해되거나, 사상·종교사적 관심에 따라 불교 억압, 종 통합 등을 중심으로 이해됨으로써, 개혁의 대상과 내용이 종합적이고 체계적으로 이해되지 못해 왔기 때문으로 보인다. 다만, 유기정이 이 개혁을 '僧政의 정비'로 규정한 바 있으며(유기정, 2002, 앞 논문), 근래에 조선의 僧, 僧職, 僧科 등에 대한 연구가 이루어지면서 '승정'의 운영이 구체적으로 밝혀지고 있다(전영근, 2007, 「조선시대 僧官制와 僧人 人事 관련 文書」『고문서연구』 30; 양혜원, 2017, 앞 박사논문 ; 양혜원, 2019b, 앞 논문). 그러나 이 연구들에서 규정한 '승정'은 僧科를 시행하고 僧階를 수여하며 僧職을 임명하는 체제에 한하는 것으로, 승정체제 소속 사찰의 지정, 사사전과 사노비의 지급 등과의 유기적 관계까지 고려한 것은 아니었다.
12 민족문화추진회와 세종대왕기념사업회의 『실록』 번역본에도 이 개념들은 엄밀히 구분되어 있지 않다. 그간 특히 사찰 '혁거'에 대한 이해가 불명확했는데, 근래에 이병희는 '혁거 사찰은 망폐 사찰이 아니었으며, 혁거 사찰은 고려시기에 대우를 받다가 조선시기에 국가로부터 경제적 대우를 받지 못한 사찰로서 대부분 건물이 온존하고 승도가 거처하였다'라고 지적한 바 있다(이병희, 2011, 앞 논문, 181쪽).
13 손성필, 2019b, 앞 논문, 72~75쪽.

제는 고려로부터 계승된 수많은 기존 사찰들은 그 대상이 아니었고, 다만 추가로 사찰을 건립하는 행위를 금한 것이었다고 할 수 있다. 『실록』을 통해 그 운영을 살펴보면, 이 금제를 어기고 새로 사찰을 건립한 경우 그 지역의 수령이 그 사찰을 '철훼'한 사례가 전혀 없었던 것은 아니다. 그럼에도 불구하고 사찰은 새로 건립되기도 하였고, 건립된 사찰이 철훼된 사례는 흔하지 않았으므로, 이러한 금제가 현실에서 제대로 지켜졌다고 보기 어려운 듯하다. 이로써 볼 때, 승정체제 개혁은 기존의 국가체제 개혁을 위해 승정체제에 소속된 '지정 사찰'을 개혁 대상으로 한 것이었다면, 사찰 신창·중창 금제는 사찰 남설을 막고자 사찰을 새로 건립하는 행위를 규제하기 위해 조선 사회에 고루 분포한 수많은 일반적인 사찰을 대상으로 한 것이었다. 다시 말해, 승정체제의 개혁 대상은 '지정 사찰'이었으며, 사찰 신창·중창 금제의 규제 대상은 '일반 사찰'이었던 것이다.[14]

이러한 이해에 따른다면, 위의 이정주의 의문도 대체로 해소된다. 태종대와 세종대에 혁거되지 않은 242개, 36개의 사찰은 승정체제 소속 사찰로 지정하여 국가가 주지를 임명하고 사사전을 지급하는 '지정 사찰'의 수이며, 성종대에 언급된 9,500개에 이르는 사찰은 당시 조선 사회에 존재하던 일반적인 사찰과 암자, 곧 '일반 사찰'의 수라고 할 수 있다.[15] 조선전기

---

14 '일반 사찰'은 '지정 사찰'과 대비되는 용어로, 국가가 주지를 임명하고 사사전을 지급하는 사찰 이외의, 일반적인 사찰을 말한다. 조선전기의 일반 사찰 중에는 지정 사찰이었다가 승정체제 개혁으로 '혁거'되면서 일반 사찰이 된 사찰도 있었고, 애초에 지정 사찰이었던 적이 없는 일반 사찰도 있었다고 할 수 있다. 지정 사찰은 필자가 처음 사용하였고(손성필, 2019b, 앞 논문), 일반 사찰은 김선기가 처음 사용하였다(김선기, 2022b, 「15~16세기 조선의 지정 사찰 운영과 賦稅」, 『조선시대사학보』 100).

15 손성필, 2019b, 앞 논문, 85~88쪽. 『실록』에서 1480년(성종 11) 전국 사찰 수로 언급된 9,500개는 1481년(성종 12)에 처음 편찬되고 1530년(중종 25)에 신증된 『新增東國輿地勝覽』에 수록된 현존 사찰 수 1,650여 개와 비교해 볼 때도 크게 많은 수치이므로, 신빙성이 의심스러운 정치적 수사에 불과하다고 평가할 수도 있다. 그런데 15세기 후반~16세기 전반에 편찬된 전국 지리지인 이 『여지승람』과 16세기 후반~17세기 전반에 편찬된 私撰 邑誌의 수록 사찰을 분석해 보면, 전국의 사찰 수가 9,500개에 이른다는 『실록』 기사를 허황된 것으로 단정할 수만은

사찰의 수는 그 조사 방식, 기준, 시기 등에 따라 차이가 있을 수 있지만, 당시 조선 사회에 국가가 승정체제 소속으로 지정한 사찰 이외에도 수많은 사찰이 존립하고 있었던 것은 분명해 보인다. 이에 '지정 사찰'은 국가 체제의 일부인 승정체제의 개혁과 운영의 맥락에서, '일반 사찰'은 조선 사회에 다수 분포한 사찰에 대한 국가적인 관리와 통제의 맥락에서 해석되어야 한다고 할 수 있다.[16] 그러나 기존에는 이러한 제도사적 측면의 구체적인 연구와 논의가 제대로 이루어지지 않은 채 불교와 사찰에 대한 국가의 사상적 억압으로 막연하게 해석되어 온 것으로 보인다.

이처럼 1406년과 1424년의 승정체제 개혁은 강력한 억불 정책의 상징적 사건이자 불교계의 몰락과 사찰의 경제적 기반 해체를 초래한 결정적 사건으로 해석된 데에 비해, 이에 대한 이해는 부정확하거나 불명확했다고 할 수 있다. 이에 국가 승정체제에 소속된 '지정 사찰'과 별개로, 조선 사회에 고르게 분포한 수많은 '일반 사찰'에 대한 연구와 논의도 부족할 수밖에 없었던 것으로 보인다.

없을 듯하다. 16세기 후반~17세기 전반에 편찬된 경상도 지역의 사찬 읍지에 수록된 당시의 현존 사찰 수는 『여지승람』, 『東國輿地志』 등과 같은 전국 지리지에 수록된 사찰의 수보다 크게 많다. 지리지와 읍지는 저마다 사찰의 수록 방침 및 선별 기준이 달랐는데, 대체로 전국 지리지는 당시의 주요 사찰을 선별 수록한 반면, 군읍별 사찬 읍지는 당시의 현존 사찰을 대부분 수록했다. 특히 『여지승람』은 임진왜란으로 인해 수많은 사찰이 망폐하기 이전에 편찬된 전국 지리지로, 당시 현존하던 다수의 사찰 중에 주요 사찰을 선별 수록하였기 때문에 조선후기의 전국 지리지에 비해 '현존 사찰 수록률'이 상대적으로 낮았던 것으로 보인다. 그러므로 15세기 후반~16세기 전반의 조선 사회에 『여지승람』에 수록된 1,650여 개를 크게 상회하는 다수의 사찰이 존재하고 있었다고 할 수 있으며, 소규모 사찰, 산내 암자 등의 포함 여부와 같은 조사 기준의 차이를 고려하면 15세기 후반인 성종대에 전국의 사찰 수가 9,500개에 이른다는 집계가 불가능해 보이지만은 않는다. 지리지와 읍지의 수록 사찰 수 및 사찰 수록 방식 등에 대해서는 손성필, 2019a, 「16세기 후반~17세기 전반 寺刹의 존립 실태 (1): 경상도 지역 私撰 邑誌 '佛宇' 조의 검토」 『남도문화연구』 36 참조.

16 최근의 연구에 따르면 지정 사찰은 일정한 진상을 부담하되 복호의 혜택이 주어진 반면, 지정되지 않은 사찰은 그 사찰이 소재한 군읍의 공납과 잡역 체계에 속하였다(김선기, 2022b, 앞 논문). 이러한 연구는 사찰에 대한 국가의 정책을 평가하기에 앞서 그 제도의 운영과 성격에 대한 면밀한 검토가 선행되어야 함을 시사한다는 점에서 연구사적 의미가 크다고 할 수 있다.

2. 기존 인식

조선초기 승정체제 개혁에 대한 부정확하고 불명확한 이해는 조선시대 불교뿐만 아니라, 조선전기의 정치, 사회, 경제, 사상, 문화 등에 대해서도 부정확하고 불명확한 이해를 초래한 것으로 보인다. 특히 사찰의 '혁거', '철훼', '망폐' 개념에 대한 불명확한 이해는 태종·세종대의 개혁에 대한 불명확한 이해와 직결되는데, 이에 승정체제 개혁에 따른 사찰 혁거에 대한 이해를 중심으로 태종·세종대의 개혁에 대한 기존 대표적인 연구 성과의 해석을 분석해 보고자 한다. 이 연구 성과들은 혁거 사찰의 망폐 여부를 기준으로 크게 두 가지 이해 경향으로 구분할 수 있을 듯하다.

첫째, 태종·세종대의 혁거 사찰이 모두 망폐한 것은 아니었다고 이해하는 경향이다. 대표적인 연구자의 견해를 살펴보면, 우선 다카하시 도루(高橋亨)는 태종대의 혁거 사찰에 대해서는 "액외(額外) 사찰(寺刹) 중에 특별한 재원(財源)이나 시주(施主)가 없다면 세월이 지남에 따라 점차 폐사(廢寺)할 수밖에 없었다."라고 보면서도,[1] 세종대의 혁거 사찰에 대해서는 "36개

---

1   高橋亨, 1929, 『李朝佛敎』, 寶文館, 107쪽.

사(寺)는 소위 본산격(本山格)의 사찰이고 타사찰(他寺刹)은 그 지배(支配)를 받는 사암(寺庵)으로 존재해 조선(朝鮮) 전토(全土)에 36개 사만 남았다는 뜻은 아니다."라고 하였다.[2] 곧, 혁거 사찰이 다른 경제 기반이 없다면 점차 망폐할 수밖에 없었을 것으로 보면서도, 본산(本山)인 지정 사찰의 지배를 받는 관계로 존립했을 것이라고도 보았다. 그리고 다카하시는 『이조불교(李朝佛敎)』의 「서설(序說)」에서 시기 구분을 논하면서 '교정(敎政)'의 측면에서 불교가 '공인종교(公認宗敎)'로 인정된 시기는 성종대까지라고 하였다.[3] 주목되는 것은 다카하시가 '공인사찰(公認寺刹)'이라는 용어를 사용하지는 않지만, 조선시대 불교를 논하면서 '공인(公認)'이라는 개념을 선구적으로 사용했다는 점이다.[4] 또한 그는 조선 500년을 국가가 교화권(敎化權)을 탈취하여 불교가 종교 본래의 기능을 상실한 시기로 규정함으로써,[5] 조선이 불교를 사상·종교적으로 억압한 시대라는 역사상이 형성되는 데 지대한 영향을 미쳤다고 할 수 있다.[6]

이상백은 "각종(各宗) 합계 232사(寺)가 공인사찰(公認寺刹) 수(數)로 된 듯하다. (중략) 특수한 예외를 빼고서는 공인(公認) 이외의 사사(寺社)는 실

---

2 高橋亨, 1929, 앞 책, 132쪽.

3 高橋亨, 1929, 앞 책, 26~27쪽. 다카하시는 敎政, 公認宗敎의 근거로 國家佛法統一機關의 存立과 法認, 僧科의 시행, 僧侶 位階의 수여, 寺刹 住持職의 서임 등을 들었다.

4 『李朝佛敎』에서 '公認寺刹'로 지칭한 사례를 확인하지 못했을 뿐, "36寺의 寺格을 認했다면"이라는 서술이 확인되므로, 사실상 다카하시가 '공인사찰'이라는 개념을 선구적으로 설정했다고 볼 수 있을 듯하다(高橋亨, 1929, 앞 책, 132쪽).

5 高橋亨, 1929, 앞 책, 2~3쪽.

6 다카하시가 유포한 조선시대 불교에 대한 담론으로는 敎化權 國家奪取說, 僧侶 賤人身分說, 固着性·非獨自性說, 命脈維持說, 婦女子庶民信仰說 등이 있는데(손성필, 2013, 「16·17세기 불교정책과 불교계의 동향」, 동국대 사학과 박사논문, 4~5쪽), 이러한 담론들은 조선시대 불교뿐 아니라 조선시대 역사상의 형성화에도 큰 영향을 미쳤다. 승도 천인신분설은 근래에 허구적 담론이라는 점이 밝혀졌으며(손성필, 2013b, 「조선시대 僧侶 賤人身分說의 재검토: 高橋亨의 주장에 대한 비판을 중심으로」, 『보조사상』 40), 다카하시의 조선시대 불교 연구 방법, 관점에 대한 다각도의 연구와 논의가 필요해 보인다(김용태, 2019, 「다카하시 도오루(高橋亨)의 조선학, 『이조불교(李朝佛敎)』와 조선사상의 특성」, 『한국사상사학』 79).

제에 있어서 폐사(廢寺)하는 수밖에 도리가 없게 되었다고 추측된다."라고 하였다.[7] 그는 지금도 흔히 사용되는 '공인사찰'이라는 용어를 사용하였으며, 혁거 사찰은 존립하기 쉽지 않았을 것으로 보았다.[8] 그리고 그는 "태종의 척불시정(斥佛施政)의 대사업인 사사전민(寺社田民)의 삭감공수(削減公收)는 결코 척불(斥佛)을 목표로 한 사상통제(思想統制)의 단순한 부산물은 아니다. (중략) 그러나 결과는 사사(寺社)의 경제적 근저를 궁핍하게 함으로써 실제에 있어서 척불운동(斥佛運動)으로서의 최대·최유효한 시정(施政)이 된 것은 의심할 수 없다."라고 하여,[9] 사사전과 사노비 혁거의 목적이 단순히 사상적 탄압을 위한 것이 아니었지만 결과적으로 불교를 억압하는 정책으로 작용하였다고 보았다.

한우근은 "36사(寺)는 본산(本山)으로서의 자격을 인정하는 데에 제한함으로써 그밖에 사사(寺社)를 일체 혁거(革去)한 것은 물론 아니다. (중략) 하나는 이미 위에서 거론된 바와 같이 사사(寺社)의 남조(濫造)를 막을 것은 물론, 다른 하나는 실제적으로 파망폐사(破亡廢寺)를 정리한다는 기도가 들어 있었다고 할 것이다."라고 하였다.[10] 그는 36개 사찰을 본산으로 해석한 다카하시의 견해를 수용하면서 혁거 사찰이 모두 망폐한 것은 아니라고 보았고, 사찰 혁거의 목적이 사찰의 남설을 막고 망폐 사찰을 정리하기 위한 것이기도 했다고 지적하였다. 그 또한 "정치적, 사회경제적인

---

7 이상백, 1954, 『韓國文化史研究論攷』, 을유문화사, 119쪽(「儒佛 兩教 交代의 機緣에 關한 一研究」, 『동양사상연구』 2·3, 日本 早稲田大學 東洋思想研究所, 1938·1939의 국역 재수록).

8 이상백의 견해는 혁거 사찰은 모두 망폐할 수밖에 없었다고 이해하는 경향으로 분류할 수도 있으나 특수한 예외를 인정하였다는 점, 다소 유보적인 입장을 취했다는 점 등에서 혁거 사찰이 모두 망폐한 것은 아니었다고 이해하는 경향으로 분류해 두었다. 이상백의 연구는 태종대만 논하고 세종대는 논하지 않았는데, 1406년의 개혁에 서술은 대체로 다카하시의 견해를 참고한 듯하다.

9 이상백, 1954, 앞 책, 122~123쪽.

10 한우근, 1993, 『儒教政治와 佛教: 麗末鮮初 對佛教施策』, 일조각, 124쪽(「世宗朝에 있어서의 對佛教施策」, 『진단학보』 25·26·27, 1964의 재수록).

요구로 말미암은 불교억제책(佛敎抑制策)은 종교신앙 자체의 문제와는 직접 관련되는 것이라고 할 수는 없겠다. (중략) 종교적 의미에서 불교를 배척한 것은 오직 일부 유신(儒臣)들의 이론이었으며 실지로는 국가의 현실적인 요구한도 내에서 불교를 억제하려는 시책이었던 점에서 이를 억불정책(抑佛政策)이라고 하는 것이 정당할 것이며 따라서 불교를 전적으로 배척 말살하려는 정책은 아니었다는 사실에 유의하여야 할 것이다."라고 하여,[11] 개혁의 목적이 사상·종교적 배척을 위한 것이 아니라 정치·사회적 필요에 따라 불교를 '억제'하고자 한 것이라고 보았다.

한편 천관우는 "여기서 언급된 사전(寺田)은 국가가 분급공인(分給公認)하는 것을 지칭하는 것으로서, 그 밖에 일반 민전(民田)과 마찬가지의 사유지(私有地)로서 사원(寺院)의 소유(所有)가 되어 있는 토지는 별도(別途)의 것이며, 특히 국가가 사전을 공인(公認)하는 수십 개 사원 이외의 허다한 소사찰(小寺刹)들은 모두 이러한 사유지에 의존하였을 것이다."라고 하였다.[12] 그는 혁거 대상인 사사전이 사찰의 사유지가 아니라 과전법(科田法) 체제하에서 국가가 수조권을 부여하는 토지였고,[13] 사사전 이외에 사찰의 사유지가 별도로 있었다는 점을 지적하였다. 이에 따라 천관우는 국가 지정 사찰 이외의 수많은 사찰이 사유지와 같은 사적(私的) 경제 기반에 의거하여 존립하였을 것으로 보았는데, 이러한 그의 견해는 국가가 지급한 사사전이 불교계 경제 기반의 전부가 아니었고, 국가가 지정한 242개, 36개

---

11 한우근, 1993, 앞 책, 84~85쪽(「麗末鮮初의 佛敎政策」, 『논문집: 인문사회과학편』 6, 서울대, 1957의 재수록).

12 천관우, 1979, 『近世朝鮮史研究』, 일조각, 195쪽(「韓國土地制度史 下」, 『韓國文化史大系 2: 政治·經濟史』 II, 고려대 민족문화연구소, 1965의 재수록).

13 천관우는 科田法 체제하에서 국가가 직접 收租하는 토지를 公田으로, 특정 개인이 국가를 대신하여 收租權을 갖는 토지를 私田으로 보았으며, 공전과 사전으로 구분하기 어려운 토지로 準私田과 官田을 상정하였는데, 王室土地, 寺院田, 神祠田 등은 王室이나 寺社가 수조권을 갖는 준사전으로 분류하였다(천관우, 1979, 앞 책, 154쪽, 164쪽).

사찰 이외에도 다수의 사찰이 조선 사회에 존재했음을 선구적으로 지적했다는 점에서 중요한 의미가 있다.

그리고 김갑주의 연구는 태종·세종대의 개혁 조치의 주요 사실을 엄밀히 검토했다는 점, 기존의 주요 견해를 종합·정리했다는 점에서 중요한 의미가 있다. 그는 "36사(寺)는 본산(本山)으로 자격을 인정한 것이며, 그 외의 사사(寺社)는 일체 혁거(革去)된 것은 아니었다."라고 하면서[14] "이 36사는 본산(本山) 사찰(寺刹)로서 인근의 소사찰(小寺刹)을 본말(本末)의 형식으로 흡수한 사찰연합(寺刹聯合)으로 보아야 할 것"이라고 하여,[15] 36개 사찰이 본산으로 기능했다는 해석을 조금 더 구체화하였다. 또한 "태종·세종대의 사사전(寺社田) 정리는 면세지(免稅地)로 공인(公認)해 주는 사사전(寺社田)을 제한하였다는 것이지, 공인에서 제외된 수많은 여타 사찰은 결코 혁파하지 않았던 것"이라고 하면서 "공인에서 제외된 여타 사찰은 사원경제를 경영해 가기 위하여 전세(田稅)를 부담하는 민전(民田)과 다를 바 없는 사위전(寺位田)을 조성해 가야만 하였다."라고 하였는데,[16] 천관우의 견해를 수용하여 혁거 사찰이 바로 망폐한 것이 아니었고 사찰의 경제 기반이 사사전만이 아니었다는 점을 분명히 하였다. 그리고 1406년의 개혁에 대해서는 "여태까지 막연한 선입견으로서 철저한 억불(抑佛)로만 이해되어 온 태종의 불교정책(佛敎政策)은 앞으로 재검토가 있어야 할 것"이라고 하고,[17] 1424년의 개혁에 대해서는 "억불정책(抑佛政策)으로서 사사전을 정비했던 것은 아니라 해야 할 것"이라고 하여,[18] 이 태종·세종대의 개혁이 불교 억압을 위해 시행되었다고 보아 온 기존 견해에 대한 재검토가 필요

---

14 김갑주, 1983, 『朝鮮時代 寺院經濟硏究』, 동화출판공사, 35쪽.

15 김갑주, 1983, 앞 책, 38쪽.

16 김갑주, 1983, 앞 책, 36쪽.

17 김갑주, 1983, 앞 책, 32쪽.

18 김갑주, 1983, 앞 책, 36쪽.

함을 주장하였다.

둘째, 태종·세종대의 혁거 사찰이 모두 망폐할 수밖에 없었다고 이해하는 경향이다. 이러한 이해 경향의 대표적인 연구자인 김영태의 서술을 인용해 보면 다음과 같다.

> 결국 전국(全國)에 242사(寺)만이 남게 된 것이었다. 이와 같이 남겨 둘 사찰(寺刹)을 정(定)해 놓고 그 밖의 사원(寺院), 즉 전국(全國)의 법정사찰(法定寺刹) 242사 외의 나머지 사원(寺院)은 토지(土地)와 노비(奴婢)를 모두 국가(國家)에서 몰수하여 토지는 군자(軍資)에 속하게 하고, 노비는 관공(官公)에 속하게 하여 각 관사(官司)에 분배(分配)하였다. 그러므로 정수(定數) 외의 나머지 사찰은 자연히 폐사(廢寺)가 되고 말았던 것이다. (중략) 태종(太宗)에 의해서 전국의 사찰을 242사로 축소시켰던 것을 이제 세종(世宗) 때에 와서는 여지없이 줄여서 36사만이 남게 된 것이었다. 그러므로 선종(禪宗)·교종(敎宗)을 합한 전국의 36개 사찰의 전토(田土)는 7,950결(結)이며, 총 승려 수는 3,770명(名)으로 된 것이었다. 이것이 세종 6년에 도태(淘汰)된 불교(佛敎)의 남겨진 전체 면모였다.[19]

김영태는 태종·세종대의 배불정책으로 인해 전국에 사찰이 36개만 남게 되었고, 토지는 7,950결, 승도는 3,770명만 남게 되었다고 보았다. 혁거 사찰은 모두 망폐하였고, 불교계에는 국가가 정한 수의 토지와 승도만 있게 되었다고 본 것이다. 이는 국가가 정한 사찰, 사사전, 상주승의 수를 국가가 법적으로 허용한 사찰, 토지, 승도의 수로 보고, 사찰이 '혁거'되면 '망폐'에 이를 수밖에 없었다고 이해한 결과로 보인다. 이에 36개 사찰, 7,950결의 사사전, 3,770명의 상주승을 "도태된 불교의 남겨진 전체 면모"

---

19 김영태, 1990, 『韓國佛敎史槪說』, 경서원, 174쪽, 177쪽; 1997, 『한국불교사』, 경서원, 251쪽, 255쪽.

로 규정한 것인데, 이는 승정체제 개혁의 결과를 당시 불교계 전체의 규모와 동일시한 것으로, 명백히 잘못된 이해라고 할 수 있다.

이러한 이해 경향의 연구자로는 이봉춘과 이재창을 들 수 있는데, 이봉춘은 "242사의 공인은 곧 사사(寺社)의 혁거 및 그 승니의 사태 조치임에 다름 아닌 것이다."라고 하면서,[20] "36사외(寺外) 사사(寺社)의 거승(居僧) 배정 및 전지(田地) 급여가 전혀 없었고, 따라서 그러한 사사는 자연히 폐사(廢寺)가 되었을 것이므로, 이는 곧 혁거(革去)로 간주해야 할 것이다."라고 하였으며,[21] 이재창은 "36개사만 남기고 나머지 사원은 모두 없애 버린 조치였다."라고 하였다. 이러한 서술로 볼 때 김영태, 이봉춘, 이재창 등이 우선 '혁거'라는 용어를 부정확하게 인식, 사용하고 있음을 확인할 수 있으며, 이 연구자들이 태종·세종대 개혁의 대상을 불교계 전체와 동일시하고, 그 목적을 불교계에 대한 사상·종교적 억압으로 해석하는 경향이 강하다는 것도 주목되는 지점이라고 할 수 있다.[22]

이와 같이 1990년대까지의 대표적인 연구 성과를 살펴보면, 1980년대까지의 주요 연구들이 혁거 사찰이 모두 망폐한 것은 아니었다고 이해하는 경향이었던 반면, 1990년대의 주요 연구들이 혁거 사찰이 모두 망폐할 수밖에 없었다고 이해하는 경향이었다. 대체로 혁거 사찰이 모두 망폐한 것은 아니었다고 이해하는 경향의 연구자들은 태종·세종대의 개혁을 불교 억압의 관점에서 해석하는 데 대해 유보적이거나 비판적 입장이었으나, 혁거 사찰이 모두 망폐할 수밖에 없었다고 이해하는 경향의 연구자들은

---

20 이봉춘, 1991, 「朝鮮初期 排佛史 硏究」, 동국대 불교학과 박사논문, 131쪽; 2015, 『조선시대 불교사 연구』, 민족사, 155쪽.

21 이봉춘, 1991, 앞 박사논문, 181쪽. 이봉춘의 앞 박사논문과 책은 내용이 대동소이한데, 책에서는 해당 서술이 삭제되었으므로, 이러한 견해를 유보하거나 철회한 것으로 보인다(이봉춘, 2015, 앞 책, 211쪽).

22 김영태, 이봉춘, 이재창 등은 모두 주로 불교학계를 중심으로 활동한 연구자들로, 호교론적 관점에서 불교에 대한 유교 국가의 사상적 억압을 강조하여 해석해 온 듯하다.

불교에 대한 사상·종교적 억압으로 해석하는 경향이 강했다는 점도 특징적이다.[23] 물론 태종·세종대의 개혁을 불교 억압의 관점에서 해석하는 데 대해 유보적이거나 비판적 입장 또한 불교 억압 담론의 자장에서 자유롭지는 않아 보인다. 하지만 혁거 사찰이 모두 망폐한 것은 아니었다고 이해하는 경향, 태종·세종대의 개혁을 불교 억압의 관점에서 해석하는 데 대해 유보적이거나 비판적 입장 등은 이후 확산되지 못했고, 오히려 혁거 사찰이 모두 망폐할 수밖에 없었다고 이해하는 경향, 불교에 대한 사상·종교적 억압으로 해석하는 경향 등이 널리 통용되고 있다.[24]

이처럼 1406년과 1424년의 혁거 사찰이 모두 망폐하지 않은 것 같다는 견해는 연구 초기부터 제기되어 왔으나, 대체로 명확한 설명이 뒷받침되지 않은 추론에 그침에 따라 널리 수용되지 못한 듯하다. 이에 따라 혁거 사찰이 모두 망폐할 수밖에 없었다는 견해가 널리 수용되었는데, 이는 대표적인 한국사 개설서들에 242개, 36개 지정 사찰 이외의 사찰이 모두 없어진 것처럼 서술되었다는 점을 통해 확인할 수 있다. 예를 들어 국사편찬위원회에서 편찬된 『한국사』에서는 "전국에 남겨둘 공인사찰(公認寺刹)로 242사(寺)를 정하였다."라고 하여 나머지 사찰이 남겨지지 않은 것처럼 서술하거나[25] "결국 종을 다 합해서 전국에 36사, 전토 7,950결, 승려 총

---

23 다카하시는 혁거 사찰이 모두 망폐한 것으로 보지는 않았지만, 종교 억압, 유불 대립의 관점에서 조선시대 불교를 해석하여 한국 학계에 큰 영향을 미쳤다고 할 수 있다. 그러므로 36사 본산 체제 등과 같은 세부적인 견해에 대해서는 한우근, 김갑주 등이 다카하시의 견해를 수용했다고 볼 수 있지만, 조선시대 불교를 종교 억압, 유불 대립으로 해석하는 관점은 김영태, 이재철, 이봉춘 등이 다카하시의 영향에서 자유롭지 않아 보인다.

24 국사편찬위원회 편 『한국사』의 조선초기, 조선중기 불교 부분을 김영태, 이봉춘이 각각 서술하였는데, 이는 그들의 견해와 관점이 역사학계에 통용되는 데 크게 기여한 듯하다(김영태, 2002, 「불교」, 『한국사 26: 조선 초기의 문화 I』, 국사편찬위원회; 이봉춘, 2002, 「불교계의 동향」, 『한국사 31: 조선 중기의 사회와 문화』, 국사편찬위원회).

25 안계현, 1981, 「佛敎 抑制策과 佛敎界의 動向」, 『한국사 11: 조선, 양반 관료사회의 문화』, 국사편찬위원회, 151쪽.

3,770명으로 제한한 것으로 그 나머지는 모두 없애거나 국가에서 몰수하도록 조처하였다."라고 하여 지정되지 않은 사찰을 모두 없앤 것으로 서술하였는데,[26] 이러한 서술은 여타 한국사 개설서뿐만 아니라 한국사 대중서에서도 흔히 발견된다.[27] 그 역사적 실제를 명확히 해명하지 않은 채, 사찰 혁거는 불교에 대한 사상적 억압의 역사상을 정당화하는 논거로 서사되었고 널리 통용되고 있는 것이다.

이와 같은 1406년과 1424년 승정체제 개혁에 대한 잘못된 이해는 사찰의 '혁거', '철훼', '망폐' 개념을 부정확하고 불명확하게 파악하거나 사용하였다는 점과 밀접한 상관관계가 있다고 할 수 있다. 위에서 인용한 연구자들의 서술을 살펴보면, '혁거', '철훼', '망폐' 개념을 정확히 파악하고 사용하지 못하였다는 점을 확인할 수 있는데, 특히 김영태, 이재창, 이봉춘 등의 서술에서는 '혁거'되면 폐사될 수밖에 없다고 이해하거나, '혁거'가 사찰을 없애버린 조치로 이해하였다. 이는 사찰의 '혁거'를 '망폐'와 동일시하거나, '철훼'와 동일시한 것이라고 할 수 있다. 핵심 용어가 부정확하고 불명확하게 파악되고 사용됨에 따라, 승정체제 개혁에 따른 사찰 혁거라는 역사적 사건이 정확히 파악되고 평가되기 어려웠던 것이다.

조선시대 사찰의 '혁거', '철훼', '망폐' 개념을 부정확하고 불명확하게 사용한 사례는 인접 분야 연구 성과나 근래에 수행된 연구 성과에서도 흔히 발견된다. 이러한 사례는 여러 연구 성과에서 다수 발견되는데, 단적인 두 가지 사례만 제시하고자 한다. 이수환은 사찰의 경제적 기반이 관사,

---

26 김영태, 2002, 앞 글, 252쪽.

27 이기백의 『한국사신론』에는 "태종은 가혹한 탄압을 가하여 전국에 242개 사원만을 남겨 두고 그 이외의 사원을 폐지하였으며 (중략) 이것은 불교계의 재기를 불가능하게 할 정도로 큰 타격을 가한 것이었다."라고 하였고(이기백, 1990, 『韓國史新論: 新修版』, 일조각, 268쪽), 『뿌리 깊은 한국사 샘이 깊은 이야기』에는 "선종과 교종에 18사씩 배정하여 전국에 모두 36개 사찰만 남겨 놓았다. (중략) 나머지는 모두 없애거나 국가에서 몰수했고 사찰 소속 노비는 혁파했다."라고 하였다(김돈, 2014, 『뿌리 깊은 한국사 샘이 깊은 이야기: 4 조선전기』, 가람기획, 524쪽).

서원, 서당 등의 이른바 유교적 기반으로 전용되어 갔다는 점을 논하면서, "조선 왕조의 사원에 대한 정책은 국가에서 인정되는 사원을 제외한 나머지 사원은 기본적으로 폐사라 하여 철거하는 것은 원칙으로 하였던 것 같다."라고 언급하였다.[28] 이 언급을 통해 보듯 이수환은 조선의 사찰 정책이 '혁거' 사찰을 '철훼'하여 '망폐'하게 하는 것으로 이해하였다. 이 언급에서 "국가에서 인정되는 사원을 제외한 나머지 사원"은 '혁거' 사찰을, "폐사"는 '망폐' 사찰을, "철거"는 '철훼'를 의미한다고 할 수 있다. 이러한 이해에 따른다면 1424년 개혁 이후에는 36개 지정 사찰 이외의 사찰이 모두 철훼되어 망폐할 수밖에 없었을 것인데, 앞서 논했듯 이는 잘못된 이해라고 할 수 있다.[29]

윤기엽은 태종·세종대의 지정 사찰에 대해 논하면서, "조정에서 36사를 지정할 당시 그 외의 사원 모두를 혁파(革罷)하겠다는 의도를 보인 것도 사실이었다. 하지만 실제로 지정된 선교 36사가 왕실의 원당(願堂)이거나 나라에서 보호할 만한 가치가 있는 사원이었던 점을 감안할 때, 그것은 단지 공인사원(公認寺院)으로서 국가의 재정(財政) 지원을 통해 보호의 대상이 된 최소한의 사원이었다. 전국에 산재한 여타의 사원 모두가 혁파의 대상이 될 수는 없었다. 사실 그러한 사원 혁파는 현실적으로 불가능할 뿐만 아니라, 주변의 여건 또한 허락되지 않았다."라고 하였다.[30] 윤기엽의 이러한 언급에서 36개 지정 사찰 이외의 사찰을 모두 없애지는 않은 것 같다는

---

28 이수환, 1984, 「嶺南地方 書院의 經濟的 基盤(Ⅱ): 寺院과의 關係를 中心으로」, 『대구사학』 26; 이수환, 2005, 「조선전기 국가의 사원정책과 사원의 유교적 기반으로의 전환」, 『대구사학』 79, 70쪽.

29 16세기에 사찰이 官司나 書院으로 轉用되면서 다수 亡廢했다고 이해하는 경향이 있다. 그러나 관사나 서원으로 전용된 사찰은 이미 망폐한 사찰인 경우가 대부분이었다는 점에서, 기존의 이해 경향은 재고가 필요한 듯하다(손성필, 2019a, 앞 논문). 이에 대해서는 4장 2절에서 자세히 다룰 것이다.

30 윤기엽, 2007, 「朝鮮初 寺院의 實態와 그 機能: 寺院施策에 의한 公認寺院을 중심으로」, 『불교학보』 46, 112쪽.

취지는 타당하나, 국가로부터 사찰이 '혁거(혁파)'되면 사찰이 '존립'할 수 없었던 것으로 이해한 점은 타당하지 않다고 할 수 있다. 사찰 '혁거'를 국가 체제로부터의 지정 해제로 이해하지 않고, 국가로부터 혁거되면 '망폐'에 이를 수밖에 없는 것처럼 이해했다는 점에서 불명확한 이해라고 할 수 있는 것이다.

한편 태종·세종대의 사찰 혁거에 따라 혁거 사찰이 모두 망폐했는가, 모두 망폐하지 않았는가라는 의문이 제기되고 다양한 의견이 개진된 것은 그 자체로 태종·세종대의 개혁과 사찰 혁거에 대한 기존의 이해가 불명확하기 때문이라고 할 수 있다. 『실록』에 따르면 태종대에 242개 사찰, 세종대에 36개 사찰을 지정하고 나머지 사찰을 모두 '혁거'했다고 하였는데, 기존 연구자들이 보기에도 그 밖의 사찰이 모두 '망폐'하여 전국에 242개 사찰, 36개 사찰만 남게 되었다고 하기에는 사찰의 수가 너무 적다고 생각한 것이 아닌가 한다. 이 때문에 설정된 것이 '본산'과 '공인'이라는 임의의 개념으로 보인다. 36개의 지정 사찰을 이른바 '본산'의 격으로 설정함으로써 전국에 36개 사찰만 남은 것이 아니라 36개의 '본산'이 여타의 사찰을 관할한 것이 아닐까라는 설명이 가능해졌으며,[31] 36개 사찰을 '공인'했다는 개념을 설정함으로써 36개 이외의 사찰을 모두 없앤 것이 아니라 '공인'하지 않은 것 같다는 설명이 가능해졌던 것이다. 특히 지정 사찰을 '공인 사찰'로 규정하면 혁거 사찰은 국가가 인정(허용)하지 않은 '비공인 사찰'로

---

31 승정체제에 소속된 '지정 사찰'과 그렇지 않은 '일반 사찰'의 상호관계는 연구가 필요한 과제라고 할 수 있다. 4장 1절에서 논의하겠지만, 『경상도속찬지리지』에는 승정체제에 소속된 36개 지정 사찰이 아닌 일반 사찰에 대해서도, "屬禪宗", "屬敎宗" 등의 형식으로 선종, 교종 소속 사실을 모두 기재해 두었다. 이는 각각 18개씩 선종과 교종에 속하는 36개의 지정 사찰이, 그 밖의 일반 사찰을 관할했을 가능성을 시사하기 때문에, 이에 대해서는 구체적인 검토와 논의가 필요하다. 다만, '본산'이라는 용어는 근대 불교 제도의 '본산' 개념을 차용한 것으로, 조선전기 불교 제도에 대한 구체적인 검토를 바탕으로 규정한 것으로 보기 어렵다. 이에 조선전기의 불교 제도를 규정하는 데에는 적합하지 않아 보인다.

규정될 수밖에 없는데, 이러한 '공인 사찰' 개념은 국가로부터 지정(공인)되지 않은 사찰은 억압을 당할 수밖에 없었을 것이라는 관념과 무관치 않은 것으로 보인다. 그러므로 불명확한 이해에 따라 임의로 설정된 개념인 '본산'과 '공인'은 개념 사용의 타당성에 대해 신중한 재검토가 필요하며, 태종·세종대의 승정체제 개혁의 목적, 대상, 내용, 성격에 대한 이해를 바탕으로 사찰 '지정'과 '혁거'의 의미를 적절히 해석할 필요가 있어 보인다.[32]

위에서 살펴본 바와 같이 조선초기 승정체제 개혁에 대한 기존의 이해는 부정확하고 불명확했다고 할 수 있다. 이는 일차적으로 1406년과 1424년의 개혁을 유기적이고 체계적으로 파악하지 못했고, 사찰의 '혁거', '철훼', '망폐' 개념을 구분하여 정확하게 파악하지 못했기 때문으로 보인다. 역사적 사실에 대한 부정확하고 불명확한 파악에 근거한 역사상이 당시의 실제 역사 현실에 부합하기 어려운 것은 당연하다. 이에 조선초기의 역사적 사건인 승정체제 개혁의 실제와 성격을 정확히 파악하지 못한 채, 부정확한 사실, 과장된 해석에 근거하여 형성된 기존의 조선전기 역사상은 조선전기의 역사 현실에 부합하기 어려운 것이다. 이렇게 조선초기 승정체제 개혁의 실제가 제대로 파악되지 못해 온 연구사적 이유로는 조선시대

---

32 위에서 논의한 대표적인 연구 성과들은 1990년대 초에 이르는 것인데, 이후에 연구가 진전된 분야도 있으나, 그 이해 경향은 기존의 그것에서 크게 벗어나지 않는 듯하다. '공인 사찰' 개념은 여러 논문과 개설서에서 흔히 확인되며, 세종대의 36개 사찰이 '본산'으로 기능하였다는 이해도 확인된다(황인규, 2003, 『고려후기·조선초 불교사 연구』, 혜안, 94쪽; 대한불교조계종 교육원 편, 2004, 『曹溪宗史: 고중세편』, 조계종출판사, 277쪽). 사사전을 포함한 사찰의 경제 기반에 대한 연구가 진전되었으며(송수환, 1992, 앞 논문; 이병희, 1993, 앞 논문; 배상현, 1998, 「麗末鮮初 寺院田의 추이」, 『高麗後期 寺院田 硏究』, 국학자료원; 김용태, 2011b, 앞 논문), 조선 사회에 존재한 다수의 사찰에 대한 연구도 진전되었다(이규대, 1994, 「朝鮮初期 佛敎의 社會的 實態: 嶺東地方 寺院을 중심으로」, 『국사관논총』 56; 이병희, 1997, 「朝鮮時期 寺刹의 數的 推移」, 『역사교육』 67; 이정주, 1999, 앞 논문; 황인규, 2003, 앞 책, 94~95쪽; 양혜원, 2005, 「16세기 安東地域 佛敎界의 量的 轉變過程과 그 意味」, 이화여대 사회생활학과 석사논문; 양혜원, 2019, 「16세기 지방 불교 시설과 공간 질서의 변동: 안동 읍지 『永嘉誌』 분석을 중심으로」, 『사림』 67.

불교에 대한 전문적인 연구가 부진했다는 점, 조선시대는 불교가 억압당한 시기라는 인식이 완고했다는 점 등을 들 수 있을 듯하다. 사실 이 두 가지 이유는 상호 연관된다고 할 수 있는데, 조선시대는 불교가 억압당하고 쇠퇴한 시기라는 인식에 따라 조선시대 불교에 대한 관심이 상대적으로 부족했고, 이에 따라 전문적인 연구와 논의가 활발히 이루어지지 못한 채 부정확한 사실, 과장된 해석이 재생산되는 악순환이 이루어져 온 것이다. 그러나 대체로 2000년대 이후에 조선시대 불교사에 대한 전문 연구자가 나오기 시작하면서, 역사적 사실에 대한 구체적인 연구가 이루어지고 있으며,[33] 이를 바탕으로 그간 부정확한 사실, 과장된 해석이 통용되어온 연구사적 배경에 대한 검토도 이루어지기 시작했다.[34]

이처럼 기존 인식과 연구에 대한 검토를 통해 볼 때, 조선전기에 개혁, 운영되다 폐지된 국가 제도인 승정체제, 조선 사회에 고루 분포하여 운영된 일반 사찰 등은 조선전기의 불교, 승도, 사찰을 이해하기 위해 충실한 검토, 명확한 해석이 필요한 연구 과제일 뿐만 아니라, 조선전기의 국가, 사회, 경제, 사상, 문화 등에 대한 이해를 심화하고 확장하는 데에도 중요한 연구 주제일 수 있어 보인다. 이에 이 책에서는 필자의 연구 논문을 바탕으로 하되 최근의 연구 성과를 참고하여, 조선전기 승정체제 개혁과 운영의 실제, 지정 사찰과 일반 사찰의 존립과 실태 등에 논해 보고자 한다.[35]

---

33 20세기 초부터 근래에 이르기까지 조선시대 불교에 대한 연구 성과는 김용태, 2013, 「조선시대 불교 연구의 성과와 과제」, 『한국불교학』 68, 한국불교학회 참조. 조선시대 불교에 관한 근래의 연구 성과를 반영한 한국불교사 개설서로는 정병삼, 2020, 『한국불교사』, 푸른역사; 불교사학회 편, 2024, 『한국불교사: 조선·근대』, 한울아카데미 참조.

34 일제강점기(근대)와 해방 이후에 조선시대 불교가 연구된 경향과 맥락에 대한 성찰은 김용태, 2021, 「조선시대 불교 연구 100년의 재조명」, 『조선 불교사상사: 유교의 시대를 가로지른 불교적 사유의 지형』, 성균관대 출판부 참조.

35 이 책은 박사논문을 토대로 필자가 후속 연구를 통해 심화 논의한 연구 논문을 재편하는 방식으로 집필되었다. 2장은 「조선시대 불교사 자료의 종류와 성격」(『불교학연구』 39, 2014b), 「조선시대 불교정책의 실제」(『한국문화』 83, 2018b), 「조선시대 승려 천인신분설의 재검토」

먼저 이 책의 2장에서는 기존의 조선시대 불교사 연구 방법에 대해 비판적으로 논할 것이다. 불교사 자료의 종류와 성격, '불교정책'의 대상과 실제를 논한 다음, 승도 천인신분설을 비판함으로써, 기존 연구 방법과 관점의 문제점을 개관할 것이다. 3장에서는 『실록』 기사에 대한 분석을 통해, 조선전기 승정체제의 개혁과 운영, 폐지에 대해 논할 것이다. 우선 사찰의 '혁거', '철훼', '망폐'가 구분되어야 하는 용어임을 밝히고, 15세기 승정체제 개혁과 운영에 대해 구체적으로 논한 다음, 16세기 전반 승정체제가 폐지된 이후의 상황에 대해 논할 것이다. 그리고 4장에서는 지리지, 읍지, 문집 등의 분석을 통해, 조선전기의 지정 사찰과 일반 사찰에 대해 논할 것이다. 먼저 조선전기 승정체제 개혁과 폐지에 따른 혁거 사찰의 존립 여부를 검토하고, 전국 지리지, 사찬 읍지의 사찰 정보를 분석하여 조선전기 일반 사찰의 양적 실태와 존재 양상을 논한 다음, 강진 무위사(無爲寺), 영광 불갑사(佛甲寺)의 구체적인 사례를 통해 조선전기 사찰 운영의 실제에 대해 살펴볼 것이다. 마지막으로 결언에서는 2장, 3장, 4장에서 논의한 내용을 요약하여 정리하고, 이를 토대로 추후 과제에 대해 다각도로 논의할 것이다.

(『보조사상』 40, 2013b) 등을, 서언과 3장, 4장은 「사찰의 혁거, 철훼, 망폐」(『진단학보』 132, 2019b), 「조선 태종·세종대 '혁거' 사찰의 존립과 망폐」(『한국사연구』 186, 2019c), 「조선 중종대 불교정책의 전개와 성격」(『한국사상사학』 44, 2013c), 「15세기 강진 무위사의 국가적 위상」(『동국사학』 75, 2022b), 「16세기 후반~17세기 전반 사찰의 존립 실태 (1)」(『남도문화연구』 36, 2019a), 「14~18세기 영광 불갑사의 역사와 위상」(『불갑사 사적 지정을 위한 학술대회 자료집』, 2022a) 등을 재편, 수정, 보완하여 수록한 것이다.

2

조선시대 불교사 연구의 방법

1. 불교사 자료의 종류와 성격

    조선시대 불교는 고대 불교와 고려시대 불교를 바탕으로 형성되었고, 근현대 한국 불교의 토대가 되었다. 조선시대 불교가 고대, 고려시대 불교에 비해 정치·사회·사상적 영향력이 약화된 것은 분명한 듯하나, 조선시대 불교가 고대, 고려시대의 불교 전통을 바탕으로 형성되었고, 근현대 한국 불교의 토대가 되었음을 부인하기는 어렵다. 그러나 그간 고대, 고려시대 불교에 비해 조선시대 불교에 대한 연구는 부진하였다. 이는 조선시대가 불교계가 억압 받고 불교 사상이 쇠퇴한 시기라는 인식이 완고하기 때문인 한편, 단선적 사회발전론에 치우친 역사학 연구 경향과 교학 발달사 중심의 불교학 연구 경향과도 밀접한 관련이 있는 것으로 보인다.

    조선시대 불교에 대한 연구의 부진은 기존에 형성된 역사상의 무비판적인 답습과 재생산을 초래하였다. 조선시대 불교에 대한 근대적이고 종합적인 연구는 다카하시 도루(高橋亨)에 의해 처음 이루어졌는데, 그의 저술인 『이조불교(李朝佛敎)』를 통해 교화권 국가탈취설, 승도 천인신분설, 승도 무지설, 고착성·비독자성설(정체성·타율성론), 무종파설, 산중불교설, 쇠퇴지속설, 명맥유지설, 부녀자·서민신앙설 등의 담론이 유포되었다.[1] 해방 이후에도 조선시대 불교에 대한 종합 연구서가 나오지 못함에 따라, 이러한 담론들은 지금까지도 조선시대 불교를 설명하는 데 흔히 쓰이고 있다. 2000년대에 이르러서야 조선시대 불교에 대한 전문적인 연구 성과가 나오기 시작했고, 근래에야 새로운 관점을 제시하는 종합적인 연구가 이루어지기 시작했다. 이러한 연구들을 통해 다카하시의 담론을 비롯한 기존의 조선시대 불교사 이해에 여러 한계와 문제가 있음이 점차 밝혀지고 있다.[2]

조선시대 불교에 대한 연구가 당시의 자료에 근거한 실증적 방법을 통해 이루어져야 함은 물론이다. 사실 조선시대 불교사 자료는 양적으로 많고 종류도 다양하다. 고대, 고려시대에 비해 교학 저술의 양과 다양성은 상대적으로 준 반면, 다양한 불교사 자료가 현존하고 있다.[3] 그러나 그간의 조선시대 불교사 연구 방법은 여러 문제점을 노정하고 있는 것으로 보인다. 다양한 자료들이 활용되지 않았을 뿐더러, 그간 주로 활용된『조선실록(朝鮮實錄)』과 불교 저술에 대해서도 엄밀하고 체계적인 분석이 이루어졌다고 보기 어렵다.[4] 새로운 자료를 활용하더라도 단편적인 해석에 그

---

1 조선시대 불교에 대한 다카하시의 담론은 '식민통치와 일본불교의 관점에 따른 조선불교의 사회적 무능론'이라고 정의할 수 있다(손성필, 2013, 앞 박사논문, 4~5쪽).

2 김용태와 이종수는 조선후기 불교계의 教學 傳統과 三門修學에 대해 고찰함으로써 조선후기의 불교사상이 禪 일변도였다고 이해하는 기존의 불교사 인식을 비판하였다(김용태, 2010,『조선후기 불교사 연구: 임제법통과 교학전통』, 신구문화사; 이종수, 2010, 「조선후기 불교의 수행체계 연구: 三門修學을 중심으로」, 동국대 사학과 박사논문). 손성필은 여러 불교사 자료에 대한 분석을 바탕으로 조선중기의 불교정책과 불교계 동향을 고찰함으로써 조선시대 불교의 결정론적 쇠퇴론 및 전·후기 구분론을 비판하였다(손성필, 2013, 앞 박사논문). 또한『실록』, 법전, 호적 등에 대한 분석을 통해 조선시대 승도가 천인이었다는 주장에 근거가 없음을 밝히기도 하였다(손성필, 2013b, 앞 논문).

3 조선시대의 다양한 불교사 자료의 연구 필요성은 김상현에 의해 제기된 바 있다(김상현, 2002, 「朝鮮佛教史 研究의 課題와 展望」,『불교학보』39).

4 김용태와 이종수, 손성필의 근래 연구 성과에 따르면, 조선시대 불교 저술과『실록』의 불교 관련 기사에 대한 연구가 그간 체계적으로 이루어져 왔다고 보기 어렵다(김용태, 2010, 앞 책; 이종수, 2010, 앞 박사논문; 손성필, 2013, 앞 박사논문).

쳤고, 자료의 성격을 고려하지 않고 문자 자료의 내용을 피상적으로 재구성하는 연구 방법이 통용돼 왔다. 이러한 연구 방법의 한계는 조선시대 불교사 연구가 '억압이나 쇠퇴에도 불구하고 어떠하였다'라는 식의 천편일률적인 해석에서 벗어나지 못하고 기존의 역사상을 비판적으로 성찰하지 못한 요인 중의 하나가 아닌가 한다.[5]

이에 이 절에서는 먼저 지금까지 알려진 조선시대 불교사 자료의 종류와 성격을 논해 보고자 한다. 우선 조선시대 불교사 자료를 편찬 주체에 따라 국가 및 사족 편찬 자료와 불교계 및 승도 편찬 자료로 대별하고, 자료의 성격에 따라 세부 분류하여 각각 논할 것이다. 각 자료의 종류와 성격에 대한 논의를 통해 기존 연구 방법에 대해 비판하고 최근의 연구 성과를 소개하거나 추후 과제를 제시할 것이다. 이러한 논의가 기존의 조선시대 불교사 연구 방법을 반성하고 성찰하는 계기가 되는 한편, 새로운 조선시대 불교 역사상을 함께 모색해 나아가는 데 밑거름이 되기를 바란다.

1) 국가 및 사족의 편찬 자료

(1) 관찬 편년 기록

관찬 편년 기록은 당대의 불교정책, 제도를 살펴볼 수 있는 자료이다. 승도와 사찰에 대한 여러 정책적 논의와 조치, 제도의 운영뿐만 아니라, 이에 대한 국왕과 집권 관인층의 인식 등을 살펴볼 수 있다. 『조선실록』,

---

5 다카하시의 『李朝佛敎』도 이러한 방법론적 한계와 문제를 내포하고 있다. 그는 각 자료의 성격을 고려하지 않은 채 그 내용을 임의로 인용하고 해석하여 자신의 논지에 활용하였다. 이로써 실록과 문집에 개재된 국가와 사족의 관점, 근대주의와 일본불교의 관점이 혼재한 조선시대 불교의 역사상을 창출해 냈다. 자료에 대한 비판적 분석을 결여한 채 자료의 내용들만 임의로 조합함으로써 당대의 역사 현실과는 거리가 먼 역사상, 곧 조선을 식민통치한 근대 일본인의 시선으로 본 조선시대 불교의 역사상을 창출해 낸 것이다(손성필, 2013b, 앞 논문, 67~68쪽).

『승정원일기(承政院日記)』, 『비변사등록(備邊司謄錄)』, 『일성록(日省錄)』 등
이 포함되는데, 『비변사등록』, 『승정원일기』는 각각 광해군대, 인조대 이
후의 것이 현전하는 데에 비해 『실록』은 조선 전 시기의 것이 현전하고
있으므로 조선시대 불교정책, 제도의 전개와 변화를 연구하는 데에 가장
중요한 자료라고 할 수 있다. 그러나 조선후기 불교정책과 제도에 대해서
는 『승정원일기』, 『비변사등록』 등에 더 풍부한 내용이 수록되어 있는데,
이는 아직 불교사 연구에 거의 활용되지 않아 온 형편이다.

　『실록』은 선왕대의 국정 운영을 정리하여 왕위 계승의 정당성을 부여하
고 후세에 전범으로 남기고자 편찬된 것으로, 국정 운영과 고위 관인층 중
심의 역사 기록문헌이다. 유교, 특히 성리학 사상에 따른 역사 의식을 바탕
으로 기록되었으며, 이를 통해 왕권에 정당성을 부여하기도, 왕권을 견제
하기도 하였다.[6] 이처럼 『실록』은 국정 운영에 대한 기사를 고위 관인층의
역사의식에 따라 편찬한 것이므로, 국정 운영과 관련되지 않은 사실은 기
록되지 않았고 당대 집권 관인층의 관점이 그 서술에 투영되어 있다.[7] 이
러한 성격은 대체로 『승정원일기』, 『비변사등록』 등도 마찬가지나, 『실록』
이 한층 더 편집된 기록물 또는 역사서라는 점에 주의할 필요가 있다. 『실
록』은 특정 기사 수록 여부의 취사선택, 특정 기사 내용의 가감 등을 통해
편찬자의 의도가 개입될 여지가 상대적으로 크다.[8] 그러므로 이에 대한 충

6　한우근, 1988, 「朝鮮前期 史官과 實錄編纂에 관한 硏究」, 『진단학보』 65·66; 오항녕, 1999, 「성리
　　학적 역사관의 성립: 초월에서 현실로」, 『조선시대사학보』 9; 김경수, 2002, 「조선전기 실록 편
　　찬에 대한 사학사적 고찰」, 『조선시대사학보』 20.

7　『실록』의 편찬 태도는 정치·사회적인 변화와 편찬자의 입장에 따라 다소 다를 수 있다(김경
　　수, 1998, 「仁祖實錄」의 편찬 과정과 편찬관」, 『충북사학』 10; 오항녕, 2004, 「朝鮮後期 實錄編纂
　　慣例의 변화」, 『국사관논총』 105).

8　영조대의 백두산제 시행 논의 기사를 예로 들면, 『승정원일기』에는 대부분의 신료가 찬성하
　　나 두 명의 신료가 반대한 것으로 기록돼 있으나, 『실록』에는 반대한 두 명의 논의 기사만 수
　　록돼 있어 마치 영조가 신료의 반대를 무릅쓰고 백두산제를 강행한 것처럼 보이도록 편집돼
　　있다(권내현, 2011, 「조선 영조대 백두산제 시행 논쟁」, 『한국인물사연구』 15).

실한 사료 비판을 통해 역사를 연구해야 함은 물론인데, 이러한 문제제기
는 비단 불교사에 해당하는 것만은 아니라고 할 수 있다.[9]

이러한 『실록』의 성격을 고려할 때, 『실록』에 당대 불교계의 동향이 충
실히 기록돼 있을 것으로 기대하기는 어렵다. 『실록』은 국정 운영을 위해
논의된 사항에 대한 기록일 뿐, 사회 모든 분야의 동향을 망라하여 기록한
자료가 아니기 때문이다. 그러므로 『실록』은 국정 현안으로 제기된 승도,
사찰 관련 사안에 대한 국왕과 관인의 인식이나 조치를 확인할 수 있는
자료로서 일차적 가치를 지닌다. 국가와 불교의 결속이 공고했고 현전하
는 자료가 절대적으로 부족한 고대와 고려시대의 경우, 관찬 기록에 크게
의존한 불교사 연구 방법이 불가피했다. 그러나 고대와 고려시대조차도
관찬 기록에 당대 불교계 전반의 동향에 대한 충실한 정보가 수록돼 있다
고 보기는 어렵다. 국가와 불교의 결속, 불교의 정치적 영향력이 약화된
조선시대의 경우, 관찬사서를 통해 불교계 전반의 동향에 대한 정보를 얻
을 수 있으리라 기대하기 어려움은 물론이다.[10]

그러나 『실록』은 조선시대 불교정책의 전개, 승도와 사찰에 관한 제도
를 연구하는 데에는 가장 중요한 자료임이 틀림없다. 그러므로 자료의 성
격에 대한 이해를 바탕으로 불교정책의 목적, 배경, 대상, 시행 여부 등을
엄밀히 분석할 필요가 있다. 근래의 연구 성과에 따르면, 조선초기 불교정
책의 주요 목적은 승정체제를 개혁하여 그 규모를 크게 축소시킴으로써
국가 재정을 확보하는 것이었다. 반면 중종대에 이르러서는 국가체제에서
불교 제도를 모두 폐지함으로써 국왕이 모범을 보여 백성과 승도가 저절

---

9 정구복, 2007, 「사학사적 관점에서 본 광복 후 60년간의 조선시대사 연구성과 검토」, 『한국 역
사학의 성과와 과제: 광복 60주년 기념 역사학회 특별 심포지엄』, 일조각.

10 임진왜란 이전의 선조 전기를 예로 들면, 이 시기에 조선시대를 통틀어 전국의 사찰에서 불서
간행이 가장 활발했으나, 『실록』을 통해서는 이를 확인할 수 없다(손성필, 2013a, 「16세기 사
찰판 불서 간행의 증대와 그 서지사적 의의」, 『서지학연구』 54).

로 교화되게 하는 정책을 지향하였고 이에 불교계는 사실상 방임되었다. 그러나 명종대에는 『경국대전』에 의거하여 15세기의 불교 제도를 복구하였다가, 선조대에는 다시 교화론적 불교정책을 지향하였다. 하지만 임진왜란을 거치면서 승군(僧軍), 승역(僧役) 제도가 성립하면서 승도와 사찰에 관한 국가 제도는 안정화되었고, 이에 따라 조선후기에 승도는 백성의 일원으로 여겨졌다. 기존에 알려져 있던 것과 달리 국가의 불교정책, 국가와 불교계와의 관계는 시기에 따라 변화하였고, 그 노선을 두고 정치세력 간에 갈등하기도 하였다.[11]

『실록』의 불교정책 논의 기사를 분석할 때는 우선 그 기사들이 정치적 수사(修辭)로 점철돼 있다는 점에 유의해야 한다. 예컨대 중종대의 한 신료는 연산군대 불교정책에 대해 "근년에 사사(寺社)가 모두 철거되고 승도(僧徒)가 끊어졌다."고 평가하였으나, 실제로 연산군대에는 도성 내의 사찰이 철거되었을 뿐이고 승정체제가 폐지됨에 따라 승직(僧職)이 임명되지 않았을 뿐이다.[12] 이러한 정치적 수사를 오해하여 전국의 사찰이 철거되고 승도가 환속당했다고 해석해서는 안 되는 것이다. 그리고 기본적으로 『실록』은 국정 운영의 관점에서 피통치층을 대상화하고 사회 현상을 해석하였다고 할 수 있는데, 승도는 일반적으로 국역을 회피하는 집단으로 규정되었고, 승도와 사찰이 줄지 않고 증가하는 현실은 실정(失政)으로 인한 것으로 해석되었다. 그러나 승도로의 출가를 피역(避役)이라는 목적만으로 설명하기 어렵고, 승도와 사찰이 줄어들지 않은 현실을 실정 때문이라고 단정하기도 어렵다. 성리학 사상과 국정 운영의 관점에 따른 위정자의 해석일 뿐 현실에 관한 보편타당한 해석이라고 보기 어려운 것이다.

불교정책의 대상이나 시행 여부도 면밀히 검토해야 한다. 예컨대 조선

---

11 손성필, 2013, 앞 박사논문, 50~101쪽; 175~214쪽.
12 손성필, 2013, 앞 박사논문, 51쪽.

초기의 불교정책은 주로 승정체제 소속 사찰에 대해 재정 지원, 곧 수조지 (收租地)인 사사전(寺社田), 공노비(公奴婢)인 사노비(寺奴婢)를 감축하거나 폐지하는 방식으로 이루어졌으므로, 불교계 전반에 대해 직접적인 제재를 가한 것은 아니었다. 불교정책의 영향을 직접 받은 것이 승정체제 소속 사찰이나 중앙 불교계에 제한된 것이었으므로, 불교정책에 따라 불교계 전반이 부침을 거듭했다는 불교사 이해 방식도 재고될 필요가 있어 보인다.[13] 한편 조선초기에 도승제는 법제에 규정된 방식으로 운영되지 않아 지방관에 의해 형식적 행정[文具]으로 여겨졌을 뿐이며, 국가의 대대적인 사찰 수색이나 철훼도 이루어진 바 없다. 유일하게 중종 33년(1538) 경기도와 전라도의 신축 사찰에 대한 철훼 조처가 내려지긴 했으나, 이 또한『신증동국여지승람』에 수록된 1,650여 개의 사찰을 제외한 신축 사찰에 대한 조처였을 뿐이다.[14] 그리고 근래의 연구에 따르면, 기존에 조선시대에는 승도의 도성 출입이 전면 금지됐다고 알려진 것과는 달리, 18세기 말까지 승도의 도성 출입 금지가 전면 시행되지 않았고, 숙종·영조대의 승도 도성 출입 금지 조치는 사실 도성 주변의 비구니를 주요 대상으로 한 것이었다.[15]

이처럼『실록』을 그 성격에 대한 이해를 바탕으로 충실히 분석하고, 더불어『승정원일기』와『비변사등록』등을 불교사 연구에 적극 활용한다면,[16] 조선시대 불교정책과 제도를 역사 현실에 가깝게 재구성하고, 국가

---

13 15세기의 불서 간행을 예로 들면, 왕실과 관서의 불서 간행은 불교정책의 영향을 직접 받았으나, 전국 군읍에 소재한 사찰의 불서 간행은 불교정책과 무관한 양상을 보였다(손성필, 2013, 앞 박사논문, 122~123쪽).

14 손성필, 2013, 앞 박사논문, 75~76쪽.

15 손성필, 2013b, 앞 논문, 65~66쪽.

16 최근에 이르러『승정원일기』,『비변사등록』등의 관찬 자료가 승도, 사찰에 관한 국가 정책과 제도 연구에 적극 활용되기 시작하였다(박세연, 2013,「17세기~18세기전반 僧軍의 확대와 調發방식의 변화」, 고려대 사학과 석사논문; 김선기, 2023,「조선후기 僧役의 제도화와 운영 방식」, 동국대 한국불교융합학과 박사논문).

와 불교계, 승도, 사찰 간의 관계를 재조명할 수 있을 것으로 보인다.

(2) 법전, 호적, 양안, 의궤

법전(法典), 호적(戶籍), 양안(量案), 의궤(儀軌) 등은 국가의 불교정책, 제도 등을 고찰하기 위해 연구돼야 할 기본적인 관찬 자료들이나 그간 거의 연구되지 않았다. 조선은 주요 국정 운영 방침을 법전으로 편찬해 성문화하였다.[17] 1471년(성종 2) 『경국대전(經國大典)』 편찬 이후에도 국왕의 전교(傳敎)에 따른 법규 변화에 따라 『대전속록(大典續錄)』, 『대전후속록(大典後續錄)』, 『수교집록(受敎輯錄)』, 『신보수교집록(新補受敎輯錄)』 등이 편찬되었고, 이는 『속대전(續大典)』과 『대전통편(大典通編)』, 『대전회통(大典會通)』 등으로 집대성되었다. 이 법전들에 승도와 사찰에 대한 법규도 있는데, 이는 『경국대전』을 근간으로 하되 시기에 따라 변화해 갔다. 따라서 법전은 조선시대 불교정책, 제도의 성격과 그 변화를 살펴볼 수 있는 자료로 가치가 있는데, 이를 조선조 법규의 성격, 명시적 법규와 묵시적 현실 간의 차이 등을 고려하여 분석해야 함은 물론이다.

기존의 연구에서는 조선시대 법전의 승도와 사찰 관련 규정이 종합적으로 분석된 바 없고, 근래에 와서야 주목받기 시작하였다. 이 규정들에 대한 분석을 통해 볼 때 주목되는 것은 국가가 승도를 '승인(僧人)'과 '승니(僧尼)'로 구분하고 이들에 대한 이원적인 정책을 시행했다는 점이다. 조선시대의 여러 법전들을 보면 보호 대상인 승도는 '승인'으로, 규제 대상인 승도는 '승니'로 구분하여 지칭하였다. 『경국대전』이 편찬된 15세기까지 승인은 7품 이하의 문무관에 상응하는 형법적 지위를 보장받고, 18세기 말

---

17 『경국대전』을 비롯한 조선시대 법전은 국정 운영을 위한 行政法典으로서의 성격이 강했다(박병호, 1974, 「『經國大典』의 編纂과 頒行」, 『한국사』 9, 국사편찬위원회; 이성무, 1990, 「『經國大典』의 編纂과 『大明律』」, 『역사학보』 125, 88쪽).

까지 공적인 사무[公事]가 있는 승인의 도성 출입은 허용되었다. 반면 도성 주변의 비구니를 비롯한 승니, 곧 하층 승도는 규제 대상이었다. 기존의 이해와 달리 승도는 그 성격이나 층위에 따라 보호의 대상이기도, 규제의 대상이기도 했던 것이다.[18] 한편 『신보수교집록』에 의하면 1674년(현종 15) 승도의 사유 재산을 그의 상좌(上佐)에게 상속할 수 있는 권리도 법제적으로 보장되었는데,[19] 이 또한 승도가 국가로부터 억압 받았다고 이해하는 기존의 역사상과는 차이가 있다. 이처럼 조선시대 법전은 불교정책, 제도의 변화를 고려하여 엄밀히 검토될 필요가 있다.[20]

호적은 국가의 수취 체제, 직역 편제 등에 대한 연구 자료로 역사학계의 활발한 연구가 이루어지고 있다.[21] 그러나 조선후기 호적에 승도가 다양한 신분(身分), 직역(職役), 관직(官職), 관계(官階)로 등재되어 있다는 사실은 근래에 알려지기 시작하였는데,[22] 아직까지 본격적인 분석이 이루어졌다고 보기는 어렵다. 승도의 호적 등재는 1675년(숙종 1) 윤휴(尹鑴)가 건의하였는데, 실제로 다음 식년(式年)인 1678년부터 승도가 호적에 등재되기 시작하였음을 확인할 수 있다. 현존하는 단성호적(丹城戶籍), 대구호적(大邱戶籍), 언양호적(彥陽戶籍) 등에는 승도가 승(僧), 양승(良僧), 양인승(良人僧), 총섭(總攝), 승통(僧統), 승장(僧將), 통정(通政), 가선(嘉善), 역승(驛僧), 사노승(寺奴僧), 사노승(私奴僧) 등의 다양한 신분, 직역으로 기재되어 있다.

18 손성필, 2013b, 앞 논문, 75쪽.
19 손성필, 2013, 앞 박사논문, 207쪽.
20 조선전기 『경제육전』, 『경국대전』에 규정된 도승 관련 법규에 대한 연구는 양혜원에 의해 크게 진전되었다(양혜원, 2017, 앞 박사논문; 양혜원, 2017, 앞 논문; 양혜원, 2018b, 앞 논문; 양혜원, 2019c, 앞 논문; 양혜원, 2020, 앞 논문).
21 호적에 관한 근래의 연구 경향은 권내현, 2014, 「조선후기 호적에 대한 이해: 논쟁과 과제」, 『한국사연구』 165; 권기중, 2017, 「조선후기 호적 연구의 현재와 향후 과제」, 『대동문화연구』 100 등 참조.
22 장경준, 2006, 「조선후기 호적대장의 승려 등재 배경과 그 양상」, 『대동문화연구』 54; 야마우치 타미히로, 2013, 「건양·광무기 僧籍과 屠漢籍의 성격」, 『한국학연구』 29.

국가의 배척으로 신분이 천인과 같았다는 통념과는 달리, 조선후기에 승도는 다양한 층위로 존재했고 국가체제 내의 한 직역군으로 파악되어 양인과 같이 역역과 부세를 담당하거나 사족과 같이 관직에 임명되기도 하였음을 실증하는 자료라고 할 수 있다.[23] 그러므로 조선후기 국가와 승도층의 관계, 승도층의 존재 양상 등을 밝히기 위해 호적에 대한 연구가 심화될 필요가 있다.

양안은 국가가 조세를 부과하기 위해 전지(田地)를 측량해 만든 토지대장으로, 경자양안(庚子量案)과 광무양안(光武量案)을 비롯한 다양한 양안이 현존한다. 이 양안 또한 역사학계에서 활발한 연구가 이루어지고 있는 자료인데, 사찰, 승도와 관련한 다양한 토지 정보의 경우 아직 연구가 거의 이루어지지 못했다. 광무양안을 통해 대한제국기 충주 지역의 사하촌(寺下村)에 대해 논한 연구 성과가 확인될 뿐이다.[24] 양안에는 사찰과 승도의 사유 전지뿐만 아니라 궁방전(宮房田), 사위전(寺位田) 등의 특수 전지에 대한 정보도 등재돼 있으므로, 조선시대 사찰 경제의 실상은 물론 국가와 불교계의 관계에 대한 연구 자료로서 가치가 높다.

조선후기에는 다양한 종류의 의궤가 편찬되었는데, 그중 능원(陵園)을 조성하거나 궁전(宮殿)을 수리하는 절차에 대한 의궤에는 역사에 동원된 승도에 대한 다양한 정보가 수록돼 있다.[25] 그러므로 이 의궤류들은 조선후기 국가와 불교계의 관계, 승도의 층위와 존재 양상에 대한 연구 자료로 가치가 있는데, 그간 승역이 국가에 의한 일방적인 억압과 착취로 해석됨에 따라 연구가치가 높이 평가되지 못해 온 듯하다. 그러나 관찬 편년 기록, 법전, 호적 등을 통해 조선시대의 불교정책이 재해석된다면, 승역의 기

---

23 손성필, 2013, 앞 박사논문, 206~209쪽.
24 임용한, 2010, 「대한제국기 충주의 사원전과 사하촌」, 『역사와 실학』 42.
25 윤용출, 1998, 『조선후기의 요역제와 고용노동』, 서울대출판부, 129~172쪽.

능과 역할 등도 재해석될 여지가 크다.[26] 한편, '의궤(儀軌)'라는 용어 자체가 불교에서 기원한 것이라는 견해가 제기된 바 있어 흥미롭다. 의궤라는 용어는 유교 문헌에서는 전례를 찾아볼 수 없고 불교 문헌에서 흔히 쓰인 용어라는 것이다.[27] 이러한 견해에 대해서는 추후 더 면밀한 검토가 필요할 것으로 보이나, 고려시대, 조선전기에는 국가와 왕실의 국가적인 불교 의례가 빈번히 설행되었다는 점에서 각종 의례가 유교적으로 재편된 뒤에도 '의궤'라는 용어는 계속 전승되었을 가능성도 있어 보인다.[28]

(3) 지리지와 읍지

관찬, 사찬 지리지와 읍지는 국가와 사족의 지방 통치, 향촌 교화를 위해 편찬된 것으로, 조선의 지리 정보를 제공하는 자료일 뿐만 아니라 국가와 사족의 지리 인식, 지방과 향촌의 통치체제 등에 대한 연구 자료라고 할 수 있다. 지리지와 읍지의 '불우(佛宇)' 또는 '사찰(寺刹)' 조에는 당시의 주요 사찰에 대한 정보가 수록되어 있는데, 1481년 편찬된 『동국여지승람』에 수록되기 시작하였고, 이후 편찬된 지리지와 읍지들에도 주요 항목으로 빠지지 않고 수록되었다. 사실 조선시대의 사찰은 승도, 사족, 지역민 등에게 수행, 강학, 신앙, 의례, 공무, 거처 등을 위한 장소이자, 수호, 유람, 숙박, 독서, 종이 생산, 서적 간행, 책판 보관 등이 이루어지는 곳이기도 했다. 사족들은 사찰에서 상층 승도와 문학적 교유를 나누기도 하였고, 하층 승도로부터 산수 유람에 노동력을 제공받기도 하였

---

26 최근의 연구에 따르면 조선후기에 승역을 중심으로 승도, 사찰을 관리하는 체계가 제도화되었다(김선기, 2023, 앞 박사논문).

27 신승운, 2009, 「朝鮮 儀軌의 分類와 整理方案 硏究」, 『'조선왕조 의궤 번역의 현황과 과제' 발표자료집』, 한국고전번역원, 3~4쪽.

28 조선전기 의궤의 종류와 성격에 관한 논의로는 정영미, 2021, 「조선전기 儀軌 편찬 관련 기록 검토」, 『동국사학』 70 참조.

다.[29] 사족이 지은 시문에 사찰이 빈번히 등장하는 데서 보듯, 사찰은 조선 사회의 지리 경관에서 중요한 위상을 점했고, 일정한 사회적 역할을 했다고 볼 수 있다.

지리지를 통해 조선시대의 주요 사찰 수에 대한 분석이 가능한데, 『신증동국여지승람(新增東國輿地勝覽)』(1531), 『동국여지지(東國輿地志)』(1660년경), 『여지도서(輿地圖書)』(1760년경),[30] 『조선총독부통계연보(朝鮮總督府統計年譜)』(1915)에는 각각 1,658개, 1,602개 이상, 1,537개, 1,401개의 사찰이 수록되었다.[31] 이러한 수치를 통해 볼 때 조선시대에 적어도 약 1,500개 이상의 사찰이 있었다고 할 수 있다. 전국 지리지에는 군읍별 주요 사찰이 수록된 것이었고, 대체로 읍지에는 전국 지리지에 수록된 것보다 크게 많은 수의 사찰이 수록되었기 때문이다.[32] 『여지도서』의 단묘(壇廟) 조, 학교(學校) 조에 수록된 서원(書院)의 수 277개, 조선말기까지 건립된 서원과 사우(祠宇)의 총수 903개와 비교해 볼 때,[33] 조선 사회에는 서원·사우보다 크

---

29 조선후기 사족의 산수유람과 사찰 이용, 승도 동원에 대해서는 이경순, 2014, 「17~18세기 士族의 유람과 山水空間 인식」, 서강대 사학과 박사논문 참조. 명종대에 문정왕후가 陵寢寺刹에 대한 유생 출입을 엄금하고 이를 어긴 자를 엄단하려 하자, 신료들은 '조정 대신들 중에 사찰에서 讀書하지 않은 자가 누가 있느냐'라며 반발하였듯 당시 사찰은 사족층에게 전일하게 공부하는 데 적합한 장소로 인식되었다(『明宗實錄』 卷3, 명종 1년 1월 6일; 卷9, 명종 4년 9월 12일; 12월 19일).

30 최근의 연구에 따르면, 『여지도서』는 편찬이 완료되지 못했고, 이에 국가적으로 명명된 바도 없다(손성필·김준섭, 2021, 「'1760년 상송 읍지'의 성립과 전래, 그리고 현존본: 한국교회사연구소 소장 '여지도서'와 신발굴 '여지승람' 2종에 대하여」, 『고전번역연구』 12).

31 이병희, 1997, 「朝鮮時期 寺刹의 數的 推移」, 『역사교육』 61.

32 양혜원, 2019a, 「16세기 지방 불교 시설과 공간 질서의 변동: 안동 읍지 『永嘉誌』 분석을 중심으로」, 『사림』 67; 손성필, 2019a, 「16세기 후반~17세기 전반 寺刹의 존립 실태 (1): 경상도 지역 私撰 邑誌 '佛宇' 조의 검토」, 『남도문화연구』 36.

33 정만조가 20세기 초에 편찬된 『增補文獻備考』를 중심으로 조사한 「年代別 祠院의 建立·賜額 數一覽表」에 의하면, 조선중후기에 건립된 書院과 祠宇는 총 903개였으며, 이 중 賜額을 받은 것은 270개였다(정만조, 1975, 「17~18世紀의 書院·祠宇에 대한 試論」, 『한국사론』 2, 263쪽). 이태진은 이 중 서원만을 대상으로 조선중후기 서원의 성격에 대해 논하였다(이태진, 1978, 「士林과 書院」, 『한국사』 12, 국사편찬위원회).

게 많은 수의 사찰이 분포하고 있었다. 서원이 없는 군읍은 적지 않은 반면, 사찰은 거의 전 군읍에 분포해 있었다. 이는 많은 사찰이 전국에 고루 분포해 있었을 뿐만 아니라, 조선 사회에서 일정한 역할을 하고 있었고, 중요한 지리 정보 또는 통치 정보로 인식되었음을 의미한다.[34]

각 지리지와 읍지의 사찰 수록 기준, 지침 등이 동일하지 않았다는 점을 고려해 면밀한 검토가 필요하지만, 전국 지리지에 수록된 사찰의 총 수는 대체로 15세기 후반에서 20세기 초반에 이르기까지 큰 증감을 보이지 않았다. 다만, 사(寺)가 아닌 암(庵)이 차지하는 비율이 10% → 16% → 32% → 47%로 점차 증가하였다는 점은 주목된다. 조선후기로 갈수록 암자의 수록 비중이 커지는 추세인 것이다. 특히 18·19세기에 암자의 수록 비중이 높아졌는데, 이는 사찰의 규모가 축소돼 암자화되었거나, 지리지에 수록할 만한 주요 사찰의 수가 기존에 비해 감소하면서 암자의 수록 비중이 증가했음을 의미한다.[35] 한편 지리지와 읍지의 불우, 사찰 조에 기재된 사찰 정보를 통해 볼 때, 사찰은 신창·중창되기도 폐사되기도 하였다. 이는 법제와 현실이 달랐음을 보여준다. 『경국대전』 사사(寺社) 조에는 사찰의 신창을 금지한다고 하였으나, 사찰은 계속 중창되고 있었고, 신창되기도 하였다. 서원은 영조 17년(1741)과 고종 8년(1871)에 대대적으로 철훼된 바 있지만, 국가가 사찰을 대대적으로 철훼한 사례는 거의 찾아보기 어렵다.[36]

안동 지역의 사찬 읍지인 『영가지(永嘉誌)』 고적(古跡) 조에 대한 분석에 의하면, 15·16세기에는 주로 읍치 주변의 평지 사찰이 폐사되었고 그 자

---

34 손성필, 2013, 앞 박사논문, 41~42쪽.

35 조선시대 지리지와 읍지에 수록된 사찰의 수, 수록 기준, 암자 수록의 증가 추세 등에 대해서는 이 책의 4장 2절에서 자세히 다룰 것이다.

36 1538년(중종 33)에 경차관을 파견해 경기도, 전라도 지역의 신축 사찰을 철훼하도록 한 것이 유일한 사례인데, 그마저 『동국여지승람』에 수록된 전국 1,650여 개 사찰을 제외한 신축 사찰에 한한 것이었다(손성필, 2013, 앞 박사논문, 75~78쪽). 이에 대해서는 3장 3절에서 자세히 다룰 것이다.

리에 서원이 들어서기도 하였다.[37] 읍치 주변 공간은 유교화되어 간 한편, 산지가 불교적 공간으로 유지·확장된 변화가 진행된 것이다. 15·16세기에 평지 사찰이 사라져 간 것은 이전에 비해 불교의 정치·사회적 역할이 축소되었음을, 18·19세기에 암자의 비중이 증가한 것은 불교계의 규모가 축소되었음을 의미하는 것으로 보인다. 그러나 전국 지리지에 수록된 주요 사찰 수의 추이만 살펴보더라도, 일반적으로 가장 극심한 불교의 침체기로 이해돼 온 16세기 전반에 '사(寺)'의 격인 사찰이 전체의 89%인 1,469개에 이를 만큼 많았고, 조선말기에도 전체의 50% 이상인 745개에 이를 만큼 적지 않았다. 17세기에 활동한 유형원(1622~1673)은 "사찰이 산에 두루 가득하고 승도가 백성의 거반이나 되는 지경에 이른 것이 백년쯤 되었다."고 인식하기도 하였다.[38]

이처럼 조선시대 사찰은 지방 향촌 사회의 주요 기관이자 경관이었으며, 일방적 억압과 수탈의 대상으로 이해돼 온 바와 달리 국가, 사족, 지역민과 일정한 관계를 유지하며 사회적 역할을 해 나아갔던 것으로 보이므로, 그 구체적 양상에 대한 더 면밀하고 종합적인 검토가 필요해 보인다.

(4) 문집, 일기, 필기

조선 사회의 주도층인 사족이 남긴 여러 종류의 글들도 불교사 연구에 유용한 자료다. 한문으로 찬술된 사족의 글들은 크게 '정통 한문학'과 '비정통 한문학'으로 나누어 볼 수 있다.[39] 이른바 정통 한문학 문체로는 표(表)·전(箋), 기(記), 서(書), 서(序)·발(跋), 행장(行狀), 비문(碑文), 제문(祭文)

---

37 양혜원, 2005, 「16세기 安東地域 佛教界의 量的 轉變過程과 그 意味」, 이화여대 사회생활학과 석사논문; 양혜원, 2019a, 「16세기 지방 불교 시설과 공간 질서의 변동: 안동 읍지 『永嘉誌』 분석을 중심으로」, 『사림』 67.

38 『磻溪隨錄』 卷25, 續篇 上, 僧尼巫覡淫祠.

39 박희병, 2008, 『유교와 한국문학의 장르』, 돌베개, 45~66쪽.

등이 있는데, 비교적 형식적 규범이 강고하고 성리학적 문이재도론(文以載道論)에 충실한 글쓰기 양식들이라고 할 수 있다. 사족층은 이 글들로 서로 교유하고 평가하였으며, 이 글들이 문집(文集)으로 간행됨으로써 그 평가는 죽은 후에도 이어져 후손에게 영향을 미쳤다. 그러므로 정통 한문학은 그 향유층인 사족 사회의 평가를 의식한 글쓰기일 수밖에 없었고, 문집으로 간행되면서 후손과 문인에 의해 선별되거나 개변(改變)되기도 하였다.[40] 일정한 자기 검열과 사회적 검열을 거친 후 공표된 자료라고 할 수 있는 것이다.

이러한 성격을 통해 볼 때 사족의 문집에 불교에 관한 풍부한 기록이 있으리라 기대하기 어렵다.[41] 조선의 사족층이 기본적으로 성리학에 기반한 지식인층이었으므로, 불교가 이단(異端)이라는 명분은 대체로 견지되었던 것으로 보이기 때문이다.[42] 조선중후기에 사족 중심 사회가 형성되면서 문집 간행이 성행하였으나, 시문과 문집은 사족 사회의 지향과 평가를 의식하여 찬술되고 편찬된 것이므로, 사회 전반의 현실을 고루 반영하고 있다고 보기 어렵다.[43] 조선시대에 가장 많이 생산된 자료이지만,[44] 불교사

---

40 유탁일, 2001, 「한국 옛 문집의 양태와 출판과정」, 『영남지방출판문화논고』, 세종출판사, 387 ~388쪽. 신승운은 1498년 戊午史禍의 전개과정에서 김종직의 『佔畢齋集』이 毁板, 火書된 사건의 영향으로 인해, 후일 분쟁을 일으킬 수 있는 글은 문집에 수록하지 않는 것이 조선 사회에 일반화되었다고 보았다(신승운, 1994, 「成宗朝의 文士養成과 文集編刊」, 성균관대 문헌정보학과 박사논문).

41 조선중기의 시인인 權韠의 『石洲集』 별집 편찬을 예로 들면, 宋時烈은 『석주집』 별집을 산정하면서 시 600수 중 少時에 戱作한 시, 승도와 수창한 시, 풍자가 심한 시 등을 제외하고 100여 수를 선별하여 편찬하였다고 한다(「石洲別集跋」, 『石洲集』).

42 다만 동아시아의 지적 전통에 따른 조선시대의 異端 개념이, 서구의 지적 전통에 따른 근현대의 이단 개념과는 다소 차이가 있을 수 있다는 점에는 주의할 필요가 있어 보인다.

43 조선시대 藍輿僧에 대한 이해는 문집에 대한 대표적 오독 사례라고 할 수 있다. 남여승의 존재는 조선시대 승도가 사족층으로부터 착취, 천시되었다는 데 대한 근거로 받아들여져 왔다. 그러나 사실 사족의 가마를 메는 役을 담당한 자는 하층 승도였고, 승도를 가마 메는 데 부린 자는 적어도 지방 수령 이상의 고위 사족층이었다. 그간 승도와 사족의 다양한 층위를 고려하지 않은 한편, 문집의 저자가 대부분 고위 사족층이라는 점을 간과해 왔던 것이다. 다시 말해 사

연구 자료로서 그 가치가 높다고 보기는 어려운 것이다. 실제로 불교에 대한 관심이 표명된 문집은 드물며, 특히 조선후기 재지 사족의 문집에서 불교 관련 내용을 더 찾아보기 어려운 듯한데, 이는 이들의 문집 간행이 향촌에서의 사회적 지위 제고라는 뚜렷한 목적에 따른 것이었다는 점과 관계가 있는 것이 아닐까 추정된다.

　　그러나 사족의 문집은 그들의 불교 인식의 단편, 불교 관련 사실의 단편을 살펴볼 수 있는 자료로는 가치가 있다. 예컨대 시문을 매개로 한 승도와의 교유, 고승 비문의 찬술, 사찰로의 산수 유람, 사찰에서의 서적 간행 등의 사례를 적지 않게 찾아 볼 수 있다. 한편 불교적 사유나 불교에 대한 관심을 숨기지 않은 글들이 수록된 문집도 있는데, 허균(許筠, 1569~1681), 박세당(朴世堂, 1629~1703), 김창흡(金昌翕, 1653~1722), 최창대(崔昌大, 1669~1720), 이덕수(李德壽, 1673~1744), 이하곤(李夏坤, 1677~1724), 신유한(申維翰, 1681~1752), 조귀명(趙龜命, 1693~1737), 김도수(金道洙, 1699~1733), 홍대용(洪大容, 1731~1783), 이충익(李忠翊, 1744~1816), 김정희(金正喜, 1786~1856) 등의 문집이 현재 알려져 있다.[45] 이들은 경화사족,

---

족의 문집에 나타나는 고위 사족층과 하층 승도의 특수한 관계를 사족층과 승도층 전반의 일반적인 관계로 잘못 이해해 왔던 것이다.

44　신승운에 의하면, 조선시대에 생산된 문집은 약 3,000여 종(1인 1문집 기준, 필사본 포함)인데, 추산컨대 이는 조선시대에 생산된 모든 서적의 약 40%에 이른다고 한다. 현전하는 한국문집의 99%가 조선시대 문집이며, 이 중 86%에 이르는 2,600여 종이 조선후기에 생산된 것이다(신승운, 2001,「유교사회의 출판문화: 특히 조선시대의 문집 편찬과 간행을 중심으로」『대동문화연구』39, 366~371쪽).

45　김경숙, 1999,「18世紀 前半 庶孽 文學 硏究: 李世愿, 申維翰, 姜栢, 金道洙를 중심으로」, 이화여대 국어국문학과 박사논문; 유호선, 2006,『조선후기 경화사족의 불교인식과 불교문학』, 태학사; 이희재, 2006,「17세기 박세당의 유불회통적 불교관」,『유교사상연구』25; 최윤정, 2007,「西溪 朴世堂의 佛敎觀과 佛僧과의 교유 양상」,『동양고전연구』27. 한편, 불교에 대한 관심이 표명된 이 문집들이 서울에서 인행된 금속활자본이거나, 간행되지 못한 필사본인 경우가 많다는 점은 흥미롭다. 반면 재지사족의 문집 간행이 가장 활발했던 영남 지역의 문집 대부분은 목판으로 간행되었다. 이는 자료의 전승 매체 및 생산 지역에 따라 그 성격과 내용에 차이가 있을 수 있음을 보여주는 사례로서 추후 면밀히 검토될 필요가 있다.

소론, 실학자, 양명학자, 서얼 등으로 그 성격이 다양하며, 불교에 대한 이해와 관심의 폭도 다양하였다. 이들의 불교에 대한 관심은 개인의 이례적인 관심이거나 성리학 일변도의 사상계에 대한 반성 또는 회의에 의한 것으로 주로 이해되어 왔다. 그러나 이에 대한 연구 성과들이 승도 천인신분설, 서민부녀자 신앙설, 불교 명맥유지설 등의 조선시대 불교에 대한 기존 통념에 따라 불교계의 저변이 취약했음을 전제로 논의했다는 점에서, 그 해석에는 한계가 있었다고 본다.[46]

비정통 한문학 장르로는 일기(日記), 시화(詩話), 필기(筆記), 패설(稗說), 우언(寓言), 야담(野談), 소설(小說) 등을 들 수 있다.[47] 정통 한문학이 문체적 규범이나 성리학 사상에 충실한 '긴장된' 글쓰기라면, 이 비정통 한문학은 '이완된' 글쓰기라고 할 수 있다. 당대의 규범으로부터 상대적으로 이완된 성격을 가진 장르라는 의미로, 그 규범으로부터의 이탈을 의미하지는 않는다고 할 수 있다. 그러나 '정통' 문체가 아니기에 문집에 수록된 사례가 드물었고, 필사되어 별도로 유통되는 것이 일반적이었다. 이러한 성격으로 인해 이 장르의 글들에서는 불교와 관련된 내용이 더 빈번하게 발견된다. 널리 알려져 있다시피 고위 사족인 김만중(金萬重, 1637~1692)이 지은 고전소설『구운몽(九雲夢)』은 불교를 모티브로 하였고, 허균의『홍길동전(洪吉童傳)』에는 승도가 부패한 기득권층으로 묘사되기도 하였으며, 야담·패설 등의 장르를 통해서는 사족의 관점에서 형상화된 당대의 승도상을 살펴볼 수 있다.[48] 그러나 야담, 소설 등이 상대적으로 허구적인 글쓰기인 반면, 일기와 필기는 사실에 입각한 글쓰기라는 점에서 불교사 연구 자료로 더 주목된다.[49]

---

46 손성필, 2013, 앞 박사논문, 44~45쪽.
47 박희병, 2008, 앞 책, 62~81쪽.
48 박상란, 2009,『조선시대 문헌설화의 승상』, 한국학자료원.

일기는 공사 간의 일상을 날짜별로 기록한 글이며, 필기는 생각이나 견문을 가벼운 필치로 기술한 글로 잡기(雜記), 잡록(雜錄), 만록(漫錄), 수록(隨錄) 등으로도 불린다.[50] 형식과 주제의 구애를 상대적으로 덜 받는 성격의 장르임에 부합하듯이, 이 글들에서는 사족의 일상 주변의 불교적 요소, 불교에 관한 그들의 단상과 견문이 종종 발견된다. 이는 여타 자료에서는 찾아보기 어려운 것들이어서, 조선시대 불교사 연구에 중요한 단서를 제공한다. 일기를 먼저 예로 들면, 17세기 말 정시한(丁時翰, 1625~1707)의 『산중일기(山中日記)』는 남인계 성리학자인 그가 삼남 일대의 산수과 사찰을 유람하며 쓴 여행일기로, 당시 사찰과 승도의 일상, 의례, 강학 등에 대한 다양한 정보를 살펴볼 수 있다.[51] 18세기 초 전라도 함평의 재지사족인 이준(李濬, 1686~1740)의 『도재일기(導哉日記)』에서는 사족의 상례에 승도가 불교의례를 병행하고, 사찰을 문중 재실로 삼기도 하며, 관에서 승도를 동원해 천도재와 기우제를 주관하는 등의 사실을 확인할 수 있다.[52] 이는 18세기 초 지역 사회에서 사족층에게도 불교가 여전히 신앙, 의례로서 일정한 기능을 하고 있었음을 보여주는 사례라고 할 수 있다. 그러므로 사족층의 여러 일기류를 분석하여 당시 사상과 신앙의 다양하고 복합적인 양상을 다각도로 고찰할 필요가 있어 보인다.

필기에서도 불교에 대한 다양한 기록들이 보인다. 불교에 관한 기사가 확인되는 필기류로는 성현(成俔, 1439~1504)의 『용재총화(慵齋叢話)』, 유형

---

49 손성필, 2013, 앞 박사논문, 45~46쪽.

50 임형택, 1984, 「李朝前期의 士大夫文學」, 『韓國文學史의 時角』, 창작과비평사, 414~418쪽; 정구복, 1996, 「朝鮮朝 日記의 資料的 性格」, 『정신문화연구』 65; 염정섭, 1997, 「조선시대 일기류 자료의 성격과 분류」, 『역사와 현실』 24.

51 김상현, 2006, 「유생들도 감탄했던 講學의 전통과 그 풍경」, 『불교와 문화』 1-2; 이경순, 2008, 「1688년 정시한의 팔공산 유람」, 『역사와 경계』 69.

52 김영미, 2006, 「18세기 전반 향촌 양반의 삶과 신앙: 李濬의 『導哉日記』를 중심으로」, 『史學硏究』 82.

원(柳馨遠, 1622~1673)의 『반계수록(磻溪隨錄)』, 김만중(金萬重, 1637~1692)의 『서포만필(西浦漫筆)』, 홍만종(洪萬宗, 1643~1725)의 『순오지(旬五志)』, 이익(李瀷, 1681~1763)의 『성호사설(星湖僿說)』, 성대중(成大中, 1732~1809)의 『청성잡기(靑城雜記)』, 이긍익(李肯翊, 1736~1806)의 『연려실기술(燃藜室記述)』 등을 들 수 있다. 이 글들에는 불교와 승도에 대한 원론적 비판, 당대의 불교 현실에 대한 단상, 불교 제도에 대한 견문, 청허 휴정(淸虛休靜, 1520~1604)과 사명 유정(四溟惟政, 1544~1610)에 대한 칭송, 승도의 강학·전법·위의에 대한 견문, 승도에 대한 칭송과 속유(俗儒)에 대한 비판 등 불교와 승도에 관한 다양한 기사가 수록되어 있다. 특히 『청성잡기』에는 당시의 전법(傳法) 풍경이 상세히 묘사돼 있는데, 유문(儒門)의 종장(宗匠)도 전법을 통해 일가를 이룬 법사(法師)만 못하다고 한 평가는 흥미롭다.[53] 이처럼 필기는 다른 자료에서는 찾아보기 어려운 정보를 담고 있는데, 이는 상대적으로 형식과 내용의 구애를 적게 받는 자료적 성격에 기인한다고 할 수 있다. 그러므로 사족이 편찬한 문집, 일기, 필기 등의 자료는 해당 자료의 문체론적, 사회적 성격을 고려하여 해석되어야 할 것으로 보인다.

2) 불교계 및 승도의 편찬 자료

(1) 불교 저술과 간행 불서

불교 저술은 당대에 찬술된 불교 관련 저술을 의미한다. 교, 선, 정토, 계율 등 불교 사상에 대한 저술, 불교의 역사에 대한 저술, 불교 의례에 대한 저술 등을 포함하며, 단독 저술과 함께 문집 등에 수록된 단편 저술

---

53 『靑城雜記』卷3, 醒言.

도 포함한다. 불교 저술을 통해 당대의 불교 사상을 연구하는 것은 시대를 불문하고 공통된 방법론이며, 철학사, 사상사의 전개를 고찰하기 위해 가장 중요한 연구 자료임에 분명하다. 동아시아에 전래된 불교는 한역된 경전의 체계적 이해를 위한 교학이 발달했으며, 이는 수·당대에 천태종, 화엄종, 법상종, 선종 등 여러 종파의 출현으로 이어졌다. 국가적 차원에서 불교를 수용했던 한국의 고대 불교 또한 교학 불교가 발달했으며, 이에 따라 고대 불교는 교학 저술과 관·사찬 역사서를 중심으로 연구되었다.

그러나 동아시아 교학 불교의 난만한 발전 이후에는 대체로 불교 교학이 이전과 같은 발전상을 보이지는 않았고, 후대로 갈수록 선과 교, 선과 염불, 불·유·도가 융합하는 양상을 보였다. 이에 따라 교학 저술은 후대로 올수록 그 양이 줄어드는 편인데, 이는 불교가 쇠퇴한 근거로 인식되기도 하였다. 그러나 교학 불교의 발달이 철학사적 관점에서 중요한 주제임은 분명하나, 이 관점만으로 불교사를 평가하는 시각이 타당한 것인지에 대해서는 숙고할 필요가 있다. 교학 불교의 전개만으로 불교의 정치·사회·사상적인 기능, 역할, 영향 등을 설명하기는 어렵기 때문이다. 그러므로 불교가 가장 융성한 것으로 여겨지는 시기의 국가불교적 관점과 교학불교 발달사적 관점으로 후대의 불교를 재단하고 있지 않은지에 대한 비판적 성찰이 필요해 보인다.

현전하는 조선시대의 불교 저술은 불교 서적에 대한 주석서류(註釋書類), 선·교·염불의 삼문론류(三門論類), 불·유·도의 삼교론류(三敎論類), 불교의례서류(佛敎儀禮書類), 불교사서류(佛敎史書類) 등으로 대별할 수 있을 듯하다. 주석서류 중에는 이력(履歷) 불서에 대한 다양한 사기류(私記類)의 저술이 가장 주목할 만한 특징이라고 할 수 있다. 이력은 조선후기 불교계의 보편적 강학체계로, 조선중기에 성립하여 근현대에까지 전승된 한국 불교의 특징적인 면모 중의 하나이다. 조선후기에는 이력 불서에 대한 사기류 저술이 다수 찬술되었으며, 이는 이력 불서의 강학과 이해가 불교계의 과업이었음을 의미한다고 할 수 있다. 그러므로 이력은 조선후기 불교계의 강학체계임과 동시에 불교를 이해하는 그들의 사상 체계와 다름없었던 것으로 보인다. 간화선과 화엄을 정점으로 하는 일종의 교판(敎判) 체계였던 것이다. 그러므로 사기류를 통해 이력 불서에 대한 그들의 이해가 어떠했는가를 밝히는 한편, 이력이 언제, 어떻게 형성, 성립, 확산되었는가를 밝히는 것은 조선후기 불교사의 중요한 연구 주제라고 할 수 있다.[54]

그간 조선후기 불교는 선 일변도였고 교학이 쇠퇴하였다는 인식으로 인해, 널리 알려진 저술들에 대한 연구도 활성화되지 못해 왔다. 그러나 근래의 연구에 의하면 조선후기 불교계에는 선과 교, 곧 임제법통과 교학 전통이 공존하였고, 수행 방편으로 염불도 수용되고 있었다.[55] 표방한 명분과 실제의 현실 간에는 다소 차이가 있었다고 할 수 있는 것이다. 그리고 이러한 조선후기 불교의 특징이, 조선전기를 거치며 불교 전통이 단절되다시피 상태에서 임진왜란을 계기로 갑자기 발현된 것이 아니라, 고려시대와 조선 초의 불교 전통을 바탕으로 점차 형성돼 왔던 것으로 보아야 한다는 견해도 제기되기도 하였다.[56] 그러므로 주석서류, 삼문론류, 삼교론류, 불교의례서류, 불교사서류 등의 다양한 조선시대 불교저술을 그 성격에 맞게 분석함으로써, 조선시대 불교사상사 전개에 대한 이해를 심화할 필요가 있다.

---

54 이력 성립에 관한 최근의 연구 성과로는 손성필·전효진, 2018, 「16·17세기 '사집(四集)' 불서의 판본 계통과 불교계 재편」, 『한국사상사학』 58 참조.

55 김용태, 2010, 앞 책; 이종수, 2010, 앞 박사논문.

56 손성필, 2013, 앞 박사논문; 손성필, 2014a, 「虛應 普雨의 불교사적 위상 재검토」, 『한국사상사학』 46. 한편, 고대와 고려시대의 불교사 자료도 조선시대를 거쳐 오늘날에 전해진 것이라는 점에도 유의할 필요가 있다. 예컨대 『高麗大藏經』은 조선시대를 거쳐 보존·전승되었고, 『三國遺事』는 조선 중종대에 重刊돼 전승되었다. 반면 『眞心直說』은 조선후기에 중국으로부터 유입되면서 저자가 知訥로 오인된 사례다(최연식, 2002, 「『眞心直說』의 著者에 대한 새로운 이해」, 『진단학보』 94; 손성필, 2011, 「『眞心直說』 판본 계통과 普照知訥 찬술설의 출현 배경」, 『한국사상사학』 38).

간행 불교서적은 불교 사상과 신앙의 전개를 고찰하기 위해 가장 중요한 자료의 하나다. 조선시대에는 많은 양의 불서가 간행되었고, 이는 일찍이 일본인 연구자들의 주목을 받기도 하였다.[57] 지금도 여러 도서관과 사찰에는 조선시대에 간행된 많은 불서가 산적해 있으나, 이에 대한 연구는 그간 부진했다. 서지학계에서 그 개별 판본에 대한 연구는 다소 이루어졌으나, 그 사회·문화사적, 불교사적 의미에 대한 연구는 거의 이루어지지 못해 왔다.[58] 그러나 불서의 간행은 그 자체로 특정 불교 사상의 유포를 의미하며, 강학, 수행, 신앙, 유통 등의 뚜렷한 의도와 목적을 지닌다는 점에서 불교사 연구를 위해 중요한 자료임이 틀림없다. 불교 저술은 특정 인물의 불교 사상에 대한 연구 자료인 반면, 간행 불서는 당대 불교계 전반의 사상 경향이나 지향을 살펴볼 수 있는 자료라는 점에서 가치가 있다. 특히 조선시대에 간행된 불교 서적은 유교 서적에 비해 간기(刊記)와 간행 참여 인물의 명단을 충실히 수록해 두었다는 특징이 있으므로, 이를 통해 간행 시기, 지역, 주체 등에 대한 분석이 가능하다. 당시에는 서적의 간행 자체가 학식, 기술, 경제력 등을 크게 필요로 하는 상층 문화 행태였다는 점도 간과해서는 안 될 것으로 보인다.

근래의 연구에 의하면 불교 서적의 간행은 16세기에 급증하였다. 16세기에 이르러 국가와 왕실의 불서 간행은 더 이상 이루어지지 않은 반면,

---

57 黑田亮, 1940, 『朝鮮舊書考』, 岩波書店; 江田俊雄, 1977, 『朝鮮佛敎史の研究』, 國書刊行會. 江田俊雄은 조선시대에 254종의 불서가 464회 간행되었다고 파악하고, 동시대의 일본과 중국에 비해 불서 간행이 훨씬 활발하였다고 지적하였다. 특히 諺解 佛典이 등장하고 다양한 異版 佛典이 간행되었다는 점을 주목할 만한 특징으로 보았다(江田俊雄, 1956, 「佛書刊行より見た李朝代佛敎」, 『印度學佛敎學研究』 7). 이후 조사된 바에 따르면 조선시대에 간행된 불서 판본은 알려진 것만 900종 이상이다(박상국, 1987, 「有刊記佛書木板本目錄」, 『全國寺刹所藏木板集』, 문화재관리국). 아직 조사, 발견되지 않은 판본도 많다는 점을 고려할 때, 불전 간행은 江田俊雄이 지적한 바대로 조선시대의 특징적인 사회·문화현상으로 주목할 필요가 있다.

58 조선후기의 진언집류와 의식집류 간행이 주목 받은 바 있다(홍윤식, 1988, 「조선시대 진언집의 간행과 의식의 밀교화」, 『한국불교사의 연구』, 교문사; 남희숙, 2004, 「朝鮮後期 佛書刊行 研究: 眞言集과 儀式集을 중심으로」, 서울대 국사학과 박사논문).

16세기 전반부터 전국의 지방 사찰에서 불서를 다량 간행하기 시작하였고, 그 간행량은 17, 18세기까지 대체로 지속되었다. 16세기 전반의 중종대에 불교 전통이 단절되다시피 하였다고 하는 기존의 불교사 이해와는 달리, 고려시대, 조선초기의 불교 전통은 불서를 통해서도 계승되고 있었고, 이를 토대로 새로운 전통이 창출되고 있었다. 고려말기 불교전통을 대표하는 몽산 덕이 관련 불서인『몽산화상법어약록(蒙山和尙法語略錄)』,『몽산화상육도보설(蒙山和尙六道普說)』 등이 16세기에 집중적으로 간행되다가 17세기 전반 이후 더 이상 간행되지 않은 반면, 이력의 핵심 교과인 사집의『선원제전집도서(禪源諸詮集都序)』와『법집별행록절요병입사기(法集別行錄節要科目幷入私記)』가 16세기 후반에 다량 간행되기 시작하여 이후에도 지속적으로 간행된 것은 단적인 사례라고 할 수 있다.[59] 한편 16∼17세기는 조선 사회의 서적 간행과 보급이 전반적으로 크게 증가한 시기로 보이는데, 그렇다면 16세기 서적 간행의 급증은 문화사적 관점에서도 상당히 주목할 만한 현상이라고 할 수 있다.[60] 따라서 조선시대 간행 불서 불교 사상과 신앙의 전개를 연구하는 데 중요한 정보를 제공할 뿐 아니라, 불교계의 사회·문화적 역할과 위상에 대한 단서를 제공한다는 점에서 주목이 필요한 연구 자료인 것으로 보인다.[61]

(2) 고승문집과 고승비

고승문집은 고승이 창작한 시문(詩文)을 수집하여 편차(編次)한 것이다. 문집은 특정 주제에 대한 저술이 아니라 저자가 창작한 시문을 수집하여

---

59 손성필, 2013, 앞 박사논문, 153∼162쪽, 219∼233쪽.

60 손성필, 2013a, 앞 논문, 371∼376쪽.

61 조선시대 불서 간행에 관한 최근의 주목할 만한 연구 성과로는 강현찬, 2016,「조선 후기『화엄경소초』의 판각과「영징이본대교(靈澄二本對校)」본의 의의」,『한국사상사학』53; 이상백, 2021,「조선 후기 사찰의 불서 간행 연구」, 한국학중앙연구원 고문헌관리학전공 박사논문 등을 들 수 있다.

편찬한 것으로, 저자 사후 후손이나 문인에 의해 편간(編刊)되는 것이 일반
적이었다. 고려시대와 조선 초 고승의 문집으로는 의천(義天)의 『대각국사
문집(大覺國師文集)』, 혜심(慧諶)의 『조계진각국사어록(曹溪眞覺國師語錄)』,
『무의자시집(無衣子詩集)』 등의 10여 종이 전한다. 그러나 15세기 전반 『함
허당득통화상어록(涵虛堂得通和尚語錄)』이 편간된 이후 고승문집은 편간되
지 않다가, 16세기 후반 보우(普雨)의 『허응당집(虛應堂集)』, 『나암잡저(懶
庵雜著)』, 17세기 전반 휴정의 『청허당집(淸虛堂集)』, 유정의 『사명당집(泗
溟堂集)』을 비롯하여 조선중후기에는 약 80여 종의 고승문집이 편간되었
다. 이에 고승문집 편간은 조선중후기 불교계의 특징적 면모라고 할 수 있
다. 고승의 전기 자료가 행장, 비문 등의 문체로 다수 찬술된 것도 조선중
후기 불교계의 한 특징인데, 현전하는 조선시대 승도의 행장 약 100여 편,
비문 약 170여 편은 대부분 조선중후기에 찬술된 것이다. 행장은 주로 해
당 고승의 문도에 의해 찬술되었으며, 비문은 주로 문도가 행장을 가지고
가서 고위 사족층에게 비문 찬술을 청탁하는 방식으로 찬술되었다. 그러
므로 행장과 비문은 이러한 찬술 주체의 성격, 찬술 방식 등을 고려하여
해석될 필요가 있다.[62]

　고승문집은 수록된 시문, 행장, 비문을 통해 고승의 행적, 사상, 문파, 문
학 등을 중심으로 연구되어 왔다. 그런데 문집은 편간 그 자체로 사회사적
의미를 지니는 연구 자료라는 점에 주목할 필요가 있다. 조선중후기는 사
족의 문집 편간이 성행한 시기였다. 사족은 조선중후기 사회의 주도층으
로 부상하였는데, 그들은 '유교적 소양의 독서인'이자 '현관(顯官)의 후손'

62　喚醒 志安(1664~1729)의 행장과 비문을 예로 들면, 제자인 涵月 海源(1691~1770)은 지안의 행
　　장을 찬술하면서 스승을 正法菩薩, 普雨와 함께 제주도에서 입적한 세 성인[三聖] 중의 한 명으
　　로 추숭하였다. 그러나 비문 청탁을 받은 洪啓禧(1703~1771)는 해원이 찬술한 행장을 토대로
　　승도인 지안의 비문을 찬술하고 정법보살에 대한 내용을 서술하면서도 보우에 대한 직접적 언
　　급만은 회피하였는데, 이는 조선후기 사족층의 불교, 승도, 보우에 대한 인식의 실상을 반추하
　　게 하는 사례라고 할 수 있다(손성필, 2014a, 앞 논문, 108쪽).

이어야 했다. 이에 따라 문집은 선조(先祖) 또는 선사(先師)의 도학(道學), 문장, 충절, 계보적 정통성 등을 선양함으로써 후손과 문인의 사회적 지위를 제고, 유지, 강화하는 기능을 하였다.[63] 문집은 재지사족 사회의 인정 없이는 간행될 수 없었고, 정치·사회적 이유로 국가나 사족에 의해 훼판(毀板)·화서(火書)되기도 하였으며,[64] 문집 편간을 계기로 문파와 정파가 형성·분화하기도 하였다.[65] 이처럼 조선중후기의 문집 편간은 사족 중심 사회의 형성에 따른 현상이었고, 사족층의 정치·사회적 지위와 밀접한 관련이 있었다.[66]

조선 사회에서 사족층 외에 문집을 편간한 유일한 계층이 승도층이었다.[67] 승도층은 한문 소양을 갖춘 독서인이었으며, 그 계보적 정통성을 중요시하고, 문파를 형성한 집단이었다. 고승문집은 문도에 의해 선사의 사상(도학)과 문장, 충절, 계보적 정통성을 현창하기 위해 편간되었다. 법어류(法語類)를 중심으로 편차되었던 고려시대, 조선초기의 고승문집과는 달리, 조선중후기 고승문집은 다양한 문체의 시와 문을 중심으로 편차되었으며, 형식적으로 사족의 문집과 유사했다.[68] 고위 사족층의 서문을 받아 수록했다는 점 또한 특징적이며, 불교가 억압당했다는 일반적 이해와는

63 신승운, 2001, 앞 논문; 유탁일, 2001, 앞 논문; 김성우, 2001, 「密城朴氏 嘯皐公派의 淸道 정착과 宗族 활동」, 『진단학보』 91; 김성우, 2005, 「18~19세기 '지배양반' 되기의 다양한 조건들」, 『대동문화연구』 49.

64 오이환, 1993, 「南冥集 壬戌本의 毁板」, 『남명학연구』 3; 김윤수, 1998, 「葛庵集의 庚午板變과 南冥合集의 葛銘 添削本」, 『동방한문학』 14; 김항숙, 2010, 「尹宣擧 父子 文集의 刊行과 毁板에 대한 고찰」, 『서지학보』 35; 양기정, 2012, 「『禮記類編』의 毁板과 火書에 관한 연구」, 『민족문화』 39.

65 서정문, 2007, 「朝鮮中期의 文集編刊과 門派形成」, 국민대 국사학과 박사논문.

66 손성필, 2013, 앞 박사논문, 46~49쪽.

67 조선말기에 이르러 중인, 곧 여항문인의 문집이 편간되기도 하였다(임형택 편, 1991, 『閭巷文學叢書』, 다른생각).

68 이진오, 1997, 「朝鮮後期 佛家漢文學의 사회적 성격 변화」, 『韓國佛教文學의 硏究』, 민족사; 유호선, 2008, 「조선중기 승가의 記文 연구」, 『청람어문교육』 37.

달리 고승문집이 국가나 사족에 의해 훼판, 화서된 사례는 찾아볼 수 없다.

고승비 또한 조선중후기 불교의 사회사 연구 자료로 주목된다. 고승비는 고승 사후 그 비문을 찬술하여 돌에 새겨 세운 것으로, 신라 말 이래 조선 개국 초에 이르기까지 세워지다가, 조선전기 약 200여 년간은 세워지지 않았다. 그러다 17세기 전반 유정의 비와 휴정의 비를 필두로 세워지기 시작하여, 조선후기에 약 170여 기의 고승비가 세워졌다.[69] 그러므로 고승비의 건립 또한 조선후기 불교계의 주요 특징 중의 하나라고 할 수 있다. 그런데 조선후기 고승비는 조선초기 이전의 고승비와는 다소 다른 특징을 보인다. 조선초기 이전의 고승비는 고승이 입적한 후 문도가 주청하면 왕명으로 관인에게 비문 찬술을 명하고 탑호를 하사하여 국가가 건립하였던 것과는 달리, 조선후기 고승비는 고승의 문도가 고위 관인이나 명문장가에게 비문 찬술을 직접 청탁하여 건립하였다. 고위 관인이나 명문장가가 비문을 찬술했다는 점에서는 동일하지만, 비석의 건립 주체가 국가가 아니라 문도였다는 점에서 차이가 있다.

그런데 조선후기는 사족층의 문집 편찬과 함께 신도비, 묘갈 등의 묘비(墓碑) 건립과 신도비명, 묘갈명, 행장, 제문 등의 묘도문자(墓道文字) 찬술도 성행한 시기였다.[70] 문집 편간과 마찬가지로, 사족층은 비석 건립을 통해 선조와 선사의 도학, 문장, 충절, 계보적 정통성 등을 현창하고자 하였다. 이로써 후손과 문인의 사회적 지위를 제고, 유지, 강화하고자 하였으며, 비석 건립을 계기로 문파와 정파가 형성, 분화하기도 하였다.[71] 비석 건립의 자격은 사족의 규범으로써 엄격히 지켜졌는데, 신도비(神道碑)는

---

69 손성필, 2012, 「17세기 전반 高僧碑 건립과 조선 불교계」, 『한국사연구』 156.

70 조선중후기의 문집에는 신도비명, 묘갈명, 묘지명, 묘표, 행장, 유사 등의 이른바 묘도문자가 큰 비중을 차지하고 있다(정순희, 2006, 「古文論과 碑誌類의 상관성 再考」, 『한국문학이론과 비평』 33, 303~304쪽).

71 서정문, 2008, 「「栗谷碑銘」의 찬술과 개찬 논란 검토」, 조선시대사학보 47.

실·증직 종2품 이상의 관인에 한해, 묘갈은 실·증직 관인에 한해 세워질 수 있는 것이었다.[72] 서리(胥吏), 중인(中人), 서인(庶人) 등은 비석을 세울 수 없었을 뿐 아니라, 신도비명, 묘갈명, 묘지명, 행장 등의 문체로 생애가 서술될 수조차 없었다.[73] 문집 편간과 마찬가지로, 조선후기의 비석 건립은 사족층의 정치·사회적 지위와 밀접한 관련이 있는 현상이었던 것이다.[74]

조선 사회에서 사족층 외에 비석을 건립한 유일한 계층이 승도층이었다. 고승비는 선사의 사상과 문장, 충절, 계보적 정통성을 선양하기 위해 문도에 의해 건립되었다. 조선후기 고승비는 사족의 신도비와 그 특징이 유사한데, 조선후기에 건립이 급증하였다는 점, 문중이나 문인에 의해 건립되었다는 점, 고위 관인이나 명문장가에게 비문을 청탁해 그 권위를 인정받고자 했다는 점, 비문에 찬술 동기와 청탁 경위에 대한 서술이 두드러진다는 점, 비석이 대좌, 비신, 개석 등의 격식을 갖추고 있다는 점 등에서 그러하다. 그리고 조선후기에 건립된 대부분의 고승비는 영의정, 판서, 대제학 등 종3품 이상의 집권 고위 관인층에 의해 찬술되었다는 특징이 있다. 비문 찬술과 비석 건립이 곧 사족 사회를 향한 공표를 의미함에도 불구하고, 고위 사족의 고승비문 찬술과 불교계의 고승비 건립에 대한 사족층의 비판은 제기되지 않았다.[75]

---

72 근래의 연구에 의하면, 신도비의 건립 자격은 법제로 규정되어 있지는 않으나, 碩儒라 하더라도 사족층의 규범에 따라 종2품 이상의 품계에 추증돼야 신도비를 세울 수 있었다(조연미, 1999, 「朝鮮時代 神道碑 硏究」, 숙명여대 미술사학과 석사논문, 12~14쪽; 김우림, 2007, 「서울·경기지역의 朝鮮時代 士大夫 墓制 硏究」, 고려대 문화재학협동과정 박사논문, 48~51쪽).

73 이종호, 1996, 「碑誌類 散文의 傳記文學的 性格: 그 敍事原理에 대한 李朝 士大夫層의 認識」, 『한국한문학연구』 19, 379~380쪽.

74 권세가의 신도비 건립을 풍자한 權韠(1569~1612)의 시 「충주석」에는 조선중후기 비석 건립의 성격이 잘 나타나 있다(「忠州石」, 『石州集』 卷2).

75 비문 찬술은 당쟁 격화와 당파 분화의 계기가 되기도 하였는데, 노소분당의 계기가 된 宋時烈의 尹宣擧 묘갈명 찬술(1669, 懷尼是非), 노소당쟁을 유발한 朴世堂의 李景奭 신도비명 찬술(1702) 등이 대표적인 사례다.

조선중후기 고승문집 편간과 고승비 건립 양상에 대한 근래의 연구 성과에 따르면,[76] 문집 편간과 비석 건립은 불교계 문파 형성의 과정이자 결과였으며, 사족 중심 사회의 형성에 따른 불교계의 대응이었다. 곧 고승문집 편간과 고승비 건립은 그 자체로 조선후기 불교의 형성과 확산을 의미하는 것이었으므로, 그 불교사적, 사회사적 의미에 대한 심화 연구가 필요해 보인다.

(3) 사찰 사적과 사찰 문서

사찰 사적은 사찰의 내력에 대해 찬술한 글, 편찬한 책을 통칭한다. 사적기(事蹟記), 사적비문(事蹟碑文), 중창기(重創記), 중수기(重修記) 등의 글과 함께, 이러한 글과 자료를 종합 편찬한 사적(事蹟), 사지(寺誌) 등의 문헌(책)이 이에 포함된다고 할 수 있다. 사찰의 내력에 관한 글은 고대 이래 찬술되어 왔던 것으로 보이는데, 『삼국유사』, 문집 등에 수록되거나 인용된 것들이 적지 않게 확인된다. 이에 이를 종합 편찬한 사찰 사적도 일찍이 편찬되었을 가능성이 있으나, 현재 조선전기 이전의 것은 전하지 않는다. 현전하는 가장 앞선 사찰 사적은 17세기 중반 중관 해안(中觀海眼)이 편찬한 『금산사사적(金山寺事蹟)』, 『화엄사사적(華嚴寺事蹟)』, 『대둔사사적(大芚寺事蹟)』 등이라고 할 수 있다. 그 이후에 종합 편찬된 사적 중에는 18세기, 20세기 전반에 편찬된 것들이 많은 편이며, 이밖에도 조선후기에는 사적기류의 글들이 다수 찬술되어 현전한다.[77]

사찰 사적은 각 사찰의 역사, 역사 인식에 대한 연구 자료일 뿐 아니

---

76 손성필, 2012, 앞 논문; 2013, 앞 박사논문, 163~174쪽, 234~280쪽.

77 허흥식, 1983, 「韓國寺志의 刊行現況과 展望」, 『韓國學 文獻研究의 現況과 展望』, 아세아문화사. 한 편 조선시대 여러 사찰의 내력과 현황을 종합한 문헌으로는 申景濬(1712~1781)이 편찬한 『伽藍考』, 正祖의 명으로 편찬된 『梵宇攷』 등이 있는데, 이는 넓은 의미의 사찰사적류라고 할 수 있으며, 지리지의 일종으로 규정할 수도 있어 보인다.

라,[78] 사적에 수록된 여러 기록과 고문서들은 사찰의 사회경제사 연구 자료로서 가치가 크다고 할 수 있다. 그러나 사찰 사적은 기존에는 특정 주제 연구나 사례 연구에 일부 활용되어 왔을 뿐이며, 아직 그 현황에 대한 체계적인 수집과 정리도 이루어지지 않았고, 그 개념, 범위 등에 대한 논의도 충실히 이루어졌다고 보기 어렵다.[79] 이에 각처에 소장된 사찰 사적, 여러 문헌에 수록된 사찰 사적기류 등을 종합·정리하는 작업이 선행될 필요가 있으며, 이를 통해 그 편찬과 찬술의 추이, 목적, 성격 등이 우선 검토, 논의되어야 할 것으로 보인다. 그리고 이러한 종합·정리 작업, 자료적 성격에 대한 검토와 논의를 바탕으로, 사찰 사적이 조선시대 불교사 연구에 적절히 활용될 수 있기를 바란다.

사찰 및 승도와 관련한 고문서류도 아직 체계적으로 수집, 정리되지 못한 자료라고 할 수 있다. 사찰 문서는 공문서(公文書), 사문서(私文書), 불사·신행문서(佛事信行文書) 등 사찰, 승도와 관한 모든 고문서를 포함한다.[80] 1980년대 이후 활성화된 고문서 연구는 조선시대 사회사 연구의 진전에 크게 기여하였고, 그 중요성에 대한 인식의 변화에 따라 체계적으로 정리되고 있다. 그러나 사찰 문서는 특정 주제 연구나 사례 연구에 일부 활용되어 왔을 뿐 아직 연구가 활성화되지는 못했으며, 아직 체계적인 정리도

---

78 사찰사적은 기본적으로 사찰의 역사적 정통성을 현창하기 위해 편찬된 것으로 보이는데, 한국의 사찰 중에 원효, 의상, 도선, 지눌 등의 명승이 창건했다고 전하는 사찰이 많은 것은 이와 관련이 있는 듯하다. 사찰의 유구한 역사를 현창하고자 하는 경향은 대체로 18세기에 들어서면서 강화된 것으로 보이는데, 이에 관한 사례 연구로는 손성필, 2021, 「17세기 순천 선암사의 중창과 수행 전통 성립」, 『남도문화연구』 42 참조.

79 사찰사적류를 정리한 편찬서로는 사찰의 비문, 편액, 고문서 등을 수집, 수록한 『朝鮮寺刹史料』(1911, 조선총독부), 주요 사지를 조사, 영인한 『韓國寺志叢書』(아세아문화사) 등이 있다.

80 최승희는 발급자와 발급기관을 기준으로, 寺社가 國王, 官府, 私人, 寺社로 발급한 문서를 '寺社文書'라고 규정하였다(최승희, 1981, 『韓國古文書研究』, 한국정신문화연구원). 전영근은 전래 형태를 기준으로 사찰에 전하는 문서를 '寺刹文書'라고 규정하였다(전영근, 2011, 「朝鮮時代 寺刹文書 研究」, 한국학중앙연구원 고문헌관리학전공 박사논문). 본고에서는 寺刹이나 僧人이 發給하거나 受給한 모든 문서라는 의미로 '사찰문서'라는 용어를 사용하였다.

이루어지지 않았다고 할 수 있다.[81] 이에 사찰 문서를 연구하고 활용하기 위해서는 도서관, 사찰 등에 산재한 사찰 문서를 체계적으로 수집하고 정리하는 작업이 우선 수행될 필요가 있어 보인다.

근래의 연구에 의하면, 조선시대 사찰 문서는 인사·행정문서, 재산관리·소송문서, 불사·신행문서로 대별되며,[82] 이를 크게 공문서, 사문서 등으로 구분할 수도 있다. 인사문서로는 교서(敎書), 교지(敎旨), 첩(帖) 등의 승직(僧職) 임명 문서가 전한다. 성종대 이전에는 문·무직과 같은 고신식(告身式)에 의거 작성되다가, 성종대에 승직의 서경(署經)이 폐지되면서 차첩(差帖)으로 발급되었는데, 이 차첩의 발급은 조선말기까지 지속되었다. 행정문서로는 왕이 발급한 감역·사패교지(減役賜牌敎旨), 관에서 발급한 완문(完文), 절목(節目), 하첩(下帖), 사격첩(寺格帖), 사찰에서 관으로 발급한 서목(書目), 첩정(牒呈) 등이 있으며, 사찰 간에 발·수급한 공문서로는 물금첩(勿禁帖), 완문, 절목 등이 있었다. 예조(禮曹)에서 인사·행정문서의 발급, 인신(印信)의 관리 등을 담당하였는데, 근래에 이러한 사찰 문서행정의 면모를 확인할 수 있는 문서인 「금산직지사중기(金山直指寺重記)」(1776)가 소개되기도 하였다.[83] 사찰의 재산관리문서로는 망자 추천을 위해 사찰에 기

---

81 『朝鮮寺刹史料』에 사찰의 고문서가 채록·정리된 바 있으며, 근래에 한국학중앙연구원의 『古文書集成』 100집에 직지사와 용문사 소장 고문서가 수록되었다(『古文書集成 100: 金泉 直指寺·醴泉 龍門寺 篇』, 2011, 한국학중앙연구원).

82 전영근, 2011, 앞 박사논문. 전영근의 박사학위논문은 조선시대 사찰문서에 대한 거의 유일하고 선구적인 연구성과라고 할 수 있다.

83 전영근, 2011, 앞 박사논문, 15~19쪽, 전영근, 2011, 「해제: 사찰 고문서의 종류와 直指寺·龍門寺 고문서의 자료적 가치」, 『古文書集成 100: 金泉 直指寺·醴泉 龍門寺 篇』, 32~33쪽; 「고문서 자료집 '고문서집성' 100권 돌파」(연합뉴스, 2011.12.2.). 이러한 사찰의 인사·행정문서들을 통해 볼 때, 조선시대 사찰은 국왕, 관서, 사찰을 상대로 문서행정을 했을 뿐 아니라, 조선후기에도 '官'으로서의 성격을 일부 가지고 있었던 것으로 보인다. 이는 조선후기의 불교정책, 국가와 불교계의 관계와도 부합하는 바이나, 모든 사찰의 성격이 동질적이었다고 보기는 어려우므로 사찰의 성격과 층위의 다양성을 고려하여 이해할 필요가 있다(손성필, 2013, 앞 박사논문, 102~105쪽, 175~214쪽).

중한 전답의 헌납명문(獻納名文), 사찰 간의 토지 매매 명문 등이 있고, 승인의 재산관리문서로는 속가(俗家)의 상속에 대한 명문, 승가(僧家)의 상속에 대한 입지(立旨), 사유 전답의 매매 문서 등이 있다. 사찰의 소송문서로는 사족이나 양인과의 산송(山訟)에 대한 등장(等狀), 원정(原情), 소지(所志) 등이 있고, 승인의 소송문서로는 속가 상속에 대한 입지, 소지 등이 있다. 그리고 불사·신행문서로는 권선문, 발원문, 상량문 등이 있다.

예컨대 근래에 담양 용흥사(龍興寺)에서 발견된 관부문서(官府文書)는 1652년(효종 3) 관찰사겸순찰사(觀察使兼巡察使) 명의로 발급된 문서로, 승도를 45개의 부류로 세세히 분류하고 이들을 크게 권면해야 할 승도와 경계해야 할 승도로 구분하였다. 이 문서에 따르면 선, 교, 염불을 수행하고, 국사(國事)에 힘쓰며, 행실이 바른 고승류(高僧類)와 선승류(善僧類)의 승도는 국가로부터 권면되었으며, 승도답지 않고 윤리·사회적으로 행실이 바르지 않은 부류가 지탄의 대상이 되었을 뿐이다.[84] 이처럼 사찰 문서는 조선시대 불교의 정치, 사회, 사상 등의 여러 측면에 대한 1차 사료로서 가치가 높으므로, 체계적인 조사와 수집, 연구가 시급하다고 할 수 있다.[85] 다만, 위에서 살펴본 각종 사찰 문서의 종류와 성격을 통해서 보더라도, 포교권 국가탈취설, 승도 천인신분설 등과 같은 조선시대 불교에 대한 기존의

---

84 이종수, 2013, 「1652년 官府文書를 통해 본 효종대 불교정책 연구」, 『한국불교학』 67. 승도에 대한 국가의 이러한 이원적인 태도는 『경국대전』 등의 조선시대 법전에서도 확인할 수 있는데, 앞서 논했듯 보호 대상인 상층 승도는 僧人, 규제 대상인 하층 승도는 僧尼로 지칭하였다.

85 최근에 조선시대 불교 고문서에 대한 체계적인 정리와 연구의 필요성이 제기되었고, 그 종류와 성격, 구분에 대한 상호 논의도 비로소 시작되었다고 할 수 있다. 이종수는 불교 고문서를 크게 불교 공문서와 불교 사문서로 구분하고, 발급자를 기준으로 불교 공문서는 국왕, 왕실, 관부, 승단, 사찰, 개인 등이 발급한 고문서로, 불교 사문서는 사찰, 개인 등이 발급한 고문서로 구분하였다(이종수, 2024, 「조선시대 불교 고문서의 유형과 수집 현황」, 『국제학술대회 '韓日近世 寺刹 史料의 探索' 발표자료집』, 동국대 불교학술원). 김선기는 조선후기 사찰의 운영과 관리에 관한 고문서를 財政文書로 규정하고, 이를 土地 관계 문서, 僧役 관계 문서, 畜任 관계 문서로 구분하였다(김선기, 2024, 「조선후기 사찰 재정문서의 분류 : 불교기록문화유산아카이브 자료를 중심으로」, 『불교학연구』 80).

역사상과 실제의 역사 현실은 상당히 차이가 있어 보인다.

(4) 불교 문학, 건축, 미술

조선시대 불교사 연구 자료로는 그밖에 불교 문학, 불교 건축, 불교 미술 등을 들 수 있다. 불교 문학으로는 고승의 한시나 산문, 불교 관련 가사(歌詞), 설화(說話), 소설(小說) 등을 들 수 있는데,[86] 이 중 불교 관련 가사, 설화, 소설 등은 역사 연구에 거의 활용되지 않아 온 자료라고 할 수 있다. 이 중에서도 불교가사는 17세기 후반 이후 간행, 필사, 구전을 통해 활발히 유통·전승된 국문시가이다.[87] 가사는 그 자료적 성격을 단정하기 어려운 복합적인 장르인데, 16세기에는 정철의 「성산별곡(星山別曲)」,「관동별곡(關東別曲)」,「사미인곡(思美人曲)」 등과 같은 사대부 가사가 주로 창작되었던 데에 반해, 조선후기로 갈수록 향유층과 주제가 확대되는 양상을 보인다. 청빈수행을 주제로 한 침굉 현변(枕肱懸辯, 1616~1684)의 「귀산곡(歸山曲)」,「태평곡(太平曲)」,「청학동가(靑鶴洞歌)」 등은 사대부 가사와 가까운 성격을 지닌 것으로 보이며, 염불(念佛)과 수선(修善) 왕생(往生)을 주제로 한 「서왕가(西往歌)」,「회심곡(回心曲)」,「회심가(回心歌)」,「인과문(因果文)」 등은 교화와 포교를 목적으로 저작된 가사라고 볼 수 있다. 특히 염불가사의 유통이 18세기 이후의 정토 저술 찬술, 염불결사 설행, 수행 방편인 염불문의 위상 제고 등의 현상과 함께 나타났다는 것은 주목되는 점이다.[88] 한문 서적의 강학과 한문학 창작이 사회 상류층에게만 제한적으로

---

86 김승호는 불교문학을 크게 불교시가, 불교서사, 불교수필, 불교금석문으로 구분하고, 불교시가는 선시, 불교한시, 불교가사, 어록, 현대불교시로 구분하고, 불교서사는 불교설화, 승전, 불교고소설, 현대불교소설로 구분하였다(김승호, 2023, 「한국 불교문학의 범위와 갈래적 특색」, 『한국 불교서사의 세계』, 소명출판).

87 김종진, 2002, 『불교가사의 연행과 전승』, 이회문화사.

88 이종수, 2010, 앞 박사논문, 174~181쪽.

향유되던 문화 양태였음을 고려한다면, 불교가사가 국문시가로서 그 향유층이 폭넓다는 점은 불교사 연구의 방법과 관련하여 반추해 볼 만한 사실이 아닌가 한다. 이에 불교계(佛敎系) 한글 소설, 설화, 무가(巫歌) 등이야말로 조선사회의 불교 신앙 저변을 살피는 데 적합한 자료라는 견해도 경청할 필요가 있어 보인다.[89]

불교 건축과 불교 미술에 대해서는 건축사학계, 미술사학계에서 연구가 비교적 활발하다. 앞서 지리지와 관찬 기록을 통해 살펴보았듯이, 조선시대에도 사찰은 신창, 중창되었고 사찰의 전각들은 신축, 중창, 보수되었다. 현존하는 사찰 전각은 대부분 임진왜란 이후의 조선후기에 건축된 것이므로, 이 시기의 전각을 중심으로 연구가 이루어져 왔다.[90] 문집, 사지, 비석에 전하는 중창기, 상량문 등에 의하면, 사찰 전각은 왕실과 지방관의 지원, 승도의 권선과 지역민의 시납 등을 통해 건축되었는데, 금산사(金山寺) 대적광전(1686)과 화엄사(華嚴寺) 각황전(1702)은 왕실의 지원으로 건축된 대표적 사례라고 할 수 있다. 불교 미술은 불교 회화, 불교 조각 등을 포함하는데, 불화와 불상 등은 조선시대에도 다수 조성·봉안되었다. 사찰 전각과 마찬가지로 현존하는 불화와 불상은 조선후기에 조성된 것이 많은데, 근래에는 이를 조성한 화사(畵師)와 조각승(彫刻僧)의 계보와 유파에 대한 연구도 이루어지고 있다.[91]

한편 불교 건축과 불교 미술은 기술적, 미학적 관점 이외에도 다양한 시각에서 조명될 필요가 있어 보인다. 예컨대 『경국대전』 형전의 금제(禁制)에는 사찰 이외에는 진채(眞彩)의 사용을 금하도록 하였는데,[92] 이는 건축

---

89 인권환, 2000, 「조선조 한글 불교산문 연구 서설」, 『한국문학연구』 22. 이와 관련하여 일연이 『삼국유사』를 편찬하면서 민간의 전승도 채록하였다는 점은 주목된다.

90 이강근, 1995, 「17세기 佛殿의 再建役」, 『미술사학연구』 208.

91 장희정, 2000, 「朝鮮後期 佛畵의 畵師 硏究」, 동국대 미술사학과 박사논문; 송은석, 2007, 「17세기 朝鮮王朝의 彫刻僧과 佛像」, 서울대 고고미술사학과 박사논문 등.

물의 단청이나 미술품에 사용된 진채를 사찰에서는 사용할 수 있도록 법제적으로 보장한 것과 다름없다. 금산사 대적광전, 화엄사 각황전과 같은 단청을 사용한 대규모 건축물은 조선후기에도 궁궐, 관사를 제외하고는 사실상 사찰에만 건축되었다. 당시 이러한 건축물의 조영이나 유지에 아주 큰 재원이 필요했다는 점을 고려할 때, 이는 기존의 조선시대 불교 역사상으로는 이해하기 어려워 보인다. 기존에는 조선후기의 불교 건축과 미술이 서민·부녀자 신앙설, 민중 불교론 등으로 설명되기도 하였으나, 사찰의 전각, 불상, 불화가 과연 민중적이거나 서민적인 것이었는지는 다소 의문스러운 점이 없지 않다. 그러므로 여러 조선시대 불교사 자료를 각각의 성격을 고려하여 연구해야 하는 한편, 이러한 자료에 대한 종합적 연구와 적절한 해석을 바탕으로 조선시대의 역사 현실에 부합하는 새로운 역사상의 모색이 필요하다고 보는 것이다.

---

92 『經國大典』(『大典會通』) 卷5, 刑典 禁制. "寺刹外用眞彩者".

2. '불교정책'의 대상과 실제

조선은 유교를 숭상하고 불교를 억압하는 정책을 시행했다고 일반적으로 이해되어 왔다. 조선의 건국은 일반적으로 사회적 모순에 따른 역사적인 변혁이자 유교 지향 국가로의 전환으로 해석되었고, 불교는 고려 사회의 적폐이자 유교 사상의 대척점으로 이해되었다. 이에 따라 조선시대 국가와 사회의 유교 지향과 불교 억압은 상식에 가까운 역사상이 되었다. 조선시대에 국가가 불교 억압을 지향하였고 불교계, 사찰, 승도 등이 억압의 대상이었음은 거의 의심 없이 역사적 사실로 받아들여지고 있는 듯하다.[1] 이러한 인식에 따라 조선시대 불교정책과 불교계에 대한 연구는 그간 상대적으로 부진하였다. 조선시대 불교에 대한 해석은 거의 결정된 것처럼 인식되었고, 파편적으로 이루어진 연구 성과들의 해석도 기존의 인식 틀

---

[1] '崇儒抑佛'은 유교 지향과 불교 억압의 조선시대 역사상을 규정하는 용어로 통용된다. 하지만 유교와 불교를 대비하여 조선의 사상 지향을 규정한 '숭유억불'이라는 개념은 근대기에 만들어진 조어로, 조선시대 자료에서는 확인되지 않는다. 지금까지 확인된 바로는 1906년 10월 16일 『大韓每日申報』의 논설에서 한국과 일본의 종교 전통을 비교하면서 '숭유억불'이라는 개념이 처음 사용되었다(김용태, 2018, 「조선 불교, 고려 불교의 단절인가 연속인가?」, 『역사비평』 123, 236쪽).

을 크게 벗어나지 못했다.

　조선시대 불교정책과 불교계에 대한 전문적이고 실증적인 연구가 이루어지기 시작한 것은 2000년대 이후인데, 이에 따라 기존의 일반적인 역사상에 대한 비판도 제기되기 시작하였다.[2] 조선시대 불교정책에 대한 새로운 관점을 제기한 대표적인 연구 성과로는 세종과 세조의 국가 통치와 불교에 대해 논한 연구,[3] 조선시대 승도(僧徒)의 지위와 승군(僧軍)의 동원을 분석한 연구,[4] 16, 17세기의 불교정책의 변화상을 논한 연구[5] 등이 있으며, 이밖에 불교계와 불교 사상에 대한 여러 연구도 종전에 비해 활발하게 이루어지고 있다.[6] 이러한 근래의 연구 성과들에 따르면, 기존의 조선시대 불교정책 연구와 이해는 여러 문제점을 가지고 있다. 정책의 취지와 대상을 구체적으로 분석하지 않았다는 점, 정책의 변화를 시기별로 분석하지 않고 일반화하였다는 점, 조선 정치와 사회의 성격 변화를 주의 깊게 고려하지 않았다는 점, 숭유억불이라는 이분법적 관념으로 자료와 현실에 대한 단편적인 해석을 해 왔다는 점 등을 주요한 문제점으로 들 수 있다. 조선시대의 불교정책과 불교계가 조선의 정치와 사회의 성격 변화와 밀접한 상관관계를 가진 연구 주제이면서 근세 중국, 일본 등 동아시아 국가와의

2　조선시대 불교 연구의 역사와 현황은 김용태, 2013, 앞 논문 참조.

3　이정주, 2006, 「世祖代 후반기의 불교적 祥瑞와 恩典」, 『민족문화연구』 44; 박세연, 2011, 「朝鮮初期 世祖代 佛教的 祥瑞의 政治的 意味」, 『사총』 74; 김기종, 2015, 「간경도감과 언해불전」, 『불교와 한글: 글로컬리티의 문화사』, 동국대학교출판부 등.

4　손성필, 2013b, 앞 논문; 박세연, 2014, 앞 석사논문; 양혜원, 2017, 앞 박사논문; 양혜원, 2017, 「『경제육전』 도승·도첩 규정으로 본 조선초 도승제의 의미」, 『한국사상사학』 57; 양혜원, 2018b, 「『經國大典』 판본 연구」, 『규장각』 53; 양혜원, 2019c, 「조선전기 승직의 위상 변화와 그 역사적 의미: 환속 승직자 서용 규정을 중심으로」, 『인문학연구』 40; 양혜원, 2020, 「『經國大典』 度僧 항목의 성립과 그 의미」, 『한국문화』 90).

5　손성필, 2013, 앞 박사논문; 손성필, 2013c, 「조선 중종대 불교정책의 전개와 성격」, 『한국사상사학』 44; 손성필, 2016a, 앞 논문; 손성필, 2016b 「16세기 조선의 정치·사회와 불교계」, 『동국사학』 61 등.

6　김용태, 2010, 앞 책; 이종수, 2010, 앞 박사논문; 박정미, 2015, 「조선시대 佛教式 喪·祭禮의 설행 양상: 왕실의 국행불교상례와 사족의 봉제사사암을 중심으로」, 숙명여대 사학과 박사논문 등.

비교가 필요한 보편적 연구 주제임에도 불구하고 이에 대한 관심이 부족했다는 점도 문제점의 하나로 들 수 있을 듯하다.

이 절에서는 조선시대 불교정책의 대상인 '승정체제', '사찰', '승도'에 대한 검토를 중심으로 조선시대 불교정책 연구의 문제점과 과제를 논해 보고자 한다. '불교정책'은 '불교'라는 사상(또는 이념, 종교)에 대한 정책이라는 의미라고 할 수 있다. 그러나 정책 현실에서 이른바 불교정책의 실제적인 대상은 승정체제, 사찰, 승도 등이었다. 승정체제, 사찰, 승도 등에 대한 국가의 정책이 '불교정책'으로 규정됨에 따라, 이 정책들은 의심의 여지없이 '불교'에 대한 정책으로 치환되어 온 듯하다. 그러나 근래의 연구 성과를 통해 볼 때 조선의 불교정책은 크게 승정체제, 사찰, 승도에 대한 정책으로 구분할 수 있고, 이는 '지정 사찰'과 '일반 사찰'에 대한 것, '고위 승도'와 '하층 승도'에 대한 것으로 각각 구분해 볼 수도 있는데, 이 정책들이 단순히 불교에 대한 억압을 목적으로 시행되었다고 보기 어렵다. 국가 정책들의 사상적 배경을 주체별, 시기별, 사안별로 세밀하게 분석할 필요가 있을 뿐더러, '유불의 이분법', '억압과 피억압', '조선시대의 일반화'로 이른바 '불교정책'을 해석해 온 기존 관행에 대한 비판은 불가피해 보인다.[7] 이에 이 절에서는 근래의 연구 성과를 바탕으로 조선시대의 승정체제, 사찰, 승도에 대한 정책의 성격과 변천에 대해 개괄적으로 논함으로써 조선시대 불교정책에 대한 기존 연구 관점의 문제점과 새로운 관점의 필요성을 제기해 보고자 한다.[8]

---

[7] 조선시대에 국가가 불교를 억압했다는 서사가 일반적으로 통용됨에 따라, 불교에 억압적이지 않은 정책은 이른바 '현실적 필요', '개인적 신앙'에 따른 것일 뿐이었다고 해석하거나, 불교계는 국가의 억압에도 불구하고 여러 자구책으로 이른바 '명맥을 유지했다'고 해석하는 것이 일반적인데, 이러한 해석에 대해서도 근본적인 비판과 성찰이 필요하기는 마찬가지이다.

[8] 조선시대 불교사의 연구 방법과 시기 구분에 대한 문제제기는 손성필, 2014b, 「조선시대 불교사 자료의 종류와 성격」, 『불교학연구』 39; 손성필, 2015, 「조선시대 불교사 시기구분 시론」, 『불교학연구』 45 참조.

1) 승정체제의 개혁과 변천

조선초기 태종과 세종은 종(宗), 사사전(寺社田), 사노비(寺奴婢)에 대한 대대적인 개혁을 시행하였다. 이 일련의 정책 조치들은 이른바 억불 정책, 곧 국가가 불교를 억압하거나 억제한 대표적인 정책으로 해석되어 왔다. 우선 이 정책 조치들을 간략히 정리해 보면, 1406년(태종 6)에 태종은 242 개 사찰을 제외한 사찰의 사사전 3~4만 결, 사노비 8만 명을 속공하였고, 1406년(태종 6)에는 11개의 종을 7개로 감축하였다.[9] 1424년(세종 6)에 세종은 종을 선종(禪宗)과 교종(敎宗)의 2종으로 통폐합하였고, 그 소속 사찰로 선종과 교종에 각각 18개씩, 36개의 사찰과 그 소속 승도의 인원, 지급 사사전의 결수를 지정하였으며,[10] 선종과 교종의 도회소(都會所)를 각각 흥천사(興天寺)와 흥덕사(興德寺)에 설치하였다.[11] 이와 같은 정책 조치들은 국가가 '공인'된 36개 사찰 이외의 수많은 사찰을 '철훼(撤毀)'하거나 '불법화'한 것이었다고 해석되어 왔기 때문에, 불교와 불교계에 대한 억압으로 이해될 수밖에 없었다. 그러나 36개 이외의 사찰은 혁거된 것이었을 뿐 철훼된 것이 아니었다. '철훼'는 건물을 철거한다는 의미인 반면, '혁거(革去)' 는 제도를 폐지한다는 의미라고 할 수 있다.[12]

사실 태종과 세종대의 종 통폐합 등의 정책들은 국가 '승정체제(僧政體制)'에 대한 개혁 조치였다고 할 수 있다. 조선초기의 이 정책에 대한 이해를 위해서는 고려 말의 불교정책과 불교계에 대한 이해가 선행되어야 하는데, 주지하다시피 고려 말에 국가와 불교계는 승정체제를 통해 강고하

---

9 『太宗實錄』卷11, 태종 6년 3월 27일; 7년 12월 2일.

10 『世宗實錄』卷24, 세종 6년 4월 5일.

11 김용태, 2011, 「조선전기 억불정책의 전개와 사원경제의 변화상」, 『조선시대사학보』 58 참조.

12 손성필, 2016a, 앞 논문, 152~153쪽; 손성필, 2016b, 앞 논문, 58~62쪽. 사찰의 혁거, 철훼, 망 폐의 개념에 대해서는 3장 1절에서 상세히 다룰 것이다.

게 결속해 있었던 것으로 보인다.[13] 국가는 승정체제를 통해 각 종과 전국 주요 사찰의 승직을 임명하였고, 수조지인 사사전과 사노비를 지급함으로써 불교계를 재정적으로 지원하였다. 이러한 승정체제는 국가체제의 일부로, 국가가 불교와 불교계를 통치에 활용하는 매개체로 기능했던 것으로 보인다. 이러한 고려 말의 승정체제에 대해서는 다각도의 검토와 논의가 필요하지만,[14] 태종과 세종대의 종 통폐합, 사찰의 '혁거' 등이 단순히 사적 영역의 승단과 사찰에 대한 것이 아니었음은 분명해 보인다. 다름 아닌 국가체제의 일부였던 승정체제에 대한 개혁 조치였던 것이다.

『실록(實錄)』의 문맥과 불교계의 현실 등을 통해 볼 때, 태종대에 242개, 세종대에 36개 이외의 사찰을 철훼하거나 불법화한 것이 아니었다. 고려 말, 조선 초에는 국가 승정체제에 속하여 승직이 임명되고 사사전이 지급되는 많은 사찰들이 있었는데, 태종과 세종은 그 승정체제에 소속된 사찰 수를 242개, 36개로 감축하고 그에 따라 사사전 지급 결수도 일정 수준으로 감축하고자 한 것이다. 곧 태종과 세종대의 정책 조치들은 국가체제에서 승정체제의 기능을 크게 축소하고 소속 사찰의 재정적 특권과 소속 승도의 특권적 지위를 제한함으로써 국가체제를 개혁하고 정비하고자 한 것이었다고 할 수 있다. 물론 당시 불교계는 국가와 강고하게 결속해 있었기 때문에 이러한 일련의 조치들을 결과적으로 불교계에 대한 억압으로 해석할 수 있음은 물론이다. 그러나 국가가 36개의 '공인' 사찰 이외의 사찰을 모두 '철훼'했다거나 '불법화'했다는 기존의 이해가 잘못된 것임은 분명하

---

13 이정훈, 2012, 「고려 후기 僧官의 구성과 역할」, 『한국사학보』 49, 223~224쪽; 박윤진, 2015, 「고려시대 불교 정책의 성격」, 『동국사학』 59, 130쪽; 손성필, 2018a, 「15세기 불교서적의 재발견: 조선의 유교화 담론과 불교서적의 소외」, 『역사비평』 123, 327~328쪽.

14 한국불교사 상의 '宗'(또는 종파, 종단)의 성격과 시기별 변천은 면밀한 재검토가 필요한 연구 주제로 보인다(박광연, 2016, 「고려시대 五敎兩宗의 성격 재검토: 금석문을 중심으로」『한국사상사학』 53; 박광연, 2018, 「고려후기 僧政의 변화와 불교 宗團」『한국중세사연구』 53).

다. 국가는 36개 이외의 사찰을 '혁거'하였을 뿐인데, 이는 사찰을 철거, 훼손했다는 의미가 아니라, 승정체제 소속 사찰에서 해제, 제외했다는 의미였다. 그리고 '공인'이라는 용어는 '종교'에 대한 서구의 역사적 경험이 투영된 개념으로, 흔히 국가로부터 공인되지 않은 불교와 사찰이 불법화되었다고 이해되는 경향이 있으므로, 이 용어는 조선의 역사상을 논하기에 적절한 개념으로 보기 어렵고 실제의 역사 현실에도 부합하지 않아 보인다.

주목이 필요한 사실은 승정체제가 국가체제에서 완전히 폐지되지 않고 계속 유지되었다는 점이다. 여말선초의 비대한 승정체제는 태종대와 세종대의 조치를 통해 크게 개혁되었으나, 1424년(세종 6)에 설치된 선교양종(禪敎兩宗), 곧 선종과 교종을 정점으로 36개의 소속 사찰을 둔 승정체제는 연산군에 의해 폐지되기까지 약 80년간 안정적으로 유지되었다. 세종, 문종, 단종, 세조, 성종, 연산군에 이르는 시기에 선종과 교종의 두 종이 국가체제의 일부로 유지되고 있었으며, 승과(僧科)가 계속 시행되어 승직(僧職)을 임명하고 승계(僧階)를 수여하였고, 선종판사(禪宗判事)와 교종판사(敎宗判事)는 그 수장으로서 이 체제를 통솔하였다. 한양 도성 내의 사찰인 흥천사, 흥덕사에 선종과 교종의 도회소가 설치되었고, 36개 소속 사찰에는 그 운영을 위한 수조지인 사사전이 지급되었다. 이 시기의 승정체제 운영에 대해서는 『실록』 등의 자료를 통해 그 사실을 파악할 수 있는데, 『경제육전(經濟六典)』과 『경국대전(經國大典)』에는 승직의 임명, 승과의 시행, 사사전의 지급 등에 대한 법규가 수록되었으며,[15] 『세종실록지리지(世宗實錄地理志)』에는 선종과 교종에 소속된 각 사찰의 사사전 지급 결수가 기록되었다.[16] 널리 알려진 세종, 세조, 성종대 국가와 왕실의 불교서적 간행은 이렇게 승정체제가 유지, 운영되던 상황에서 이루어진 것인데, 그간에는 주로

---

15 양혜원, 2017, 앞 박사논문, 318~331쪽.
16 손성필, 2016b, 앞 논문, 59쪽.

국왕과 왕실의 개인적 신앙에 따른 것으로 해석되어 왔다. 그러므로 조선 초기인 15세기에 조선이 승정체제를 유지하면서 통치에 활용했다는 사실은 앞으로 세밀한 검토와 적절한 해석이 필요한 연구 주제인 것으로 보인다.[17]

선종과 교종은 연산군의 폭정에 의해 갑자기 폐지되었다. 성종대 중엽 이후 사림세력, 또는 신진 관료가 선종과 교종, 승과, 도승(度僧) 등의 폐지를 주청하기 시작하였으나, 성종은 이를 수용하지 않았다. 15세기의 승정체제는 다른 여러 국가 제도와 마찬가지로 연산군의 폭정으로 인해 폐지되다시피 하였는데, 중종과 왕실은 이를 복구하고자 하였으나, 신료의 반대로 복구하지 못하였다. 이로써 중종대 약 40년 간에는 승정체제가 폐지된 상태가 지속되었는데, 이는 오히려 승도와 사찰에 대한 국가의 통제력을 약화시켜 승도가 증가하는 현상을 초래하였다. 그 대책을 두고 중종대의 조정은 대체로 훈척세력과 사림세력이 대립하는 양상을 보였으나, 결국 대책을 마련하지 못한 채 논의는 공전되었다.[18] 이후 명종대에 문정왕후(文定王后, 1501~1565)와 훈척세력이 1550년(명종 5) 선종과 교종을 복구하면서 내세운 명분도 승도의 증가에 대한 대책이 필요하다는 점, 『경국대전』에 규정된 제도라는 점 등이었는데,[19] 선종과 교종의 복구는 곧 승과와 승직, 도승, 사사전 등을 포함한 승정체제의 복구를 의미했다. 이 명종대의 승정체제는 약 16년 간 운영되다가 명종대 말기인 1566년(명종 21)에 폐지되었으며, 이로써 사림세력이 정권을 장악한 선조대에는 다시 승정체제가 폐지된 상태가 되었다.

이처럼 16세기에는 승정체제가 폐지된 후 복구되고 다시 폐지되는 과정을 겪었는데, 주목되는 사실은 대체로 훈척세력은 15세기 승정체제의 복

---

17 김기종, 2015, 앞 논문; 손성필, 2018a, 앞 논문 등 참조.

18 손성필, 2013c, 앞 논문, 74~75쪽.

19 『明宗實錄』 卷10, 명종 5년 12월 15일.

구를 지향한 반면, 사림세력은 승정체제의 폐지를 주장하였다는 점이다. 사림세력은 성리학 사상에 따라 교화론적 불교정책을 지향하였는데, 이는 국왕이 국가체제에서 불교 제도를 폐지하고 모범을 보여주면 승도와 백성이 저절로 교화된다는 것이었다. 사실 이것이 성리학 사상에 투철한 신료와 유자의 기본적인 입장이었으므로, 일반적인 오해와는 달리 승정체제가 폐지된 중종대와 선조대에 불교계, 승도, 사찰에 대한 직접적인 제재는 거의 이루어지지 않았다. 성리학 사상에 투철한 신료들은 국가체제에서 승정체제를 폐지한 후 승도가 저절로 교화되어 줄어들기를 기다렸을 뿐 직접적인 제재를 지향하지 않았던 것이다.[20] 그러므로 승정체제가 폐지된 후 불교계에 대한 직접적인 제재가 이루어졌을 것이라거나, 성리학에 투철한 신료가 승도와 사찰에 대한 직접적인 억압을 지향했을 것이라고 여기는 막연한 이해는 잘못된 것이라고 할 수 있다. 이는 곧 조선시대에 유교가 불교를 배척하고, 국가가 승도와 사찰을 억압했다고 여기는 이분법이고 대립적인 이해가 잘못된 것일 수 있음을, 이에 이러한 역사 인식에 대한 근본적인 성찰이 필요할 수 있음을 의미한다.

조선후기에는 임진왜란을 계기로 도총섭(都摠攝), 총섭(摠攝), 승장(僧將) 등을 수장으로 하는 승군(僧軍) 통솔체제가 구축되었다. 승정체제를 국가체제에서 배제하고자 한 사림 정권은 임진왜란으로 인한 현실적 필요에 따라 승군을 동원할 수밖에 없었다. 그러나 『경국대전』에 규정된 선종과 교종의 복구만은 막고자 하였으며, 법제로 규정되지는 않은 도총섭, 총섭 등의 승직을 임명하여 승군을 통솔하도록 하였다. 국가가 승직을 임명하여 승도를 직접 통솔했다는 점에서 이러한 승군 통솔체제는 일종의 승정체제였다고도 할 수 있다.[21] 그러므로 이러한 승군 통솔체제의 운영은 불

---

20 손성필, 2013c, 앞 논문, 52~63쪽.
21 승도에 대한 인사 행정을 '僧政'이라고 하며, 이와 관련한 제도 전반을 일반적으로 '僧政體制'라

교 제도를 국가체제에서 배제하고자 한 사림 정권의 사상적 지향이 균열되었음을 의미한다.[22] 국가체제에서 불교 제도를 배제하고자 한 사림 세력과 사림 정권의 지향은 조선후기에도 결국 관철되지 못한 것이다. 도총섭을 정점으로 하는 승군 통솔체제는 다소간의 변화를 거치며 지속 운영되었는데, 18세기 중엽 이후에는 균역법(均役法) 시행에 따른 승도의 감소와 사찰의 쇠락, 이로 인한 승도와 사찰의 승역 부담 가중 등이 문제시되기도 하였다.[23] 이처럼 사찰과 승도에 대한 국가적 개입과 활용은 계속되었으며, 이는 조선후기 정치 세력의 근원인 16세기 사림 세력의 지향과는 분명히 다른 것이었다.

이와 같이 조선은 국가체제의 일부인 승정체제를 통해 불교계를 지원,

고 규정한다면, 조선후기의 승군 통솔체제도 넓은 의미의 승정체제라고 할 수 있다. 국가가 도총섭, 총섭, 승장 등의 승직을 임명하여 승도와 사찰을 통솔하도록 했기 때문이다. 하지만 조선후기에는 승직은 임명되었으나, 승과, 도승 등은 시행되지 않았고, 승록사나 선종·교종과 같은 중앙 승정 기구도 설치되지 않았기 때문에, 조선후기의 승군 통솔체제를 엄밀한 의미의 승정체제라고 보기는 어렵다. 승직을 임명하기는 했지만, 고려시대, 조선전기와는 다른 성격의 체제가 성립하였다고 할 수 있는 것이다. 한편, 최근의 연구에 따르면 조선후기에는 僧役 중심의 승도, 사찰 관리 체계가 성립하여 지속 운영되었다고 할 수 있다(김선기, 2023, 「조선후기 僧役의 제도화와 운영 방식」, 동국대 한국불교융합학과 박사논문). 승역은 조선후기에 등장한 용어로, 승도와 사찰에 부과된 역을 포괄하는데, 僧軍, 義僧, 雜役 등이 이에 포함된다. 이러한 승역은 국가가 승도와 사찰을 대상으로 일정한 체계를 구축하여 특정한 역할과 의무를 부과한 것이었다. 조선전기에도 '일반 사찰'에 부과되는 역이 없었던 것은 아니나, 조선후기에 승군, 의승 등의 역이 부과되면서, 이를 국가가 관리하는 체계가 성립한 것이라고 할 수 있다. 조선후기의 승직은 기본적으로 이러한 승역 관리 체계를 운영하기 위해 임명된 것이라는 점에서, 이른바 승직 임명을 통한 승군 통솔체제도 이 승역 관리 체계의 일환으로 운영되었다고 해석할 수 있을 듯하다. 조선전기에는 중앙 국가체제의 일부로 도승, 승과, 승직, 사사전 등의 제도를 설치하고, 고위 승도에 대한 인사 행정인 승정을 통해 '지정 사찰'을 운영하고 일반 사찰을 통솔하였다면, 조선후기에는 기본적으로 '일반 사찰'과 그 소속 승도에게 부과된 승역을 관리하기 위해 승직을 임명하였다는 점에서 차이가 있다고 할 수 있다. 이에 조선전기 불교, 사찰, 승도에 대한 국가 제도 전반을 '승정체제'로 규정한다면, 조선후기 사찰, 승도에 관한 국가 제도 전반은 '僧役體制'라고 규정할 수도 있을 듯하다. 이처럼 조선전기와 후기의 차이점과 공통점을 고려하여, 불교, 승도, 사찰에 관한 국가 제도를 규정하는 용어에 대한 검토와 논의를 심화할 필요가 있어 보인다.

22 손성필, 2013, 앞 박사논문, 284~285쪽.
23 손성필, 2013, 앞 박사논문, 40쪽.

통제, 활용했다고 할 수 있다. 조선초기에는 여말선초의 비대한 승정체제를 개혁하고자 하였으며, 16세기에는 승정체제의 치폐에 대한 정치 세력 간의 입장차가 노정되었으나, 임진왜란을 계기로 승군의 통솔체제가 구축되었다. 그러므로 조선초기 종 통폐합 등의 승정체제 개혁은 기본적으로 불교계에 대한 억압이 아니라 국가체제 개혁의 관점에서 해석되어야 하며, 그 이후 승정체제의 운영과 변천 또한 조선 국가체제의 성격, 변천과 관련하여 해석되어야 할 것으로 보인다. 조선 국가체제의 이해를 위해서도 승정체제에 대한 연구와 논의가 필요해 보이는 것이다.

2) 사찰의 분포와 통치체제

조선시대 사찰 정책에 대한 일반적인 오해도 조선초기 태종·세종대의 종 통폐합 등의 조치에 대한 잘못된 이해에 기인한다. 앞서 논한 바와 같이 태종·세종대의 종 통폐합, 소속 사찰의 감축, 사사전 감축, 사노비 속공 등의 조치는 국가체제의 일부로 운영된 비대한 승정체제를 개혁하기 위한 것이었다. 그간 1424년(세종 6)에 선종과 교종의 소속 사찰 36개를 제외한 사찰을 '철훼'하였다고 이해되거나, '공인'된 36개 이외의 사찰을 불법화하였다고 이해되어 왔으나, 이는 잘못된 이해이다. 조선이 국가 승정체제에 속한 사찰을 36개로 감축하고, 이 사찰들에 대해서만 승직을 임명하고, 사사전을 지급한 것은 사실이나, 그 밖의 사찰을 철훼하거나 불법화한 것은 아니었다. 물론 사찰에 대한 국가적 관리와 지원이 크게 축소되어 불교계가 상당히 위축될 수밖에 없었던 것은 분명해 보인다. 그러나 태종과 세종대의 조치들이 국가체제의 일부인 승정체제를 개혁한 것이지, 사적 영역의 불교계를 직접 제재한 것이 아니었다는 점 또한 분명한 듯하다. 그러므로 태종과 세종대의 승정체제 개혁 조치가 전국에 분포한 수많은 사찰에 어떤 영향을 미쳤는지가 구체적으로 분석되어야 한다고 할 수 있다.

『세종실록지리지』의 각 군읍 조에 수록된 사찰은 앞서 언급했듯 승정체제의 선종과 교종에 소속된 사찰을 기록한 것이었다. 선종과 교종 소속 사찰 이외의 사찰이 15세기에 유지되고 있었다는 사실을 여러 기록을 통해 확인할 수 있을뿐더러, 15세기 후반에 편찬되어 16세기 전반에 증보된 『신증동국여지승람(新增東國輿地勝覽)』에는 전국의 각 군읍 조에 모두 1,650여 개의 사찰이 수록되었다. 만약 1424년에 36개 이외의 사찰을 모두 철훼했다고 한다면, 이후 15세기 말에 이르기까지 불교계가 1,600여 개의 사찰을 복구했다고 설명할 수밖에 없는데, 이는 타당하지 않다. 승정체제에 소속되지 않은 사찰들도 15세기, 16세기에 계속 유지되고 있었던 것이다. 그렇다고 해서 태종·세종대의 승정체제 개혁이 여러 사찰의 운영과 유지에 크게 영향을 미치지 않았다는 것은 아니다. 승정체제 개혁이 각 사찰에 미친 영향은 각기 달랐는데, 국가의 재정 지원 의존도가 컸던 사찰은 승정체제 개혁으로 도태된 반면, 시납전(施納田), 시주(施主) 등과 같은 사적 경제 기반을 보유하고 있던 사찰은 계속 유지할 수 있었던 것으로 보인다. 승정체제 개혁으로 전국의 사찰이 일시에 도태된 것이 아니라, 저마다의 경제 기반과 자구 노력에 따라 점차 재편되어 갔다고 할 수 있는 것이다.[24]

조선시대 사찰 정책, 사찰의 재편 과정 등을 제대로 이해하기 위해서는 다양한 성격, 종류, 층위의 사찰이 존재했음에 주의를 기울여야 한다고 할 수 있는데, 우선 앞서 논한 바와 같이 15세기의 사찰은 국가 승정체제에 소속된 36개 '지정 사찰'과 그 밖의 '일반 사찰'로 분류할 수 있으며, 승정체제 소속 사찰 중에서도 선종과 교종의 도회소가 설치된 도성 내 사찰인 흥천사와 흥덕사, 그리고 원각사(圓覺寺) 등은 한층 격이 높은 사찰이었다고 할 수 있다. 승정체제에 소속되지 않은 사찰 중에서도 유서 깊은 명산의 대찰들은 상대적으로 격이 높은 사찰이었다고 할 수 있는데, 명종대에

---

24 손성필, 2016a, 앞 논문, 151~154쪽; 손성필, 2016b, 앞 논문, 60~63쪽.

는 이 전국의 명산대찰(名山大刹) 300여 개에 내원당(內願堂)을 설치하여 주지를 임명하고 사사전을 지급하기도 하였다. 『신증동국여지승람』 각 군읍 조에 수록된 1,650여 개의 사찰은 각 군읍별로 대표적인 사찰을 수록한 것이라고 할 수 있는데, 각 군읍별로 평균 5개의 사찰이 수록되었다. 이는 『신증동국여지승람』에 수록된 사찰 1,650여 개도 전국 사찰 전체의 수효가 아님을 의미하는데, 실제로 여러 자료를 통해 『신증동국여지승람』에 수록되지 않은 사찰, 암자(庵子), 재궁(齋宮), 분암(墳菴) 등이 다수 확인된다.[25] 안동 지역을 예로 들면, 『신증동국여지승람』에 수록된 사찰의 수는 7개이나, 이 지역의 읍지인 『영가지(永嘉誌)』에 수록된 사찰 수는 60여 개에 달한다.[26] 이처럼 15, 16세기의 조선 사회에는 다양한 성격의 수많은 사찰이 전국에 분포해 있었다고 할 수 있는데, 그간에는 각 사찰의 성격을 고려하지 않은 채 불교정책과 불교계를 해석해 왔고, 여전히 조선의 군읍에 사찰이 널리 분포해 있었다는 점은 크게 고려되지 않아 온 듯하다.

사실 사찰의 유지를 위해서는 큰 인적·물적 토대가 필요했다. 고려시대에도 인적·물적 토대가 안정적이지 않으면, 사찰은 유지하기 어려웠다. 승도가 거주하지 않게 되거나, 경제적 기반과 지원이 약화되면 사찰은 유지되기 어려웠는데, 실제로 고려시대에도 사찰이 폐사되기도 했다. 그러므로 태종·세종대의 승정체제 개편으로 많은 사찰의 경제적 기반이 축소되거나 해체한 것은 분명한 듯하며, 이에 따라 승도가 사찰에 거주하지 않게 되면서 사찰은 결국 폐사하게 되었다고 할 수 있다. 그러나 일반적인 오해와는 달리 승도가 거주하고 있는 사찰을 국가가 강제로 철훼하는 일은 거의 일어나지 않았으며, 16세기 전반에도 국가는 민심의 동요를 우려해 지

25 손성필, 2013, 앞 박사논문, 102~105쪽; 손성필, 2016a, 앞 논문, 154~156쪽.

26 양혜원, 2005, 「16세기 安東地域 佛教界의 量的 轉變過程과 그 意味」, 이화여대 사회생활학과 석사논문, 27~28쪽.

역 사찰에 대한 직접적인 수색조차 꺼려하였다.[27] 사찰의 터와 재목, 기물 등을 서원, 관청 등의 건축과 운영에 활용한 사례도 대부분 이미 폐사된 사찰의 그것을 활용한 것이었으며, 지방관이나 유생의 침탈은 당시에도 이례적인 일로 인식되었다. 그만큼 조선전기에 사찰에 대한 국가의 직접적인 개입은 제한적이었으며, 각 사찰들은 저마다의 여건과 사정에 따라 유지되기도 하고, 도태되기도 하였던 것이다.

사실 사찰의 유지에 가장 큰 타격을 준 것은 전란이었던 듯하다. 고려후기의 몽고 침략, 고려 말의 왜구 침략으로 많은 사찰이 불타고 폐사되었던 것으로 보이며, 16세기 말의 임진왜란으로 인해 또 많은 사찰이 폐사되었던 것으로 보인다. 다시 말해, 고려 말에 왜구의 침략 등으로 인해 큰 타격을 받은 사찰들은 15세기 전반의 승정체제 개혁으로 일정 정도의 조정과 재편을 거친 후, 15세기 후반과 16세기에는 상대적으로 안정적으로 유지되다가, 16세기 말의 임진왜란으로 인해 큰 타격을 입은 것으로 보인다. 지금까지 조선 초의 승정체제 개혁이 사찰에 미친 영향은 과대평가된 반면, 임진왜란이 미친 영향을 과소평가되어 온 것이다.[28]

분명한 사실은 조선시대에도 전국적으로 수많은 사찰이 분포하고 있었다는 점이다. 앞서 살펴보았듯 『신증동국여지승람』을 통해 볼 때 16세기

---

27 손성필, 2013c, 앞 논문, 50~51쪽.

28 조선전기 사찰의 존재 양상과 전란의 영향에 대해서는 추후 별도의 논문을 통해 자세히 논할 것이다. 임진왜란이 불교계에 미친 영향에 대한 기존의 인식은 임진왜란 당시의 승군 활동을 계기로 불교계가 부흥할 수 있었다고 보는 것이 일반적인데, 이는 임진왜란 이전에 불교계가 침체되어 있었다는 점을 전제로 한다. 그러나 사찰 수, 불서 간행 활동 등을 통해 볼 때 불교계는 임란 이전에 상당한 규모를 유지했으나, 임란을 거치면서 큰 타격을 입은 것으로 보인다. 그러므로 이른바 임란 이후의 불교계 부흥은 승군 활동에 따른 淸虛 休靜 계열 문도의 부상, 곧 이른바 淸虛系 중심의 불교계 재편으로 재해석되어야 할 듯하다(손성필·전효진, 2018, 앞 논문). 필자가 조선시대 불교사의 시기구분을 시론한 기존 논문에서는 임진왜란이 불교계에 미친 심각한 타격을 다소 간과하였는데(손성필, 2015, 앞 논문, 288~289쪽), 지금은 임란 이후 기존 불교계의 질서가 상당히 와해된 상황에서 청허계 중심의 불교계 재편이 가능했으리라고 본다는 점을 이 지면을 통해 밝혀 둔다.

전반에 1,650개 이상의 사찰이 전국에 골고루 분포하고 있었다. 그리고 17세기 중엽에 편찬된 『동국여지지(東國輿地志)』와 18세기 중엽에 편찬된 『여지도서(輿地圖書)』에도 약 1,500여 개의 사찰이 수록되었다. 이 전국지리지에 수록된 사찰을 살펴보면, 조선후기로 갈수록 암자의 수록 비중이 증가하는데, 이는 사찰과 불교계의 규모가 점차 축소되고 있었음을 의미한다.[29] 물론 조선후기 전국지리지에 수록된 1,500여 개의 사찰이 각 군읍의 사찰을 모두 수록한 것은 아니었지만, 전국지리지에 수록된 군읍별 대표 사찰 중에서 암자의 비중이 증가했다는 것은 그 사이에 규모가 축소되거나 폐사된 사찰이 나타났기 때문이라고 할 수 있다. 그러나 16세기부터 시작해 조선말기까지 건립된 서원(書院)과 사우(祠宇)가 모두 900여 개였다는 점과 비교해 볼 때,[30] 여전히 많은 수의 사찰이 전국에 분포해 있었으며 지방, 향촌 사회에서 일정한 기능을 하고 있었다고 할 수 있다. 그러므로 조선말기로 갈수록 사찰의 수, 불교계의 규모가 감소하고 있었다는 점, 여전히 전국적으로 수많은 사찰이 분포하고 있었다는 점에 모두 주의를 기울일 필요가 있어 보인다.

사찰은 조선의 전 시대를 걸쳐 주요한 통치 대상 중의 하나였다. 앞서 논한 대로 조선전기 승정체제의 운영은 승정체제 소속 사찰이 국가적 통치의 차원에서 관리, 지원되었음을 의미한다. 승정체제가 약화되면서 사찰에 대한 국가적 차원의 관리와 지원도 약화되었으나, 전 군읍에 분포한 사찰에 대한 지방관의 관리와 통제는 점차 강화되어 간 것으로 보인다. 국가적 관리와 지원의 약화, 지방관의 관리와 통제의 강화와는 별개로, 왕실 차원의 사적 관리와 지원이 조선말기까지 지속되었음도 간과해서는 안될

---

29 양혜원, 2005, 앞 석사논문, 61쪽.

30 정만조, 1975, 「17~18世紀의 書院·祠宇에 대한 試論」, 『한국사론』 2, 263쪽; 손성필, 2013, 앞 박사논문, 41쪽.

것으로 보인다. 그러므로 불교에 대한 억압과 수탈의 관점에서 사찰의 분포와 운영을 해석하는 것은 한계가 있을 수밖에 없으며, 조선의 국가 통치 체제와 관련하여 해석할 필요가 있어 보인다. 『신증동국여지승람』, 『동국여지지』 등과 같은 전국지리지, 조선후기에 다량 편찬된 읍지에 불우(佛宇) 조나 사찰(寺刹) 조를 설정하고 군읍별 대표 사찰을 지속적으로 수록하였다는 사실은 국가와 사족의 통치체제와 관련하여 중요한 시사점을 주는데, 국가와 사족은 사찰을 국가와 지방의 통치를 위한 중요한 정보로 인식하였다고 할 수 있다. 전국지리지와 읍지의 성격에 비추어 볼 때 국가와 사족이 사찰을 단순히 억압의 대상으로, 사회에서 배척해야 할 대상으로 여겼다면, 이를 전국지리지와 읍지에 수록하지 않았을 것이다. 지리지, 읍지에 수록된 사찰 정보는 국가와 사족이 사찰을 주요한 통치의 대상으로 인식하고 관리, 활용하고자 했음을 의미한다.

특히 사찰은 국가의 지방 통치체제의 성격 및 변천과 관련하여 연구를 심화할 필요가 있어 보인다. 앞서 언급한 대로 사찰은 전국 군읍에 골고루 분포하였는데, 주지하다시피 국가의 지방 통치체제는 조선초기, 중기, 후기, 말기에 따라 시기별로 차이가 있었다. 국가의 지방 통치체제가 점차 변천해 감에 따라 지방에 분포한 사찰의 기능과 위상이 어떻게 변화하였는지, 중앙정부, 지방정부, 사족(士族), 향리(鄕吏), 민(民)과 사찰의 관계는 어떻게 변화하였는지를 살펴볼 필요가 있는 것이다.[31] 예컨대 전국의 모든 군읍에 지방관을 파견하기 시작한 15세기에 지방에서 사찰이 어떤 위상이었는지, 사족이 점차 성장해 가지만 향리에 대한 우위를 확립하지는 못한 16세기에 사찰을 둘러싼 지방 사회 구성원들 간의 역학 관계는 어떠하였는지, 임진왜란 이후 사족 중심의 사회체제로 재편해 간 17세기에 지방 사

---

31 손성필, 2016b, 앞 논문, 65~66쪽.

회에서 사찰의 위상은 어떻게 변모하였는지, 지방관의 통제력이 강해지고 사족의 영향력이 약화되는 18세기 이후에는 사찰의 기능과 위상이 어떻게 변화하였는지, 조선전기에는 대체로 국가 제도를 통해 결속된 왕실과 사찰의 관계가 조선후기에 어떻게 변모하였는지 등에 대한 연구가 필요하다고 할 수 있다.

분명한 사실은 사찰이 국가, 지방, 향촌 사회의 일원으로서 조선 사회에 지속적으로 존재했다는 점이다. 그러므로 사찰을 억압과 수탈의 대상으로서가 아니라, 국가, 지방, 향촌 사회의 일원으로서 연구할 필요가 있다. 다음 항에 후술하겠지만 18세기 후반에 조정은 18세기 중엽의 균역법 시행 등으로 인해 승도가 줄어들어 폐사하는 사찰이 많은 현실을 우려하며 그 대책을 논의하였다. 이러한 논의 사실은 국가가 사찰을 국가의 통치에 필요한 조선 사회의 일부분으로 인정했음을 보여주는 사례라는 점에서 의미가 있다. 한편 균역법의 시행, 승역 부담의 가중 등의 여러 요인으로 인해 18세기 후반에서 19세기에 이르는 시기에 많은 사찰이 폐사한 것으로 보이는데,[32] 이러한 현상 자체와 그 요인에 대해서는 앞으로 보다 면밀한 연구가 필요하다고 할 수 있다. 한편 근현대기의 학자들이 사찰의 수와 불교계의 규모가 급격히 감소한 19세기의 상황을 조선시대 전체로 일반화하여 확대 해석해 왔을 가능성이 크다는 점에도 주목할 필요가 있다. 이는 조선시대 사찰에 대한 기존 인식의 성찰과 실증적 연구가 필요한 또 하나의 이유라고 할 수 있다.

---

32 18세기 중엽 균역법 시행 이후 승도가 감소하고 사찰이 쇠락하는 현상에 대해서는 김선기, 2023, 「조선후기 사찰의 토지 소유와 변동」, 『한국사연구』 200 참조.

3) 승도층의 존재와 국역체제

　조선시대의 승도(僧徒)는 일반적으로 국가로부터 억압당한 대상으로 형상화되어 왔다. 심지어 조선시대에 승도가 천인(賤人) 신분이었다는 허구적 담론이 역사적 사실로 받아들여지기도 하였다. 조선시대 승도의 천인 신분설은 조선시대 불교계와 승도에 대한 오해를 대변하는 단적인 사례로, 근래에 와서야 근거 없는 허구적 주장임이 밝혀졌다.[33] 조선시대 승도가 천인 신분이었다는 담론은 일제 관학자인 다카하시 도루(高橋亨)의『이조불교(李朝佛敎)』를 통해 유포되었는데, 다카하시는 승정체제가 폐지된 16세기 이후로 승도의 지위가 천인과 같아졌고, 기생 등과 함께 팔천(八賤)에 속했기 때문에 도성의 출입이 금지되었다고 하였으나, 이는 역사적 사실에 부합하지 않는 것이다. 그러나 이와 같은 허구적 주장이 지금까지 역사적 사실로 수용되어 온 것은 조선시대 승도에 대한 실증적 연구가 수행되지 않았기 때문인 한편, 조선시대 불교와 불교계에 대한 오해가 그만큼 깊었기 때문으로 보인다.

　조선시대의 승도를 논하기 위해서는 우선 조선 사회에 다양한 부류와 층위의 승도가 존재했다는 사실부터 환기할 필요가 있어 보인다. 당대의 여러 기록을 통해 확인되는 다양한 부류와 성격의 승도를 구분하지 않고, 일반화하여 해석해 온 사례가 많기 때문이다. 조선시대의 승도는 여러 기준에 따라 분류가 가능한데, 우선 승정체제의 측면에서 보면 승과에 급제하여 승직과 승계를 수여 받은 부류와 그렇지 않은 부류로 구분할 수 있으며, 이들을 판사(判事), 주지(住持) 등의 고위 승직을 역임한 부류와 그렇지 않은 부류로 구분할 수도 있을 것이다. 다음으로는 승도의 자격을 증빙하는 공문서인 도첩(度牒)을 발급 받은 승도와 그렇지 않은 승도로 구분할

33　손성필, 2013b, 앞 논문 참조. 이에 대해서는 2장 3절에서 자세히 논의할 것이다.

수 있다. 이 도첩을 발급 받은 승도는 군역이 면제되었는데, 군역이 면제된 것은 승과에 급제하고 승직을 역임한 승도도 마찬가지였다.[34] 조선후기에는 도첩 대신 승통정첩(僧通政帖), 승가선첩(僧嘉善帖)이 발급되었는데, 이 또한 군역의 면제를 보장하는 공문서였다. 그리고 불교계 내의 역할을 기준으로 승도를 구분할 수도 있는데, 수행승, 강학승, 염불승, 기타 소임의 승도 등으로 구분할 수 있을 것이다. 또한 사회의 저변에는 불교를 수행하는 승도라고 보기 어려운 비승비속(非僧非俗), 무뢰배 등도 다수 존재했던 것으로 보인다. 그러므로 불교정책들이 어떤 부류의 승도를 대상으로, 어떤 목적으로, 어떤 조치를 취한 것인지가 구체적으로 분석될 필요가 있다.

조선초기 태종·세종대의 승정체제 개혁은 기본적으로 승정체제에 소속된 승직자(僧職者)를 대상으로 한 정책 조치였다. 종이 통폐합되고 소속 사찰이 크게 감축되면서, 승직자의 수가 크게 감소하고, 승도의 국가사회적 지위가 상대적으로 저하한 것은 분명한 사실인 듯하다. 그러나 36개 이외의 사찰을 철훼한 것이 아니듯, 36개 이외 사찰의 승도를 환속시킨 것은 아니었다. 국가체제의 일부인 승정체제의 개혁은 국가 관인의 한 부류라고 할 수 있는 승직자에게 직접적인 영향을 미친 조치였으나, 1424년 이후 승정체제가 2종 36사 체제로 운영되면서 국가체제하에 이 승직자도 계속 복무했으며, 이에 따라 『경국대전』에 승과와 승직에 관한 규정이 수록되었던 것이다. 하지만 연산군대에 승정체제가 폐지되다시피 하면서 국가체제에서 승직자가 처음으로 배제되었는데, 당시의 조정 논의를 살펴보면 이를 '승도가 끊어졌다[僧徒頓絶]'라고 표현하였다. 그러므로 이는 국가체제에서 승직자가 사라지게 되었다는 의미의 정치적 수사라고 할 수 있으며,[35] 이를 불교계의 승도가 모두 사라지게 되었다고 해석해서는 안 된다.

---

34 僧科에 응시하기 위해서는 도첩 발급이 필요했던 것으로 보인다(양혜원, 2019b, 앞 논문, 69쪽).
35 손성필, 2013, 앞 박사논문, 51쪽.

그로부터 약 40년 후인 명종대에 승정체제가 복구되면서 판사, 주지 등의 승직도 다시 임명되었는데, 명종대 말에 승정체제가 폐지되면서 승직의 임명 또한 폐지되었다. 그러나 임진왜란으로 인해 승군 통솔체제가 구축되면서 승직이 다시 임명되었는데, 다만 법제에 규정된 판사, 주지 등이 아니라, 도총섭, 총섭, 승장(僧將) 등이 임명되었다. 이러한 승직의 임명은 대체로 조선후기에 지속되었는데, 앞으로 국가체제 운영의 측면에서 조선전기와 조선후기 승직의 기능과 성격에 대한 연구가 필요하다고 할 수 있다.[36]

조선전기의 승도는 국역을 부담하지 않는 계층이었다.[37] 승도는 사상적으로는 불교를 수행하는 계층이면서, 사회적으로는 세속을 벗어난 출세간의 존재였고, 국가적으로는 국역을 담당하지 않는 계층이었다. 승도와 국역 간의 관계는 고대, 고려시대와의 역사적 비교 연구, 중국과 일본 등과의 지역적 비교 연구 등이 필요한 주제로 보이는데, 적어도 여말선초에는 승도가 국역을 담당하지 않는다는 것이 국가사회적 통념이었던 듯하다. 그러나 이는 국가적으로 큰 손실이 아닐 수 없었다. 예컨대 태조대에 조정의 논의에서 이른바 수행승(修行僧)과 간사승(幹事僧)은 문제시하지 않고 사회에 광범하게 존재하는 잡승(雜僧)을 문제시하였으며,[38] 정도전(鄭道傳)은

---

36 조선후기의 여러 승직은 高僧文集, 高僧碑 등의 자료뿐만 아니라 조선후기의 戶籍 자료를 통해서도 확인할 수 있다(장경준, 2006, 「조선후기 호적대장의 승려 등재 배경과 그 양상」, 『대동문화연구』 54).

37 이 책에서 '國役', '國役體制'는 국가가 부과하는 역, 국가가 부과하는 역과 관련된 체제라는 일반적인 의미로 사용된 것이며, 조선시대 국가 수취 제도의 운영과 변화를 고려하여 엄밀한 의미로 사용된 것이 아니다. 조선시대의 수취 체제가 역을 직접 수취하는 방식에서, 재정을 통해 수취하는 방식으로 변화하는 데에 대한 최근의 연구 경향에 대해서는 송양섭, 2023, 「大同法 실시와 三政體制의 성립: 役에 의한 지배에서 재정에 의한 지배로」, 『조선시대사학보』 107 참조.

38 『太祖實錄』 卷7, 태조 4년 2월 19일; 손성필, 2013, 앞 박사논문, 107~108쪽. 원문에는 "재, 상을 치르는 데 가서 의식을 구하는 자[迎齋赴喪, 規得衣食者]"라고 하였는데 이 글에서는 이 부류를 편의상 '雜僧'으로 규정하였다. '雜僧'은 『實錄』에 다수 확인되는 용어이다.

『조선경국전(朝鮮經國典)』의 군자(軍資) 조에서 군역을 담당하지 않는 승도의 수가 너무 많다는 점을 우려하였다.[39] 이처럼 조선시대의 관인들이 승도를 피역승(避役層)이라고 비판한 이유는 승도가 군역을 담당하지 않았기 때문인데, 이에 대한 대책으로 승도로의 출가를 원칙적으로 제한하고자 한 제도가 바로 도승제(度僧制)라고 할 수 있다. 국가는 정전(丁錢) 납부, 송경(誦經) 시험 등의 일정한 절차를 거쳐 도첩을 발급하였고, 원칙적으로 도첩을 발급 받지 못한 승도는 환속하여 국역을 담당해야 했다. 국가는 도첩 발급의 자격, 절차 등을 통해 승도로의 출가를 제한하고자 하였고, 이는 법제화되어 『경제육전』, 『경국대전』 등에 명시되었다.[40] 그러므로 도승제는 불교를 숭상하는 승도를 억압하기 위해서라기보다, 국역을 담당하지 않는 계층인 승도의 증가를 억제하기 위해 시행한 제도였던 것으로 보인다.

그러나 법제에 규정된 도승제는 현실에서 엄정하게 시행되었다고 보기 어려운 듯하다. 정해진 절차에 따라 도첩을 발급 받은 자가 거의 없었다는 『실록』의 논의를 통해 볼 때,[41] 그 시행의 실효성이 의문스러워 보인다. 더구나 1429년(세종 11) 흥천사 중수에 승도를 동원한 이후 도첩은 한시적 부역의 대가로 다량 발급되었다.[42] 국가적인 역사에 승도를 약 30일간 동원하고, 이에 대한 대가로 평생 면역을 보장하는 도첩을 발급한 것이다. 이러한 도승제의 운영은 법제에 정해진 도첩 발급의 절차를 무력화한 것일 뿐만 아니라, 도첩을 발급 받지 못한 승도가 조선 사회에 광범하게 존재하는 현실을 용인하는 것이었다고 할 수 있다. 다시 말해, 도첩이 없는 승도를 추쇄하여 환속시킨 것이 아니라 도첩이 없는 승도에게 부역의 대

---

39 『三峯集』 卷7, 「朝鮮經國典」 賦典 軍資.

40 양혜원, 2017, 앞 박사논문, 310~314쪽.

41 『世宗實錄』 卷87, 세종 21년 11월 9일; 卷109, 세종 27년 7월 15일.

42 손성필, 2013, 앞 박사논문, 25쪽.

가로 도첩을 지급한 것은 국가가 도승제를 엄정하게 시행해 오지 않았으며 이에 따라 사실상 사회에 광범하게 존재하는 승도층을 용인해 왔음을 의미하는 것이었다. 1439년(세종 21)에 부역의 대가로 발급한 도첩의 수가 8,800여 건이었다는 기록, 1458년(세조 4) 이후 부역의 대가로 발급한 도첩은 63,000여 건에 이르나 같은 기간 법제에 따른 도첩 발급은 12건에 불과했다는 기록 등을 통해 볼 때,[43] 도승제는 원칙적으로 시행되었을 뿐 승도로의 출가를 제한하는 데에는 실효성이 있었다고 보기 어려우며, 그만큼 15세기의 조선 사회에는 승도층이 광범하게 존재했던 것으로 보인다.[44]

도승제는 연산군대에 승정체제가 폐지되다시피 하고 중종대에도 복구되지 못하면서, 승정체제와 함께 폐지되었다고 할 수 있다. 성리학 사상에 투철한 사림세력, 신진 관료의 지향은 국가체제에서 선종과 교종, 승과, 도승 등과 같은 불교 관련 제도를 폐지하여 승도와 백성에게 모범을 보임으로써 그들이 저절로 교화되도록 하는 것이었다. 실제로 승정체제를 폐지한 중종대 전반의 약 20년간은 사찰, 승도 등에 대한 국가적 논의와 조치를 찾아보기 어렵다. 그런데 1530년경에 승도가 증가하는 현상에 대한 우려로 그 대책 마련을 위한 조정의 논의가 이루어졌는데, 1535년(중종 30) 훈척세력인 김안로(金安老)가 도승제의 일종인 승인호패제(僧人號牌制)를 시행하였으나 그가 정쟁으로 사사되면서 중단되었고, 이후 대책 논의는 공전되었다. 앞서 논했듯 문정왕후와 훈척세력은 승도의 증가를 명분으로 승정체제를 복구하였는데, 이때 도승제도 함께 시행하였다. 15세기와 마

---

43 『世宗實錄』卷87, 세종 21년 11월 9일; 卷109, 세종 27년 7월 15일;『世祖實錄』卷28, 세조 8년 4월 4일; 卷35, 세조 11년 1월 21일;『成宗實錄』卷10, 성종 2년 6월 8일; 卷129, 성종 12년 5월 27일. 한편 예종대의 기사에는 회암사 등의 공사 참여로 도첩을 받은 승도가 모두 8만에 이르렀다고 하였고(『睿宗實錄』卷5, 예종 1년 5월 9일), 성종대의 기사에 의하면 세조 13년(1467)에 號牌法을 시행하였을 때 승도로 조사된 자만 11만 명, 또는 14만 3천 명이었다고 하면서 도승제의 운영 실태를 비판하였다(『成宗實錄』卷68, 성종 7年 6月 5日; 卷77, 성종 8년 윤2월 23일).

44 손성필, 2013, 앞 박사논문, 26쪽.

찬가지로 선종과 교종, 도승제 등을 통해 승도와 사찰을 직접 관리, 지원, 통제하고자 한 것이 사림세력과 대비되는 훈척세력의 특징이었다고 할 수 있다.[45] 한편으로 명종대에는 도승제 운영의 중요한 변화가 나타났는데, 1553년(명종 8) 이후 승도를 부역에 동원하면서도 도첩을 발급하지 않기 시작한 것이었다. 이는 여러 가지 측면에서 중요한 의미가 있는 조치였다고 할 수 있다. 이 조치로 인해 승도는 국역을 담당하지 않는다는 기존의 관례가 깨지게 되었으며, 도첩이 없는 승도는 환속시킨다는 명시적 원칙도 무력화되었다. 다시 말해, 이제 하층의 승도는 백성과 마찬가지로 국역을 담당하게 되었지만, 일반 백성으로서가 아니라 승도로서 국역을 담당하게 된 것이었다. 그리고 을묘왜변(乙卯倭變)이 일어났을 때 군읍의 수령으로 하여금 승군을 동원하고 이를 선종과 교종의 판사가 이끌도록 한 조치가 취해지기도 하였다. 이러한 조치들은 조선후기 승도의 국역 담당과 관련하여 중요한 변화의 단초라고 할 수 있다.[46]

주지하다시피 임진왜란으로 인한 승군 동원을 계기로 조선후기에는 승군 통솔체제가 형성되었다. 전란의 초기에는 참전의 대가로 도첩을 발급하였으나, 전란 말기에는 승통정첩, 승가선첩을 발급하기 시작하였다. 이로써 승도의 자격증이자 면역 증서인 도첩은 사라지고, 면역 증서인 승통정·가선첩이 발급되기 시작한 것이다. 그러므로 이 도첩, 선과첩(禪科帖), 승통정·가선첩 등의 성격과 그 변천에 대해서는 앞으로 보다 면밀한 검토가 필요하다고 할 수 있다. 17세기 전반 남한산성을 축성할 때 파악된 승군의 수효가 17만 명에 이른다는 『승정원일기(承政院日記)』의 기록을 통해 볼 때, 17세기 조선 사회에는 많은 수의 승도가 있었던 것으로 보인다.[47]

45 손성필, 2013c, 앞 논문, 73~75쪽.
46 손성필, 2013, 앞 박사논문, 87~93쪽.
47 『承政院日記』 冊212, 현종 10년 1월 4일. "宋時烈又曰 俘民中僧尼爲最 頃有僧覺性者 監築山城者也

이 승도층의 국역 동원에 대한 국가의 정책은 17세기 후반 승도의 호적(戶籍) 등재로 귀결되었다. 1675년(숙종 1) 조정에서는 승도의 호적 등재가 논의되었고, 1678년 식년부터 승도는 총섭, 승장, 통정, 가선, 양승(良僧), 역승(驛僧) 등의 다양한 직역으로 호적에 등재되기 시작하였다.[48] 승도의 호적 등재는 이제 승도도 국역을 담당하는 계층이 되었음을 의미하며, 이는 역으로 종전에 승도는 역을 담당하는 계층이 아니었음을 의미한다. 사족이 임진왜란 이후 면역층이 된 것과 대비하여, 승도가 기본적으로 국역 담당층이 되었다는 사실은 흥미롭다. 그리고 본래 출신의 호적이 아니라 승도가 승도로서 호적에 등재되었다는 점에도 중요한 의미가 있다. 국가는 승군 통솔체제, 지방 통치체제 등을 매개로 승도를 승도로서 국역체제에 편입했다고 할 수 있는 것이다.[49] 승도가 국역 담당층이 되었다고 해서, 승도 중에 승직자와 면역층이 존재했다는 사실도 간과해서는 안 되며, 승도의 호적 등재, 국역 담당 양상 등은 앞으로 많은 연구가 필요한 과제라고 할 수 있다.

18세기 중엽 균역법의 시행은 승도의 국역 부담과 관련하여 중요한 의미가 있는 정책 조치였다. 앞서 언급한 18세기 후반 조정의 논의를 살펴보면, 균역법 시행에 따라 일반 백성의 역 부담은 감소한 반면, 상대적으로 승도의 역 부담이 증대하면서 승도로의 출가가 감소하였고, 이로 인해 쇠락하거나 폐사한 사찰이 많아졌다고 하였다.[50] 이러한 논의를 통해 볼 때, 18세기 중엽 이전에는 승도의 역 부담이 일반 백성에 비해 적었으나, 그

嘗云僧軍都摠 渠所知者至於十七萬人 可見其衆盛".

48 장경준, 2006, 앞 논문 참조.

49 손성필, 2013 앞 박사논문, 175~214쪽.

50 『英祖實錄』卷74, 영조 27년 11월 26일; 卷81, 영조 30년 4월 29일; 卷85, 영조 31년 8월 14일; 『正祖實錄』卷12, 정조 5년 12월 28일; 卷16, 정조 7년 10월 29일; 卷19, 정조 9년 2월 1일; 卷21, 정조 10년 4월 20일; 卷38, 정조 17년 12월 18일; 卷47, 정조 21년 10월 19일.

이후에는 일반 백성에 비해 승도의 역 부담이 상대적으로 가중되면서 출가가 감소한 것이 사찰의 쇠락과 망폐를 초래했다는 사실을 확인할 수 있다.[51] 이는 조선시대의 불교계가 국가의 억압적인 정책에 의해 쇠락했다고 하는 기존의 관념과는 달리, 승도의 역 부담 증가라는 현실적인 이유 때문에 급격히 쇠락하였을 가능성이 있음을 의미한다. 승도 수의 감소, 사찰의 쇠락 등으로 인해 19세기에 불교계의 규모와 활동은 상대적으로 상당히 위축되었던 것으로 보이며, 지금까지 이러한 19세기 불교계의 역사상을 조선시대 전체로 일반화하여 이해해 왔을 가능성이 커 보인다. 한편 양반(사족) 문화가 확산된 것과 같은 18·19세기의 사회적 변화가 불교계에 미친 영향도 앞으로 논구될 필요가 있을 듯하다. 이처럼 조선시대의 승도층은 불교를 수행하는 집단일 뿐 아니라 조선 국역체제의 한 대상 계층으로 연구될 필요가 있으며, 이는 조선시대의 국가와 사회에 대한 이해를 한층 심화시킬 수 있을 것으로 보인다.[52]

---

51 18세기 중엽 이후의 승도 감소 현상은 『실록』을 통해 확인될 뿐만 아니라, 현전하는 사찰 고문서를 통해서도 논증되었다(김선기, 2023, 앞 논문).

52 최근에는 조선전기의 도승제 운영이 국가의 승도 관리라는 관점으로 구체적으로 검토되기도 하였다(押川信久, 2022, 『朝鮮前期の国家と仏教: 僧尼管理の変遷を中心に』, 九州大学出版会).

3. 승도 천인신분설의 재검토

조선시대의 승도(僧徒)[1]는 천인(賤人) 신분(身分)이었다거나 천인과 같은 대우를 받았다고 알려져 있다. 연구논문에서도 이러한 서술이 흔히 발견되는 것으로 보아, 이는 조선시대 불교에 대한 일반적인 역사상으로 수용되고 있는 듯하다.[2] 그러나 조선시대에 신분은 출생과 세습으로 결정되었

---

[1] 오늘날에는 '僧侶'라는 용어가 일반적으로 사용된다. 조선시대에는 주로 '僧', '僧人', '僧徒', '沙門', '僧尼' 등으로 쓰였다. '승려'는 '승', '승인'의 복수 지칭어인데, 이 용어는 개항 이후 일본에서 유입되기 이전에 한국에서는 거의 쓰이지 않았다. 『朝鮮實錄』 등의 자료를 살펴보면 한국에서는 '승려'에 해당하는 '승', '승인'의 복수 지칭어로 주로 '승도'가 사용되었다(장경준, 2007, 「조선시대 승관제와 승인 인사 관련 문서」, 『고문서연구』 30, 1쪽; 손성필, 2013, 앞 박사논문, 1쪽; 양혜원, 2017, 앞 박사논문, 57~59쪽). '승도', '승려'는 기본적으로 복수 지칭어이므로, 승 개인을 지칭할 때는 '승', '승인'을 사용하는 것이 정확한 표현이다. 『표준국어대사전』(인터넷판, 2024.05.01)에 '승려'는 '불교의 출가 수행자', '승도'는 '수행하는 승려의 무리'로 풀이되어 있으나, 엄밀히 말해 모두 정확한 설명이라고 보기 어렵다. 이 책에서는 조선시대 사회 주도층을 지칭하는 '士族'이라는 용어를 고려하여, 후천적 선택으로 형성된 승인 무리(집단), 그 무리에 속하는 승인에 대한 범칭으로 '승도'라는 용어를 주로 사용하고자 한다.

[2] 국사편찬위원회가 제공하는 '조선왕조실록' 홈페이지의 부가열람 〉 신분별열람 서비스에, 승려는 노비, 백정, 무당, 창기, 광대 등과 함께 천인으로 분류되어 있다(2024.05.01.). 이는 승도 천인신분설이 널리 통용되고 있음을 확인할 수 있는 단적인 사례라고 할 수 있다. '조선왕조실록' 홈페이지의 천인 구분은 대체로 후술할 다카하시 도루의 팔반사천설이 수용된 결과로, 학술적으로 엄밀한 구분으로 보기 어려운 듯하다.

던 데 반해, 승도는 출생 신분을 막론하고 출가(出家)라는 후천적 선택을 통해 획득하는 지위였다는 일반적인 상식에 비추어 볼 때도, 조선시대 승도의 천인신분설은 쉬이 납득하기 어려운 점이 있다. 그런데 실제로『실록』, 법전, 호적, 문집, 고문서 등등의 여러 조선시대 사료를 검토해 보아도, 승도가 천인층이었다는 근거는 찾아보기 어렵다.[3]

오늘날, 이 조선시대 승도의 천인신분설의 근거로 인식되고 있는 것은 승도가 조선시대 여덟 종류의 천인 중 하나였다는 점, 그 신분으로 인해 도성 출입이 제한되었다는 점, 사족의 산수 유람에 가마[籃輿]를 멜 수밖에 없었다고 하는 점 등인 듯한데, 국가가 불교를 정책적으로 억압함에 따라 승도의 신분이 저하될 수밖에 없었다고 이해되고 있는 것으로 보인다. 그러나 조선시대에 승도가 천인 신분이었다는 데 대한 연구 성과는 찾아보기 어려우며, 그 근거들에 대한 연구 성과도 찾아볼 수 없음은 마찬가지다.

다만, 일제 관학자인 다카하시 도루(高橋亨, 1878~1967)의 저서『이조불교(李朝佛敎)』에 위에 언급한 근거를 바탕으로 조선시대에 승도가 천인으로 전락하여 국가의 보호를 받지 못했다고 하는 주장이 발견된다.[4]『이조불교』는 조선시대 불교에 대한 최초의 종합적 근대 저술로, 근현대기의 조선시대 불교 역사상 형성에 미친 영향이 컸다. 더구나 해방 이후 여타 분야에 비해 조선시대 불교 연구는 활성화되지 못하였고, 타당한 연구 방법을 통해 새로운 시각을 제시한 종합적인 연구성과도 나오지 못하였다.[5] 이를 통해 볼 때, 조선시대 승도의 천인신분설은 다카하시가 주장한 이래 오늘날까지 무비판적으로 재생산되어 온 것으로 보인다.[6]

3　조선시대의 여러 불교사료에 대한 종합적 검토를 통해 조선중기의 불교사를 논한 연구가 근래에 수행된 바 있다(손성필, 2013, 앞 박사논문).

4　高橋亨, 1929,『李朝佛敎』, 寶文館, 17·29·548·902쪽.

5　조선시대 불교에 대한 종합적 연구는 근래에 와서야 시도되고 있다(김용태, 2010, 앞 책; 이종수, 2010, 앞 박사논문; 손성필, 2013, 앞 박사논문).

다카하시는『이조불교』의 서언(緒言)에서 조선조 중엽 이후 승도가 '팔천(八賤)'의 하나로 취급되어 도성 출입이 금지되었다고 서술하였다.[7] 이른바 팔천설(八賤說)과 도성 출입 규제를 승도가 천인 신분이었다는 데 대한 근거이자 결과로 주장한 것이다. 그러나 조선 당대의 여러 자료를 살펴보건대, 승도가 팔천이었다는 기록은 물론, 천시된 여덟 종류의 천인인 '팔천'이라는 개념조차 찾아볼 수 없으며, 천한 신분으로 인해 도성 출입이 금지되었다는 기록도 찾아볼 수 없다. 다카하시가 주장한 조선시대 승도의 천인신분설은 근거가 없는 것이다. 이에 이 절에서는 팔천설과 도성 출입 규제에 대한 검토를 중심으로 조선시대 승도 천인신분설에 대해 논해보고자 한다.

한 가지 언급해 두고 싶은 것은 이러한 논의의 목적이 단순히 조선시대 승도가 천인이었냐, 아니었느냐를 밝히는 데에만 있지 않다는 점이다. 만약 조선시대 승도 천인신분설이 정말 근거가 없는 것이라면, 근대에 일제 관학자에 의해 왜곡된 역사상을 지금까지도 무비판적으로 수용하고 있는 현실과 마주하지 않을 수 없게 된다. 따라서 이 절의 논의는 왜곡된 조선시대 불교의 역사상, 더 나아가 조선시대의 역사상을 반성하고 그 실상을 규명하는 데 일조하기 위한 것이기도 하다. 이에 이 절의 논의가 타당하다면, 앞으로 조선시대 승도의 법제적 지위, 도성 출입 규제의 전개와 실상, 다카하시의 불교사 서술 방식에 대한 분석과 비판, 근대 일본의 조선 불교인식의 형성과 영향 등으로 논의가 확대, 심화되어야 할 것으로 보인다.

---

6 다카하시 도루는 일제강점기의 일본인 관학자로, 한국사상사, 한국문학사 등의 학문 분야에 지대한 영향을 끼친 것으로 평가된다. 다카하시의 한국학 연구에 대한 근래의 연구 성과로는 이윤석, 2016,「다카하시 토오루[高橋亨]의 경성제국대학 강의노트 내용과 의의」,『동방학지』177; 이윤석, 2019,「다카하시 토오루(高橋亨)의 한국 불교 연구:『이조불교』를 중심으로」,『한국연구』3; 김용태, 2019, 앞 논문 등 참조.

7 高橋亨, 1929, 앞 책, 17쪽.

1) 승도 팔천설(八賤說)의 허구성

다카하시 도루는 조선시대의 승도가 여덟 부류의 천인 신분에 속하여 천대 받았으며, 이에 따라 도성의 출입이 규제되었다고 주장하였다. 그는 『이조불교』에 조선시대에 승도의 사회적 지위가 하락해 승도가 '팔천'의 하나로서 천시 받았다고 서술하였고, 이는 불교사 연구자뿐 아니라 조선시대사 연구자에 의해서도 여전히 인용되고 있다. 이 팔천설의 생성과 유포에 대해서는 더 면밀한 검토가 필요하며, 다카하시의 저술이 팔천설에 대해 언급한 최초의 사례인지는 확언하기 어려우나, 그 유포에 결정적인 역할을 하였음은 분명해 보인다.[8]

그러나 다카하시는 승도가 팔천의 하나였다는 데 대한 분명한 근거를 제시하고 있지 않다. '순조(純祖) 이후(以後) 승려(僧侶)의 상태(狀態)'를 논하면서 노승(老僧)과 노양반(老兩班)의 말에 의거한다고 한 것이, 승도 팔천설에 대해 그가 제시한 유일한 근거다.[9] 한편, 조선조 중엽인 연산군·중종대에 선교양종과 승과의 혁파로 인해 승도의 사회적 지위가 '철저하게' 하락하였고,[10] 임진왜란 이후에도 국가로부터 어떤 신분적 보장을 받지 못했다고 주장하였지만,[11] 이에 대해서도 적절한 근거를 제시하고 있지 못한 것은 마찬가지다. 이를 통해 볼 때 다카하시는 불교정책이 불교계와 승도의 사회적 지위에 즉각적이고 결정적인 영향을 미쳤다고 주장하는 경향을

---

8 최근의 연구에 따르면, 승도 팔천설은 개항 이후 일본인에 의해 조선 승도는 사회적 지위가 천인과 같이 낮다고 거론되기 시작하였고, 1910년 전후에 이르면 '조선 승도는 천인이다'라는 인식이 확립되기에 이르렀다(오가와 히로카즈, 2024, 「근대 일본의 朝鮮佛敎 인식 형성 연구」, 동국대 한국불교융합학과 박사논문, 143~163쪽). 다카하시는 이러한 인식을 계승하여 그 유포에 결정적 기여를 했다고 평가할 수 있을 듯하다.

9 高橋亨, 1929, 앞 책, 902쪽.

10 高橋亨, 1929, 앞 책, 273쪽.

11 高橋亨, 1929, 앞 책, 548쪽.

가지고 있는데, 이는 승도 천인신분설을 비롯하여 교화권 국가탈취설(教化權國家奪取說), 승도 무지설(僧徒無知說), 고착성·비독자성설(固着性·非獨自性說), 무종파설(無宗派說), 산중불교설(山中佛教說), 쇠퇴지속설(衰退持續說), 명맥유지설(命脈維持說), 부녀자·서민신앙설(婦女子·庶民信仰說)과 같은 그의 주장들이 식민통치와 일본불교의 관점에 따라 조선의 불교가 사회적으로 무력하였음을 밝히는 데 초점이 맞추어져 있음과 일맥상통한다.[12]

이처럼 다카하시가 승도 팔천설의 근거로 제시한 것은 조선말기 '노승과 노양반의 말'이었다. 그런데 그는 이 팔천설을 승도의 도성 출입 규제와 결부하였는데, 조선 중엽 이후 승도가 팔천의 하나로 취급되어 도성 출입이 금지되었다고 서술하였다.[13] 도성 출입 규제를 승도의 신분과 결부하여, 승도의 신분이 낮아 도성 출입이 금지된 것이라고 주장한 것이다. 이러한 주장은 널리 수용되어, 오늘날에도 조선시대 승도는 그 신분이 낮아 도성 출입이 금지되었다고 알려져 있다. 근래에는 이러한 주장이 주로 근대불교사 연구자에 의해 재생산되고 있다.[14] 1895년 일본 승 사노 젠레이(佐野前勵)의 건의에 의한 승니 도성 출입 금지의 해제가 근대 불교로의 전환점으로 인식되면서, 조선시대 불교는 승도의 신분이 천인으로 하락하여 그 도성 출입이 금지되었을 만큼 쇠락하였다는 이해가 일반화되어 있는 것이다. 이와 같이 조선시대 승도의 신분과 도성 출입 규제에 대한 담론은 근대에 생성·유포된 후 계속 확대 재생산되어 오늘날에도 여전히 큰 영향을 미치고 있다.

이처럼, 팔천설과 도성 출입 규제는 조선시대 승도가 천인 신분이었다

---

12 손성필, 2013, 앞 박사논문, 5쪽.

13 高橋亨, 1929, 앞 책, 17쪽.

14 정광호, 1994, 『近代韓日佛教關係史硏究: 日本의 植民地政策과 관련하여』, 인하대출판부; 김경집, 1998, 『韓國近代佛教史』, 경서원; 김순석, 2003, 『일제시대 조선총독부의 불교정책과 불교계의 대응』, 경인문화사; 김순석, 2009, 『백년 동안 한국불교에 어떤 일이 있었을까』, 운주사.

고 하는 다카하시의 주장의 두 축이다. 이 중 팔천설에 대해 먼저 살펴보면, 팔천설 또는 팔반사천설(八般私賤說)은 승려(僧侶), 노비(奴婢), 영인(伶人), 기(妓), 상련군(喪輦軍, 상여꾼), 혜장(鞋匠), 백정(白丁), 무격(巫覡)이 천대받던 여덟 종류의 사천(私賤)이었다는 주장이다. 그러나 이 '팔천'이라는 용어나 개념은 조선 당대의 여러 자료, 『실록』, 법전, 호적, 문집, 고문서 등등을 살펴보아도 그 용례나 근거를 찾을 수 없다. 일반인에게도 널리 알려져 있는 조선시대 '팔천' 또는 '팔반사천'은 정작 조선시대 문헌자료 어디에서도 찾아볼 수 없는 개념인 것이다.[15] 더구나 승도가 이 팔천에 속하여 도성 출입이 금지되었다고 한다면, 노비나 기생도 도성 출입이 금지되었어야 할 것인데, 이는 역사 현실이나 역사 상식에 비추어 볼 때 납득하기 어렵다.

그런데 조선후기에 칠반천역(七般賤役) 또는 칠천(七賤)이라는 개념이 있었음은 확인할 수 있다. 조선후기의 법전인 『수교집록(受教輯錄)』과 『속대전(續大典)』에서 확인되는 '칠반천역'은 양인(良人) 신분으로 종사하는 가장 고되고 천한 일곱 종류의 국역(國役)으로서, 조예(皂隷), 나장(羅將), 일수(日守), 조졸(漕卒), 수군(水軍), 봉수군(烽燧軍), 역보(驛保)를 가리킨다. 그래서 이 일곱 천역(賤役)에는 사왕손(四王孫)과 선현(先賢)의 후예(後裔)를 충정(充定)하지 못하도록 법제로 규정해 둔 것이다.[16] 이처럼 칠반천역은 비록 고되고 천하다고 여겨졌으나 국가가 양인에게 부과했던 국역의 일종이었다. 이 칠반천역을 조선시대 일곱 종류의 공천(公賤)인 것으로 보고,

---

15 승도가 노비, 백정, 기생 등과 함께 거론된 사례도 찾아보기 어렵다. 『實錄』의 경우 승도가 노비, 백정, 기생 등과 함께 거론된 바 없다(박종성, 2003, 『백정과 기생: 조선천민사의 두 얼굴』, 서울대학교출판문화원, 401~414쪽의 천민 관련 실록자료 목록 참조).

16 『受教輯錄』 兵典 軍制, 康熙乙卯承傳(1675년, 肅宗1); 『續大典』 卷4, 兵典 免役. "四王孫과 先賢들의 支裔는 相當하는 良役 外에 七般賤役인 皂隷, 羅將, 日守, 漕卒, 水軍, 烽燧軍, 驛保 등에 充定하지 아니한다."

팔반사천에 대비하여 칠반공천(七般公賤)이라고 지칭하는 사례가 발견되기도 하나, 이 또한 잘못된 이해임은 물론이다. 앞서 말했듯 칠반천역은 양인 신분으로 종사한 천한 국역이었을 뿐, 관노비(官奴婢)와 같은 공천은 아니었기 때문이다.[17]

팔반사천, 칠반공천과 같은 근거 없고 부정확한 개념들이 어떻게 생성·유포되었는지는 추후 면밀한 검토가 필요하다고 보나,[18] 이러한 개념들이 사회적 지위가 높지 않은 계층들을 범주화하여 조선시대에 대한 부정적 역사상을 양산하거나 단견적 흥미를 유발하는 데 성공해 왔음은 분명해 보인다. 팔천이라는 개념을 조선시대 문헌에서 전혀 찾아볼 수 없다는 점을 통해 볼 때, 이는 칠반천역에서 착안하여 개화기나 근대기에 생성된 것으로 보인다. 그런데 주목되는 것은 이 팔천이 유독 승도의 신분이나 사회적 지위를 거론할 때 그 근거로 제시되는 경우가 많았다는 점이다. 이는 팔천설이 애초에 승도층에 대한 폄하를 위해 생성되었거나, 생성 이후 주로 승도층의 폄하에 이용되었을 가능성이 있음을 의미한다.

이능화(李能和, 1869~1943)는 일찍이 승도를 조선시대 천인의 하나로 보는 인식에 대해, 역사를 모르는 몰상식의 소치이므로 논할 가치도 없다고 평한 바 있다.[19] 조선시대의 승도가 칠반천인(七般賤人)의 하나에 속하

---

17 17세기 이후의 僧役에 대해 논한 윤용출은 皂隷, 羅將, 日守, 漕卒, 水軍, 烽燧軍, 驛保 등의 七般賤役에 僧徒가 포함되어 八賤 또는 八般賤役으로 인식된 것은 17세기 이후의 일로 보인다고 하면서, 高橋亨의 『李朝佛敎』를 인용하였다. 그러나 高橋亨이 제시한 八賤은 奴婢, 伶人, 妓, 喪輿軍, 鞋匠, 白丁, 巫覡, 僧侶 등이므로, 윤용출의 팔천 인식은 법제상의 七般賤役과 高橋亨의 八賤 개념을 혼동하여 또다른 오해를 낳은 사례라고 볼 수 있다(윤용출, 1998, 『조선후기 요역제와 고용노동: 徭役制賦役勞動의 解體, 募立制 雇傭勞動의 發展』, 서울대출판부, 135쪽).

18 최근의 연구에 따르면 팔반공천, 칠반공천이라는 용어가 처음 등장하는 것은 朝鮮駐箚憲兵隊司令部가 편찬한 『朝鮮社会考』(1912, 文星社)였다(오가와 히로카즈, 2024, 앞 박사논문, 158~160쪽). 이에 『朝鮮社会考』는 승도 팔천설이 명확히 제시된 최초의 문헌이라고 할 수 있으며, 이 승도 팔천설이 다카하시 도루의 『李朝佛敎』(1929)에 계승되었고, 오늘날에 이르기까지 통용되고 있는 것이다. 『朝鮮社会考』에 제시된 팔반사천은 僧侶, 伶人, 才人, 巫女, 捨堂, 擧牛, 白丁, 鞋匠 등이었다.

였다고 하는 당대 일부의 인식에 대해 비판한 것인데, 이능화도 『속대전 (續大典)』 병전(兵典) 면역(免役) 조를 제시하면서 칠반천역은 양역(良役)의 일종일 뿐인데다가, 승도를 칠천에 포함시킨 어떤 기록도 찾아볼 수 없다고 밝혔으며, 조선시대에도 승도가 '스님'으로 사회의 존경을 받았다고 하였다. 그리고 그는 불교가 정책적 억압을 받았다고 해서 승도의 지위가 저하했다고 볼 수 없음을 논하면서 서인이 득세하면서 동인, 남인, 북인이 억압을 받아 그 정치세력을 잃었다 하더라도 그 사회적 지위가 저하한 것은 아님과 같다고 하였다. 다만 승도가 천하다는 인식은 일부 '땡땡이중(乞糧僧)' 때문에 생겨났을 것임을 지적하기도 하였다.[20] 이능화의 이러한 언급들은 근대기에 이미 조선시대 승도 천인신분설을 합당하게 비판하였다는 점에서뿐만 아니라, 정치적 위상의 하락이 사회적 지위의 하락을 의미하지 않고, 승도 층위의 다양성을 고려해야 함을 지적하였다는 점에서도 중요한 의미가 있다.

2) 승도 도성 출입(都城 出入) 규제의 실상

승도에 대한 도성 출입 규제는 팔천설과 함께 조선시대 승도의 신분이 천하였다는 데 대한 근거이자 결과로 받아들여지고 있으나, 이에 대한 연구 성과는 찾아볼 수 없다. 승도의 도성 출입이 언제, 어떻게, 왜 규제되었는지에 대해서도 구체적으로 알려진 바가 없다. 이에 따라 1895년 일본 승사노 젠레이의 건의에 의한 도성 출입 규제의 해제가 근대 불교의 시발점으로 회자될수록, 조선시대는 국가에 의해 승도의 도성 출입마저 금지된

19 이능화, 1920, 「朝鮮僧侶와 社會的 地位」, 『朝鮮佛敎叢報』 20, 三十本山聯合事務所, 13쪽.
20 이능화, 1920, 앞 글, 11~14쪽.

전근대적이고 억압적인 시대로 일반화되어 왔던 것으로 보인다. 그러므로 승도의 도성 출입 규제에 대해 앞으로 면밀한 검토가 필요한 것인데, 여기에서는 조선시대 법전 규정에 대한 분석을 중심으로 그 규제의 변천에 대해 우선 논해 보고자 한다.

조선은 주요 국정 운영의 방침을 종합·정리하여 법전으로 편찬하였는데, 1471년(성종 2) 『경국대전(經國大典)』 편찬 이후에도 국왕의 전교(傳敎)에 따른 법규 변화에 따라 1491년(성종 22) 『대전속록(大典續錄)』, 1543년(중종 38) 『대전후속록(大典後續錄)』, 1698년(숙종 24) 『수교집록』, 1739년(영조 15) 『신보수교집록(新補受敎輯錄)』 등을 계속 편찬하였고, 이를 1746년(영조 22) 편찬된 『속대전』과 1786년(정조 10) 『대전통편(大典通編)』, 1865년(고종 2) 『대전회통(大典會通)』 등으로 집대성하였다. 승도의 도성 출입 규제는 중종대 편찬된 『대전후속록』에 처음 명시되었다.[21] 『실록』을 통해 볼 때 중종대 이전에 그러한 규제를 공표한 적이 없지 않았던 것으로 보이나, 그러한 규제가 있었다 하더라도 연산군대까지 국가체제의 일부로 승정체제(僧政體制)가 운영되어 한양 도성 내에 흥천사(興天寺), 흥덕사(興德寺), 원각사(圓覺寺) 등의 사찰이 있었다는 점을 고려하면, 그 규제가 승도층 전체에 대해 전면적으로 시행되었거나, 실효적으로 시행되었다고 보기 어렵다. 또한 『대전후속록』은 이후 내려진 국왕의 수교(受敎)들로 인해 폐지된 조항이 많아 법전으로 제 구실을 하지 못하였을뿐더러,[22] 중종대에 뒤이은 명종대에 『경국대전』에 규정된 승정체제가 복구되었으므로 승도 도성 출입 규제 조항은 사실상 사문화되었다고 볼 수도 있다. 그러므로 조

---

21 『大典後續錄』 卷5, 刑典 禁制.

22 『實錄』에 따르면 중종대 중반인 1530년 전후에 승도가 증가했다는 인식이 나타나는데, 이때 승도가 도성을 횡행하고 있다는 기록도 함께 확인된다. 그러므로 당시 도성 출입 금제는 원칙적인 법규일 뿐 실효적으로 규제되었다고 보기 어려운 듯하다. 중종대의 승도 증가 현상에 대해서는 3장 3절 참조.

선전기에는 사실상 승도의 도성 출입 규제가 실효적으로 시행되지 못하였던 것인데, 이에 대해서는 추후 더 구체적으로 논의될 필요가 있다.

조선후기의 법전에서는 주로 형전(刑典)의 금제(禁制)에서 승도의 도성 내 행위에 대한 규제들이 산견된다. '승인(僧人)' 또는 '승니(僧尼)'의 도성 내 기마, 체류, 출입 등에 대한 규제 조항들이 수교로 내려져 법제화되었음을 확인할 수 있는 것이다. 이러한 조항들을 통해 조선후기 승인·승니의 도성 출입 관련 법제의 변천을 살펴볼 수 있는데, 이 법규들을 표로 간략히 정리하면 〈표 1〉과 같다.

〈표 1〉 조선후기 승인·승니의 도성 내 행위에 대한 규제의 변천

구분	受敎輯錄 (1698)	新補受敎輯錄 (1739)	續大典 (1746)	大典通編 (1785)
僧人의 도성 내 騎馬 금지	○	–	–	–
僧人의 公事 외 도성 체류 금지	○	○	–	–
僧人의 公事 외 도성 출입 금지	–	–	○	–
僧尼의 도성 출입 금지	–	○	○	–
公私를 막론한 僧尼 도성 출입 금지	–	–	–	○

〈표 1〉을 보면 『수교집록』에 수록된 1670년(현종 11)의 전교에는 승인이 도성 내에서 기마하는 것과 공사(公事)가 아닌데도 도성 내에 유연(留連)하는 것을 금하도록 했다. 도성의 출입에 대한 규제는 없고, 다만 도성에서 말을 타는 것과 국가의 공적인 일이 아닌데도 도성에 계속 머무는 것을 규제했을 뿐이다. 『신보수교집록』에 수록된 1709년(숙종 35)의 전교는 승니가 도성에 들어오는 것을 금하였고, 함께 수록된 사헌부의 금제에는 승인이 공사가 아닌데도 도성에 계속 머무는 것을 금하였다. 승니의 도성 출입 규제와 공사와 무관한 승인의 장기 체류 규제가 동시에 수록되어

있는 것이다. 1746년(영조 22)에 편찬된 『속대전』에는 승니가 도성에 출입하는 것을 금하도록 하였으나, 그 주석에 승인으로서 공사가 있는 자는 금하지 아니한다고 규정해 두었다. 승니의 도성 출입을 금하였으나, 국가의 공적인 일로 인한 출입은 허용되었던 것이다. 그리고 1785년(정조 9) 편찬된 『대전통편』에는 승니가 도성에 출입하는 것을 금하도록 하였고, 그 주석에 공사(公私)를 막론하고 모두 금지한다고 규정하였다.

이 법전의 조문들을 통해, 우선 승도 도성 출입이 조선후기에 계속 규제되었던 것이 아니며, 그 규제가 변모하여 갔음을 확인할 수 있다. 17세기에는 승인의 도성 출입에 대한 규제가 없었을뿐더러 국가의 공적인 사무로 인한 도성 체류는 허용하였으나, 18세기에는 승인의 공적인 사무로 인한 도성 출입이나 체류는 허용하되 승니의 도성 출입은 금하는 이원적 양상을 보이다가, 18세기 말에 공사를 막론하고 승니의 도성 출입을 규제하기에 이르렀다. 대체로 승도의 도성 출입에 대한 규제가 강화되어 감에 따라 18세기 말에 이르러 전면 규제가 명시되기는 하였지만, 18세기 말에 이르기 전까지는 승도의 도성 출입이 전면 규제된 것은 아니었다. 오히려 이러한 규제의 변천은 국가적 사무 등에 따른 승도의 도성 체류와 출입이 빈번하였고, 승도의 도성 출입이 실효적으로 금지되지 않았던 현실을 반영한다고 볼 수 있다.

그런데 『수교집록』에 수록된 1709년(숙종 35) 승니의 도성 출입 금지 전교가 내려진 이유를 『실록』을 통해 살펴보면,[23] 도성 지척에 '니사(尼舍)'가 여러 곳이며 '니도(尼徒)'가 도성 내를 빈번히 왕래하고 여염집에 출입하면서 혹세무민한다는 것이었고, 그 규제의 대상은 '니도', 곧 도성을 드

---

23 『肅宗實錄』卷47, 숙종 35년 7월 6일. "諫院啓 … 近年以來 所謂尼舍在於京城咫尺之地者 非止數三處 而尼徒往來街市 不啻紛紜 出入閭閻 恣行誑惑 請令漢城府 ——摘奸 諸處尼舍 竝卽毁破 尼徒之出入城市者 一切禁斷 上以邊將擇差及尼徒之冒入城市者 嚴禁事 依啓 答之".

나들며 포교하는 비구니층에 한정된 것이었다. 그리고 1725년(영조 1)에 영조도 '여승(女僧)'에 한하여 도성 출입을 금지하였다. 승지(承旨) 이정주(李挺周)가 니도가 도성 가까이에 불사(佛舍)를 짓고 혹세무민함에 따라 여염(閭閻)의 양녀(良女)들이 출가하는 폐단이 많음을 아뢰며 엄금(嚴禁)할 것을 주청하였는데, 영조는 유도(儒道)가 크게 행해지면 비록 이단(異端)이 있다 한들 해(害)가 되겠느냐고 말하며 '여승'의 도성 내 출입만 금하였다.[24] 이처럼 18세기의 '승니' 도성 출입 금제는 도성을 드나들며 불교 신앙 행위를 일삼는 '니도', 곧 '여승'을 규제하기 위한 것이었다. 한편으로, 승도를 수심승(修心僧), 강경·간사승(講經·幹事僧), 속승(俗僧)으로 분류하고 각각 상·중·하등의 승도로 평가한 조선초 『실록』의 승도 분류에 따른다면,[25] 서울 근교의 하층 승도를 규제하기 위함이었다고 볼 수 있을 것이다.

『실록』을 통해 볼 때, 조선후기, 특히 숙종·영조·정조 연간인 18세기에 주로 문제시하여 논의된 것은 도성 주변에 비구니 사찰[尼舍]이 많고 비구니[尼徒]의 도성 출입이 잦아 도성의 풍속을 해친다는 것이었다. 그래서 신료들이 니사의 철훼와 니도의 도성 출입 금지를 주청한 것이나, 국왕은 대개 니사의 철훼는 윤허하지 않았고, 니도의 도성 출입 금지를 윤허하였을 뿐이다.[26] 그러나 니도의 도성 출입을 금지하자는 신료의 주청도 계속 반복되고 있는 것으로 보아,[27] 니도의 도성 출입 규제도 실효적으로 시행되었다고 보기 어려운 듯하다. 주목되는 것은 니도의 도성 출입 규제를 시행

---

24 『英祖實錄』 卷6, 영조 1년 5월 3일. "行召對 承旨李挺周奏曰 近城之地 尼徒廣開佛舍 閭閻良女 誑惑妖說 多有削髮之弊 宜嚴禁也 上曰 儒道大行 雖有異端 何敢害吾道哉 只禁女僧之往來城內".

25 『太祖實錄』 卷7, 太祖 4年 2月 19日. "蓋僧之品有三 食不求飽居無常處修心僧堂者上也 講說法文乘馬奔馳者中也 迎齋赴喪規ေ衣食者下也".

26 『肅宗實錄』 卷40, 숙종 30년 10월 28일; 11월 6일; 卷47, 숙종 35년 7월 6·13·14일; 『英祖實錄』 卷6, 영조 1년 5월 3일.

27 『肅宗實錄』 卷47, 숙종 35년 7월 6일; 『英祖實錄』 卷6, 영조 1년 5월 3일; 卷52, 영조 16년 7월 4일; 卷69, 영조 25년 2월 18일; 卷102, 영조 39년 5월 26일; 『正祖實錄』 卷15, 정조 7년 1월 2일.

하는 목적이나, 도성 출입 규제라는 방법에 대한 비판이 모두 성리학적 교화론에 입각하고 있다는 점이다.[28] 다시 말해, 니도의 도성 출입을 규제하는 목적은 국왕의 교화를 통한 성리학적 왕정 실현의 상징인 도성의 풍속을 교화한다는 명분에 따른 것이었으며, 이에 따르면 도성의 풍속은 국왕의 성덕이 아래에 미쳐 저절로 '교화'되어야 하는 것이었으므로, 인위적 '규제'는 바람직한 방법이 아니었다고 할 수 있다. 그러므로 상기한 여러 사실들을 종합해 볼 때, 18세기 말 『대전통편』에 공사를 막론한 승니의 도성 출입 규제가 명시되었다고는 하나, 그 규제가 과연 실효적으로 시행된 것인지에 대해서는 의문스러운 점이 없지 않다.

이처럼, 승도의 도성 출입 규제는 조선시대 전 시기에 걸쳐 일관적으로 시행된 것도, 천한 신분인 승도의 도성 출입을 막기 위해 시행된 것도 아니었다. 성리학 사상에 따라 도성의 풍속을 교화한다는 명분에 따라 시행된 상징적인 조처였으며, 그 주요 규제 대상은 주로 서울 근교의 비구니 또는 하층 승도였다. 그러나 그 규제마저 실효적으로 시행되었는지는 의문스러우며, 18세기 말까지 적어도 공적인 사무로 인한 승도의 도성 출입은 법적으로 허용되었다. 그러므로 승도 도성 출입 규제는 조선시대에 승도가 천인 신분이었다는 주장의 근거가 될 수 없을 뿐 아니라, 그 규제의 목적, 대상, 시행시기, 실효성 등이 전면적으로 재검토되어야 할 연구 과제라고 할 수 있다.

---

28 『肅宗實錄』 卷40, 숙종 30년 10월 28일; 卷47, 숙종 35년 7월 6·14일; 『英祖實錄』 卷6, 영조 1년 5월 3일; 卷52, 영조 16년 7월 4일.

3) 승도층의 다양성과 특수성

승도 팔천설과 도성 출입 규제에 대한 검토를 통해, '조선조 중엽 이후 승려가 팔천의 하나로 취급되어 도성 출입이 금지되었다'고 한 다카하시의 주장은 여러 가지 측면에서 그 근거가 없거나 부적절한 것임이 분명해졌다. 그는 한정된 자료와 진술에 대한 자의적 해석, 시대 변화와 승도층의 층위를 고려하지 않은 과도한 일반화 등을 통해 역사 현실을 크게 왜곡한 역사상을 창출하였으나, 이러한 역사상이 그간 무비판적으로 수용되어 왔던 것이다.

다카하시 도루의 『이조불교』는 방대한 자료를 검토해 조선시대 불교사에 대해 체계적으로 서술한, 당시로서는 전례가 없는 역작임이 틀림없다. 그러나 『이조불교』를 분석해 보면, 그의 연구 방법과 관점에 상당한 한계가 있음도 분명하다. 그는 각 사료의 성격을 분석하지 않고 그 내용을 임의로 인용하고 해석함으로써 자신의 논지에 활용하였다. 이로써 『실록』과 문집에 개재된 국가와 사족의 관점, 그리고 근대와 일본 불교의 관점이 혼재한, 조선시대 불교의 역사상을 창출해 냈다. 자료에 대한 비판적 분석을 결여한 채 자료의 내용들만 임의로 조합함으로써 당대의 역사 현실과는 거리가 먼 역사상, 곧 조선을 식민통치한 근대 일본인의 시선으로 본 조선시대 불교의 역사상을 창출해 낸 것이다. 그러므로 이러한 역사상은 당대 자료에 대한 종합적 검토와 비판적 분석, 그리고 이를 기반으로 한 체계적 해석을 통해 극복되어야 할 것으로 보인다.

승도 천인신분설의 경우, 승도를 신분층으로 오해하고 승도층 내부의 여러 층위를 고려하지 않음으로써, 하층 승도상, 특히 19세기 말 서울 근교의 하층 승도상을 승도층 전체로, 또는 조선시대 전체로 일반화하였다. 그런데 다카하시는 서울 근교의 속승만 보아 오다가 오대산(五臺山) 월정사(月精寺)와 상원사(上院寺)의 학승(學僧), 선승(禪僧), 염불승(念佛僧)을 보고 조선 불교에 대한 관념에 일대 변화가 일어 조선 불교사 연구에 착수했다고 고백한 바 있다.[29] 그도 서울 근교의 승도와 지방 명산대찰의 승도 간의 차이를 인지하고 있었던 것이다. 실제로 조선의 도읍 서울은 조선중후기 불교의 중심지가 아니었으며, 상층의 주류 승도도 지방 사찰을 중심으로 활동하였다. 그러므로 승니의 도성 출입 금지는 애초에 불교계와 승도에 대한 실질적 규제 조처가 아니었으며, 성리학적 명분에 따라 서울 근교의 속승, 곧 하층 승도를 규제하기 위한 조처였던 것으로 보인다. 더구나 주로 도성을 출입하는 니도, 즉 비구니를 규제하기 위한 것이었고, 공적인 사무로 인한 승도의 도성 출입은 18세기 말까지 허용하고 있었다. 다카하시는 승도층의 층위가 다양하며 신분층으로 규정할 수 없는 특수 계층이라는 점을 간과하거나 무시했던 것이다.

다카하시의 주장은 시대 변화를 주의 깊게 고려하지 않은 한편, 불교정책의 사회적 영향을 엄밀하게 분석하지 않았다는 점에서도 한계가 있다. 다카하시는 조선조 중엽인 중종대에 선교양종(禪敎兩宗)과 승과(僧科)의 혁파, 곧 승정체제의 폐지로 인해 승도의 사회적 지위가 철저하게 하락하였다고 하였고,[30] 그 사회적 지위가 조선 말까지 지속된 것처럼 논지를 전개하였다. 그러나 중종대에는 성리학 사상에 따라 백성이 저절로 교화되기를 바라는 정책을 취하였을 뿐이며, 불교계에 대한 직접적 제재가 거의 가해지지 않았다.[31] 성리학적 왕정(王政)의 기틀을 마련하기 위해 국가체제에서 불교 제도를 폐지하였을 뿐이며, 이능화가 지적한 바와 같이 정치적 위상의 하락이 즉각적으로 사회적 지위 하락을 수반하는 것은 아니었다. 그런데 『실록』 기사와 불교서적 간행, 고승문집 간행, 고승비 건립의 추이

---

29 高橋亨, 1929, 앞 책, 9~11쪽.
30 高橋亨, 1929, 앞 책, 273쪽.
31 손성필, 2013, 앞 박사논문, 50~79쪽.

등을 통해 볼 때 불교계가 상대적으로 현저한 쇠락 양상을 보인 것은 19세기에 이르러서였다.[32] 그렇다면 다카하시를 비롯한 근대기 학자에 의해 형상화된 조선시대 불교 역사상이, 19세기 불교계의 쇠락상을 조선시대 전체에 투영하여 형성된 것일 가능성이 있어 보인다. 19세기, 특히 서울 근교의 하층 승도상이 조선시대 전체의 승도상으로 일반화되었을 가능성에 주목할 필요가 있는 것이다.[33]

그러나 조선시대의 여러 자료를 통해 볼 때, 승도는 엄밀한 의미에서 '신분'이 아니었다.[34] 출생에 의해 결정되는 신분이 아니라, 후천적이고 자발적인 선택에 의해 획득된 지위였다고 할 수 있다. 자식을 생산하지 않는 승도가 엄밀한 의미의 신분일 수 없고, 신분에 따라 강제적으로 부과되던 일반적인 직역은 더더욱 아니었다. 이는 사족, 양인, 천인 등의 어떤 신분층도 승도가 될 수 있었음을 의미하며, 실제로 『경국대전』 도승(度僧) 조에는 사천(私賤)이 승도가 되는 데 따른 규정까지 마련해 두고 있었다.[35] 그리

---

32 손성필, 2013, 앞 박사논문, 40·119·163·256쪽. 불교계가 19세기에 현저한 쇠락 양상을 보인 유력한 이유로 18세기 중엽 均役法의 시행, 僧徒層에서 士族層에로의 免役 특권 전이 등을 들 수 있다. 『實錄』을 통해 18세기 중엽 균역법 시행으로 승도의 역 부담이 양인보다 과중해지면서 사찰이 쇠락하는 현실에 대한 대책이 논의되었음을 확인할 수 있다. 조선전기에 승도는 면역층이었으나, 명종대 이후 僧職者, 度牒僧, 通政·嘉善 등을 제외한 良人 승도는 역을 부담하였다. 반면 조선후기에 사족층이 새로운 면역 특권층으로 대두하면서, 결과적으로 면역 특권은 승도층에서 사족층으로 전이되었다. 그런데 균역법 시행으로 승도의 역 부담이 양인보다 과중해지면서 불교계의 쇠락을 피하기 어려웠던 것으로 보인다(손성필, 2013, 앞 박사논문, 39~40쪽, 213쪽). 지금까지 불교계의 동향은 대개 사상사적 변동을 중심으로 설명되어 왔으나, 이와 같은 현실적 조건의 변화에 크게 영향 받았다는 점에도 유의해야 할 듯하다.

33 19세기 불교계의 쇠락상, 사족(양반) 문화의 확산, 서울 근교의 하층 승도에 대한 천대의식, 일본 불교의 유입, 근대 불교의 추구 등등의 여러 요인들이 복합적으로 작용하여 근대인에 의한 조선시대 불교의 역사상이 형성된 것으로 보이며, 그 유포에 결정적인 역할을 한 것이 바로 高橋亨의 『李朝佛敎』라고 할 수 있다.

34 조선시대의 신분에 대한 최근의 연구 경향은 조선후기 신분 변동론이 부정될 뿐만 아니라, 다른 지역의 역사와 비교해 볼 때 양반의 특권도 모호하거나 강하지 않았다고 이해된다(권내현, 2023, 「조선 후기 신분 변동론 그 이후」, 『조선시대사학보』 105). 이에 조선시대 승도층에 대해서도 조선시대의 다양한 계층적 질서와 그 변화를 고려하여 연구될 필요가 있어 보인다.

35 『經國大典』 卷3, 禮典 度僧.

고 조선후기의 호적에는 승도를 그 지위나 신분에 따라 통정(通政)·가선(嘉善), 양승(良僧), 사노(寺奴) 등으로 구분하여 기재해 두었음을 확인할 수 있다. 윤휴(尹鑴)의 건의에 따라 1675년(숙종 1)부터 승도가 호적에 등재되기 시작하여, 승장(僧將), 절충(折衝), 총섭(總攝), 판사(判事), 통정(通政), 가선(嘉善), 양인(良人), 역승(驛僧), 목수(木手), 사노(寺奴), 사노(私奴) 등의 다양한 직역, 관직, 신분으로 등재되었던 것이다.[36] 그러므로 조선시대의 승도는 여러 신분, 직역, 계층이 수렴하여 형성된 복합적 특수 계층이었다고 볼 수 있다.[37]

여러 신분과 계층이 수렴하여 형성된 집단인 승도층은 그 내부에도 여러 층위가 있었다. 앞서 논한 조선후기 호적에 등재된 승도의 신분과 직역을 먼저 살펴보면, 크게 승직자(僧職者), 통정·가선(通政·嘉善), 양승(良僧), 천승(賤僧)으로 그 층위가 구분됨을 알 수 있다. 이는 국가 운영의 관점에서 구분한 승도의 층위라고 할 수 있는데, 관인층에 해당하는 승직자와 사족층에 해당하는 통정·가선은 면역층(免役層)이었으며, 원칙적으로 양승은 양역을, 천승은 신역(身役)을 부담하는 계층이었다고 볼 수 있다. 이 중수적으로 2/3에 달하여 가장 큰 비중을 차지한 것은 양승이었으며, 이들의 '신분'이 '천인'이 아니라 '양인'이었음은 물론이다. 이와 같은 조선후기 호적 등재 승도의 신분·직역 구성을 모형화하면 〈도 1〉과 같다.[38]

---

36 장경준, 2006,「조선후기 호적대장의 승려 등재 배경과 그 양상」,『대동문화연구』54; 손성필, 2013, 앞 박사논문, 206∼209쪽.

37 출가 이전의 신분과 계층이 대체로 출가 이후 승도층 내부의 층위에도 영향을 미친 것으로 보인다. 그러나 천한 신분의 인물이 조선후기 불교계의 주류인 청허계 법통의 고승으로 추앙 받은 사례도 있기 때문에, 꼭 그러했다고 볼 수도 없을 듯하다. 大興寺 13대 宗師의 한 명인 華岳文信(1629∼1707)은 천한 신분이었고(「華嶽大師碑銘」;『韓國高僧碑文總集』, 292쪽), 휴정의 스승인 芙蓉 靈觀(1485∼1571)은 賤奴 출신이었다(「芙蓉堂大師行蹟」,『三老行蹟』;『한국불교전서』7, 754∼755쪽).

38 손성필, 2013, 앞 박사논문, 210쪽.

<도 1> 조선후기 호적 등재 승도의 신분·직역 구성 모형

　그러나 승도의 층위 구분은 시대, 기준, 관점 등에 따라 달랐다. 조선 개
국 초 조정에서는 궁궐 조영을 위해 승도의 부역 동원을 논의하면서, 승도
를 세 부류로 분류하였다. '배부르게 먹지 아니하고 일정한 곳에 거처하지
아니하며 승당(僧堂)에서 수심(修心)하는 자', '법문(法文)을 강설(講說)하고
말을 타고 분주히 다니는 자', '재의(齋儀)나 상가(喪家)에 가서 의식(衣食)
을 구하는 자'를 각각 상등·중등·하등의 승도로 규정하였고, 이 중 하등
승도가 승도의 2/3를 차지한다고 하였다.[39] 국가가 승도층을 이렇게 분류
했다는 점 자체도 주목되거니와, 당시 하등 승도가 승도층 중에 가장 큰
비중을 차지했다고 언급했다는 점도 주목된다. 사실 고려시대, 조선전기,
조선후기에도 중하층의 승도가 수적으로 큰 비중을 차지한 것은 마찬가지

---

39 『太祖實錄』 卷7, 태조 4년 2월 19일.

였다고 한다면, 조선시대 불교의 역사상이 유독 하층 승도상을 중심으로 형상화된 점은 부자연스러운 것일 수밖에 없어 보인다.[40]

명종대에는 『경국대전』에 의거하여 승정체제가 복구됨에 따라 승과와 도승이 시행되면서, 관인층인 승과입격승(僧科入格僧), 면역층인 도첩·호패승(度牒·號牌僧), 부역층인 승군(僧軍)의 세 층위가 형성되었다. 개국 이래 국가는 승도를 부역에 동원하더라도, 승도 자격증이자 면역 증서인 도첩을 발급을 조건으로 한시적 부역에 동원하였을 뿐이었다. 도첩이 없는 승도라도 약 30일간의 부역에 종사하면 평생 면역을 보장 받을 수 있었던 것이다. 이 도첩 발급이라는 대가 없이 승도를 부역에 동원하기 시작한 것이 명종대였다. 이로써 무도첩승에 대한 국가의 원칙적 규제마저 사문화됨에 따라, 출가에 대한 국가의 규제는 사라진 반면, 승도가 역을 담당하는 것이 일반화되면서 사실상 승도는 승도의 지위로 국가체제에 수용되어 갔다.[41] 이에 따라 결과적으로 위와 같은 세 층위가 형성되었고, 국가와 승도 간의 관계가 재정립됨에 따라 조선후기 불교계가 안정되는 단초가 되었던 것으로 보인다. 근래에 소개된 담양(潭陽) 용흥사(龍興寺) 소장 1652년 관부문서(官府文書)를 살펴보면 승도를 고승류(高僧類), 선승류(善僧類), 범승작죄류(凡僧作罪類), 부종의관계류(不從衣冠戒類), 횡행작폐승속류(橫行作弊僧俗類), 거사사상완패류(居士社堂頑悖類) 등으로 구분하였는데, 이를 통해 조선후기 관서의 승도 분류와 인식을 살펴볼 수 있다.[42] 이처럼, 승도는 다양한 층위로 구성된 계층이었으므로, 특정 층위를 전체로 일반화하는 오류에 범하지 않도록 주의할 필요가 있는 것이다.[43]

---

40 조선전기 승도의 층위에 대해서는 손성필, 2013, 앞 박사논문, 105~116쪽 참조.

41 명종대의 승도 정책에 대해서는 손성필, 2013, 앞 박사논문, 87~94쪽 참조.

42 이종수, 2013a, 「1652년 官府文書를 통해 본 효종대 불교정책 연구」, 『한국불교학』 67; 손성필, 2013, 앞 박사논문, 195~198쪽.

43 한편 조선시대의 사찰도 여러 층위가 있었다는 점에 유의할 필요가 있다. 조선전기 사찰의 층

이상의 논의를 종합하여, 조선시대 승도층의 신분 수렴 관계와 사회적 위상 변화를 고려시대와 비교하여 단순하게 모형화해 보면 〈도 2〉와 같다.[44] 고려시대에도 다양한 승도층이 있었으며, 수원승도(隨院僧徒)와 같은 하층 승도도 있었다. 조선시대가 되면서 크게 변화한 것은 상층 승도의 위상이었다. 고려시대에는 국사(國師), 왕사(王師)와 같은 고승(高僧)이 최고의 사회적 위상을 지녔으나, 조선시대에는 재상(宰相), 대신(大臣)과 같은 고위 관인이 최고의 사회적 위상을 가지게 되었다. 그러나 상층 승도는 여전히 상당히 높은 사회적 위상을 지니고 있었다고 할 수 있다. 사족층도 그 정치사회적 지위에 따라 여러 층위로 구분할 수 있으므로, 상층 승도가 하층 사족보다 그 위상이 낮았다고 보기 어렵다. 특히 승직(僧職)을 역임하거나 비석(碑石)이 건립되고 문집(文集)이 편간된 고승은 불교계 내적으로뿐만 아니라 사회적으로도 높은 위상을 지녔다고 할 수 있으며, 이들이

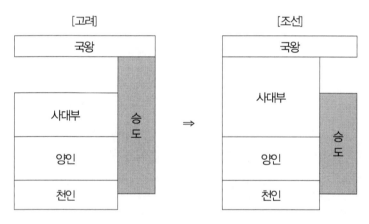

〈도 2〉 고려 · 조선시대 승도층의 신분 수렴과 사회적 위상 모형

　위에 대해서는 손성필, 2013, 앞 박사논문, 102~105쪽 참조.

44 손성필, 2013, 앞 박사논문, 212~214쪽.

불교계를 주도해 갔음은 물론이다. 그러므로 하층 승도상을 중심으로 형상화된 기존의 조선시대 불교 역사상을 비판적으로 성찰하지 않을 수 없는 것이다.[45]

덧붙여, 승도가 국가의 보호를 받지 못하였다고 하는 다카하시의 주장도 타당하지 않다. 우선 법전을 통해 볼 때, 승도는 대체로 법제적으로 그 지위가 보장되기도 하였다. 『경국대전』 형정(刑典) 수금(囚禁) 조와 추단(推斷) 조에는 문무관(文武官)과 내시부(內侍府), 사족(士族)의 부녀(婦女), 승인(僧人)을 수금(囚禁)하거나 고신(拷訊)하고자 할 때는 국왕에게 계문(啓聞)한 뒤에 하도록 하였고, 그 세부 조항에 "수금(囚禁)하지 않는 자(者)는 공함(公緘)으로 추문(推問)하되 칠품(七品) 이하(以下)의 관원(官員)과 승인(僧人)은 직접 추문(推問)한다."고 하였다. 이를 통해 볼 때 『경국대전』에 규정된 승도의 형법적 지위는 7품 이하의 문무 관인과 같았다고 보아도 좋을 것이다. 이처럼 법제로 지위를 보호받은 '승인'은 대체로 승과에 입격한 승도이거나 도첩을 발급 받은 승도로 보인다. 이에 법전에서 '승인'과 '승니'라는 용어를 구분하여 사용함으로써, 대체로 승인은 보호의 대상으로, 승니는 규제의 대상으로 규정하였다는 점도 주목된다. 이는 앞서 논한 도성 출입 규제에 관한 법 조문, 『실록』 기사 등을 통해서도 확인할 수 있다. 승도가 승직에 임명되거나 도첩을 발급받아 면역을 보장받기도 했다는 점 자체가 승도가 국가로부터 그 법제적 지위를 인정받고 보호받은 근거라고도 할 수 있을 것이다.

중종·명종대에는 『경국대전』에 규정된 불교 제도, 곧 승정체제의 계승

---

45 사족의 산수유람에 가마를 멘 藍輿僧이 승도 천인신분설과 불교 억압의 근거로 인식되어 온 것은 승도의 층위뿐 아니라 사족의 층위도 고려되지 않았기 때문이다. 주로 사족 문집의 산수유람기에 남여승에 관한 기록이 확인되나, 이들이 상대적으로 하층 승도였음은 물론이고, 문집을 남기고 남여승을 동원해 산수유람을 한 사족은 고위 사족층이었다. 사료의 성격, 승도와 사족의 층위를 고려하지 않고, 선입관에 따라 승도 천인신분설과 불교 억압의 근거로 잘못 이해되어 왔다고 할 수 있다.

과 개혁을 두고 조정의 갈등이 거듭되었으나, 임진왜란은 국가와 승도, 국가와 불교계 간의 관계가 재정립되는 계기가 되었다. 도총섭(都摠攝)과 같은 승직이 다시 임명되었고, 도첩과 마찬가지로 면역 증서인 승통정첩(僧通政帖)과 승가선첩(僧嘉善帖)이 발급되었다. 승군은 사실상 정규군에 편제되었으며, 승도가 승도라는 지위로 국가체제 내로 편입되어 호적에 등재되기에 이르렀다. 승도의 토지 소유권이 보장되었을 뿐 아니라, 사제(師弟) 간의 상속권도 법제적으로 인정되었다.[46] 사족 중심의 사회 체제가 구축되어 가던 시기인 조선중기에는 승도층도 한문 서적을 체계적으로 강학하면서 시문을 교유하기도 하였고, 문집을 편간하고 비석을 건립하였다. 승도층이 사족층과 마찬가지로 문파를 형성하고 계보적 정통성을 천명함으로써, 그 사회적 위상을 스스로 제고해 갔다는 것도 주목이 필요한 점으로 보인다.[47] 조선후기 사회에서 이렇게 문파를 형성하고 문집, 비석 등을 통해 그 정통성을 천명한 것은 사족층을 제외하고는 승도층이 거의 유일하였다. 승도가 국가의 보호를 받지 못했다는 주장뿐만 아니라 사회적으로 무력했다는 주장도 타당하지 않은 것이다.

---

46 임진왜란 이후의 불교정책 변화에 대해서는 손성필, 2013, 앞 박사논문, 175~214쪽 참조.

47 조선중기 불교계의 동향에 대해서는 손성필, 2013, 앞 박사논문, 117~174쪽, 215~280쪽 참조.

3

조선전기 승정체제의 개혁과 운영

1. 사찰의 '혁거', '철훼', '망폐'

조선이 유교를 숭상하고 불교를 억압하였다는 것은 한국사의 상식으로 여겨진다. 숭유억불의 사상 지향에 따라 국가가 불교계를 억압하였으나 왕실의 불교 신앙, 불교계의 자구 노력 등으로 불교가 명맥을 유지할 수 있었다는 것이 조선시대 불교에 대한 일반적인 서사이다. 특히 태종·세종 대에 단행된 종(宗) 통합, 사찰 혁거(革去), 사사전(寺社田)과 사노비(寺奴婢) 속공(屬公) 등의 일련의 개혁 조치는 불교 억압의 상징적 사건으로 인식된다. 1406년(태종 6) 242개 사찰 지정과 그 밖의 사찰·사사전의 혁거, 1424년(세종 6) 선종(禪宗)과 교종(敎宗)으로의 종 통합과 36개 이외 사찰·사사전의 혁거 등으로 인해 불교계는 경제적 기반이 붕괴되고 급격히 쇠락할 수밖에 없었다고 한다. 그러나 이 1406년과 1424년의 개혁 조치가 한국 사상사의 일대 사건으로 여겨지는 데 비해, 이를 엄밀히 다룬 연구와 논의는 부족하며 그 이해는 불명확해 보인다.[1] 이때 통합된 '종'은 과연 무엇이며

---

[1] 대표적인 연구 성과를 제시하면 다음과 같다. 高橋亨, 1929, 앞 책; 이상백, 1954, 앞 논문; 한우근, 1993, 앞 책; 김갑주, 1983, 앞 책; 이병희, 1993, 앞 논문; 김용태, 2011, 앞 논문. 이 태종대와 세종대의 불교 관련 개혁 조치에 대한 기존의 이해에 대해서는 서언에서 자세히 논하였다.

성격이 어떠한가? 수조지(收租地) 이외의 사유지(私有地)까지 모두 환수한 것인가? 불교계의 모든 사찰과 토지가 개혁 대상이었는가? 242개, 36개에 포함되지 않은 수많은 사찰들은 철훼되어 망폐하였는가? 이러한 질문에 대한 연구와 논의가 충분히 이루어지지 않은 채, 1406년과 1424년의 개혁 조치는 불교 억압의 명백한 근거로 받아들여지고 있는 듯하다.[2]

1406년, 1424년의 개혁 조치를 기록한『실록(實錄)』에 따르면, 242개, 36개의 지정 사찰 이외의 사찰은 '혁거(革去)'되었다. 그렇다면 242개, 36개에 포함되지 못한 '혁거' 사찰은 모두 '철훼(撤毁)'된 것인가, 아니면 '망폐(亡廢)'할 수밖에 없었나? 이것이 이 절에서 논의할 첫 번째 질문이라고 할 수 있다. 그런데『실록』의 기사를 살펴보면, 사찰의 '혁거', '철훼', '망폐'는 구분하여 사용된 개념이다. '혁거'는 제도적 폐지, '철훼'는 물리적 철거, '망폐'는 폐허화된 상태를 의미하는 용어라고 할 수 있다. 그러나 그간 '혁거', '철훼', '망폐'는 엄밀히 구분하여 이해되지 않았으며, 특히 사찰의 '혁거'는 흔히 '철훼'나 '망폐'와 동일시되었다. 이러한 불명확한 개념 이해는 1406년과 1424년의 개혁 조치에 대한 불명확한 이해를 초래한 원인의 하나이기도 하면서, 그 불명확한 이해로 인한 결과로도 보인다.

그렇다면 사찰 '혁거'는 실제로 어떤 조치였으며, 이를 '철훼', '망폐'와 구분하는 것이 어떤 의미가 있는가? 사찰 혁거는 1406년과 1424년의 개혁 조치의 일부였다. 1406년과 1424년의 개혁은 종 통합, 사찰 혁거, 사사전과 사노비 속공, 상주승(常住僧) 규정, 승록사(僧錄司) 폐지 등의 조치가 함께 이루어졌다. 이러한 일련의 조치는 고려후기와의 연속성을 고려할 때 이른바 '승정체제(僧政體制)'의 개혁으로 규정할 수 있을 듯하다. 그러나 기

---

2 한국 불교사 연구자들도 대체로 조선의 건국으로 불교계가 몰락하다시피 했다는 인식이 강하다(손성필, 2018,「15세기 불교서적의 재발견: 조선의 유교화 담론과 불교서적의 소외」,『역사비평』123, 325~327쪽; 정요근 외, 2019,『고려에서 조선으로: 여말선초, 단절인가 계승인가』, 역사비평사, 448~450쪽 수록).

존에는 이 개혁을 일반적으로 불교계 전반에 대한 전면적 억압으로 해석해 왔으며, 그러한 선입견으로 인해 사찰 '혁거', '철훼', '망폐'의 의미 차이도 정확히 파악하지 못했던 것 같다. 그러므로 이 개혁에 대한 거시적 해석, 역사적 평가에 앞서, 우선 개혁의 대상, 내용, 성격 등에 대한 구체적인 검토와 논의가 필요해 보이는데, 이것이 이 절의 두 번째 질문이라고 할 수 있다. 1406년과 1424년에 이루어진 불교 관련 개혁 조치의 대상과 내용은 무엇이며, 목적과 성격은 어떠한가? 이에 1절에서는 우선『실록』기사에 대한 구체적인 검토를 통해 사찰의 혁거, 철훼, 망폐가 구분되는 개념이라는 점, 1406년과 1424년 개혁의 대상이 '승정체제'라는 점을 확인할 것이며, 이러한 1절의 검토를 바탕으로 2절에서는 이 승정체제 개혁의 대상, 내용, 성격 등에 대해서 상세히 논의해 보고자 한다.

1) 승정체제 개혁과 사찰의 '혁거'

조선초기에 종 통합, 사찰 혁거, 사사전 속공 등 일련의 불교 관련 개혁 조치는 시행이 중도에 취소된 것을 포함하면, 1402년(태종 2), 1406년(태종 6), 1424년(세종 6) 크게 세 번 추진되었다. 우선 이 절에서는 이 세 번의 개혁 조치를 중심으로 태종·세종대의『실록』기사를 살펴보고자 한다. 사찰 '혁거' '철훼', '망폐'의 개념 차이와 함께, 개혁 조치의 목적, 대상, 내용 등에 유의하여『실록』기사들을 살펴보자.[3]

---

3 이 절에서『朝鮮實錄』의 인용문은 번역하여 제시하되, 원의를 온전히 파악하기 용이하도록 직역하였고, 각주에 해당 원문을 제시하였다. '혁거', '철훼', '망폐'에 해당하는 표현에는 밑줄(___)을 표시해 두었다. 민족문화추진회와 세종대왕기념사업회의『실록』번역을 참조하되, 잘못된 번역은 수정하였다. 기존의『실록』번역은 혁거, 철훼, 망폐의 의미를 명확히 구분하지 못해 원문의 맥락을 정확히 전달하지 못한 사례가 적지 않고, 승정체제에 대한 이해 부족으로 인해 제도적 용어를 부정확하게 번역한 사례가 다수 발견되므로, 활용할 때 주의할 필요가 있다.

1402년(태종 2) 4월에는 고려(高麗)의 밀기(密記)에 부기(付記)된 70개 사찰을 조계종(曹溪宗)과 화엄종(華嚴宗)의 양종(兩宗)에 분속(分屬)하고, 그 이외의 사찰은 혁거하는 조치가 취해졌다. 이 조치는 태조의 반대로 4개월 후인 8월에 취소되어, 혁거된 사찰의 전지(田地)를 환속(還屬)하는 조치가 취해졌다.⁴ 1402년의 이 조치는 비록 시행이 중단되기는 했지만, 사찰 혁거를 포함한 최초의 대대적인 개혁 사례라는 점에서 중요한 의미가 있다.

[자료 1] 密記에 付되지 않은 寺社의 田을 革하여 軍資에 屬하게 했다. 書雲觀에서 上글하기를, "(중략) 엎드려 생각하옵건대 殿下께서 만약 佛氏의 道를 掃除하기 어렵다고 여기신다면 禪宗을 합하여 曹溪로 삼고, 五敎를 합하여 華嚴으로 삼아, 密記에 付된 京外의 70寺를 兩宗에 分屬시키고, 德行이 師表가 될 만한 자를 택하여 住持로 삼으시어 그 僧을 差하는 데 闕함이 없게 한다면, 지금 이후로 田口의 利을 좇아 僧이 되는 자가 줄어들 것이며, 才行의 不合을 헤아려 還俗하여 國役에 이바지하는 자는 많아질 것입니다. 殿下께 바라옵건대, 密記에 付된 70寺 이외에 나머지 裨補로 기재된 京外 各寺 土田의 租는 軍資에 永屬시켜 3년의 저축을 갖추시고, 그 奴婢는 各司와 州郡에 分屬시킨다면, 군대의 식량이 넉넉해질 것입니다. 삼가 생각컨대, 이러한 폐단을 革하지 않는다면, 富國强兵의 방법을 신 등은 감히 알지 못하겠습니다. 성상의 재가를 바랄 뿐입니다."하였다.

議政府에 내려 보내 의논하여 아뢰게 하니, 의정부에서 司平 · 承樞와 함께 의논하여 아뢰기를, "書雲觀에서 아뢴 바가 事意가 진실로 마땅합니다. 다만 密記의 寺社 중에서 田民이 부족한 것은 革罷한 寺社의 田民으로써 요량하여 加給하고, 비록 密記에 付되지 않은 사찰이라도 常住僧 1백 명 이상이 作法하는 곳은 우선 그대로 두소서." 하였다.⁵

4   『太宗實錄』卷4, 태종 2년 8월 4일.

[자료 1]을 살펴보면, 태종·세종대의 개혁 조치에 대한 중요한 사실 몇 가지를 간취할 수 있다. 첫째, 사찰[寺社]의 혁거는 곧 그 사찰에 소속된 사사전과 사노비의 혁거를 의미했다. 혁거된 사찰의 사사전과 사노비는 군자(軍資)나 관서로 귀속되었고, 70개의 지정 사찰 중에 사사전과 사노비가 부족한 사찰에는 이를 추가로 지급하기도 하였다. 둘째, 국가가 속공한 사사전은 밀기에 기재된 70개 사찰 이외의 여타 비보(裨補) 사찰의 수조지였다. 국가가 관리하고 지원하던 비보 사찰에 기지급된 사사전의 수조권(收租權)을 환수한 것으로, 70개 사찰 이외의 모든 사찰이 보유한 모든 토지를 환수한 것이 아니었다. 셋째, 70개의 지정 사찰은 종에 분속되어 주지(住持)가 차임(差任)되었다.[6] 국가는 70개 지정 사찰의 주지를 임명함으로써 승도를 관리하고 통제하고자 하였다. 넷째, 이러한 일련의 개혁 조치의 주된 목적이 부국강병(富國强兵)을 위한 것으로 인식되었다. 특히 사찰에 소속된 사사전과 사노비를 속공하여 군비를 확충하는 것이 개혁 조치의 핵심적 사안으로 인식되었다.

이를 통해 볼 때 1402년에 조정에서는 국가가 주지를 임명하고 사사전과 사노비를 지급한 사찰에 대한 개혁을 단행한 것으로 보인다. 다시 말해 국가가 주지 임명, 사사전과 사노비 지급 등을 통해 사찰과 승도를 지원하고 관리하는 국가적인 시스템(체제)에 대한 개혁을 추진한 것이었으며, 70

---

5 『太宗實錄』卷3, 태종 2년 4월 22일. "革密記付外寺社田 屬軍資 書雲觀上言 (중략) 伏惟殿下 若以掃除佛氏之道爲難 則禪宗合爲曹溪 五敎合爲華嚴 以密記付京外七十寺分屬兩宗 擇其德行足爲師表者 爲住持 無其僧闕其差 則自今以後 墓田口之利而爲僧者鮮矣 量其才行之不合 還俗供國役者多矣 伏願殿下 將密記付七十寺外其餘裨補所載京外各寺土田之租 永屬軍資 以備三年之蓄 其奴婢 分屬各司與州郡 則兵食足矣 竊惟不革此弊 而富國强兵之術 臣等所未敢知也 伏惟聖裁 下議政府 議擬申聞 府與司平承樞兩府同議 書雲觀狀申內事意允當 獨於密記付寺社內田民不足者 乃以革罷寺社田民量宜加給 雖不付密記者 常住僧一百已上作法處 姑依舊不動".

6 "그 僧을 差하는 데 闕함이 없게 한다면[無其僧闕其差]"은 '궐석이 생기면 차견(차임)한다[隨闕差遣, 隨闕差任]'라는 『실록』 용례로 볼 때, '지정 사찰의 住持를 계속 差任한다면'이라는 의미라고 할 수 있다.

개 이외의 모든 사찰, 모든 보유 토지에 대한 개혁을 추진한 것이 아니었
다. 그러므로 사찰의 혁거는 국가에서 지급한 사사전과 사노비의 환수, 주
지 임명의 중지 등을 의미했다. 곧 국가가 지원하고 관리하는 체제에서의
해제, 배제를 의미했던 것이다. 이에 부합하듯 사찰에 대한 이러한 조치는
일관되게 '혁거'라고 지칭되었다. '혁거'는『실록』기사에서 "혁(革)", "혁거
(革去)", "혁파(革罷)", "혁제(革除)" 등으로 쓰였는데, 폐단의 개혁, 제도의
폐지 등을 의미하는 용어이다. 사찰 '혁거'는 특정 사찰을 지원하고 관리하
던 국가 체제를 개혁한 것이지, 지정 사찰 이외의 사찰을 '철훼'한 것이 아
니었고, 해당 사찰은 국가가 지급한 사사전 이외의 경제 기반의 여하에 따
라 '망폐'할 수도 존립할 수도 있었던 것이다.

　1406년(태종 6) 3월에는 지정 사찰을 242개로 감축하고, 그 이외의 사찰
을 혁거하는 등의 조치가 단행되었다. 흔히 태종이 단행한 억불 정책으로
알려진 개혁 조치인데, 해당 기사의 전문을 제시하면 다음과 같다.

> [자료 2] 議政府에서 禪敎의 各宗에 합하여 寺社를 남기는[合留] 일을 定하도록
> 請하였다. 아뢰기를 "本府에서 일찍이 受敎하기를, '前朝의 密記에 付된 裨補
> 寺社와 外方 各官의 踏山記에 付된 寺社 중에, 新・舊都는 五敎兩宗에 각 1寺, 外
> 方의 牧府는 禪・敎에 각 1寺, 郡縣은 禪・敎 중에 1寺를 헤아려 남기라[量留].'
> 라고 하셨습니다. 지금 의논하기를, 新・舊都의 各寺 중에 禪・敎의 각 1寺에
> 는 田 200結, 奴婢 100口, 常養 100員이 屬하게 하고, 그 이외의 各寺에는 田 100
> 結, 奴婢 50口, 常養 50員을 屬하게 하며, 各 道界 首官의 禪・敎 중에 1寺에는 田
> 100結, 奴婢 50口를 屬하게 하고, 各官 邑內의 資福에는 田 20結, 奴婢 10口, 常養
> 10員을 給하며, 邑外의 各寺에는 田 60結, 奴婢 30口, 常養 30員을 給합니다. 前
> 朝의 密記에 付된 各寺는 그 명목이 舊都의 名堂을 裨補하는 것이니, 新都의 明
> 堂에는 실로 損益이 없을 것입니다. 원컨대 所屬한 田民을 新都의 五敎兩宗 중
> 에 田民이 없는 各寺로 移給하고, 또 定數 外의 寺社의 田民은 定數 內의 各寺에

移給하며, 그 나머지는 屬公합니다. 曹溪宗과 摠持宗은 합하여 70寺를 남기고 [合留], 天台疏字·法事宗은 합하여 43寺를 남기고, 華嚴·道文宗은 합하여 43寺를 남기고, 慈恩宗은 36寺를 남기고[留], 中道·神印宗은 합하여 30寺를 남기고, 南山·始興宗은 각 10寺를 남깁니다[各留]."라 하였다.

上이 그대로 따르고, 또 말하기를, "檜巖寺는 道에 뜻이 있는 僧徒가 모이는 곳이니, 예외로 함이 가하다. 田地 100結과 奴婢 50口를 加給하라. 表訓과 楡岾은 또한 회암사의 例에 따라 그 원래 소속된[原屬] 田民을 예전 그대로 두고 減하지 말라. 定數 이외의 寺社도 또한 헤아려 柴地 1, 2결을 給하라." 하였다.[7]

　　[자료 2]를 통해 볼 때 주목되는 점은 첫째, 조정에서는 군읍의 위계, 소속 종, 소재지 등의 기준에 따라 사찰에 지급되는 사사전, 사노비, 상주승 등을 세세하고 체계적으로 규정하고자 하였다. 그 결과가 각 종에 각각 소속된 242개의 '지정 사찰'이었으며,[8] 지정에서 제외된 사찰에 소속된 사사

---

7 『太宗實錄』 卷11, 태종 6년 3월 27일. "議政府請定禪敎各宗合留寺社 啓曰 本府曾受敎 前朝密記付神補寺社及外方各官踏山記付寺社內 新舊都五敎兩宗各一寺 外方牧府禪敎各一寺 郡縣禪敎中一寺量留 今來議得 新舊都各寺內禪敎各一寺 屬田二百結·奴婢百口·常養百員 其餘各寺 屬田一百結·奴婢五十口·常養五十員 各道界首官禪敎中一寺 屬田一百結·奴婢五十口 各官邑內資福 給田二十結·奴婢十口·常養十員 邑外各寺 給田六十結·奴婢三十口·常養三十員 若前朝密記付各寺 則名爲舊都明堂裨補 其於新都明堂 實無損益 願將所屬田民 移給新都五敎兩宗無田民各寺 又將定數外寺社田民 移給定數內各寺 其餘屬公 曹溪宗·摠持宗合留七十寺 天台疏字·法事宗合留四十三寺 華嚴·道門宗合留四十三寺 慈恩宗留三十六寺 中道·神印宗合留三十寺 南山·始興宗各留十寺 上從之 且曰 檜巖寺 有志其道僧徒之所聚 可於例外 加給田地一百結·奴婢五十口 表訓·楡岾 亦是檜巖之例 其原屬田民 仍舊勿減 定數外寺社 亦量給柴地一二結".

8 기존에는 '공인 사찰'이라는 용어를 흔히 사용하였으나, '지정 사찰'이라는 용어를 사용하는 것이 무난할 듯하다. [자료 2]에서 보듯 의정부에서는 남길[留] 사찰을 "定"하자고 청하였고, 개혁 대상 사찰을 "定數內各寺"와 "定數外寺社"로 구분하였으며, 다른 기사에서 "定額外寺社"라는 표현도 확인된다(『太宗實錄』 卷11, 태종 6년 4월 1일). '공인 사찰'이라는 용어에는 국가가 '공인 사찰' 이외의 사찰에 대해서는 인정(허용)하지 않아 억압의 대상으로 여겼다는 의미가 담겨 있으므로, 용어의 적절성에 대한 재검토가 필요해 보인다. 1406년 지정 사찰의 수가 206개, 232개로 잘못 파악되기도 하였으나, 242개가 정확한 수치라고 할 수 있으며, 이에 대해서는 김갑주가 논증하였다(김갑주, 1983, 앞 책, 25~26쪽).

전과 사노비는 속공하였다. 다만, 회암사(檜巖寺), 표훈사(表訓寺), 유점사(楡岾寺)는 예외로 하여 사사전과 사노비를 속공하지 않았고, 회암사에는 추가 지급하기도 하였으며, 지정에서 제외된 사찰에도 시지(柴地) 1, 2결을 지급하였다. 둘째, 개혁의 대상은 고려의 밀기에 기재된 비보사사(裨補寺社)와 지방 군읍의 답산기(踏山記)에 기재된 사사(寺社)로, 전국 모든 사찰을 대상으로 한 것이 아니었다. 조정에서는 고려가 개성(開城)을 중심으로 전국에 지정한 비보 사찰을 개혁하여 이를 새롭게 재편, 감축하고자 하였으며, 그 결과 기존의 비보 사찰 중에 242개를 남기고, 그 이외의 사찰에 소속된 사사전과 사노비는 속공한 것이었다. 그러므로 [자료 2]에서 사찰을 "남기다[留]"라는 말은 국가가 해당 사찰에 사사전과 사노비를 지급하고 주지를 임명하는 종전의 지위와 기능을 존속시킨다는 의미라고 할 수 있다. 곧 사찰을 '남긴다'는 것은 사찰을 지원하고 관리하는 국가적인 체제에 해당 사찰을 존속시킨다는 의미로, 사찰을 이 체제에서 해제, 배제한다는 의미인 '혁거[革]'와는 반대의 개념이라고 할 수 있다. 그러나 기존에는 이를 242개의 지정 사찰만 남기고 그 이외의 전국 모든 사찰을 혁거하여 토지를 속공한 것으로 잘못 이해하기도 했던 것이다.

그러므로 1406년의 개혁 조치는 1402년의 조치와 마찬가지로 국가가 주지 임명, 사사전과 사노비 지급 등을 통해 사찰과 승도를 지원하고 관리하는 국가적인 체제에 대한 개혁을 추진한 것이며, 전국의 모든 사찰, 그 모든 보유 토지에 대한 개혁을 추진한 것이 아니었다. 1402년에 개혁의 주된 목적이 부국강병임이 피력되었듯이, 지정 해제된 사찰, 곧 혁거 사찰에서 환수한 사사전은 군자에 속하게 하고, 사노비는 전농시(典農寺), 군기감(軍器監), 내섬시(內贍寺), 예빈시(禮賓寺), 복흥고(福興庫) 등에 속하게 하였다.[9] 1402년과 달리 지정 사찰의 수가 70개에서 242개로 크게 늘었다는 점, 사사전, 사노비, 상주승 등에 대한 규정이 상당히 체계적이라는 점,[10] 조계종(선종), 화엄종(교종) 2종으로의 통합에 비하면 상대적으로 종 통합이 대대적으로 시행되지 않은 점은 주목된다. 다만, [자료 2]에서는 사찰을 '혁거'했다는 표현이 나타나지 않는데, 아래 [자료 3]을 통해 1406년에 이루어진 사찰의 지정 해제 조치가 사찰 '혁거'로 지칭되었음을 확인할 수 있다.

이듬해인 1407년(태종 7) 12월에는 1406년에 지정된 각 주(州)의 자복사(資福寺) 88개를 명찰(名刹)로 교체하는 조치가 취해졌다.[11] 이는 1406년에 시행된 개혁의 내용을 일부 조정하는 후속 조치라고 할 수 있다.

[자료 3] 議政府에서 名刹로 諸州의 資福寺를 대체하기를 請하니, 그대로 따랐다. 아뢰기를, "지난 해(1406)에 寺社를 革去할 때에 도리어 三韓 이래의 大伽藍이 汰去하는 例에 들고, 亡廢한 寺社에 住持를 差下하는 일이 간혹 있었으니, 僧徒가 어찌 원망하는 마음이 들지 않겠습니까? 만일 山水勝處의 大伽藍을 택하여 亡廢한 寺院을 대신한다면, 僧徒로 하여금 거처할 곳을 얻게 할 수 있을 것입니다." 하였다. 이에 諸州의 資福寺를 모두 名刹로 대체하였는데, 曹溪宗에 梁州 通度寺, (중략) 天台宗에 忠州 嚴正寺, (중략) 華嚴宗에 長興 金藏寺, (중략) 慈恩宗에 僧嶺 觀音寺, (중략) 中神宗에 任實 珍丘寺, (중략) 摠南宗에 江陰 天神寺, (중략) 始興宗에 漣州 五峰寺, 連豊 霞居寺, 高興 寂照寺이다.[12]

---

9 『太宗實錄』卷11, 태종 6년 4월 1일.

10 1406년(태종 6)의 이러한 僧政體制 체계화 시도는 당시 明의 불교 시책의 영향을 받은 것일 가능성이 있으므로, 추후 연구가 필요하다(김용태, 2019, 앞 논문, 92~93쪽). 明 太祖는 府州縣에 각각 사찰 1개를 허용하고 신건을 금지한 조치를 내린 바 있다고 하는데, 다카하시 도루는 이러한 조치가 조선에 영향을 미쳤을 것으로 추정했다(高橋亨, 1950,「朝鮮信仰文化の二重性と之を統合するもの」,『天理大學學報』2卷-1・2号).

11 邑內 資福寺는 군현의 邑治 인근에 소재하며 일정한 국가, 사회적 기능을 담당한 사찰을 말한다. 자복사는 고려시대에 거의 모든 군현에 있었는데, 1406년 승정체제 개혁에 따라 축소 개편되었다. 읍내 자복사에 대해서는 한기문, 2011,「고려시대 資福寺의 성립과 존재 양상」,『민족문화논총』49; 2015,「고려시대 州縣 資福寺와 香徒의 역할」,『동국사학』59 참조.

12 『太宗實錄』卷14, 태종 7년 12월 2일. "議政府請以名刹代諸州資福 從之 啓曰 去年寺社革去之時 自三韓以來大伽藍 反在汰去之例 亡廢寺社差下住持者 容或有之 僧徒豈無怨容之心 若擇山水勝處大伽藍 以代亡廢寺院 則庶使僧徒得居止之處 於是諸州資福寺皆以名刹 曹溪宗 梁州通度寺 (중략) 天台宗 忠州嚴正寺 (중략) 華嚴宗 長興金藏寺 (중략) 慈恩宗 僧嶺觀音寺 (중략) 中神宗 任實珍丘寺 (중략) 摠南宗

[자료 3]을 살펴보면, 1406년에 지정한 242개의 사찰 중에 군읍의 자복사를 명산대찰(名山大刹)로 교체하기를 청하는 내용을 기술하고, 이에 교체된 자복사 88개의 목록을 종, 지역 등을 기준으로 나열해 기술하였다. [자료 2]에서 자복사에 대해서는 "각관(各官) 읍내(邑內)의 자복(資福)에는 전(田) 20결(結), 노비(奴婢) 10구(口), 상양(常養, 상주승) 10원(員)을 급(給)한다."라고 하였으므로, 1407년이 이 조치는 1406년에 군읍 읍내의 자복사로 지정된 88개 사찰을 명산대찰로 교체한 것이라고 할 수 있다. 이에 242개 사찰에서 제외되었던 양주(梁州) 통도사(通度寺)와 같은 명찰 88개가 지정 사찰에 포함되고, 기존에 지정된 읍내의 자복사는 지정 사찰에서 제외된 것이다. 이렇게 자복사를 교체한 명분은 1406년의 조치에 따라 혁거된 사찰 중에 유서 깊은 명산대찰이 포함되기도 하였고, 지정된 사찰 중에 이미 망폐한 사찰이 포함되기도 했다는 점이었다. 위 기사의 맥락으로 볼 때 이미 망폐한 사찰 중에는 읍내 자복사의 비중이 컸던 듯하며, 이에 자복사를 명산대찰로 교체한 것으로 보인다. 그러므로 1407년의 이 조치는 사찰을 지원하고 관리하는 국가 체제를 현실을 고려하여 정비해 가기 위한 것이었다고 할 수 있다.[13]

江陰天神寺 (중략) 始興宗 漣州五峯寺 連豐霞居寺 高興寂照寺". 기존 번역에서 혁거, 철훼, 망폐의 의미를 명확히 구분하지 못해 원문의 맥락을 정확히 전달하지 못한 단적인 사례로, 이 기사의 啓曰 부분의 기존 번역을 제시해 보면 다음과 같다(조선왕조실록 홈페이지, 2024.05.01). "지난해에 사사(寺社)를 혁파하여 없앨 때에 삼한(三韓) 이래의 대가람(大伽藍)이 도리어 태거(汰去)하는 예에 들고, 망하여 폐지된 사사(寺社)에 주지(住持)를 차하(差下)하는 일이 간혹 있었으니, 승도(僧徒)가 어찌 원망하는 마음이 없겠습니까? 만일 산수(山水) 좋은 곳의 대가람(大伽藍)을 택하여 망하여 폐지된 사원(寺院)에 대신한다면, 거의 승도들로 하여금 거주할 곳을 얻게 할 것입니다." 이 번역에서는 '革去'를 '혁파하여 없앨'이라고 번역함으로써 혁파된 사찰을 마치 철훼하여 없앤 것처럼 해석될 수 있게 되었고, '汰去'는 번역하지 않음에 따라 이것이 문맥으로 볼 때 '혁거'의 다른 표현일 뿐임은 독자의 역량에 따라 파악할 수밖에 없게 되었다. '망하여 폐허화된' 상태를 의미하는 '亡廢'를 '망하여 폐지된'이라고 번역함으로써, '망폐'를 제도적 용어인 '혁거'와 혼동할 수밖에 없게 되었다. 이와 같이 용어에 대한 부정확한 파악과 해석에 따라, 위와 같은 번역은 원문의 취지와 맥락을 전달하지 못한 채, 잘못된 이해의 여지를 남겼다고 할 수 있다.

태종·세종대의 불교 관련 개혁과 관련하여 위 기사에서 주목되는 것은 우선 지정 사찰에 대해서는 국가가 주지를 임명했다는 점이다. 이는 1402년의 개혁 기사에서도 확인되는데, 1406년의 기사에서는 직접적으로 확인되지는 않는다. 그런데 위 1407년 기사의 "망폐(亡廢)한 사사(寺社)에 주지(住持)를 차하(差下)하는 일이 간혹 있었다."라는 내용을 통해, 1406년에 지정된 242개 사찰에 국가가 주지를 차임했다는 점이 분명히 확인된다. 태종대에 추진된 개혁 조치는 국가가 지정하고 주지를 임명하여 관리하는 사찰을 대상으로 한 것이었으며, 그 결과로 242개 사찰에 대해서만 주지를 임명하게 되었다고 할 수 있다. 둘째, 사찰의 '혁거'와 '망폐'는 분명히 구분되는 개념이라는 점이다. 위 기사에서 보듯 1406년에 242개 지정 사찰 이외의 비보 사찰을 국가 체제에서 해제, 배제한 조치에 대해서는 '혁거'라고 지칭하였다. 반면 망폐한 사찰에도 주지를 차임하였다는 기술을 통해 볼 때, '망폐'는 사찰이 어떤 사유로 인한 것인지 알 수는 없지만 이미 폐허화되거나 퇴락한 상태라는 의미라고 할 수 있다. 위 기사를 통해 '혁거'와 '망폐'가 구분되는 개념이라는 점, 당시 조선 사회에는 이미 어떤 사유로 인해 망폐한 사찰들이 존재했다는 점을 확인할 수 있는 것이다.

이에 조선초기의 망폐 사찰에 대한 논의를 위해 1405년(태종 5)의 기사

---

13 기존 연구에서 1407년의 개혁 조치에 따라 88개 사찰만 남게 되었다고 잘못 이해하기도 하였다. 242개 사찰을 88개 사찰로 교체한 것으로 이해한 것인데, 이것이 잘못된 이해라는 점은 일찍이 김갑주에 의해 논증되었다(김갑주, 1983, 앞 책, 27~29쪽). 1407년의 조치는 1406년에 지정된 242개 사찰 중에 88개의 자복사만 교체한 것일 뿐이므로, 242사찰 체제에는 변함이 없었던 것이다. [자료 3]에서 보듯 242개 사찰 중에 읍내 자복사로 규정된 사사전, 사노비, 상주승의 수가 가장 적으므로, 1407년의 조치는 지정 사찰 중에 가장 격이 낮은 자복사를 교체한 것이었다고 할 수 있다. 다만, 김갑주는 [자료 3]의 '亡廢 寺社'를 "前年에 공인에서 제외되었던 寺社를 가리키는 말로도 해석된다."라고 하여, 용어의 개념과 기사의 내용에 대한 이해가 엄밀하지 않은 점이 있었다. 한편, 김용태는 읍내 자복사가 교체된 이유를, 242개 사찰에 읍치의 자복사를 포함시킨 것은 조선초기의 지방 통치체제 개편과 무관치 않아 보이나, 시대 의식의 변화와 지역 질서의 재편에 따라 읍치의 사찰이 이전과 같은 위상을 가질 수는 없었던 현실로 인한 것으로 보았다(김용태, 2011, 앞 논문, 10~12쪽).

를 인용해 보면 다음과 같다.

[자료 4] 廢寺의 田口를 모두 屬公하였다. 忠淸道 觀察使가 보고하기를, "國家에서 寺社를 설치하여[置] 田民을 屬하게 한 것은 다만 山水를 진정하고 邦家를 보호하기 위함입니다. 道內의 安波寺는 倭에 의해 廢하였는데, 지금은 本基에서 60里 떨어진 곳에 草菴을 짓고 居僧은 2~3명에 불과합니다. 그런데도 奴婢를 부리고 田租를 거두니, 나라에 도움이 될 것이 없습니다. 本基로 돌아가지 않을 때는 田民을 일체 屬公하여 國用에 보충하고, 各道의 廢寺社의 田民도 이 例에 따르도록 하소서." 하니, 그대로 따랐다.[14]

1405년은 1402년의 개혁이 취소되고, 1406년의 개혁이 시행하기 이전이므로, [자료 4]는 고려의 기존 체제를 아직 개혁하지 않았던 시기의 것이라고 할 수 있다. 위 기사에 따르면 충청도 관찰사가 '망폐'한 사사에 소속된 전구(田口, 전민〈田民〉)를 속공할 것을 건의하였고, 이에 따라 전국 '망폐' 사찰의 사사전과 사노비에 대한 속공이 이루어졌다. 이를 건의하면서 충청도 관찰사가 예로 든 것이 충청도 태안(泰安)의 안파사(安波寺)였는데,[15] 안파사는 왜구(倭寇)에 의해 이미 망폐하였는데도, 승도 2~3명이 안파사에서 60리 떨어진 곳에 암자를 짓고 거주하면서 종전처럼 안파사에 소속된 사사전을 수취하고 사노비를 사역하는 것은 부적절하다고 하였다. 이러한 안파사의 사례에서도 확인할 수 있듯, 속공의 대상이 된 것은 국가

---

14 『太宗實錄』卷10, 태종 5년 8월 29일. "以廢寺田口皆屬公 忠淸道觀察使報 國家所以置寺社而屬田民者 但爲鎭山水保邦家而已 道內有安波寺 因倭而廢 今去本基六十里 結草菴 居僧不過二三耳 役奴婢收田租 無補於國 其未還本基之間 田民一皆屬公 以補國用 各道廢寺社田民 亦依此例 從之".

15 『新增東國輿地勝覽』에 따르면, 安波寺는 忠淸道 泰安에 있던 사찰로 고려 조에 水路가 험란하여 漕運船이 자주 침몰하자 이 사찰을 창건하였는데, 倭寇에 의해 파괴되어 망폐한 것을 조선 世祖代에 중건하였다고 한다(『新增東國輿地勝覽』卷19, 忠淸道 泰安郡 佛宇).

가 사사전와 사노비를 지급한 사찰이 망폐한 경우였다. 고려에서 조선으로 계승된 체제하에서 국가가 지원하고 관리하던 사찰이 망폐한 경우, 그 사사전과 사노비를 국가에서 환수한 것이다. 또한 이 기사에서 주목되는 것은 1406년 태종에 의한 개혁이 이루어지기 이전에 이미 '망폐'한 사찰이 조선 사회에 다수 존재했다는 점이다. 안파사의 예에서 보듯 당시 국가적 지원을 받던 사찰이 망폐하기도 하였는데, 태종의 개혁 이전에도 왜구의 침략 등과 같은 여러 사유로 인해 이미 망폐한 사찰이 존재하던 상태였던 것이다.

'망폐'는 『실록』 기사에서 "폐(廢)", "망폐(亡廢)", "폐망(廢亡)" 등으로 쓰였는데, 앞서 언급했듯 사찰이 폐허화되거나 퇴락한 상태를 의미하는 표현이라고 할 수 있다. 사실 사찰은 상당한 인적·물적 토대 없이는 유지하기도 어려운 기관이자 시설이었으며, 조선시대는 물론 고려시대에도 화재, 전란, 승도의 이산, 경제 기반의 약화 등의 다양한 사유로 인해 망폐하였다.[16] 이처럼 '망폐'는 그 사유를 막론하고 사찰이 유지되지 못하고 폐허화된 상태임을 의미하는 표현이기 때문에, '혁거'와는 다른 개념임은 물론이다. 그러므로 사찰의 '혁거'와 '망폐'는 구분이 필요한 용어로, 사찰이 '혁거'되면 필연적으로 '망폐'하는 것이 아니었고, 사찰의 '망폐'는 '혁거' 이외에도 다양한 사유로 인해 초래될 수 있었다. 이에 태종·세종대의 개혁(혁거)에 따른 사찰의 망폐를 당연시해 온 기존 통념에 대해서는 비판적 재검토가 필요하며, 그 개혁 이전에 이미 다양한 사유로 인해 망폐한 사찰이 다수 존재했다는 점에 대해서도 주목할 필요가 있다고 할 수 있다.

1424년(세종 6) 3월 세종의 전지(傳旨)에 따라, 4월에 각 종을 선종과 교종으로 통합하고, 승록사를 혁파하며, 지정 사찰을 36개로 감축하고, 그 이

---

16 이병희, 2006, 「高麗後期 寺院의 亡廢化와 土地問題」, 『문화사학』 26; 이병희, 2007, 「高麗後期 寺院의 重修·重創과 經濟問題」, 『문화사학』 27(이병희, 2008, 『高麗後期 寺院經濟 硏究』, 경인문화사 수록).

외의 기존 지정 사찰을 혁거하는 조치가 단행되었다.

[자료 5] 傳旨하기를, "京外 各宗의 寺社 중에 僧人이 거처할 만한 寺社의 數를 定하여, 革去한 寺社田은 量宜하여 合屬하고, 그 나머지 有名無實한 各官의 資福寺는 아울러 모두 革除하라." 하였다.[17]

[자료 6] 禮曹에서 아뢰기를, "釋氏의 道는 禪과 敎의 兩宗뿐이었는데, 그 후에 正傳과 傍傳이 각기 所業으로 나뉘어 7宗이 되었습니다. 잘못 전하고 거짓 이어받아 근원에서 멀어질수록 말단이 더욱 나뉘니, 실로 그 스승의 道에 부끄럽게 되었습니다. 또한 中外에 寺社를 많이 세워[建] 各宗에 分屬하였는데, 그 數가 몹시 많으나 緇流가 사방으로 흩어져 (寺社를) 버려두고[曠廢] 거처하지 않으니, 계속 修葺하지 않아 점점 頹毁하게 되었습니다. 청하옵건대, 曹溪, 天台, 摠南 3宗을 合하여 禪宗으로 삼고, 華嚴, 慈恩, 中神, 始興 4宗을 合하여 敎宗으로 삼으소서. 中外에 僧徒가 우거할 만한 곳을 擇하고, 量宜하여 36寺를 설치하고[置], 兩宗에 分隷시키소서. 田地를 넉넉하게 給하고 居僧의 額을 酌定하여, 함께 거처하면서 作法하여 그들로 하여금 그 道를 精修하도록 하소서. 그리고 僧錄司를 革하고, 京中의 興天寺를 禪宗 都會所로 삼고 興德寺를 敎宗 都會所로 삼아, 나이가 많고 행실이 훌륭한 자를 揀取하여 兩宗의 行首掌務로 삼아 僧中之事를 살피도록 하소서. 이제 分屬하는 中外 寺社의 居僧 定額, 田地 結數를 열거하여 아룁니다. 禪宗의 屬寺는 18, 田은 4,250結입니다. 京中의 興天寺는 元屬田이 160結이며, 이번에 90結을 加給하고, 恒居僧은 120입니다. (중략) 敎宗의 屬寺는 18, 田은 3,700結입니다. 京中의 興德寺는 元屬田이 250結이며, 居僧은 120입니다. (중략)" 하니, 그대로 따랐다.[18]

---

17 『世宗實錄』 卷23, 세종 6년 3월 13일. "傳旨 京外各宗寺社內 僧人可居寺社定數 以革去寺社田量宜合屬 其餘有名無實各官資福寺 竝皆革除".

18 『世宗實錄』 卷24, 세종 6년 4월 5일. "禮曹啓 釋氏之道 禪敎兩宗而已 厥後正傳傍傳 各以所業分 而爲

위 기사를 살펴보면, 앞서 살펴 본 태종대의 1402년과 1406년의 개혁과 마찬가지로, 세종대 1424년의 개혁 조치도 사찰을 지원하고 관리하는 국가적인 체제를 대상으로 한 것이었으며, 지정 사찰, 소속 종, 사사전 지급 결수, 상주승 인원 등을 구체적으로 규정하였음을 확인할 수 있다. 앞선 1406년 개혁과의 차이는 지정 사찰의 수를 대폭 감축하였다는 점, 여러 종을 2종[兩宗]으로 통합하였다는 점, 승정(僧政) 관서인 승록사를 폐지하고 선종과 교종의 도회소(都會所)를 설치했다는 점 등을 들 수 있다. 지정 사찰을 242개에서 36개로 대폭 감축함에 따라 사사전 지급 결수, 상주승 인원 등도 감축되었으며, 이에 200여 개 혁거 사찰의 사사전은 일부 조정을 거친 후 속공되었다.[19] 기존의 각 종을 선종과 교종의 2종으로 통합하였으며,[20] 승록사를 폐지함에 따라 승록사의 업무를 선종과 교종으로 이관, 조

七宗 傳誤承訛 源遠而末益分 實有愧於其師之道 且中外多建寺社 分屬各宗 其數猥多 緇流四散 曠廢莫居 修葺不繼 漸致頹毀 乞以曹溪・天台・摠南三宗合爲禪宗 華嚴・慈恩・中神・始興四宗合爲敎宗 擇中外堪寓僧徒之處 量宜置三十六寺 分隸兩宗 優給田地 酌定居僧之額 群居作法 俾之精修其道 仍革僧錄司 以京中興天寺爲禪宗都會所 興德寺爲敎宗都會所 揀取年行俱高者 以爲兩宗行首掌務 令察僧中之事 今將分屬中外寺社居僧定額・田地結數 開坐啓聞 禪宗屬寺十八 田四千二百五十結 京中興天寺元屬田一百六十結 今加給九十結 恒居僧一百二十 (중략) 敎宗屬寺十八 田三千七百結 京中興德寺元屬田二百五十結 居僧一百二十 (중략) 從之.

19 1424년의 개혁을 통해 36개 사찰에 지급된 사사전은 모두 7,950결이었는데, 1406년의 242개 사찰 체제 당시의 사사전 전체 규모를 알 수 없기 때문에, 1424년 개혁에 따른 사사전 감축 규모를 정확히 파악하기는 어렵다. 다만 지정 사찰이 242개 사찰에서 36개 사찰로 감축되었으므로, 사사전 또한 대폭 감축되었던 것으로 보인다. 한편, 지정 사찰에 속한 사노비는 1424년의 개혁에 앞서 1419년(세종 1)에 모두 혁거[革]되었다(『世宗實錄』 卷6, 세종 1년 11월 28일).

20 고려의 개성 중심의 비보사찰 체제가 1406년의 개혁으로 242사찰 체제로, 1424년의 개혁으로 36사찰 체제로 개혁된 것은 분명해 보이나, 종(宗)의 개혁 과정에 대해서는 보다 면밀한 검토가 필요한 듯하다. 일반적으로 1406년 개혁 당시의 11종이, 1407년으로 7종으로, 1424년 개혁으로 2종으로 통합된 것으로 이해된다. 하지만 앞서 논했듯 1407년의 자복사 교체 조치는 1406년 개혁의 후속 조치로, 242 지정 사찰 중에 88개 사찰의 소속 종을 기재해 둔 것일 뿐이므로, 이를 근거로 1407년에 11종이 7종으로 통합되었다고 보기는 어렵다. 그런데 1406년 개혁의 [자료 2]를 살펴보면, 서두에 "禪敎의 各宗에 합하여 寺社를 남기는[合留] 일을 定하도록 請하였다."라고 하였고, 종별 지정 사찰 수를 기술할 때 曹溪宗과 摠持宗에 "合留"하고, 天台疏字・法事宗에 "合留"하고, 華嚴・道文宗에 "合留"하고, 慈恩宗에 "留"하고, 中道・神印宗에 "合留"하고, 南山・始興宗에 "各留"한다고 하였다. 이 기술에서 "合留", "留", "各留"라는 표현에 유의하여 사찰

정하였고, 도성의 흥천사(興天寺)에 선종 도회소를, 흥덕사(興德寺)에 교종 도회소를 설치하였다. 이처럼 태종·세종대에 걸쳐 20여 년간 추진된 개혁은 2종 36사 체제로 귀결되었고, 1424년의 개혁으로 성립된 이 2종 36사 체제는 1504년(연산군 10) 무렵 갑자기 폐지되다시피 할 때까지 세종, 문종, 단종, 세조, 성종, 예종, 연산군대에 이르는 80여 년간 지속 운영되었다는 점에서 중요한 의미가 있다.[21]

위 1424년의 [자료 5]에서 보듯, 국가 체제로부터 사찰의 지정 해제는 분명히 '혁거'로 지칭되었다. [자료 6]에서 승록사를 혁파[革]했다고 표현했듯이, '혁거'는 관서, 법제, 행정구역 등의 제도를 폐지한다는 의미라고 할 수 있다. [자료 6]에서는 '혁거'의 반의어가 확인되는데, "36사를 설치하다[置三十六寺]."라는 표현에서 보듯이, '혁거'의 반대 개념은 설치, 시행 등이라고 할 수 있다. 앞서 [자료 3]에서도 "국가(國家)에서 사사(寺社)를 설치하여 전민(田民)을 속(屬)하게 하다[國家所以置寺社而屬田民]."라고 하였는

을 분속하는 단위를 살펴보면, 11개 종을 7개 단위로 설정하여 사찰을 분속시켰음을 확인할 수 있다. 이 개혁의 후속 조치인 1407년의 [자료 3]을 살펴보면, 새로 지정된 사찰을 7개 종에 분속하였는데, 그 종의 명칭이 曹溪宗, 天台宗, 華嚴宗, 慈恩宗, 中神宗, 摠南宗, 始興宗 등이었다. 이 7개 종은 1406년 개혁의 사찰 분속 단위와 거의 일치하는데, 中道·神印宗은 中神宗으로, 摠持宗과 南山宗은 摠南宗으로 통칭되었다. 1406년에는 曹溪宗과 摠持宗이 한 단위로 설정된 반면, 1407년에는 摠持宗과 南山宗이 통칭되었다는 점을 제외하면, 분속 단위가 일치하는 것이다. 또한 1424년 개혁의 [자료 6]을 보면, "2종[兩宗]"으로의 개혁 대상이 "7종[七宗]"으로 지칭되었고, 禪宗과 敎宗으로 통합된 7종의 명칭이 1407년의 7종 명칭과 일치한다. 이로써 볼 때 종전의 11종이 1406년에 7개 종으로 통칭 또는 통합된 것으로 보이므로, 여말선초의 11종 체제가 1406년의 개혁으로 7종 체제로, 1424년의 개혁으로 2종 체제로 재편되었다고 해석하는 것이 타당한 듯한데, 이는 앞으로 이 종의 성격과 관련하여 보다 면밀한 검토와 논의가 필요해 보인다.

21 80여 년간 지속된 2종 36사 체제는 혁파된 것이 아니라 연산군 말기의 폭정으로 갑자기 붕괴되었는데, 禪宗과 敎宗의 都會所인 도성의 興天寺와 興德寺가 화재로 소실되면서 사실상 붕괴된 것으로 보인다(『燕山君日記』 卷56, 연산군 10년 12월 9일). 이에 반정 이후 중종과 왕실에서는 禪敎兩宗의 체제와 圓覺寺 등의 도성 사찰을 복구하고자 하였으나, 신료의 반대로 결국 복구하지 못하였다(손성필, 2013, 앞 박사논문, 50~53쪽). 이 2종 36사 체제의 일부 내용이 『經國大典』에 반영되었는데, 명종대에 이르러 文定王后가 선종과 교종을 복구할 때도 『경국대전』에 규정된 법제를 시행하는 것이라는 명분을 내세웠다(『明宗實錄』 卷10, 명종 5년 12월 15일).

데, 이는 국가가 지정 사찰을 '설치'하였고, 그 운영을 위해 사사전을 지급했다는 의미라고 할 수 있다. 이에 '혁거'는 기존에 설치한 관서나 시행 중인 제도를 폐지한다는 의미이므로, 사찰의 혁거는 기존에 지정 사찰로 운영되던 국가적 기능을 폐지하고, 그 운영을 위해 지급된 사사전을 환수한다는 의미라고 할 수 있는 것이다.

그리고 앞서 1406년의 [자료 2]에 대해 논하였듯이, "남기다[留]"라는 표현 또한 '혁거'의 반의어라고 할 수 있다. 기존 체제를 개혁하면서 지정 사찰을 지정 해제하는 것을 '혁거'라고 표현했다면, 지정 사찰을 계속 지정 사찰로 유지하는 것을 '남기다'라고 표현한 것이다. 한편 '혁거'와 마찬가지로 '철훼'와 '망폐'의 반의어도 상정해 볼 수 있는데, '철훼'의 반대 개념은 건립, 건축이라고 할 수 있고, '망폐'의 반대 개념은 존립, 유지라고 할 수 있을 듯하다. 이처럼 '혁거', '철훼', '망폐'는 엄연히 서로 다른 개념이므로 명확히 구분되어야 하며, 별도의 근거가 없는 한 '혁거' 사찰이 '철훼'되거나 '망폐'하였다고 볼 수 없다. 곧 해당 '혁거' 사찰이 '철훼'되었거나 '망폐'하였다는 근거가 제시되지 않는다면, 해당 사찰이 '철훼'되거나 '망폐'하였다고 단정할 수 없는 것이다.

그렇다면 1406년과 1424년에 '혁거'된 사찰이 '철훼'되거나, '망폐'하였는지를 확인할 방법은 없을까? 이와 관련하여 우선 1424년 개혁의 후속 조치에 대한 기사를 살펴보자. 1424년 3월에 지정된 36개 사찰 중에서 5개 사찰은 같은 해 4월과 10월, 1425년 5월에 교체되었다.

[자료 7] 禮曹에서 아뢰기를, "江原道 江陵 上院寺는 水陸社인데, 革除하여 未便합니다. 청컨대, 敎宗에 屬한 全羅道 全州 景福寺를 革하여, 上院寺의 元屬田 140結에 60結을 加給하며, 恒居僧은 100으로 하소서." 하니, 그대로 따랐다.[22]

---

22 『世宗實錄』卷24, 세종 6년 4월 28일. "禮曹啓 江原道江陵上院寺乃水陸社 革除未便 請革敎宗屬全羅

[자료8] 禮曹에서 아뢰기를, "全羅道 順天 松廣寺는 일찍이 恭靖大王이 重創한 水陸社이고, 留後司의 興教寺는 厚陵의 齋宮인데, 모두 宗에 屬하지 않아 未便합니다. 禪宗에 屬한 全羅道 求禮 華嚴寺와 黃海道 殷栗 亭谷寺를 革하여, 松廣寺, 興教寺 2寺를 禪宗에 屬하게 하소서." 하니, 그대로 따랐다.**23**

[자료9] 禮曹에서 아뢰기를, "禪宗 所屬의 全羅道 泰仁 興龍寺와 教宗 所屬의 昌平 瑞峯寺는 山水勝處가 아닙니다. 청컨대, 모두 革除하여 江原道 金剛山 長安寺를 禪宗에 屬하게 하고, 正陽寺를 教宗에 屬하게 하여, 그 田地도 移給하게 하소서. 다만 長安寺는 원래 大刹이니, 興龍寺의 田 150結로는 供養하기에 不足할 것입니다. 청컨대 本宗의 긴요치 않은 寺社의 田 150結을 減하여 加給하게 하소서." 하니, 그대로 따랐다.**24**

위 기사들에 따르면 1424년에 지정된 전주(全州) 경복사(景福寺), 구례(求禮) 화엄사(華嚴寺), 은율(殷栗) 정곡사(亭谷寺), 태인(泰仁) 흥룡사(興龍寺), 창평(昌平) 서봉사(瑞峯寺) 등의 5개 사찰을 혁거하고, 그 대신 강릉(江陵) 상원사(上院寺), 순천(順天) 송광사(松廣寺), 개성(開城) 흥교사(興教寺), 금강산(金剛山) 장안사(長安寺)와 정양사(正陽寺) 등의 5개 사찰을 새로 지정하였다. 36개 지정 사찰 체제를 그대로 유지하되, 5개 지정 사찰을 교체한 것이다. 이처럼 조정에서는 개혁 당시 지정한 사찰을 그 이후 혁거하기도 하였고, 기존에 혁거된 사찰을 지정 사찰로 복구하여 사사전을 다시 지

道全州景福寺 於上院寺元屬田一百四十結加給六十結 恒養僧一百 從之".

23 『世宗實錄』卷26, 세종 6년 10월 25일. "禮曹啓 全羅道順天松廣寺 曾爲恭靖大王重創水陸社 留後司興教寺 厚陵齋宮 皆不屬宗 未便乞革禪宗全羅道求禮華嚴寺·黃海道殷栗亭谷寺 以松廣·興教二寺屬禪宗 從之".

24 『世宗實錄』卷28, 세종 7년 5월 12일. "禮曹啓 禪宗所屬全羅道泰仁興龍寺·教宗所屬昌平瑞峯寺 非山水勝處 請皆革除 以江原道金剛山長安寺屬禪宗 正陽寺屬教宗 其田地亦移給 但長安寺旣是大刹 而以興龍寺田一百五十結供養不足 請減本宗不緊寺社田百五十結加給 從之".

급하기도 하였는데, 이는 [자료 3]의 1407년 자복사 교체를 통해서도 확인할 수 있었다. 이러한 지정 사찰의 교체는 그 자체로 사찰의 '혁거'가 사찰의 '철훼'나 '망폐'를 의미하지 않았음을 의미한다. '혁거' 사찰이 '철훼'되거나 '망폐'하였다면 지정 사찰의 교체는 가능하지 않기 때문이다.

한편 '혁거' 사찰의 '철훼', '망폐' 여부는 당대의 자료를 통해 해당 사찰의 존재나 활동을 조사하는 방법으로 확인해 볼 수 있을 것이다. 그중 당시의 지리지, 읍지 등을 통해 사찰의 존재를 파악하는 것이 기본적인 연구 방법이라고 할 수 있을 것인데, 이에 대해서는 4장에서 자세히 논할 것이다. 우선 대표적인 관찬 전국 지리지인 『신증동국여지승람(新增東國輿地勝覽)』을 통해 혁거 사찰의 존립과 망폐를 간략히 살펴보자면, 『여지승람』은 1481년(성종 12)에 처음 편찬하여 1630년(중종 25)에 증보되었는데, 그 군읍별 불우(佛宇) 조에는 당시 전국에 소재한 주요 사찰 1,650여 개를 수록하였다. 『여지승람』의 불우 조를 통해, 15세기 후반~16세기 전반에 현존한 전국 군읍별 주요 사찰을 파악할 수 있는 것이다.[25] 이 『여지승람』에서 1424년과 1425년에 36개 지정 사찰에서 혁거된 전주 경복사, 구례 화엄사, 은율 정곡사, 태인 흥룡사, 창평 서봉사 등을 조사해 보면, 5개 사찰이 모두 확인된다. 이 5개 사찰은 국가가 혁거하였지만 망폐하지 않았고, 16세기 전반에도 유지, 운영되고 있었던 것이다. 사찰에 따라 기존에 비해 상당히 퇴락한 상태였을 수도 있고, 망폐했다가 중창되었을 가능성도 없지 않지만, 지정 사찰에서 '혁거'되었다고 해서 '철훼'되거나 '망폐'하지는 않았던 것이다.

---

25 『新增東國輿地勝覽』은 古跡 조에 망폐 사찰을 수록하였고, 佛宇 조에는 현존 사찰을 수록하였기 때문에, 불우 조에 수록된 사찰은 편찬 당시에 현존하던 사찰이라고 할 수 있다. 『신증동국여지승람』은 1530년에 신증되었으므로, 불우 조에 수록된 사찰은 기본적으로 1530년 전후에 현존하던 사찰이라고 할 수 있다. 그러나 1,650여 개의 현존 사찰 중에 1530년에 "新增"된 사찰의 수가 10여 개에 불과하다는 점을 통해 볼 때, 『신증동국여지승람』에 수록된 사찰은 대체로 15세기 후반~16세기 전반에 현존하던 사찰이라고 볼 수 있다.

이는 1406년의 개혁에 따라 242개 사찰로 지정되지 못하고, 혁거된 사찰의 경우도 마찬가지이다. 1424년에 지정된 36개 사찰과는 달리, 1406년에 지정된 242개 사찰은 그 전체 목록이 『실록』에 기재되지 않았는데, 다만 [자료 3]에서 보듯 1407년에 242개 지정 사찰 중에서 읍내의 자복사를 교체하여 새로 지정한 명산대찰 88개의 목록은 기재되었다. 이에 이 양주(양산) 통도사, 도강(道康, 강진) 무위사(無爲寺), 삼척(三陟) 삼화사(三和寺) 등의 88개 사찰을 『여지승람』에서 조사해 보면, 60% 이상의 사찰이 존립해 있었음이 확인된다.[26] 242개 지정 사찰 중에 상대적으로 격이 낮은 88개 사찰의 과반 이상이 16세기 전반까지 존립했다는 점을 통해 볼 때, 지정 사찰에서 '혁거'되었다고 해서 '철훼'되거나 '망폐'한 것이 아니었음은 분명해 보인다. 혁거로 인해 기존의 국가적 지원과 관리가 중단되었다 하더라도, 혁거된 사찰은 각 사찰의 성격이나 사정, 경제 기반의 여하 등에 따라 존립할 수도, 망폐할 수도 있었던 것이다.

2) 사찰 신창 금제와 사찰의 '철훼'

'혁거'와 달리 '철훼'는 건물을 물리적으로 철거하여 '망폐'에 이를 수밖에 없게 하는 조치로, 『실록』 기사에서 "철훼(撤毁)", "훼철(毁撤)", "파훼(破毁)", "훼파(毁破)", "철거(撤去)" 등으로 쓰였다. 조선시대에 국가가 대대적인 '철훼'를 단행한 대표적 사례로는 1871년(고종 8)의 서원(書院) 철훼(훼철)를 들 수 있는데, 이 조치에 따라 47개 서원을 제외한 수많은 서원을 철훼하였고, 철훼된 서원은 망폐할 수밖에 없었다.[27] 그러나 서원 '철훼'와

---

26 1407년에 교체 지정된 명산대찰 88개의 존립과 망폐에 대해서는 4장 1절에서 자세히 다룰 것이다.

27 『高宗實錄』 卷8, 고종 8년 3월 20일; 8월 16일. 『承政院日記』 冊2762, 고종 8년 3월 20일; 冊2767, 고종 8년 8월 16일. 이 조치는 오늘날 주로 서원 '철폐'로 지칭되나, 당시의 자료에는 주로 서원

는 달리 1406년(태종 6)과 1424년(세종 6)의 개혁에 따라 사찰은 '혁거'되었으며, 이때 혁거된 사찰을 철훼하였다는 기록은 찾아볼 수 없다. 앞서 논한 바와 같이 기존에 국가가 지원하고 관리하던 사찰을 '혁거'하였을 뿐, '철훼'하지는 않았던 것이다.

태종·세종대에 국가가 사찰을 철훼하는 조치를 전혀 시행하지 않았던 것은 아닌데, 이와 관련하여 1432년(세종 14)에서 1448년(세종 30)에 이르는 다음의 기사들을 살펴볼 필요가 있다.

[자료 10] 禮曹에서 아뢰기를, "(중략) 寺社의 古基에 重創하거나 菴·院·草幕을 新造하는 것을 禁하는 法令이 분명히 있는데도, 無識한 僧徒가 각기 사적인 편의에 따라 創新하여 居住합니다. 이에 어리석은 婦女와 年老하여 죄를 두려워하는 자가 邦憲을 돌아보지 않고 다투어 擅施하여 破産하기까지 하는데도, 中外의 官吏가 考察하지 아니하니 심히 未便합니다. 청컨대, 지금부터 일찍이 내린 敎旨에 의거하여 한결같이 시행하게 하소서." 하니, 그대로 따랐다.[28]

[자료 11] 京畿 觀察使에게 傳旨하기를, "撫安君의 妻 王氏가 訴하기를, '通津縣의 齋庵은 丙辰年(1436)에 重創한 것인데, 지금 破毁하라고 督令합니다.'라고 한다. 내가 생각컨대, 重創한 寺社를 撤毁하는 法은 금년(1442) 2월에 세웠는데, 그 법 이전에 창건한 齋庵을 破毁한 뜻과 그 이외의 破毁한 寺社를 상세히 기록하여 아뢰도록 하라." 하였다.[29]

'毁撤'로 지칭되었다. 『朝鮮實錄』, 『承政院日記』, 文集 등을 통해 볼 때 '撤廢'는 '撤毁', '毁撤' 등에 비해 흔히 사용되던 용어가 아니었다.

[28] 『世宗實錄』 卷57, 세종 14년 9월 1일. "禮曹啓 (중략) 又禁重創寺社古基及新造菴院草幕 明有法令 無識僧徒 各以便私創新居住 愚惑婦女及年老畏罪者 不顧邦憲 競爲擅施 以至破産 中外官吏不加考察 甚爲 未便 請自今一依曾降敎旨施行 從之".

1. 사찰의 '혁거', '철훼', '망폐'　131

[자료 12] 忠清·全羅·慶尙·江原·黃海·平安·咸吉道의 觀察使에게 傳旨하기를, "議政府에 일찍이 受教하기를, '中外의 寺社는 반드시 官에 告하고 修補해야 한다.' 하였는데, 이는 이미 창건된 寺社도 破毁하도록 하면 소요를 초래하는 폐단이 있을까 염려하였기 때문이다. 또한 새로 세운 法은 반드시 法을 세운 이후부터 禁해야 하고, 立法 이전까지 함께 論해서는 안 된다. 그런데 지금 司憲府에서는 法을 만든 뜻은 살피지 않고 일찍이 창건된 寺社까지도 모두 推考를 행하게 하였고, 各官의 守令 또한 자세히 살피지 않고 憲府의 移文에 따라 立法 이전에 창건한 寺社와 齋庵까지도 모두 破毁하도록 督令하여 소란을 초래하였으니, 立法 이전에 창건한 寺社를 毁한 바를 상세히 기록하여 아뢰도록 하라." 하였다.[30]

[자료 13] 世子가 都承旨 李思哲과 同副承旨 李季甸을 引見하고, 上旨를 전하면서 傳旨를 짓도록 명하기를, "寺社의 營造를 禁하는 것은 『六典』에 기재되어 있으나, 節目이 분명치 않아 官吏가 奉行하는 데 혼란이 있었다. 지금 이후로는 廢毁한 古基에 寺社를 重創하거나 寺社를 修舊하고 間閣을 新造하는 것은 이미 세운 條章에 의거하여 禁하되, 혹 비가 새거나 기울어져서 撤舊하여 改新하거나, 혹 修葺하거나, 補簷하여 遮陽하는 類는 禁하지 말고, 이미 이전에 新造하고 重創한 것도 아울러 禁하지 말라. (후략)" 하였다.[31]

---

29 『世宗實錄』 卷96, 세종 24년 5월 10일. "傳旨京畿觀察使 撫安君妻王氏訴云 通津縣在齋庵 於丙辰年重創 今督令破毁 予惟重創寺社撤毁之法 立於今年二月 而法前所創齋庵破毁之意及其他破毁寺社 具錄以啓".

30 『世宗實錄』 卷96, 세종 24년 5월 16일. "傳旨忠清·全羅·慶尙·江原·黃海·平安·咸吉道觀察使曰 議政府曾受教 中外寺社必告官修補 此則爲已創寺社亦令破毁 則恐致騷擾之弊 且凡新立之法 必自立法之後而禁之 不可竝與立法以前而論之也 今司憲府不察立法之意 曾創寺社幷行推考 各官守令亦不詳察 一從憲府移文 其立法以前所創寺社齋庵 竝督令破毁 以致騷擾 其所毁立法之前已創寺社 具錄以聞".

31 『世宗實錄』 卷122, 세종 30년 10월 14일. "世子引見都承旨李思哲·同副承旨李季甸 宣上旨 命製傳旨曰 營造寺社之禁 載在六典 而節目不明 故官吏眩於奉行 今後於廢毁古基重創寺社及修舊寺社新造間閣者 依已立條章禁之 或因雨漏傾覆 撤舊改新 或修葺或補簷遮陽之類 勿禁 已前新造重創者 竝勿禁 (후략)".

1432년의 [자료 10]과 1448년의 [자료 13]에 따르면, 조선초기의 법전인 『경제육전(經濟六典)』에는 "사사(寺社)의 고기(古基)에 중창(重創)하거나 암(菴)·원(院)·초막(草幕)을 신조(新造)하는 것을 금(禁)한다[禁重創寺社古基及新造菴院草幕]."라는 법령(法令)이 있었는데, 중앙과 지방의 관리가 이를 제대로 규제하지 않았고, 그 절목(節目)이 미비하여 시행에 혼선이 있기도 하였다. 1442년(세종 24)의 [자료 11]과 [자료 12]에 따르면, 1442년에는 "중창(重創)한 사사(寺社)를 철훼(撤毀)하는 법(法)[重創寺社撤毀之法]"이 새로 세워졌고, "중외(中外)의 사사(寺社)는 반드시 관(官)에 고(告)하고 수보(修補)해야 한다[中外寺社必告官修補]."라는 법령도 마련되었다. 그런데 법령 시행 취지와 기준에 대한 혼선으로 법령 시행 이전에 중창한 사찰도 철훼하도록 하는 일이 발생하자, 각 도의 관찰사에게 법 시행 이전에 중창한 사찰의 철훼를 금하고 이미 철훼한 사찰의 현황을 보고하도록 하였다.[32]

1448년의 [자료 13]은 이러한 다소간의 혼선에 따라 사찰 중창 및 신조를 금하는 법령에 대한 절목을 보다 구체적으로 규정하여 전교(傳敎)한 것이라고 할 수 있는데, 건축물의 유지를 위해 수보하는 것은 금하지 말고, 법령 시행 이전에 중창하거나 신조한 것도 금하지 말라는 것이었다. 이에 이러한 절목은 법령의 엄격한 시행을 독려하는 것이 아니라, 무리한 시행을 금하기 위해서 마련되었다고 할 수 있다. 사찰의 신창·중창 금제는 이후 일부 조정, 보완됨에 따라, 『경국대전(經國大典)』예전(禮典) 사사(寺社)조의 사찰 신창 금제로 귀결되었는데, 이는 "사사(寺社)를 신창(新創)하지 말도록 하되, 고기(古基)에 중수(重修)하는 경우에는 양종(兩宗)에 고(告)하고 본조(本曹, 예조)에 보(報)하여 계문(啓聞)한다[凡寺社 勿新創 唯重修古基者 告兩宗 報本曹 啓聞]."라는 것이었다.[33]

---

32 『世宗實錄』 卷97, 세종 24년 8월 28일.
33 『經國大典』 卷4, 禮典 寺社.

이로써 볼 때, 태종·세종대에는 사찰의 남설을 막기 위해 사찰의 신창과 중창을 금하는 법령이 별도로 존재했다. 『경제육전』의 법령과 『실록』의 논의에 따르면, 국가는 기존 사찰의 유지와 보수는 허용하되, 사찰을 새로 창건하거나 중창하는 것은 금하고자 하였다. 1442년에는 사찰을 중창하면 철훼하도록 하는 법령을 새로 세웠는데, 이는 이 법령이 시행된 1442년 이후에 사찰을 새로 중창하는 경우 철훼한다는 것이었고, 기존에 신창하거나 중창한 사찰을 철훼하도록 한 것이 아니었다. 1448년에 이 법령의 절목을 전교하면서도 이미 신창하거나 중창한 사찰은 금하지 말도록 하였으며, 성종대에 반포된 『경국대전』에 이르러서는 사찰의 신창을 금지하되 옛 터[古基]에서 사찰을 중창하는 경우 선종과 교종, 예조를 거쳐 계문하면 가능하도록 법령이 다소 완화되었다. 이처럼 사찰 신창·중창 금제는 고려 사회를 계승한 조선초기 사회에 사찰이 남설되는 것을 막고자 사찰을 새로 짓는[建立] 행위를 금한다는 취지였기 때문에, 이를 위반하는 경우 사찰을 철거[撤毁]한다는 법령을 세우기도 했던 것이다.[34]

---

34 1442년(세종 24)에 立法된 '重創한 寺社를 撤毁하는 法'은 『經國大典』에 규정되지 않았다. 그러나 『경국대전』의 금제가 사찰 新創을 규제하기 위한 것이었기 때문에, 기준 시기 이전에 건립된 사찰은 규제 대상으로 삼지 않았으나, 기준 시기 이후에 새로 건립된 사찰은 '철훼'하는 것이 일반적으로 여겨진 듯하다. 예컨대 1475년(성종 6) 禮曹에서 『경국대전』의 寺社 조를 근거로 '立法' 이후에 '新造'한 사찰을 '撤去'하자고 청하자 성종이 따랐다고 하였는데, 다만 이 경우 그 '입법' 시기가 언제를 말하는 것인지는 분명치 않다(『成宗實錄』 卷54, 성종 6년 4월 29일). 이처럼 조선의 사찰 신창 금제는 사찰을 새로 짓는 행위를 막고자 하는 것이었으므로, 통념과는 달리 전국의 사찰을 대상으로 고종대의 書院 毁撤과 같은 대대적인 철훼가 이루어진 적은 거의 없다. 조선시대를 통틀어 가장 대규모의 사찰 철훼는 1538년(중종 33)에 경기도, 전라도 지역의 『輿地勝覽』 미수록 신축 사찰을 대상으로 한 철훼가 윤허된 것인데, 그마저 2개월여 만에 중단되었다(손성필, 2013, 앞 박사논문, 75~76쪽). 이는 『여지승람』에 수록된 경기도의 약 200개 사찰, 경상도 280개 사찰 이외의 신축 사찰을 대상으로 추진된 것인데, 당시 議政府, 全州府 尹 李彦迪 등에 의해 부적절한 조치로 비판되기도 했다(『中宗實錄』 卷92, 중종 34년 10월 11일; 10월 20일). 한편, 사찰 남설 이외의 목적으로 사찰이 철훼되기도 하였는데, 1446년(세종 28)에는 군사적 목적에 따라 평안도와 함경도의 국경 지역에 소재하는 사찰을 철훼하도록 하는 조치가 취해졌다(『世宗實錄』 卷111, 세종 28년 2월 12일). 지방 수령이 개별 사찰을 철훼하는 경우도 있었는데, 이에 대해서는 철훼의 목적, 대상 사찰의 위치, 성격, 기망폐 여부 등을 고려하여 해석할 필요가 있다.

그러므로 사찰의 '혁거'는 국가가 지원하고 관리하던 지정 사찰에 대한 것인 반면, 사찰의 '철훼'는 당시 조선 사회에 다수 존재한 일반적인 사찰에 대한 것이었다. 엄밀히 말해, 사찰 신창·중창 금제를 위반할 경우 시행할 수 있도록 한 사찰 철훼는 당시 조선 사회에 존재하던 사찰이 아니라 추가로 건립되는 사찰에 대한 것일 뿐이었다고 할 수 있다. 그렇다면, 1406년과 1424년 개혁에 따른 기존 지정 사찰의 혁거는 당시 사찰 신창·중창 금제에 따른 사찰 철훼와는 전혀 무관한 조치였다고 할 수 있다. 이에 1406년에 지정된 242개 사찰이나, 1424년에 지정된 36개 사찰이, 사찰 철훼의 기준이었던 적이 없음은 물론이다. 4장에서 구체적으로 논의하겠지만, 당시 조선 사회에는 적어도 『여지승람』에 수록된 1,650여 개 이상의 사찰이 존립하고 있었으며, 이 또한 각 군읍별로 주요 사찰을 수록한 것일 뿐이었다. 당시 조선 사회에는 수많은 일반 사찰이 널리 분포해 있었고, 사찰 신창·중창 금제에 따른 사찰 철훼는 그 일반 사찰의 추가 건립에 관한 시행 법령으로 세종대에 공표된 바 있었다. '혁거'와 '철훼'의 개념이 엄연히 다르듯이, 1406년과 1424년의 국가 체제의 개혁에 따른 사찰 혁거와 『경제육전』과 『경국대전』의 사찰 신창·중창의 금제에 따른 사찰 철훼는 그 목적, 대상, 내용, 성격 등이 전혀 다른 정책이었던 것이다.

3) 사찰 혁거, 철훼, 망폐의 개념

태종·세종대의 『실록』 기사에 대한 앞선 검토를 통해 볼 때, 사찰의 '혁거', '철훼', '망폐'는 명확히 구분하여 이해하고 사용해야 하는 용어이며, 각기 다른 맥락에서 해석되어야 하는 정책 조치이거나 사회 현상이었음이 분명하다고 할 수 있다.

우선 '혁거'는 폐단의 개혁, 제도의 폐지 등을 의미하는 용어로, 제도의 시행, 관서의 설치 등과 대비되는 개념이다. 『실록』 기사에서 "혁", "혁거", "혁파", "혁제" 등으로 쓰였다. 사찰의 '혁거'는 국가가 사찰을 지원하고 관리하는 국가적인 체제에서 해당 사찰을 지정 해제하는 제도적 조치였다. 기존에 국가가 주지를 임명하여 관리하고 사사전과 사노비를 지급하여 지원하던 사찰을, 그러한 국가적인 관리·지원 체제에서 배제하는 조치였던 것이다. 그러므로 태종·세종대의 사찰 '혁거'는 고려로부터 계승된 기존의 국가 체제를 개혁하기 위한 조치의 일부였으며, 기존 체제를 7종 242사 체제, 2종 36사 체제로 개혁한 것이었다. 이 체제를 어떻게 이해, 규정하고 해석해야 할지에 대해서는 앞으로 심도 있는 논의가 필요해 보이지만, 사찰 '혁거'가 불교계 전체 사찰을 대상으로 한 것이 아니었고, '혁거' 사찰을 '철훼'한 것이 아니었으며, '혁거' 사찰이 '망폐'에 이를 수밖에 없는 것이 아니었음은 분명하다고 할 수 있다. 국가적 지원과는 별개로, 토지, 시주 등과 같은 사회경제적 기반의 유무나 여하에 따라 그 사찰은 '망폐'할 수도, '망폐'하지 않을 수도 있었던 것이다.

'철훼'는 건물을 물리적으로 철거하는 행위를 의미하는 용어로, 건물의 건립, 축조 등과 대비되는 개념이다. 『실록』 기사에서 "철훼", "훼철", "파훼", "훼파", "철거" 등으로 쓰였으며, 19세기 후반 서원의 철훼(훼철)이 대표적인 사례라고 할 수 있다. 건물을 물리적으로 철거한 것이므로, 철훼된 서원이나 사찰은 '망폐'할 수밖에 없었다. 태종·세종대에 『경제육전』에는 사찰의 남설을 막기 위해 사찰의 신창과 중창을 금하는 법령이 별도로 있었으며, 사찰 '철훼'는 이 법령을 위반하고 새로 건립한 사찰에 대해 취하는 시행 법령으로 세종대에 공표된 바 있었다.

그러나 사찰 신창·중창 금제는 수많은 현존 사찰의 유지와 보수는 인정하면서, 법령 시행 이후에 사찰을 새로 건립하는 행위를 규제하기 위한 것일 뿐이었으므로, 현존 사찰에 대한 국가의 대대적인 철훼 조치가 취해진 바 없음은 물론이다. 사찰의 '혁거'는 국가가 지원하고 관리하던 지정 사찰에 대한 것인 반면, 사찰의 신창·중창 금제는 당시 조선 사회에 널리 분포한 수많은 일반 사찰에 관한 것으로, 그 목적, 대상, 내용, 성격 등이 전혀 다른 정책이었던 것이다.

'망폐'는 폐허화된 상태를 의미하는 용어로, 존립, 유지 등과 대비되는 개념이다. 『실록』 기사에서 "폐", "망폐", "폐망" 등으로 쓰였다. 사찰 '망폐'는 사찰이 폐허화되거나 상태를 형용하는 표현이었다. 사실 사찰은 상당한 인적·물적 토대 없이는 유지하기 어려운 기관이자 시설이었으므로, 조선시대뿐만 아니라 고려시대에도 화재, 전란, 승도의 이산, 경제 기반의 약화 등의 다양한 사유로 인해 망폐하였다. 이에 태종·세종대의 개혁(혁거)에 따른 사찰의 망폐를 당연시해 온 기존 통념에 대해서는 비판적 재검토가 필요하며, 그 개혁 이전에 이미 왜구의 침략과 같은 다양한 사유로 인해 망폐한 사찰이 다수 존재했다는 점에 대해서도 주목할 필요가 있다. 태종·세종대의 개혁에 따른 혁거 사찰은 각 사찰의 성격이나 사정, 경제 기반의 여하 등에 따라 망폐할 수도, 존립할 수도 있었기 때문에, 별도의 근거를 제시하지 않고 혁거 사찰이 망폐했을 것이라고 추정하는 것은 타당하지 않다고 할 수 있다. 실제로 혁거 사찰의 상당수가 15, 16세기에도 계속 존립하고 있었음이 지리지, 읍지 등과 같은 당시의 자료를 통해 확인된다.

그러나 기존 연구에서는 이 '혁거', '철훼', '망폐' 개념에 대한 이해와 사용이 명확하지 않았기 때문에, 이 개념들과 각기 연관되는 조선초기 국가체제의 개혁, 사찰 남설의 우려, 망폐 사찰의 증가와 같은 정책 조치, 사회 현상에 대한 이해도 불명확했다고 할 수 있다. 특히 '혁거' 개념에 대한 오해는 조선초기의 국가체제 개혁의 일환으로 단행된 조치의 내용과 성격을 불명확하게 파악하고 지나치게 해석하게 하는 결과를 초래했다. 1406년과 1424년에 태종과 세종이 단행한 개혁의 대상은 국가가 주지 임명, 사사전과 사노비 지급 등을 통해 사찰과 승도를 지원하고 관리하는 국가적인 시스템(체제)이었다. 지정 사찰, 소속 종, 사사전과 사노비의 수, 상주승의 인원, 승정 기구의 조직과 기능 등을 통합하고 감축하여 새롭게 재편함으로써, 여말선초의 기존 국가체제를 개혁하고자 한 것이다. 서언에서 언급하였듯이, 개혁의 대상인 이 체제를 '비보사찰 체제', '교단체제', '승정체제' 등으로 규정할 수 있는데, 이 책에서는 일반적인 용어인 '승정체제'로 일단 규정해 두기로 하였다. 이 조선초기의 개혁으로 인해 승정체제의 규모가 크게 축소되고 그 위상이 격하됨에 따라 기존 불교계, 특히 상층 불교계가 상당한 타격을 입었음은 분명해 보인다. 하지만 이 개혁으로 성립한 2종 36사의 승정체제가 세종대부터 연산군대까지 80여 년간 운영되었다는 점도 간과해서는 안 될 듯하다. 이에 다음 절에서는 15세기 승정체제 개혁과 운영의 목적, 대상, 내용, 성격 등에 대하여 구체적으로 살펴보고자 한다.

2. 15세기 승정체제의 개혁과 운영

1) 태종·세종대의 승정체제 개혁

조선초기 승정체제(僧政體制)의 개혁은 20여 년간의 논의, 단행, 후속 조치 등을 통해 이루어졌다. 조선초기 승정체제 개혁의 경과를 사찰 지정을 중심으로 간략히 정리해 보면, 태종이 1402년(태종 2) 4월 70개 지정 사찰로의 개혁을 추진하였으나,[1] 8월에 태조의 반대로 시행이 취소되었다.[2] 태종이 1405년(태종 5) 11월 의정부의 상서에 따라 개혁 논의를 다시 시작하여,[3] 1406년(태종 6) 3월 242개 지정 사찰로의 개혁을 단행하였다.[4] 1407년(태종 7) 12월에 후속 조치로 242개 사찰 중에 읍내(邑內) 자복사(資福寺) 88개를 명산대찰(名山大刹)로 교체하였으나,[5] 1412년(태종 12) 12월에 이 조치는 철회되었다.[6] 이후 세종이 1424년(세종 6) 2월 사헌부 등의 상서에

---

[1] 『太宗實錄』 卷3, 태종 2년 4월 22일.

[2] 『太宗實錄』 卷4, 태종 2년 8월 4일.

[3] 『太宗實錄』 卷10, 태종 5년 11월 21일.

[4] 『太宗實錄』 卷11, 태종 6년 3월 27일.

[5] 『太宗實錄』 卷14, 태종 7년 12월 2일.

따라 개혁 논의를 시작해 3월에 전지(傳旨)를 내렸고,[7] 4월에 36개 지정 사찰로의 개혁을 단행하였으며,[8] 후속 조치로 1424년 4월과 10월, 1425년 5월에 36개 사찰 중 5개 사찰을 교체하였다.[9] 이처럼 개혁은 이러한 20여 년간의 논의와 조치를 통해 이루어졌는데, 이에 해당하는 『실록』의 주요 기사에 대한 검토를 바탕으로 태종·세종대 승정체제 개혁의 목적, 대상, 내용 등에 대해서 개괄적으로 논해 보고자 한다.[10]

논의의 편의를 위해 승정체제 개혁의 내용, 대상, 목적 순으로 논하고자 하는데, 우선 태종대 1406년 개혁의 주요 내용을 표로 정리하면 〈표 2-1〉과 〈표 2-2〉와 같다.[11] 〈표 2-1〉과 〈표 2-2〉는 1406년 3월에 단행된 개혁의 내용을 해당 『실록』 기사를 바탕으로 정리한 것으로, 〈표 2-1〉은 지정 사찰의 사사전(寺社田) 결수, 사노비(寺奴婢) 구수, 상주승(常住僧) 인원 등을 규정한 것이며, 〈표 2-2〉는 의정부의 논의에 따라 혁파되지 않고 승정체제에 계속 남게 된 지정 사찰의 수를 각 종(宗)별로 제시한 것이다. 우선 〈표 2-1〉을

〈표 2-1〉 1406년 3월 승정체제 개혁의 주요 내용(1)

구분		寺社田	寺奴婢	常養僧
新·舊都 各寺 內	禪·教 各 1寺	200結	100口	100員
	其餘 各寺	100結	50口	50員
各道 界首官	禪·教 中 1寺	100結	50口	(50員)
各官	邑內 資福	20結	10口	10員
	邑外 各寺	60結	30口	30員

---

6 『太宗實錄』 卷24, 태종 12년 12월 11일.

7 『世宗實錄』 卷23, 세종 6년 2월 7일; 2월 13일; 3월 13일.

8 『世宗實錄』 卷24, 세종 6년 4월 5일.

9 『世宗實錄』 卷24, 세종 6년 4월 28일; 卷26, 6년 10월 25일; 卷28, 7년 5월 12일.

10 태종·세종대 승정체제 개혁에 관한 『실록』의 주요 기사 검토는 손성필, 2019b, 앞 논문, 60~72쪽 참조. 이 절에서는 1406년과 1424년의 승정체제 개혁을 중심으로 논의를 전개하고자 하며, 15세기 승정체제의 구체적인 운영 양상에 대해서는 연구와 논의가 필요해 보인다.

〈표 2-2〉 1406년 3월 승정체제 개혁의 주요 내용(2)

연번	종	사찰 定數	비고
1	曹溪宗·摠持宗	70寺	"曹溪宗·摠持宗合留70寺"
2	天台疏字·法事宗	43寺	"天台疏字·法事宗合留43寺"
3	華嚴·道門宗	43寺	"華嚴·道門宗合留43寺"
4	慈恩宗	36寺	"慈恩宗留36寺"
5	中道·神印宗	30寺	"中道·神印宗合留30寺"
6	南山宗	10寺	"南山·始興宗各留10寺"
7	始興宗	10寺	

살펴보면, 군읍의 위계, 소속 종, 소재지 등의 기준에 따라 지정 사찰의 사사전 결수, 사노비 구수, 상주승 인원 등을 체계적으로 규정하였음을 확인할 수 있다. 군읍의 위계, 소속 종, 소재지 등의 기준에 따라 사사전 결수, 사노비 구수, 상주승 인원 등에 일정한 차등을 두었고, 기본적으로 상주승 1원(員)당 사사전 2결(結), 사노비 1구(口)를 지급하였다. 그러므로 〈표 2-1〉을 통해 국가가 1406년의 개혁으로 사사전과 사노비를 지급하는 기본 원칙을 체계적으로 규정하고자 하였음을 파악할 수 있다.[12]

다음으로 〈표 2-2〉를 살펴보면, 1406년의 개혁에 따라 각 종별로 소속 사찰의 정수(定數)가 규정되었고, 모두 242개 사찰이 혁거되지 않고 남게 되었음을 확인할 수 있다. 〈표 2-2〉의 비고를 살펴보면, 각 종별 소속 사찰로 '○○개 사찰을 남긴다[留]'라고 표현했다는 점을 확인할 수 있는데, 이 '남기다'라는 말은 국가가 해당 사찰에 사사전과 사노비를 지급하고 주지를 임명하는 종전의 지위와 기능을 존속시킨다는 의미라고 할 수 있다. 곧 사찰을 '남긴다'라는 것은 승정체제에 해당 사찰을 존속시킨다는 의미

---

11 『太宗實錄』 卷11, 태종 6년 3월 27일.

12 1406년의 승정체제 체계화 시도는 당시 明의 불교 시책의 영향을 받은 것일 가능성이 있으므로, 추후 연구가 필요하다(김용태, 2019, 앞 논문, 92~93쪽).

로, 사찰을 이 체제에서 지정 해제한다는 의미인 '혁거[革]'와는 반대의 개념이라고 할 수 있다.[13] 그러나 『실록』에는 이 242개 사찰의 목록은 제시되어 있지 않은데, 다만 태종·세종대의 기사를 통해 1406년 개혁으로 기존의 지정 사찰은 1/2 또는 1/10 수준으로, 사사전과 사노비는 1/10 수준으로 감축되었고, 이로써 존속한 사사전의 규모가 11,100여 결이었다는 사실을 확인할 수 있다.[14]

한편 1406년의 개혁에서 11개 종을 7개 단위로 통합하여 소속 사찰의 정수를 규정했다는 점도 주목되는데, 〈표 2-2〉에서 보듯 3개 종을 제외한 8개 종은 두 종을 통합하여 소속 사찰의 정수를 규정하였다. 〈표 2-2〉의 비고를 보면, 이를 '합하여 남겼다[合留]'라고 표현하였는데, 곧 '각 종을 합하여 그 단위별로 사찰을 남겼다'라는 의미라고 할 수 있다. 해당 기사의 내용을 축약하여 제시한 서두의 문장도 '의정부에서 선교의 각 종을 합하여 사사를 남기는 일을 정하도록 청하였다[議政府請定禪敎各宗合留寺社]'라고 하였듯이,[15] '합류'는 당시 개혁의 주요 조치로 인식된 듯하다.[16] 이를 통해 1406년의 개혁으로 11개 종이 7개 종으로 통합되었다고 단정할 수는 없지만, 국가가 11개 종을 7개 단위로 통합 관리하게 된 것은 분명한 듯하다. 1407년의 후속 조치 기사와 1424년의 개혁 기사에서 이 7개 단위와 거의 일치하는 7개의 종 명칭이 확인된다는 점에서, 1406년 개혁으로 사실상 종의 통합이 이루어졌다고 보아도 무방할 듯하다.[17] 다만 이는 국가

13 손성필, 2019b, 앞 논문, 63~64쪽.

14 『太宗實錄』卷28, 태종 14년 7월 4일; 『世宗實錄』卷6, 세종 1년 12월 10일; 卷64, 세종 16년 4월 11일; 卷23, 세종 6년 2월 7일. 1406년 개혁에 따른 승정체제 규모의 변화에 대해서는 3장 2절 2항 승정체제 소속 사찰의 지정과 혁거 참조.

15 『太宗實錄』卷11, 태종 6년 3월 27일.

16 1424년의 개혁 당시 7宗에서 2宗으로의 통합은 "合爲"라고 표현되었다(『世宗實錄』卷24, 세종 6년 4월 5일).

17 손성필, 2019b, 앞 논문, 68~69쪽의 각주 22) 참조.

<표 3> 1424년 4월 승정체제 개혁의 주요 내용

연번	종	사찰 정수	사사전	恒居僧	승정 기구	비고
1	禪宗	18寺	4,250結	1,970	禪宗 (都會所: 興天寺)	• 僧錄司 폐지[革] • 兩宗의 行首掌務를 두어 僧中之事를 살피도록 함
2	敎宗	18寺	3,700結	1,800	敎宗 (都會所: 興德寺)	

승정체제 차원의 종 통합으로, 불교계의 종파(宗派), 승단(僧團) 등과의 상호 관계에 대해서는 별도의 논의가 필요해 보인다.[18] 이렇듯 1406년의 개혁으로 성립된 7종 242사찰의 승정체제는 1424년 개혁이 단행될 때까지 18년간 운영되었다.

다음으로 세종대 1424년 개혁의 주요 내용을 표로 정리하면 〈표 3〉과 같다.[19] 〈표 3〉은 1424년 4월에 단행된 개혁의 내용을 해당 『실록』 기사를 바탕으로 정리한 것으로, 1406년의 개혁과 마찬가지로 소속 종, 지정 사찰, 사사전 결수, 상주승 인원 등을 유기적으로 규정하였다. 기존의 7개 종을 선종(禪宗)과 교종(敎宗)의 2개 종[兩宗]으로 통합하였고, 242개의 지정 사찰을 36개로 대폭 감축하였으며, 앞서 1419년에 사노비가 모두 혁거되면서[20] 사노비의 구수는 더 이상 규정하지 않았다. 그리고 1406년 개혁에서는 군읍의 위계, 소속 종, 소재지 등의 기준에 따라 사사전 결수, 사노비 구수, 상주승 인원 등의 체계적인 규정을 시도한 데 비해, 1424년 개혁에

---

18 고대에서 조선에 이르기까지 사료에서 보이는 "業", "宗", "宗門" 등은 연구 관점에 따라 '宗派', '宗團', '僧團', '敎團' 등으로 해석되고 규정되어 왔다. 그러나 각 시기별, 자료별 차이를 고려하여 당대의 맥락, 자료의 맥락에 따른 엄밀한 해석과 논의가 필요해 보인다. 이 책에서는 『실록』에 기록된 명칭 그대로 '종'이라고 지칭하고자 한다. 한국사상의 '종'에 대한 기존의 이해와 근래의 논의에 대해서는 박광연, 2018, 「고려후기 僧政의 변화와 불교 宗團」, 『한국중세사연구』 53 등 참조.

19 『世宗實錄』 卷24, 세종 6년 4월 5일.

20 『世宗實錄』 卷6, 세종 1년 11월 28일.

서는 각 지정 사찰별로 상주승 인원과 사사전 결수를 구체적으로 규정하였는데, 이는 36개 지정 사찰의 원속전(元屬田)에 사사전을 추가로 지급[加給]하는 방식으로 이루어졌다. 이에 따라 『실록』에는 36개 지정 사찰의 목록과 그 각각의 사사전 결수 및 상주승 인원을 일일이 기재해 두었다. 이 1424년의 개혁은 종 수, 지정 사찰 수를 통해 보면 1406년 개혁으로 성립한 승정체제의 규모를 대폭 축소시킨 것이었으나, 사사전 결수, 상주승 인원을 통해 보면 1406년 체제를 70% 수준으로 감축한 것일 따름이었다.[21]

또한 1424년 개혁의 특징 중의 하나는 승정(僧政) 기구를 개편하는 조치를 함께 취했다는 점이다. 〈표 3〉의 비고에서 보듯 1424년 개혁의 일환으로 승록사(僧錄司)를 혁파하였고, 이에 따라 선종과 교종의 도회소(都會所)를 각각 흥천사(興天寺)와 흥덕사(興德寺)에 설치하고, 2종에 행수장무(行首掌務)를 두어 '승중지사(僧中之事)'를 살피도록 하였다.[22] 이는 승정체제 개편의 일환으로 승정의 실무 관서인 승록사를 폐지하고 그 업무를 선종과 교종으로 이관, 조정한 것이었으며,[23] 이에 따라 선종과 교종에 행수장무(行首掌務)를 새로 설치하여 승정 실무를 관장하게 한 조치였다.[24] 선종과

---

21 1424년 개혁에 따른 승정체제 규모의 변화에 대해서는 3장 2절 2항 승정체제 소속 사찰의 지정과 혁거 참조.

22 『世宗實錄』卷24, 세종 6년 4월 5일. "仍革僧錄司 以京中興天寺爲禪宗都會所 興德寺爲敎宗都會所 揀取年行俱高者 以爲兩宗行首掌務 令察僧中之事". "이에 僧錄司를 革하고, 京中의 興天寺를 禪宗의 都會所로 삼고 興德寺를 敎宗의 都會所로 삼으며, 나이가 많고 행실이 훌륭한 자를 揀取하여 兩宗의 行首掌務로 삼아 僧中의 일을 살피도록 하소서."

23 사문경, 2011, 앞 박사논문, 54~60쪽. 일반적으로 승록사의 업무를 대체하는 승정 기구로 선종도회소와 교종도회소가 새로 설치되었다고 이해되어 왔으나, 승록사의 업무가 선종과 교종으로 이관되었다고 보는 것이 타당해 보인다. 『實錄』에 따르면 앞선 1419년(세종 1)에 各寺의 判事를 차임할 때 外方의 住持는 不許하고 京中 都會所의 住持만 차임하도록 하는 조치가 취해졌는데(『世宗實錄』卷4, 세종 1년 5월 19일), 이를 통해 볼 때 1424년 개혁 이전의 7宗 체제하에서도 각 宗의 都會所는 京都에 소재한 사찰 중에 지정되어 있었다. 그렇다면 기존의 이해와 달리, 1424년의 개혁으로 선종도회소와 교종도회소가 새로 설치된 것이 아니라, 선종의 도회소가 興天寺에, 교종의 도회소가 興德寺에 지정된 것일 따름이었으며, 行首掌務를 새로 설치하여 승록사가 담당하던 승정 업무[僧中之事]를 이관받아 담당하게 된 것은 '兩宗', 곧 선종과 교종이었다고 할 수 있다.

교종이 실무적으로도 관장하게 된 '승중지사'가 곧 '승정(僧政)'이라고 할 수 있는데,[25] 그 주요 업무는 승과(僧科)의 시행, 승계(僧階)의 수여, 승직(僧職)의 임명 등에 관한 것이었다. 사실 앞서 1424년 2월에 승정체제 개혁에 대한 논의를 시작하면서 조정에서는 '승선(僧選)', '승비(僧批)', '승록(僧錄)'의 폐지 여부에 대한 논의가 이루어졌으며, 이를 폐지하지 않기로 결정하였다.[26] '승선', '승비', '승록'은 각각 승과 시행, 승직 임명, 승적 관리를 의미하므로, 이는 곧 기존의 '승정'을 국가 체제에서 유지하기로 이미 결정한 것이었다.

　1406년과 1424년 개혁과 '승정'의 유기적 관계는 기존의 연구에서 간과해 온 지점으로 보인다. 사실 1406년과 1424년의 개혁에 대한 주요 『실록』 기사에서, 주요 승직인 지정 사찰 주지의 임명은 계속 함께 거론된 사안이었다. 우선, 추진하다가 중단된 1402년 개혁의 해당 기사를 보면, 오교양

24　사문경, 2011, 앞 박사논문, 70~74쪽. 세종 7년에 判禪宗事 中皓, 掌務 中德 寶惠, 大禪師 祖衍, 判校宗事 惠眞, 掌務 大師 信暐 등을 탄핵한 기사를 통해 볼 때(『世宗實錄』 卷27, 세종 7년 1월 25일), 行首掌務를 行首와 掌務로 해석될 여지도 없지 않다. 그렇다면 行首는 禪宗과 敎宗의 수장인 禪宗判事와 敎宗判事를, 掌務는 禪宗과 敎宗의 실무 승직을 지칭하는 것으로 해석되는데(양혜원, 2017, 앞 박사논문, 188~189쪽), 이에 대해서는 추후 면밀한 검토가 필요해 보인다. 판사는 국가가 임명한 각 종의 수장으로, 고려후기 공민왕대에 설치된 고위 승직이다. 고려후기 승직의 종류와 성격에 대해서는 이정훈, 2012, 앞 논문 참조.

25　僧政은 일반적으로 僧科로 선발된 僧人에 대해 僧階를 승진시키고 住持 등의 僧職을 임명하는 과정으로 정의되며, 고려가 국가적으로 운영한 핵심적인 불교 제도로 이해된다. 고려의 승정에 대해서는 장동익, 1981, 「惠謀의 大禪師告身에 대한 檢討: 高麗 僧政體系의 理解를 중심으로」, 『한국사연구』 34; 허흥식, 1986, 「佛敎界의 組織과 行政制度」, 『高麗佛敎史硏究』, 일조각; 박윤진, 앞 논문 등 참조. 고려의 승정은 일반적으로 고려후기에 '문란'해졌다고 해석되어 왔는데, 근래에는 고려 말에 불교계의 국가 예속성이 강화되었다는 견해(박윤진, 2015, 앞 논문, 29쪽), 불교 종단의 독립성이 강화되었다는 견해(박광연, 2018, 앞 논문, 285쪽) 등이 제시되었다.

26　『世宗實錄』 卷23, 6년 2월 7일; 2월 13일. 사문경은 1424년 개혁으로 僧政司가 혁파되면서 僧選, 僧批, 僧錄 중에 승록만 혁파되었다고 파악하였으나(사문경, 2011, 앞 박사논문, 58~59쪽), 승록사 혁파로 승록의 업무가 선종과 교종으로 이관되었을 뿐, 국가 체제에서 승록의 기능 자체가 폐지되었다고 보기 어렵다. 양혜원은 예조의 속아문인 승록사가 폐지됨으로써 국가의 공식 조직에서 불교 관련 기구가 배제되었다는 점에 중요한 의미를 부여하였다(양혜원, 2017, 앞 박사논문, 280~281쪽).

종(五敎兩宗)을 조계종(曹溪宗)과 화엄종(華嚴宗)의 2종으로 통합하고 70개 사찰을 지정하여 2종에 분속시킨 다음 "덕행이 사표가 될 만한 자를 택하여 주지로 삼아 그 승(주지)을 차임하는 데 궐원이 없게 한다면[擇其德行足爲師表者 爲住持 無其僧闕其差]" 사사전과 사노비의 이익을 좇아 승도가 되려는 자가 줄어들 것이라고 하였다.[27] 1406년 개혁은 금산사(金山寺)와 와룡사(臥龍寺) 주지의 비행을 명분으로 삼았는데,[28] 후속 조치인 1407년 12월 자복사 교체에 대한 기사에서는 1406년 개혁에 따라 "망폐한 사찰에 주지를 차임하는 사례"[亡廢寺社差下住持者]도 있었으므로, 의정부에서 읍내 자복사 88개를 명산대찰로 교체하자고 청하였다.[29] 곧 1406년 개혁으로 시도된 승정체제의 체계화와 이에 따른 각 군읍 읍내 자복사의 지정이 현실을 충분히 고려하지 않은 채 추진됨에 따라,[30] 이미 망폐한 사찰에 주지를 차임(差任)하는 사례도 있었다는 점을 지적하면서, 자복사의 교체를 상언한 것이었다. 이 기사들을 통해 국가가 특정 사찰을 승정체제 소속 사찰로 지정하면, 그 사찰에 사사전을 지급하여 운영을 지원할 뿐 아니라, 그 사찰에 주지를 차임하여 관리하도록 한다는 사실을 분명히 확인할 수 있다.

이와 관련하여 1406년과 1424년 개혁에서 모두 상주승의 인원을 규정했다는 점에 주목할 필요가 있다. 『실록』에 상주승은 상양승(常養僧), 항거승(恒居僧) 등으로도 쓰였고, 상주승의 인원은 거승정액(居僧定額), 거승지

27 『太宗實錄』 卷3, 태종 2년 4월 22일.
28 『太宗實錄』 卷11, 태종 6년 3월 27일.
29 『太宗實錄』 卷14, 태종 7년 12월 2일.
30 김용태는 邑內 資福寺를 名山大刹로 교체한 이유를, 1406년에 242개 사찰을 지정하면서 邑治에 자복사를 두도록 한 것은 조선초기의 지방 통치 체제 개편과 무관치 않아 보이나, 시대 의식의 변화와 지역 질서의 재편에 따라 읍치의 사찰이 이전과 같은 위상을 가질 수 없었던 현실로 인한 것으로 보았다(김용태, 2011, 앞 논문, 10~12쪽). 세종은 1424년 3월 지정 사찰과 사사전 개혁에 대한 전지를 내리면서 유명무실한 각 군읍의 자복사는 모두 혁거하라고 하였다(『世宗實錄』 卷23, 세종 6년 3월 13일).

액(居僧之額) 등으로 표현되었으며, 그 인원의 단위는 '원(員)'으로 지칭되었다. 앞서 언급했듯 승정체제 개혁으로 규정한 상주승의 인원과 사사전의 결수는 상호 유기적 연관성을 지니는데, 〈표 2-1〉에서 보듯 1406년 개혁에서는 상주승 1원당 사사전 2결이 지급됨을 분명히 규정해 두었고, 1424년 개혁에서도 사찰 간에 다소 차이가 있기는 하지만 평균 상주승 1원당 사사전 2결이 지급되었다.[31] 그러나 기존 연구에서 1406년과 1424년 개혁의 상주승 인원 규정에 대한 논의는 상대적으로 부족했고, 상주승 인원이 국가에서 허용(공인)한 승도의 수인 것처럼 이해되기도 했다. 흔히 1406년과 1424년 개혁으로 규정된 사찰의 정수와 사사전의 결수가 국가가 불교계에 허용한 사찰의 수, 토지의 결수로 이해되기도 한 것과 마찬가지로, 상주승의 인원도 국가가 전체 불교계에 허용한 승도의 수로, 곧 나머지 승도를 규제하기 위한 기준으로 이해되기도 한 것이다.[32]

1406년과 1424년 개혁이 기존 국가 체제의 일부인 승정체제를 재편하기 위해 국가가 주지를 임명하고 사사전을 지급하는 지정 사찰의 수를 감축하는 방향으로 추진되었다는 점을 고려하면, 이와 함께 규정된 각 사찰

---

31 〈표 3〉에서 보듯 1424년 4월의 승정체제 개혁으로 규정된 사사전은 모두 7,950결, 상주승은 3,770원이었으므로, 상주승 1원당 사사전 2.1결이 지급되었다. 사사전 7,950결에 포함된 水陸位田 200결을 제외하면, 상주승 1원당 지급된 사사전은 2.06결이었다. 1424년 4월 개혁으로 규정된 사사전, 수륙위전, 상주승 현황은 2항의 〈표 6〉 참조.

32 1406년과 1424년 개혁으로 규정된 사찰 정수, 사사전 결수, 상주승 인원 등이 국가가 불교계에 허용한 사찰, 토지, 승도라는 주장은 불교학계를 중심으로 활동한 김영태, 이봉춘, 이재창 등의 저술을 통해 주로 피력되었고(김영태, 1990, 앞 책; 김영태, 1997, 앞 책; 이봉춘, 1991, 앞 박사 논문; 이재창, 1993, 앞 책), 김영태, 이봉춘이 국사편찬위원회 편 『한국사』의 조선초기, 조선중기 불교 부분을 각각 서술하면서 역사학계에도 확산되었던 것으로 보인다(김영태, 2002, 앞 글; 이봉춘, 2002, 앞 글). 한편 이병희는 혁거 사찰에는 승도가 거처하는 것도 허용되지 않았기 때문에 당연히 소유지도 몰수되었을 것이라는 언급을 한 바 있는데(이병희, 1993, 앞 논문, 366·373쪽), 근래에는 혁거 사찰은 국가로부터 종전과 같은 경제적 대우를 받지 못했을 뿐 대부분 건물이 온존하고 승도가 거처하였다고 견해를 수정하였다. 그러나 근래에 이경식은 혁거된 사찰에는 승도가 거주할 수 없었고 그 소유지를 몰수하였다고 서술하여, 이병희의 종전 견해를 답습하고 있는 듯하다(이경식, 2012, 앞 책, 110~111쪽).

별 상주승의 인원은 승과에 입격하여 승계를 수여받은 승직자층(僧職者層)에 대한 인원 규정으로 추정된다.[33] 널리 알려져 있지 않지만, 조선 태조대부터 연산군대에 이르는 15세기에는 국가가 승과를 식년(式年)마다 시행하고, 승계를 수여하며, 승직을 임명하고 있었다.[34] 『경국대전』 도승(度僧)조에는 선종과 교종에서 매 3년마다 선시(選試, 승과)를 시행하여 선종과 교종 각 30인을 선발함을 규정하였고, 아울러 사찰 주지의 임명 절차와 임기, 인계[傳掌] 절차를 체계적으로 규정하였는데,[35] 이러한 법규 또한 대부분 태종·세종대에 정비된 것이었다. 특히 지정 사찰의 주지를 임명하는 업무는 1416년(태종 16)에 승록사에서 이조(吏曹)로 이관되었고,[36] 1447년(세종 29)에 정비되었으며,[37] 이는 거의 그대로 『경국대전』에 수록되었다.[38] 『실록』을 통해 볼 때 승과 시행, 주지 임명 등의 폐지가 간혹 주청되

---

33 국가적 관점에서 승도층은 크게 無度牒僧, 度牒僧, 僧職者로 구분할 수 있다. 무도첩승은 사회에 광범하게 존재한 일반 승도층으로, 그 구성과 성격이 다양했다. 도첩승은 丁錢 납부와 誦經 시험 등의 절차를 통하거나 국가적 役事에 참여한 대가로 도첩을 발급받은 승도층으로, 국가로부터 免役이 보장되었으며, 僧科 응시를 위해서도 도첩이 필요했던 것으로 보인다(양혜원, 2019b, 앞 논문, 69쪽). 승직자층에 대해서는 그 개념, 용어, 범위, 성격 등에 대한 추가 논의가 필요해 보이나, 이 논문에서는 일단 승과에 입격하고 僧階를 수여받은 계층을 승직자층으로 규정하고 논의를 전개하고자 한다. 태종대 승정체제 개혁의 명분은 국가에서 임명한 주지가 사사전과 사노비로 배부르고 편안하게 살면서 주색의 비행까지 일삼는다는 것이었는데(『太宗實錄』 卷10, 태종 5년 11월 21일; 卷11, 태종 6년 3월 27일), 이처럼 개혁의 대상으로 인식된 것은 국가가 승계를 수여하고 승직을 임명한 고위 승직자층이었으며, 이들은 『실록』에서 宗門僧, 各宗僧, 兩宗僧, 幹事僧 등으로 지칭되었다.

34 15세기의 僧科, 僧階, 僧職에 대해서는 유기정, 2002, 앞 논문; 전영근, 2007, 앞 논문; 양혜원, 2017, 앞 박사논문; 양혜원, 2019b, 앞 논문 참조.

35 『經國大典』 卷3, 度僧. 『經濟六典』과 『經國大典』의 불교 관련 조문은 양혜원, 2017, 앞 박사논문, 318~331쪽 참조. 특히 양혜원은 『경국대전』에 규정된 吏曹 文選司의 담당 업무에 대한 내용 중에 "僧職"이 여러 판본에 "贈職"으로 잘못 판각되어 유통된 사실을 밝혔다(양혜원, 2017, 앞 박사논문, 218~224쪽).

36 『太宗實錄』 卷32, 태종 16년 12월 18일. "初命吏曹署給僧人告身 司憲府啓 凡僧住持各寺 其爵牒移關 僧錄司 僧錄司稱新舊禮 多行汎濫之事 請將謝牒移關吏曹 吏曹署給 從之".

37 『世宗實錄』 卷116, 태종 29년 6월 19일. "議政府據吏曹呈啓 禪教兩宗寺社住持 令其宗擇僧有戒行者 一望三人 報曹差下 遞期以三十朔爲限 住持有所犯者 各其宗擧劾報禮曹 論罪罷黜 所犯重者 望報僧 亦幷科罪 從之".

었으나 윤허되지 않았으며, 이러한 승정은 연산군대에 이르기까지 계속 이루어지고 있었다.[39]

그렇다면 1406년과 1424년 개혁 이전에는 물론이고, 개혁 이후부터 선종과 교종이 사실상 폐지되는 연산군 말기에 이르기까지, 조선에는 승정체제에 소속된 다수의 승직자층이 존재했다고 할 수 있다. 문과(文科)에서 매 식년에 33명을 선발했다는 점을 고려하면, 매 식년에 선종 30명, 교종 30명을 선발한 승직자층은 결코 적은 인원이 아니었다고 할 수 있다.[40] 선종과 교종의 판사(判事), 각 사찰의 주지 등과 같은 고위 승직자뿐 아니라, 비교적 승계가 낮은 다수의 승직자층이 존재했던 것이다.[41] 그러므로 1406년과 1424년 개혁의 상주승 인원 규정은 기본적으로 승과에 입격하여 승계를 수여받은 승직자층에 대한 것으로 보이며, 이는 곧 국가 승정체제의 운영을 담당하는 인원의 정수를 각 지정 사찰별로 규정하기 위한 것이었다고 할 수 있다. 이에 상주승 인원 규정은 국가가 지정 사찰에 지급하는 사사전 결수의 기준이 되었으며, 앞서 언급했듯 상주승 1원당 사사전 2결이 지급되었던 것이다.[42]

---

38 『經國大典』 卷3, 度僧. "諸寺住持 兩宗擬數人薦望 報本曹 移文吏曹 磨勘差遺 三十朔而遞 如有所犯 兩宗報本曹 覈實治罪犯奸者 幷坐薦僧".

39 유기정, 2002, 앞 논문, 61~70쪽. 승과에 입격하면 승계가 수여되었는데, 『實錄』와 『慵齋叢話』 등에서 확인되는 조선의 승계는 禪宗은 大禪-中德-禪師-大禪師-都大禪師, 教宗은 大禪-中德-大德-大師-都大師의 위계로 수여되었다(유기정, 2002, 앞 논문, 46~48쪽). 이 승계는 관인의 官階, 官品과 유사한 것으로, 승직자의 위계를 규정한 것이라고 할 수 있다.

40 유기정, 2002, 앞 논문, 36쪽.

41 승과에 입격하고 승계가 수여된 승직자층 중에는 판사, 주지 등의 고위 승직 이외에 2개 종과 지정 사찰에서 하위 승직을 담당한 승직자층이 존재했을 것으로 보이나, 승직 임명과 운영의 구체적 양상에 대해서는 추가 연구가 필요하다. 1440년(세종 22)에는 각 지정 사찰에 住持, 副住持, 立住持, 都事 각 1명을 職品에 따라 차임하자는 의견이 제시되었고(『世宗實錄』 권88, 세종 22년 3월 23일), 명종대의 기사를 통해서는 국가가 주지 이외에도 持音, 維那 등의 승직을 차임하였음이 확인된다(『明宗實錄』 卷25, 명종 14년 11월 9일).

42 1425년(세종 7) 司諫院 左司諫 柳季聞의 상소는 당시 승정체제의 운영을 단적으로 보여주는 사례라고 할 수 있을 듯한데, 유계문은 判禪宗事 中皓, 掌務 中德 寶惠, 大禪師 祖衍과 判校宗事 惠眞

〈표 4〉 태종·세종대 승정체제의 주요 기능과 구성

구분		태종	세종
종	數	7	2
	主要 僧職	判事(7)	判事(2)
승정	機能	僧選, 僧批, 僧錄	僧選, 僧批, 僧錄
	實務 機構	僧錄司	禪宗, 敎宗
	住持 任命	僧錄司 → 吏曹(太宗 16, 1416)	吏曹
지정 사찰	定數	242	36
	主要 僧職	住持(242)	住持(36)
	常住僧	(寺社田 2結當 1員)	3,770(각 사찰별 규정)
	寺社田	11,100餘結(常住僧 1員當 2結)	7,950(각 사찰별 규정)
	寺奴婢	(常住僧 1員當 1口)	-

이상의 논의를 바탕으로 1406년 개혁과 1424년 개혁으로 성립된 태종
대와 세종대 승정체제의 주요 기능과 구성을 그 유기적 관계를 고려하여
개괄 정리하면 〈표 4〉와 같다. 〈표 4〉에서 보듯 태종·세종대의 승정체제
개혁은 종, 승정, 지정 사찰의 운영 체제를 개편하기 위한 것으로, 종의 수,
승정 기구, 승직의 수, 지정 사찰의 수, 상주승의 인원, 사사전의 결수 등을
유기적으로 통합하고 감축하여 새롭게 재편하고자 한 것이었다. 그러므로
1406년과 1424년 개혁은 주지 임명, 사사전 지급 등을 통해 사찰을 지원하
고 관리하며 승도를 보호하고 통제하는 국가적인 체제를 대상으로 한 것
이라고 할 수 있으며, 국가 체제의 일부인 이 체제를 이 책에서는 일단 일

과 掌務 大師 信暉 등이 상주승 정액 120명, 사사전 100여 결, 사노비 40구로 각각 규정된 홍천
사와 흥덕사의 고위 승직자들임에도 해당 사찰의 상주승 闕員이 100여 명에 이르게 하여 그 본
분인 국가를 위해 축원[祝釐]하고 승정[僧中之事]을 살피는 일을 다하지 않았다는 이유로, 그들
을 벌하고 양종과 승직을 혁파할 것을 청하였다(『世宗實錄』 卷27, 세종 7년 1월 25일). 이 기사
를 통해 당시 국가가 선종과 교종의 판사, 장무 등의 승직을 임명하고 대선사, 대사, 중덕 등의
승계를 수여한 사실을 확인할 수 있을 뿐 아니라, 상주승의 인원 규정이 규정 이외의 승도를
규제하기 위한 것이 아니라, 규정된 인원으로 하여금 국가적인 기능을 수행하게 하기 위한 것
이었음을 확인할 수 있다.

반적인 용어인 '승정체제'로 규정해 두기로 하였다.

그러므로 1406년과 1424년 개혁의 대상은 전국의 모든 사찰이 아니었다. 『실록』을 살펴보면, 개혁의 대상은 고려의 밀기(密記), 지방 군읍의 답산기(踏山記) 등에 기재된 비보사사(裨補寺社)로, 곧 고려가 개성(開城)을 중심으로 전국에 지정하여 주지를 임명하고 사사전을 지급한 비보사찰이었다고 할 수 있다.[43] 비보사찰의 장적[裨補之籍]에 기재되어 국가로부터 수조권을 부여 받고 전세(田稅)상의 특혜를 누리는 사찰[裨補所載京外各寺土田之租]에 대한 개혁이었던 것이다.[44] 그러므로 1406년과 1424년 개혁의 대상을 '비보사찰체제'로 규정할 수도 있다.[45] 고려의 국가체제를 정치는 관료체제, 불교는 교단체제가 담당하는 이원적 구조였다는 견해를 수용하여, 개혁의 대상이 된 이 체제를 '교단체제'로 규정할 수도 있을 것이다.[46] 고려의 교단체제는 관료체제의 문반과 무반에 준하여 선종과 교종을 구분하고, 승과를 시행하여 승계를 수여하고 승직을 임명함으로써 교단을 조직하고 운영한 체제라고 한다. 어떤 관점으로 보느냐에 따라 '비보사찰체제'로도, '교단체제'로도, '승정체제'로도 규정할 수 있는데, 분명한 것은 1406년과 1424년 개혁의 대상이 국가 체제의 일부로 기능한 기존의 국가적인 시스템(체제)이었다는 점이다.[47] 조선은 고려로부터 유래한 여말선초의 이 체제를 축소시키고 재편하고자 한 것이었다.

그렇다면 승정체제 개혁의 목적 또한 기본적으로 조선 건국에 따라 국

---

43 『太宗實錄』 卷3, 태종 2년 4월 22일; 卷10, 태종 5년 11월 21일; 卷11, 태종 6년 3월 27일; 손성필, 2019b, 앞 논문, 63~64쪽.

44 『太宗實錄』 卷3, 태종 2년 4월 22일. "禪敎各宗 爭執有土民之寺 請載裨補之籍 僧人之徒 收其田租 斂其奴貢".

45 고려의 비보사찰 체제에 대해서는 한기문, 1998, 앞 책, 110~117쪽 참조.

46 최병헌, 2013, 「한국의 역사와 불교: 사회변환과 불교변화」 『한국불교사 연구 입문』, 지식산업사, 116~119쪽.

47 손성필, 2019b, 앞 논문, 83~84쪽.

가 체제를 정비하기 위한 것이었다고 할 수 있다. 곧 건국에 따른 국가 체제 정비의 일환으로 여말선초의 기존 승정체제를 개혁하고자 한 것이었다. 『실록』의 논의 기사에 따르면, 승정체제 개혁의 필요성, 당위성으로 주로 거론되는 주장은 크게 승정체제의 국가적 기능 자체를 약화시키자는 원론적인 것과 승정체제 운영에 따른 국가 재정의 손실을 개선하자는 현실적인 것으로 구분할 수 있다. 먼저 원론적인 주장을 살펴보면, 기존 체제에서 국가가 승정체제를 운영해 온 목적을 '청정(淸淨)한 승도가 축희(祝釐)함으로써 국가를 비보(裨補)하는 것'으로 규정하였는데,[48] 이 이른바 축희비보 지설(祝釐裨補之說, 裨補祝釐之說)을 비판하면서 승정체제의 개혁이나 폐지를 주청하였다. 이로써 볼 때 승정체제 개혁의 원론적 목적은 국가의 비보를 축원하고자 국가가 지원하고 관리하는 기존의 비보사찰체제, 곧 기존 승정체제의 국가적인 기능을 약화시키기 위한 것이었다고 할 수 있다. 불교에 "국가를 다스리는 도가 있다는 말을 들어보지 못했다[未聞有治國家之道也]."라는 언설에서 보듯,[49] 치국(治國)을 위한 사상으로서 불교의 입지는 약화되거나 부정되었고, 이러한 인식은 승정체제 개혁의 목적이자 배경이 되었다고 할 수 있다.

다음으로 현실적인 주장을 살펴보면, 비대하고 부패한 승정체제를 개혁하여 국가가 지급한 사사전과 사노비를 환수해야 하며, 이를 관서나 군자(軍資)에 귀속시켜 재정을 확충하고 국방을 강화해야 한다는 것이었다. 개혁의 대상이 과전법(科田法) 체제하의 수조지(收租地)인 사사전이었으므로,[50] 개혁 논의에서 사찰의 주지는 고위 승직자로서 사사전의 조(租)를 받

---

48 『太宗實錄』卷3, 태종 2년 4월 22일; 卷10, 태종 5년 11월 21일; 『世宗實錄』卷27, 세종 7년 1월 25일. 이는 『實錄』에서 "淸淨", "淸淨寡欲", "祝釐", "誦經祝釐", "祝釐裨補", "裨補祝釐", "安國家", "安社稷", "國家求福", "補於國祚" 등으로 표현되었다.

49 『太宗實錄』卷3, 태종 2년 4월 22일.

50 기존에는 1406년과 1424년 개혁 대상인 사사전을 불교계가 보유한 전체 토지로 이해하는 경

고 사노비의 공(貢)을 누리면서 청정한 행실을 지키지 못하는 자들로 묘사되었고,[51] 이를 명분으로 승정체제의 개혁이나 폐지가 주청되었다. 그러므로 승정체제 개혁을 통한 사사전과 사노비의 속공은 부국강병(富國强兵)을 위해 추진해야 하는 정책으로 주장되었고,[52] 이러한 주장의 배경에는 "국가를 다스리는 도가 아닌 (불교에) 국가의 재정을 쓰는 것[以非治國家之道而徒費國家之財]"은 적절치 않다는 인식이 작용하고 있었던 것으로 보인다.[53]

2) 승정체제 소속 사찰의 지정과 혁거

1406년과 1424년의 개혁은 승정체제의 개혁이었으며, 이는 종의 수, 승직의 수, 지정 사찰의 수, 상주승의 인원, 사사전의 결수, 승정 기구의 조직과 기능 등을 유기적으로 감축하고 재편하는 것이었다. 당시 이 개혁을 논의하고 시행하면서, 특히 승정체제 소속 사찰의 지정과 혁거, 사사전의 지급 결수 등이 중요하게 인식된 것은 사찰 지정은 곧 승직인 주지를 계속

우가 많았다(손성필, 2019b, 앞 논문, 77~81쪽). 그러나 1406년과 1424년 개혁의 대상이 과전법 체제하의 收租地였으며, 국가가 지급한 수조지 외에도 사찰이 보유한 私有地가 존재했음은 천관우, 有井智德, 이병희, 김용태 등에 의해 여러 차례 지적되었다(천관우, 1979, 앞 책, 195쪽; 有井智德, 1976, 앞 논문; 有井智德, 1979, 「李朝初期における私的土地所有としての寺社田」, 『(旗田巍先生古稀記念) 朝鮮史論集』 上; 이병희, 1993, 앞 논문; 김용태, 2011, 앞 논문). 고려후기에도 수조지인 사사전 이외에, 사찰이 다양한 방식으로 확보한 사유지가 존재했다(배상현, 1998, 『高麗後期 寺院田 硏究』, 국학자료원; 이병희, 2008, 『高麗後期 寺院經濟 硏究』, 경인문화사). 그러므로 고려 토지제도와의 연속성, 사찰 경제 기반의 다양성 등을 고려하여 조선전기 사찰 경제에 대한 연구가 필요해 보인다.

51 『太宗實錄』 卷3, 태종 2년 4월 22일; 卷10, 태종 5년 11월 21일; 『世宗實錄』 권27, 세종 7년 1월 25일.

52 『太宗實錄』 卷3, 태종 2년 4월 22일.

53 『世宗實錄』 卷94, 세종 23년 윤11월 18일.

임명하고 사사전을 지급하는 대상 사찰을, 사찰 혁거는 더 이상 주지를 임명하지 않고 기지급된 사사전을 환수하는 대상 사찰을 정하는 것이었고, 이는 곧 개혁의 대상과 규모를 정하는 것이었기 때문이다. 또한 앞서 논했듯이 개혁의 주요 목적 자체가 사사전 속공을 통해 국가 재정을 확충하는 것이기도 했기 때문이라고 할 수 있다. 이에 사찰의 지정과 혁거, 사사전의 지급과 환수 등을 중심으로 태종·세종대의 승정체제 개혁의 대상과 규모를 구체적으로 살펴보고자 한다.

태종·세종대 승정체제 개혁의 대상과 규모를 파악하고 그 의미를 해석하기 위해서는 우선 개혁 대상인 고려 말 비보사찰의 수, 사사전의 결수 등을 파악하여 비교해야 할 것이다. 그러나 고려 말의 비보사찰 수, 사사전 결수 등에 대해서는 구체적이고 신뢰할 만한 수치가 알려진 바 없고, 조선 초기의 『실록』 기사에 의거하여 추산되어 왔을 뿐이다. 태종대의 기사에는 1406년 개혁에 따라 각 종의 사찰이 1/2 수준으로 감축되었다고 하였고,[54] 세종대의 기사에는 사찰, 사사전, 사노비 등이 1/10 수준으로 감축되었다고 하였다.[55] 1406년 개혁으로 지정된 사찰이 242개이며, 지급된 사사전이 11,100여 결이었으므로,[56] 이를 통해 추산되는 고려 말의 지정 사찰은 대략 500개 또는 2,400개, 사사전은 대략 10만 결이었다고 할 수 있다.[57] 그러나 이는 대략적인 추산이므로 정확한 수치로 단정하기 어려운데, 특히 지정 사찰의 수는 감축 규모를 1/2이라고 한 기사와 1/10이라고 한 기사 중에 어느 것에 의거하느냐에 따라 크게 차이가 난다. 한편 성종대의

---

54 『太宗實錄』卷28, 태종 14년 7월 4일. "國家深慮其弊 乃倂各宗寺社 亦減其半".

55 『世宗實錄』卷6, 세종 1년 12월 10일. "前旣革去寺社田民僅存十一". 『世宗實錄』卷64, 16년 4월 11일 戊午. "惟我太宗恭定大王 … 革寺社十置其一 減臧獲百有其十".

56 『世宗實錄』卷23, 세종 6년 2월 7일. "是則中外寺社 分屬一萬一千一百餘結之良田 委之何地".

57 강진철, 1991, 『(개정)高麗土地制度史硏究』, 일조각, 142쪽; 이병희, 1993, 앞 논문, 365쪽 ; 한기문, 1998, 앞 책, 12쪽.

『실록』 기사를 근거로 고려의 비보사찰의 수를 3,000개로 추정하기도 하는데,[58] 이는 후대에 언급된 추상적인 수치라는 점에서 상대적으로 신빙성이 낮다. 이처럼 고려 비보사찰과 사사전의 규모에 대한 구체적인 기록이 없으므로, 지금으로서는 1406년 개혁의 대상이 된 사찰은 대략 500~2,400개, 사사전은 대략 10만 결 정도로 추정할 수밖에 없다. 이 수많은 비보사찰의 구체적인 목록 또한 확인되지 않음은 물론인데, 이 또한 조선전기에 편찬된 전국 지리지인 『신증동국여지승람』의 불우(佛宇) 조와 고적(古跡) 조에 수록된 1,720여 개의 사찰을 통해 그 대략적인 면모를 추정해 볼 수 있을 뿐이다.[59] 그러므로 구체적인 수치와 목록은 확인할 수 없지만, 1406년 개혁으로 승정체제의 규모가 지정 사찰의 수는 1/2 또는 1/10 수준으로, 사사전의 결수는 1/10 수준으로 감축되었다고 할 수 있다.

1402년 여말선초의 승정체제를 대상으로 개혁을 처음 추진했을 때에는 고려의 밀기에 기재된 70개 사찰 이외의 비보사찰을 혁거하는 개혁을 단행했다가 곧 취소하였는데, 이때 지정된 70개 사찰의 목록은 현재 전하지 않는다. 앞서 논한 바와 같이 1406년에 개혁이 단행됨에 따라 242개 사찰이 지정되었는데, 이 242개 사찰의 전체 목록도 확인되지 않는다. 이 개혁으로 군읍의 위계, 소속 종, 소재지 등의 기준에 따라 지정 사찰의 사사전 결수, 사노비 구수, 상주승 인원 등을 체계적으로 규정하였지만, 『실록』에

---

58 『成宗實錄』 卷174, 성종 16년 1월 5일, 15일. "道詵設三千裨補". "道詵三千裨補之說". 한기문, 1998, 앞 책, 12쪽; 123쪽. 다만, 한기문은 이 기사를 근거로 고려시대의 전체 사찰 수가 3,000개일 것으로 추정하였다.

59 한기문은 『新增東國輿地勝覽』에 佛宇 조와 古跡 조에 수록된 1,720여 개의 사찰을 고려시대에 존재한 사찰로 간주하였고(한기문, 1998, 앞 책, 123쪽), 부록으로 수록된 〈고려시대 사원 일람〉의 2,000여 개 사찰의 대부분을 『신증동국여지승람』을 통해 조사하였다(한기문, 1998, 앞 책, 455~544쪽). 이에 따른다면, 『신증동국여지승람』에 수록된 1,720여 개 사찰은 상당수 고려의 비보사찰인 것이며, 그중 불우 조에 수록된 1,650여 개 사찰은 『신증동국여지승람』이 편찬된 15세기 후반~16세기 전반까지 존립한 것이 된다. 『신증동국여지승람』 수록 사찰에 대한 논의는 4장 2절 참조.

242개 사찰의 전체 목록을 수록하지는 않았다. 또한 이때 지급된 사사전이 모두 11,100여 결이었다는 사실은 세종대의 기사를 통해 확인되지만, 1424년 개혁과는 달리 1406년 개혁은 각 사찰별 사사전 지급 결수도 『실록』에 수록하지 않았다.

다만, 1407년에 242개 지정 사찰 중에 읍내 자복사 88개를 명산대찰[山水勝處大伽藍]로 교체하면서, 새로 지정된 88개의 명찰(名刹)의 목록은 종별로 구분하여 『실록』에 수록하였는데, 그 목록을 정리하여 제시하면 〈표 5〉와 같다.[60] 〈표 5〉를 통해 태종대 승정체제의 242개 지정 사찰 중에 88개

〈표 5〉 1407년 읍내 자복사 교체 88개 명산대찰 목록

종	소재지 및 사찰명	사찰 수
曹溪宗	梁州 通度寺, 松生 雙巖寺, 昌寧 蓮花寺, 砥平 菩提岬寺, 義城 氷山寺, 永州 鼎覺寺, 彦陽 石南寺, 義興 麟角寺, 長興 迦智寺, 樂安 澄光寺, 谷城 桐裏寺, 減陰 靈覺寺, 軍威 法住寺, 基川 淨林寺, 靈巖 道岬寺, 永春 德泉寺, 南陽 弘法寺, 仁同 嘉林寺, 山陰 地谷寺, 沃州 智勒寺, 耽津 萬德寺, 靑陽 長谷寺, 稷山 天興寺, 安城 石南寺	24
天台宗	忠州 嚴正寺, 草溪 白巖寺, 泰山 興龍寺, 定山 雞鳳寺, 永平 白雲寺, 廣州 靑溪寺, 寧海 雨長寺, 大丘 龍泉寺, 道康 無爲寺, 雲峰 原水寺, 大興 松林寺, 文化 區業寺, 金山 眞興寺, 務安 大崛寺, 長沙 禪雲寺, 堤州 長樂寺, 龍駒 瑞峰寺	17
華嚴宗	長興 金藏寺, 密陽 嚴光寺, 原州 法泉寺, 淸州 原興寺, 義昌 熊神寺, 江華 栴香寺, 襄州 成佛寺, 安邊 毗沙寺, 順天 香林寺, 淸道 七葉寺, 新寧 功德寺	11
慈恩宗	僧嶺 觀音寺, 楊州 神穴寺, 開寧 獅子寺, 楊根 白巖寺, 藍浦 聖住寺, 林州 普光寺, 宜寧 熊仁寺, 河東 陽景寺, 綾城 公林寺, 鳳州 成佛寺, 驪興 神異寺, 金海 甘露寺, 善州 原興寺, 咸陽 嚴川寺, 水原 彰聖寺, 晉州 法輪寺, 光州 鎭國寺	17
中神宗	任實 珍丘寺, 咸豐 君尼寺, 牙州 桐林寺, 淸州 菩慶寺, 奉化 太子寺, 固城 法泉寺, 白州 見佛寺, 益州 彌勒寺	8
摠南宗	江陰 天神寺, 臨津 昌和寺, 三陟 三和寺, 和順 萬淵寺, 羅州 普光寺, 昌平 瑞峯寺, 麟蹄 玄高寺, 雞林 天王寺	8
始興宗	漣州 五峯寺, 連豐 霞居寺, 高興 寂照寺	3
계		88

60 『太宗實錄』 卷14, 태종 7년 12월 2일.

의 지정 사찰의 목록을 종별로 확인할 수 있는데, 사찰명과 함께 소재지가 기재되어 있어 해당 사찰의 식별이 가능하다.[61] 이 88개 지정 사찰 이외에도, 태종대와 세종대의 『실록』 기사를 통해 242개 지정 사찰 중의 일부가 개별적으로 확인되며, 혁거된 사찰도 일부 확인된다.

우선 1405년 11월에 의정부의 상서로 승정체제 개혁 논의가 시작될 때, 연경사(衍慶寺), 흥천사, 화장사(華藏寺), 신광사(神光寺), 석왕사(釋王寺), 낙산사(洛山寺), 성등암(聖燈庵), 진관사(津寬寺), 상원사(上院寺), 현암사(見巖寺), 관음굴(觀音窟), 회암사(檜巖寺), 만의사(萬義寺), 감로사(甘露寺) 등의 14개 사찰은 예전대로 두어[仍舊] 감축하거나 혁거하지 말도록 하였는데,[62] 이 사찰들은 대체로 조선초기부터 왕실에서 중시한 사찰로 1406년 개혁으로 지정된 242개 사찰에 포함된 것으로 추정된다. 이 14개 사찰 중에 화장사, 성등암, 만의사를 제외한 대부분의 사찰이 1424년 개혁으로 지정된 36개 사찰에 포함되었는데, 한편으로 이는 1424년 개혁으로 지정된 36개 사찰이 대부분 1406년 개혁으로 지정된 242개 사찰에 포함되었을 것이라는 추정을 가능하게 한다. 실제로 1424년 개혁으로 지정된 36개 사찰은 모두 원속전, 곧 기존의 사사전을 보유하고 있었으며, 이는 1424년 개혁으로 지정된 36개 사찰이 모두 1406년 개혁에 따른 242개 사찰 체제에 속해 있었음을 의미한다.[63]

1406년 개혁의 해당 기사에서는 회암사, 표훈사(表訓寺), 유점사(楡岾寺)가 확인된다. 태종이 242개 사찰 중에 회암사에는 사사전 100결과 사노비

---

61 전국의 여러 지역에 동일한 사찰 명칭이 많았고, 동일 사찰이 다른 명칭으로 지칭되는 경우도 많았으므로, 소재 지역 없이 사찰 명칭만 기재된 경우에는 해당 사찰이 어느 지역의 어떤 사찰인지 정확히 식별하기 어렵다.

62 『太宗實錄』 卷10, 태종 5년 11월 21일.

63 242개 사찰에 속해 있다가 36개 사찰로 지정되지 않아 혁거된 사찰은 그 사사전이 36개 사찰로 移給되거나 屬公되었다. 예컨대 華藏寺는 1424년 개혁으로 혁거되어 사사전이 興敎寺로 이급되었다(『世宗實錄』 卷25, 세종 6년 9월 8일).

50구를 추가로 지급하도록 했고, 표훈사와 유점사는 원래 속한 사사전과 사노비를 예전대로 두어 감축하지 말도록 하였는데[原屬田民仍舊勿減],[64] 이를 통해 볼 때 이 사찰들이 242개 사찰에 속해 있었고 그중에서도 특별히 중시되었다는 사실을 확인할 수 있다.[65] 그리고 태종은 242개 사찰로 지정되지 않은 혁거 사찰에도 시지(柴地) 1~2결을 지급하도록 하였는데 [定數外寺社亦量給柴地一二結], 이는 1406년 개혁의 대상이 전국의 모든 사찰이 아니었다는 점, 개혁의 목적이 단지 혁거 사찰에 대한 규제와 억압이었다고 보기 어렵다는 점 등을 단적으로 확인할 수 있는 조치라고 할 수 있다.

1407년에는 경도(京都)의 흥덕사를 창건하여 사액(賜額)하고 화엄종에 소속시킬 때 같은 화엄종의 소속 사찰 중에[宗屬額內] 남양(南陽) 관화사(貫華寺)를 혁거하여 그 사사전과 사노비를 이급(移給)하였는데, 이를 통해 남양 관화사가 242개 사찰에 속해 있었으나 흥덕사가 새로 지정되면서 혁거되었다는 사실을 확인할 수 있다.[66] 1424년 개혁을 논의하면서 영통사(靈通寺), 운암사(雲巖寺), 흥덕사, 흥복사(興福寺)의 사사전이 각각 200결, 200결, 250결, 140결이었다는 언급을 통해서는[67] 영통사, 운암사, 흥덕사, 흥복사 등이 242개 사찰에 속해 있었다는 점을 확인할 수 있다.[68]

이처럼 1406년 개혁으로 지정된 242개 사찰의 전모는 현전하는 기록으

---

64 『太宗實錄』卷11, 태종 6년 3월 27일.

65 필자는 앞선 연구에서 檜巖寺, 表訓寺, 楡岾寺의 3개 사찰이 242개 사찰에 포함되지 않고 추가 지정된 것으로 파악하여, 1406년 개혁의 지정 사찰이 사실상 245개라고 언급하였다(손성필, 2019b, 앞 논문, 63쪽 각주11). 그러나 해당 기사의 문맥으로 볼 때 3개 사찰이 242개 사찰에 포함된 것으로 보아야 할 듯하므로, 이 지면을 통해 오류를 정정한다.

66 『太宗實錄』卷13, 태종 7년 1월 24일.

67 『世宗實錄』卷23, 세종 6년 2월 7일.

68 이밖에 1426년에 宗門僧이 혁거 사찰이 경작하던 토지[革去寺社所耕田地]를 사사로이 점거하는 문제를 논의하면서 忠州의 嚴政寺와 億政寺가 언급되는데(『世宗實錄』卷34, 세종 8년 10월 27일), 이 중 엄정사는 88개 명찰에 속한 사찰로 확인되며, 억정사 또한 242개 사찰에 속해 있었던 것으로 보인다.

로는 파악하기 어렵다. 『실록』을 통해 국가와 왕실에서 중시한 40여 개의 사찰, 1407년 자복사 교체 88개 명산대찰, 일부 확인되는 1424년 혁거 사찰 등을 파악할 수 있는데, 이를 합산하면 대략 130여 개 사찰의 명칭은 파악되며, 기타 110여 개 사찰은 파악되지 않는다.[69] 그러나 대략 파악된 130여 개의 사찰 중에서도 88개의 사찰은 1406년 개혁 당시에는 88개 군읍의 읍내 자복사를 지정했던 것인데, 1407년에 그 읍내 자복사를 교체하여 새로 지정한 명산대찰의 목록일 뿐이다. 그러므로 엄밀히 말해 1406년 개혁 당시에 지정된 사찰은 약 40여 개만이 파악된다고 할 수 있다. 지금으로서는 1406년 태종이 승정체제에 대한 대대적인 개혁을 단행하여 편성한 242개 지정 사찰 체제의 구체적인 면모를 확인할 수 없는 것이다.

그런데 1406년 개혁으로 성립한 242개 지정 사찰 체제는 안정적으로 운영되었다고 보기 어려운 듯하다. 특히 문제시된 것은 읍내 자복사의 지정과 운영이었는데, 1407년에 읍내 자복사를 명산대찰로 교체하는 후속 조치를 시행하기도 하였다. 앞서 1절에서 [자료 3]을 통해 살펴보았듯이 1407년 후속 조치는 이미 망폐한 읍내 자복사에 주지를 임명하기도 한 사례를 근거로, 242개 지정 사찰 체제를 현실을 고려하여 정비해 가기 위한 것으로 보인다. 그러나 약 5년 이후인 1412년(태종 12)에 이 1407년의 승정체제 개혁 후속 조치는 철회된 것으로 보인다. 1412년 12월 읍내 자복사를 대신하여 명산대찰에 주지를 임명하던 것을 중지하고, 다시 읍내 자복사에 주지를 임명하는 조치가 이루어졌는데, 이는 1407년 후속 조치를 철회한 것이라고 할 수 있다. 이 사실은 그간 학계에서 알려져 있지 않던 것인데,[70] 『실록』의 1412년 12월 해당 기사를 살펴보자.

---

69 한편 1405년 11월에 승정체제 개혁의 논의가 시작된 명분은 金山寺 住持와 晉州 臥龍寺 住持의 非行이었는데(『太宗實錄』卷10, 태종 5년 11월 21일), 이 두 사찰은 242개 사찰로 지정되지 못했을 것으로 추정된다.

70 1407년의 후속 조치를 1412년에 철회한 사실에 대해서는 손성필, 2022b, 「15세기 강진 무위사

[자료 14] 諸州의 資福 住持에게 命하여 모두 本寺로 들어가도록 하였다. 河崙이 아뢰었다. "근래에 臣이 晉陽에 이르러 資福寺를 보았는데, 그 住持인 자가 他寺로 옮겨가 기거하니, 심히 未便하였습니다. 청하옵건대, 諸州의 資福을 모두 本寺로 들어가도록 하소서." 하였다. 代言 韓尙德이 말하였다. "지난번에 寺社를 革할 때 명하기를, '僧은 私家에 갈 수 없고, 여자[女]는 寺社에 갈 수 없다. 그 婢子는 모두 10里 밖에서 살게 하라. 또 資福寺로서 閭閻이 없는 사찰은 山水勝處의 他寺로서 대체하라.' 하였는데, 이제 僧으로 하여금 굳이 閭閻의 사이에서 거처하게 하신다면, 이는 앞선 法들과 상충될 듯합니다." 하였다. 上이 말하였다. "너(한상덕)의 말이 옳다. 그러나 資福은 아직 革하지 않았으니, 마땅히 政丞(하륜)의 말을 따르겠다." 하였다.[71]

위 자료에서 보듯, 하륜(河崙, 1347~1416)이 진주(晉州)에 이르러 자복사를 보았는데, 그 주지가 '타사(他寺)'에 옮겨가 기거하니 심히 미편(未便)하였다고 하면서, 군읍 자복사를 모두 '본사(本寺)'로 들어가도록 하자고 건의하였다. 이에 한상덕(韓尙德, ?~1434)은 이러한 건의에 따라 승도가 여염집의 사이에 거처하게 한다면, 기존에 자복사로서 건물[閭閻]이 없는 사찰을 산수승처의 '타사'로 대체하도록 한 조치 등과 상충될 것이라고 하면서 반대하였다.[72] 그러나 태종은 아직 자복사 제도를 혁파하지 않았다는

───

의 국가적 위상: 승정체제의 개혁, 운용과 관련하여」, 『동국사학』 75, 44~47쪽에 의거하여 서술하였다.

71 『太宗實錄』 卷24, 태종 12년 12월 11일. "命諸州資福住持皆入本寺 河崙啓曰 日者 臣到晉陽 見資福寺 其爲住持者移寓他寺 甚爲未便 乞諸州資福 皆令入本寺 代言韓尙德曰 曩者革寺社時 令曰 僧不得到私家 女不得到寺社 其婢子 皆令居十里之外 又資福寺無閭閻者 以山水勝處他寺代之 今欲使僧必居閭閻之間 則是與前法若不相似然 上曰 爾言是也 然資福未革 當從政丞之言".

72 '자복사로서 건물이 없는 사찰[資福寺無閭閻者]'을 산수승처의 타사로 대체하도록 한 기존의 조치는 곧 1407년의 승정체제 개혁 후속 조치를 지칭하는 것이다. [자료 3]의 1407년 후속 조치 기사를 살펴보면, '망폐한 사사에 주지를 임명한 사례[亡廢寺社差下住持者]'가 혹 있기도 하였다고 하면서, 군읍의 자복사를 명산대찰로 대체하였다. 그렇다면 [자료 14]의 '자복사로서 건물이 없는 사찰'은 곧 [자료 3]의 '망폐한 사사'라고 할 수 있다.

이유로, 군읍의 자복사 주지에게 명하여 모두 '본사'로 들어가도록 하였다.

이와 같은 기사의 맥락을 통해 볼 때, '본사'는 '읍내의 자복사'를 지칭하며, '타사'는 읍내의 자복사를 대체한 '명산대찰'을 지칭한다고 할 수 있다. 하륜은 진주 읍내의 자복사에 이르렀으나, 1407년 후속 조치에 따라 자복사의 주지는 진주 읍외(邑外)의 법륜사(法輪寺)에 기거하고 있었던 것이다.[73] 하륜은 자복사의 주지가 읍외의 사찰에 기거하는 것은 자복사의 운영 취지에 맞지 않으므로, 자복사의 주지가 다시 읍내의 자복사로 들어가도록 하자고 건의하였고, 태종이 이를 따랐다. 이는 사실상 읍내 자복사를 명산대찰로 대체한 1407년 후속 조치를 철회한 것이라고 할 수 있으며, 이에 88개 명산대찰은 1412년에 자복사의 지위에서 지정 해제된 것이자, 승정체제 소속 사찰의 지위에서도 지정 해제되었던 것으로 보인다.[74]

실제로 1412년에서 1424년 사이의 『실록』 기사를 통해 볼 때, 읍내 자복사 제도는 1424년 승정체제 개혁이 이루어질 때까지 지속되었다. 1420년(세종 2) 1월 승정체제 개혁을 논의할 때,[75] 군읍의 자복사[各道州郡資福寺社], 평지의 사찰[不革寺社皆於平地], 촌락에 있는 사찰[寺社在村落者] 등이

---

73 앞의 〈표 5〉의 慈恩宗에서 晉州 法輪寺가 확인된다. 법륜사는 진주 읍외인 月牙山 동쪽에 소재한 사찰이었다(『新增東國輿地勝覽』 卷30, 慶尙道 晉州牧).

74 [자료 3]의 1407년 후속 조치 기사에서, '명산대찰로 군읍의 자복사를 대체하였다[以名刹代諸州資福]'라고 하였는데, 이는 '①읍내의 자복사 대신 명산대찰을 군읍의 자복사로 지정했다'라고 해석할 수도 있고, '②자복사를 폐지하고 그 대신 명산대찰을 승정체제 소속 사찰로 지정했다'라고 해석할 수도 있어 보인다. [자료 14]의 1412년 철회 조치 기사를 해석할 때, 자복사의 주지가 읍외의 사찰로 옮겨가 주석하였으므로, 그 읍외의 사찰(명산대찰)을 자복사로 지정한 것으로 볼 수도 있다. 그러나 한편으로 하륜은 여전히 읍내의 자복사를 자복사로 인식하였고, 그 주지가 읍외의 사찰로 옮겨가 기거하는 것일 뿐이었다고 한다면, 읍외의 사찰(명산대찰)은 자복사가 아니었다고 해석될 여지도 없지 않다. 그러므로 1407년 '자복사의 명산대찰 대체' 조치는 제대로 안착되지 못하고, 약 5년 이후인 1412년 철회되었다고 보는 것이 타당할 것 같다. 결국 1407~1412년에 강진 무위사 등의 88개 명산대찰을 자복사로 지정한 것은 1406년 승정체제 개혁을 현실에 맞게 정비하는 과정에서 이루어진 일시적인 조치였다고 평가할 수 있을 듯하다.

75 『世宗實錄』 卷7, 세종 2년 1월 26일.

주요 개혁 대상으로 인식되었는데, 이는 사실상 '읍내의 자복사'라고 할 수 있으며, 대체로 이 사찰들의 사사전을 명산대찰에 분급해야 한다고 논의되었다. 이를 통해 볼 때 당시에도 읍내 자복사 제도는 지속되고 있었고, 이를 혁거하여 명산대찰에 사사전을 분급하자는 논의도 지속되고 있었다. 그리고 1424년 3월에 세종은 승정체제 개혁을 지시하면서 유명무실한 군읍의 자복사[有名無實各官資福寺]를 모두 혁거하라고 하였다.[76] 이로써 볼 때 당시까지도 읍내 자복사 제도가 지속되었으나 유명무실하다고 인식되었으며, 이에 따라 읍내 자복사 제도는 1424년 4월의 승정체제 개혁으로 완전히 폐지되기에 이르렀다고 할 수 있다.[77]

이를 통해 볼 때 1406년의 승정체제 개혁은 지방 군읍의 위계를 따른 승정체제의 대대적인 개편이 다소 무리하게 시도됨으로 인해 성공적이지 못했던 것으로 보인다. 이에 따라 읍내 자복사의 혁거 여부가 계속 논란이 되었으며, 읍내 자복사를 명산대찰로 교체하기도 했던 것이다. 그러므로 1406년 개혁이 성공적이지 못했던 것이, 사실상 1424년에 승정체제 개혁이 다시 단행된 배경이 되었다고 할 수 있을 듯하다. 이에 1424년 개혁은 1406년 개혁과는 달리 군읍의 위계, 사찰의 소재지 등에 따른 지정 사찰 안배, 사사전 지급 기준을 따로 규정하지 않고, 다만 각 지정 사찰별로 사사전 분급 결수를 구체적으로 규정하는 방식으로 이루어지게 되었던 것으로 보인다.

1424년의 승정체제 개혁은 『실록』에 36개 지정 사찰의 목록과 그 사사

---

76 『世宗實錄』 卷23, 세종 6년 3월 13일.

77 김용태는 시대 의식의 변화와 지역 질서의 재편에 따라 邑治의 사찰이 이전과 같은 위상을 가질 수는 없었던 것으로 보았으며(김용태, 2011, 앞 논문, 10~12쪽), 이는 기본적으로 타당한 해석으로 보인다. 그러나 1412년에 하륜의 건의에 따라 1407년의 조치가 철회되고 읍내 자복사 제도가 1424년까지 지속된 것을 통해 볼 때, 이 시기에는 기존의 읍내 자복사 제도를 계속 유지하고자 한 흐름도 분명히 있었으며, 이로 인해 이 제도의 유지와 폐지에 대한 논란이 계속 이루어졌던 것으로 보인다.

전 결수, 상주승 인원이 세세하게 기재되었는데, 이를 정리하면 〈표 6〉과 같다. 〈표 6〉에서 보듯 1424년 개혁으로 종이 2개로 통합되었으며, 36개 사찰이 지정되고, 사사전이 7,950결로, 상주승이 3,770명으로 감축되었다.

〈표 6〉 1424년 3월 승정체제 개혁의 지정 사찰 목록

禪宗 屬寺 (18)						教宗 屬寺 (18)					
道	郡邑	寺名	元屬田(結)	加給田(結)	恒居僧(員)	道	郡邑	寺名	元屬田(結)	加給田(結)	恒居僧(員)
京中		興天寺	160	90	120	京中		興德寺	250	-	120
留後司		崇孝寺	100	100	100	留後司		廣明寺	100	100	100
		演福寺	100	100	100			神巖寺	60	90	70
開城		觀音堀	45	105 100*	70	開城		甘露寺	40	160	100
京畿	楊州	僧伽寺	60	90	70	京畿	海豐	衍慶寺	300	100	200
		開慶寺	400	-	200		松林	靈通寺	200	-	100
		檜巖寺	500	-	250		楊州	藏義寺	200	50	120
		津寬寺	60	90 100*	70			逍遙寺	150	-	70
	高陽	大慈菴	152.96	97.04	120	忠淸	報恩	俗離寺	60	140	100
忠淸	公州	鷄龍寺	100	50	70		忠州	寶蓮寺	80	70	70
慶尙	晉州	斷俗寺	100	100	100	慶尙	巨濟	見巖寺	50	100	70
	慶州	祇林寺	100	50	70		陜川	海印寺	80	120	100
全羅	求禮	華嚴寺	100	50	70	全羅	昌平	瑞峯寺	60	90	70
	泰仁	興龍寺	80	70	70		全州	景福寺	100	50	70
江原	高城	榆岾寺	205	75	150	江原	淮陽	表訓寺	210	90	150
	原州	覺林寺	300	-	150	黃海	文化	月精寺	100	100	100
黃海	殷栗	亭谷寺	60	90	70		海州	神光寺	200	50	120
咸吉	安邊	釋王寺	200	50	120	平安	平壤	永明寺	100	50	70
계			2,823	1,427	1,970	계			2,340	1,360	1,800
			4,250						3,700		

*는 水陸位田임

1406년 체제의 242개 사찰이 36개로 감축되고, 사사전 11,100여 결이 7,950결로, 상주승 약 5,550명이 3,770명으로 감축된 것이다. 이는 지정 사찰로 보면 15%로 크게 감축된 것이었지만, 사사전 결수와 상주승 인원으로 보면 70% 수준으로 소폭 감축된 것이었다.

1424년 개혁은 242개 사찰에서 혁거된 사찰의 사사전을 36개 사찰에 추가 지급하거나 국가에 속공하는 방식으로 단행되었는데, 〈표 6〉에서 원속전의 결수가 5,163결, 가급전의 결수가 2,787결이었다는 점을 통해 볼 때, 11,100여 결의 사사전 중에 206개 사찰의 약 5,930여 결이 혁거되었으며, 이 5,930여 결 중에 약 3,150여 결은 국가로 속공되었고, 2,787결은 36개 사찰에 추가 지급되었다. 1424년의 개혁은 지정 사찰의 수는 대폭 감축하면서도, 36개 지정 사찰에 지급하는 사사전의 결수는 증액하는 방향으로 추진된 것이다. 1406년 개혁에 따른 242개 사찰, 11,100여 결의 사사전 체제에서 36개 사찰의 사사전(원속전) 결수가 5,163결, 그 이외 206개 사찰의 사사전 결수가 약 5,930여 결이었다는 점을 통해 볼 때, 36개 사찰의 사사전 비중은 1406년 개혁의 242개 사찰 체제에서도 46.5%에 달했다. 이는 1424년의 개혁이 국가와 왕실에서 중시한 주요 36개 사찰 중심으로 승정체제를 재편하고, 이 사찰들에 대한 사사전 지급을 증액하는 방향으로 추진된 것임을 의미한다.[78]

이처럼 1424년의 개혁으로 지정 사찰 36개, 사사전 7,950결의 승정체제가 성립하였는데, 이 체제는 1406년의 지정 사찰 242개, 사사전 11,100여

---

[78] 1424년 개혁의 原屬田과 加給田 분석을 통해 1406년 체제의 사사전 비중을 표로 정리하면 다음과 같다.

구분	36寺		206寺		242寺	
	수	비율	수	비율	수	비율
지정 사찰(개)	36	14.9%	206	85.1%	242	100%
사사전(결)	5,163	46.5%	5,930여	53.5%	11,100여	100%

결 체제를 개혁하여 지정 사찰의 수를 크게 감축하고 사사전의 결수는 소폭 감축하면서 36개 사찰에 지급하는 사사전은 증액함으로써 성립하였다.[79] 1424년 개혁으로 성립한 36개 지정 사찰의 승정체제는 다소 간의 변화를 거치면서도 연산군대까지 안정적으로 유지되었다고 할 수 있다. 『세종실록지리지(世宗實錄地理志)』는 1424년 성립한 승정체제 운영의 일단을 살펴볼 수 있는 자료이다. 『세종실록지리지』에는 각 군읍별로 사찰이 수록되었는데, 이를 통해 사찰 지정, 사사전 지급 등에 관한 정보를 파악할 수 있다. 『세종실록지리지』에 수록된 사찰과 소속 종, 사사전 결수 등을 정리하여 제시하면 〈표 7〉과 같다.[80]

〈표 7〉에서 보듯 『세종실록지리지』에 수록된 328개의 군읍 중에 사찰이 수록된 것은 30개 군읍이며, 수록된 사찰은 52개이다. 이 중 36개 사찰은 소속 종과 사사전 결수가 기재되었는데, 그 사사전의 결수를 합산하면 모두 8,100결이다. 그러므로 소속 종과 사사전 결수가 기재된 사찰은 승정체제에 소속된 36개 지정 사찰이라고 할 수 있으며, 『세종실록지리지』는 36개의 지정 사찰을 중심으로 사찰을 수록하였다고 할 수 있다. 그런데 이를 1424년 3월의 개혁으로 지정된 사찰과 비교해 보면, 지정 사찰의 수는 36개로 변동이 없으나, 전주(全州) 경복사(景福寺), 구례(求禮) 화엄사(華嚴寺), 은율(殷栗) 정곡사(亭谷寺), 창평(昌平) 서봉사(瑞峯寺), 태인(泰仁) 흥룡사(興龍寺) 등의 5개 사찰이, 양주(楊州) 중흥사(重興寺), 해풍(海豊) 흥교사(興教

---

79 〈표 2-1〉을 통해서 확인되듯 1406년 개혁은 군읍의 위계, 소속 종, 소재지 등의 기준에 따라 지정 사찰의 사사전을 200결, 100결, 60결, 20결 단위로 체계적으로 규정하였다. 그러나 위의 〈표 6〉에서 보듯 1424년 당시 36개 사찰의 원속전은 500결부터 40결까지 다양하였다. 이는 사찰 지정, 사사전 지급 전반을 체계화하고자 한 1406년 개혁이 성공적이지 못했음을 의미한다고 할 수 있다. 이에 1424년 개혁은 국가와 왕실이 중시한 사찰에 사사전을 증액하고 사찰별로 사사전을 차등 지급하는 현실적인 방향으로 추진된 것이다.

80 『世宗實錄』 地理志(卷148~155)의 각 군읍에 수록된 사찰을 조사하여 작성하였다. 기존 연구에서 『세종실록지리지』에 수록된 군읍별 사찰 명칭은 엄밀하게 조사된 바 있으나(류명환, 2015, 앞 논문, 234~236쪽), 사사전 결수를 조사하고 그 증감을 파악한 적은 없는 듯하다.

<표 7> 『세종실록지리지』 수록 사찰 목록(계속)

소재지		사찰명	소속 종	사사전		비고
				지급 결수	증감*	
京都漢城府		興天寺	禪宗	250	–	
		興德寺	敎宗	250	–	
		壯義寺	敎宗	250	–	
舊都開城留後司		崇孝寺	禪宗**	200	–	
		廣明寺	敎宗	200	–	
		演福寺	禪宗	165	-35	1424년 4월 개혁 당시 200결
		神岩寺	敎宗	150	–	
		甘露寺	敎宗	200	–	
		觀音屈	禪宗	250	–	
		雲岩寺	–	–	–	242寺([1424]년 혁거)
京畿	驪興都護府	神勒寺	–	–	–	1473년 英陵의 陵寢寺로 지정되어 報恩寺로 사액
	楊州牧	開慶寺	禪宗	400	–	
		檜巖寺	禪宗	500	–	
		逍遙寺	敎宗	150	–	
		眞觀寺	禪宗	250	–	
		僧伽寺	禪宗	145	-5	1424년 4월 개혁 당시 150결
		重興寺	敎宗	200	+50	1424년 4월 개혁 직후 敎宗 全州 景福寺를 혁거하여 江陵 上院寺에 원속전 140결에 60결을 가급한 뒤, 이 상원사의 속전이 重興寺로 이급된 것으로 추정
	高陽縣	大慈寺	禪宗	250	–	
	臨江縣	靈通寺	敎宗	200	–	
	海豊郡	衍慶寺	敎宗	400	–	
		興教寺	禪宗	250	+100	1424년 10월 禪宗 求禮 華嚴寺 150결, 殷栗 亭谷寺의 150결을 順天 松廣寺와 留後司 興教寺에 분급

소재지		사찰명	소속 종	사사전		비고
				지급 결수	증감*	
忠淸	忠州牧	寶蓮寺	敎宗	150	–	
	報恩縣	俗離寺	敎宗	200	–	
	公州牧	鷄龍岬寺	禪宗	130	-20	1424년 4월 개혁 당시 150결
	恩津縣	灌足寺	–	–	–	
	連山縣	開泰寺	–	–	–	
慶尙	慶州府	祇林寺	禪宗	130	-20	1424년 4월 개혁 당시 150결
		靈妙寺, 奉德寺	–	–	–	
	密陽都護府	塋原寺, 嚴光寺	–	–	–	엄광사: 자복 교체 88寺 ([1424]년 혁거)
	寧海都護府	葦長寺	–	–	–	위장사: 자복 교체 88寺 ([1424]년 혁거), 雨長寺
	善山都護府	竹林寺	–	–	–	
	陜川郡	海印寺	敎宗	200		
	晉州牧	斷俗寺	禪宗	150	-50	1424년 4월 개혁 당시 200결
		雙溪寺	–			
	居昌縣	見庵寺	敎宗	150	–	
全羅	南原都護府	萬福寺	–			
	順天都護府	松廣寺	禪宗	130	-20	1424년 10월 禪宗 求禮 華嚴寺 150결, 殷栗 亭谷寺의 150결을 順天 松廣寺와 留後司 興敎寺에 이급
黃海	海州牧	神光寺	敎宗	250	–	
	文化縣	四王寺	–	–	–	
		月精寺	敎宗	200	–	
江原	原州牧	覺林寺	禪宗	300	–	
		興法寺	–			
	淮陽都護府	表訓寺	敎宗	300	–	
		正陽寺	敎宗	150	–	1425년 5월 敎宗 昌平 瑞峯寺의 150결을 이급

<표 7> 『세종실록지리지』 수록 사찰 목록

소재지		사찰명	소속 종	사사전		비고
				지급 결수	증감*	
江原	原州牧	覺林寺	禪宗	300	-	
		興法寺	-	-	-	
	淮陽都護府	表訓寺	敎宗	300	-	
		正陽寺	敎宗	150	-	1425년 5월 敎宗 昌平 瑞峯寺의 150결을 이급
		長安寺	禪宗	300	+150	1425년 5월 禪宗 泰仁 興龍寺의 150결을 이급하고, 선종의 긴요치 않은 사사[不緊寺社]의 150결을 감하여 가급
	高城郡	楡岾寺	禪宗	300	-	
平安	平壤府	永明寺	敎宗	150	-	
	殷山縣	天聖寺	-	-	-	
	龍川郡	龍虎寺	-	-	-	
咸吉	安邊都護府	釋王寺	禪宗	250	-	
계		52	禪 18 / 敎 18 / 36	禪 4,350 / 敎 3,750 / 8,100	禪 +100 / 敎 +50 / +150	

* 1424년 4월 승정체제 개혁 당시의 사사전 결수와 비교하여 증감을 파악한 것임(『世宗實錄』 卷24, 世宗6년 4월 5일 庚戌)

**『세종실록지리지』에는 敎宗으로 되어 있으나 필사 오류로 보임

寺), 순천(順天) 송광사(松廣寺), 회양(淮陽) 정양사(正陽寺)와 장안사(長安寺) 등으로 교체되었음을 확인할 수 있다. 사사전의 결수도 크게 변동은 없으나, 사찰별로 다소 증액되거나 감축되었는데, 전체 사사전 결수는 150결이 증액된 8,100결이었음을 확인할 수 있다.

　『실록』을 통해 이 사찰들의 지정 및 혁거, 사사전 이급(移給) 결수가 대부분 확인되는데, 1424년 3월 개혁 단행 이후, 1424년 4월에 전주 경복사를 혁거하여 강릉(江陵) 상원사(上院寺)를 지정하였고,[81] 1424년 10월에 구

례 화엄사와 은율 정곡사를 혁거하여 순천 송광사와 유후사(留後司) 홍교사를 지정하였으며,[82] 1425년 5월에 창평 서봉사와 태인 흥룡사를 혁거하여 회양의 정양사와 장안사를 지정하였다.[83] 다만 양주 중흥사를 지정한 기록은 확인되지 않는데,[84] 1425년 이후에 강릉 상원사를 혁거하여 양주 중흥사를 지정한 것으로 추정된다. 『세종실록지리지』는 1432년(세종 14) 처음 편찬되었고 『세종실록』에 수록된 1454년(단종 2)에 일부 수정되었으므로, 『세종실록지리지』에 수록된 지정 사찰과 사사전 결수는 대체로 세종대 후기~단종대 당시의 승정체제 현황으로 보인다. 이처럼 승정체제 소속의 지정 사찰은 혁거되거나 새로 지정되기도 하였는데, 36개 사찰의 정수는 유지하면서 지정 사찰을 교체하고 사사전을 이급하는 방식으로 운영되었다. 이러한 사찰 지정과 혁거의 양상을 통해 볼 때, 36개 사찰의 지정과 사사전의 지급은 그 이외의 사찰을 통제하고 억압하기 위해서가 아니라, 국가 승정체제의 운영을 위해 지정되고 지급된 것이었다.

그러므로 기존의 일반적인 이해와 달리 국가가 혁거 사찰을 불법화했다고도, 혁거 사찰이 필연적으로 존립하기 어려웠다고도 볼 수 없을 듯하다. 국가의 승정체제 소속 사찰 지정은 국가가 사찰을 신창하는 경우를 제외하고는 조선 사회에 존재하는 기존 사찰을 지정하거나, 기존 사찰로 교체하는 방식으로 이루어졌기 때문이다. 이러한 사찰 지정 및 혁거 방식 자체가 조선 사회에 승정체제 소속으로 지정되지 않은 사찰이 존재하는 현실을 전제로 하는 것이었기 때문이다. 이는 〈표 7〉에서 보듯 36개 지정 사찰

---

81 『世宗實錄』 卷24, 세종 6년 4월 28일.

82 『世宗實錄』 卷26, 세종 6년 10월 25일.

83 『世宗實錄』 卷28, 세종 7년 5월 12일.

84 太祖가 都堂에 명하여 重興寺와 億正寺의 田租 公收를 특별히 면하게 했다는 기록을 통해 볼 때(『太祖實錄』 卷13, 태종 7년 1월 24일), 중흥사는 태조대부터 중시되어 1406년 체제의 242개 사찰에도 포함되었을 것으로 보인다.

이외에 수록된 16개 사찰 중에, 개성(開城) 운암사(雲巖寺), 밀양(密陽) 엄광사(嚴光寺), 영해(寧海) 위장사(葦長寺) 등과 같이 242개 지정 사찰에 속해 있다가 혁거된 사찰이 『세종실록지리지』에 수록되었다는 점을 통해서도 방증된다. 국가가 혁거 사찰을 불법적으로 인식했거나, 혁거 사찰이 존립하기 어려웠다면, 승정체제로부터 혁거된 사찰을 국가가 관찬 지리지인 『세종실록지리지』에 수록할 리 없거나, 혁거 사찰이 망폐하여 수록될 수 없었을 것이기 때문이다. 이에 기존에는 국가 승정체제 소속 사찰의 지정과 혁거, 사회에 널리 분포한 일반 사찰의 존립과 망폐 등에 대한 이해가 부족했기 때문에, 조선전기 사찰의 수, 규모, 운영, 성격 등이 제대로 파악되기 어려웠던 것으로 보인다.

3) 15세기 승정체제의 운영과 변천

1424년의 승정체제 개혁으로 성립한 36개 지정 사찰의 승정체제는 연산군대에 이르기까지 약 80여 년간 대체로 안정적으로 운영되었다. 세조대, 성종대에 이르면 그 운영 양상에 다소 변화가 확인되기도 하는데, 대체로는 큰 변화 없이 운영된 것으로 보인다. 이에 15세기 후반 승정체제 운영의 양상과 그 변화에 대해서는 추후 구체적인 검토가 필요한 연구 과제라고 할 수 있다. 그러나 기존에는 1424년 개혁 이후 성립한 승정체제가 15세기 말, 16세기 초에 이르기까지 계속 운영되었다는 사실 자체도, 명확히 파악되지 못했던 것 같다. 승정체제 운영은 승과 시행, 승계 수여, 승직 임명, 사찰 지정, 사사전 지급 등을 포함하는데, 예컨대 15세기에 국가가 선종과 교종이 주관하는 승과를 계속 시행하였고 36개 지정 사찰의 주지를 임명하고 있었다는 것은 조선시대사 연구자에게도 낯설게 여겨지는 사실인 듯하다. 이에 1424년 개혁으로 성립한 승정체제가 개혁 이후 안정적으로 운영되었다는 사실을 확인하는 것을 중심으로, 15세기 승정체제의 운영과 변천에 대해 대략 논해 보고자 한다.

15세기 승정체제 운영의 여부와 규모의 변천을 확인하기 위해, 우선 1424년 개혁 이후 지정 사찰의 수, 사사전 결수에 대한 『실록』의 기록을 살펴보면, 15세기 말에 이르기까지 지정 사찰에 대한 사사전 지급은 지속되었으며, 그 지급 결수는 다소 증액되어 갔다. 앞서 논하였듯이 1424년 세종이 승정체제를 개혁함에 따라, 지정 사찰 36개, 사사전 7,950결 규모의 승정체제가 성립하였다. 이후 1439년(세종 21) 사간원에서 사사전을 혁파하여 의창(義倉)에 소속시킬 것을 주청하면서 경외의 사사전이 모두 7,892결이라고 하였으며,[85] 1478년(성종 9)에는 사헌부 집의 김춘경(金春卿) 등이 상소하여 사사전 혁파를 주청하면서 43개 사찰의 사사전이 9,910여 결이라고 하였고,[86] 1484년(성종 15) 경연에서 대사간 안관후(安寬厚) 등이 사사전 혁파를 주청하면서는 사사전이 10,000여 결이라고 하였다.[87] 이러한 『실록』 기사들을 통해 15세기 말에 이르러 지정 사찰은 43개로, 사사전 결수는 약 1만 결로 증가하였음을 확인할 수 있다. 한편 이러한 사사전 혁파 논의에서 사사전을 과전(科田), 공신전(功臣田) 등과 비교하면서 사사전이 국가에 어떤 도움이 되는지 반문하고 있다는 점을 통해 볼 때 사사전은 과전법 체제하의 수조지였음을 분명히 확인할 수 있다.[88]

『실록』 기사에 대한 검토를 바탕으로, 15세기 승정체제의 지정 사찰 수, 지급 사사전 결수를 종합·정리하여 제시하면 〈표 8〉과 같다. 〈표 8〉에서

---

85 『世宗實錄』 卷87, 세종 21년 10월 10일.

86 『成宗實錄』 卷96, 성종 9년 9월 29일.

87 『成宗實錄』 卷166, 성종 15년 5월 15일.

88 『成宗實錄』 卷166, 성종 15년 5월 15일. "傳曰 治人者食於人 治於人者食人 則卿士之科田 所以報其勞也 功臣之賜田 所以答其勳也 是其功而食於人者也 彼寺社之田 不知報何功也 今也有田巨刹四十有三 其田九千九百十有餘結 其稅則以年分上下之等收之 亦不下二千六百餘斛 況其上上之稅乎 以此養無用四十三寺之僧 何補於國家哉".

보듯 1406년 개혁의 대상은 여말선초의 비보사찰 약 500~2,400개, 사사전 약 10만 결로 추산된다. 1406년 개혁으로 비보사찰은 1/2 또는 1/10 수준으로, 사사전은 1/10 수준으로 감축되었는데, 개혁 대상이 불교계의 전체 사찰, 전체 토지가 아니라, 비보사찰체제(승정체제)에 소속된 사찰과 국가가 수조권을 부여한 토지였다는 점에 주의를 요한다. 그러므로 1406년의 개혁은 여말선초의 기존 승정체제를 대대적으로 감축하여 상층 불교계의 기득권을 크게 약화시킨 개혁임이 틀림없으나, 고려의 승정체제, 비보사찰, 사사전 등과의 비교 연구를 통해 1406년 개혁의 역사적 의미에 대한 논의를 심화할 필요가 있어 보인다. 1424년 개혁의 대상은 1406년 개혁으로 성립된 242개 지정 사찰, 11,100여 결의 사사전 체제였으며, 이를 개혁하여 36개 지정 사찰, 7,950결의 사사전 체제가 성립하였다. 이 개혁으로 사찰은 206개, 85.1%가 혁거되었으나, 사사전은 3,150결, 28.4%가 혁거되었을 뿐인데, 이는 혁거 사찰의 사사전 상당수가 36개 지정 사찰로 추가 지급되었기 때문이다. 그러므로 1424년의 개혁은 지정 사찰의 수로 보면 대대적인 개혁으로 보이나, 지급 사사전의 결수로 보면 비교적 소폭의 개혁이었다고 할 수 있다. 1424년 개혁은 국가와 왕실이 중시한 주요 36개

〈표 8〉 15세기 승정체제의 지정 사찰 수, 지급 사사전 결수의 변천

시기	지정 사찰 수	지급 사사전 결수	비고
[여말선초]	[500~2,400]	[10만]	태종·세종실록을 통한 추산(1406년 개혁으로 지정 사찰은 1/2 또는 1/10 수준으로, 사사전은 1/10 수준으로 감축)
1406년(태종 6)	242	11,100여	
1424년(세종 6)	36	7,950	1406년 체제 대비 지정 사찰은 14.9%, 사사전은 71.6% 수준으로 감축
1439년(세종 21)	-	7,892	
1454년(단종 2)	36	8,100	세종실록지리지에 의거
1478년(성종 9)	43	9,910여	
1484년(성종 15)	-	10,000여	

사찰을 중심으로 승정체제를 재편하고, 이 사찰들에 대한 사사전 지급을 증액하는 방향으로 단행된 개혁이었던 것이다.

이 1424년 개혁으로 성립된 36개 지정 사찰의 승정체제는 연산군대까지 약 80여 년간 운영되었다. 그러므로 36개 지정 사찰의 승정체제는 고려의 승정체제(비보사찰체제)를 1406년 개혁과 1424년 개혁으로 감축하고 재편하여 귀결된, 조선의 승정체제라고 할 수 있다. 이 36개 사찰 체제는 사찰의 혁거와 신규 지정으로 지정 사찰이 교체되고, 사사전의 혁거와 이급으로 사사전 결수가 변경되는 다소간의 변화를 거치면서 운영되었는데, 〈표 8〉에서 보듯 성종대에 이르러 지정 사찰은 43개로, 사사전 결수는 10,000여 결로 증가하였다. 이는 세조대에서 성종대에 이르는 시기에 복천사(福泉寺), 원각사(圓覺寺), 봉선사(奉先寺), 낙산사(洛山寺), 정인사(正因寺), 보은사(報恩寺, 신륵사) 등을 새로 지정하여 사사전을 새로 지급하였기 때문으로 추정된다. 성종대에 사사전의 결수가 태종대 1406년 개혁의 11,100여 결에 가까이 이르렀다는 점은 주목되며, 한편으로 일반적으로 숭불의 군주로 알려진 세조가 지정 사찰과 사사전을 크게 증액하지 않았다는 점도 주목된다. 1424년에 비해 6개 사찰, 약 2,000결의 사사전이 증가하기는 하였지만, 대체로 1424년의 개혁으로 성립한 조선의 승정체제는 큰 변동 없이 80여 년간 유지되었던 것이다.

15세기 말, 16세기 초에 이르기까지 승정체제가 운영되고 있었음은 『실록』의 여러 기사를 통해 확인할 수 있는데, 1492년(성종 23) 도승의 폐지를 주청하는 홍문관 부제학 안침(安琛) 등의 상소(上疏)에서 당시 승과, 승직, 도승 등이 시행되고 있었음이 단적으로 확인된다.

[자료 15] "그러나 고쳐야 할 법을 고치지 않으시고 버려야 할 폐단을 버리지 않으시니, 兩宗(선종과 교종, 곧 흥천사와 흥덕사)과 圓覺寺가 學宮(성균관)과 都中에 섞여 있고, 內佛堂, 福世菴, 演窟 등 사찰의 僧을 먹이는 비용으로 소

모되는 것이 적지 않습니다. 選試(승과)의 법은 文武諸科와 함께 禮曹에 속하고, 住持의 선임은 公卿의 除拜와 함께 銓曹(이조)에서 맡습니다. 그리고 승도는 啓聞하고 囚禁하며, 寺刹은 搜索을 금합니다. (이러한 일들이) 모두 政과 治를 妨害하는 큰 사안입니다만, 度僧의 경우에는 그 해로움이 더욱 심합니다."[89]

[자료 15]를 통해 확인되듯, 15세기 말에 한양(漢陽) 도성(都城) 내에는 선종 도회소인 흥천사(興天寺), 교종 도회소인 흥덕사(興德寺), 그리고 원각사(圓覺寺)가 있었으며, 주요 사찰에는 국가 재정으로 지원이 이루어졌다. 승과는 예조(禮曹)가 주관하여 시행하였고, 주요 승직인 주지의 임명은 이조(吏曹)가 담당하고 있었다. 당시 승인(僧人)은 계문(啓聞)한 뒤 수금(囚禁)하도록 하고, 사찰의 수색(搜索)을 금하였음도 확인할 수 있는데, 이는 『경국대전(經國大典)』 형전(刑典)의 수금에 규정된 것이었다. 『경국대전』 형전에는 문·무관(文武官), 내시부(內侍府), 사족부녀(士族婦女), 승인은 국왕에게 계문한 뒤 수금하고, 사찰을 수색할 일이 있어도 국왕에게 계문하도록 하였다.[90] 이러한 상소 내용을 통해 볼 때, 안침 등은 당시 국가체제의 일부인 승정체제의 운영을 비판한 것인데, 실제로 위 기사에서 안침 등이 언급한 사항은 대부분 조선의 국가체제 운영을 규정한 법전인 『경국대전』에 대부분 수록되어 있다.

『경국대전』은 조선의 만세성법(萬世成法)을 지향하며 편찬하였기 때문에 성종대에 반포하면서도 수차례 개수를 거듭하였는데, 그렇게 완성된 『경국대전』의 예전(禮典) 도승에는 승정체제 운영의 핵심 제도인 승과, 승

---

89 『成宗實錄』 卷261, 성종 23년 1월 29일. "然而法可改而未改 弊可祛而未祛 兩宗圓覺與學宮參錯於都中 內佛堂福世菴演窟等寺飯僧之資 廉費不貲 而選試之法與文武諸科 竝屬於禮曹 住持之選與公卿除拜 同任於銓曹 與夫啓聞囚禁之徒 搜索寺刹之禁 皆妨政害治之大者 至於度僧一事 其害滋甚".

90 『經國大典』, 刑典 囚禁. "杖以上 囚禁 文武官及內侍府士族婦女僧人 啓聞囚禁【……】犯死罪者 先囚後啓【僧人犯殺盜淫傷人者同 ○或有搜索寺刹事 啓聞……】".

직, 도승 등에 관한 규정도 수록되었다. 이는 1424년의 개혁으로 성립한 승정체제가 조선 국가체제의 일부로 지속 운영되고 있었다는 사실을 뒷받침하는 확고한 근거라고 할 수 있다. 이에 『경국대전』 예전 도승의 조문 전체를 제시해 보면 다음과 같다.

> [자료 16] ① 僧이 되는 자는 3개월 이내에 禪宗이나 敎宗에 告하며, (선종과 교종에서) 誦經을 시험하여【心經, 金剛經, 薩怛阤】禮曹에 報하고【私賤은 本主의 情願에 따른다.】, (예조에서) 啓聞하여 丁錢【正布 30匹】을 거두고 度牒을 발급한다【3개월을 넘긴 자는 族親, 隣近이 官에 告하면 還俗하게 하고 當差한다. 알면서 고하지 않은 자도 함께 죄를 다스린다. ○도첩을 빌린 자와 준 자는 懸帶關防牌面律로 논한다】.
>
> ② 禪敎兩宗(선종과 교종)은 매 3년마다 選試하되, 선종은 『傳燈錄』과 『拈頌』을, 교종은 『華嚴經』과 『十地論』을 (시험하여) 각 30人을 取한다.
>
> ③ 諸寺의 住持는 兩宗(선종과 교종)에서 數人을 擬하고 薦望하여 本曹(예조)에 報하면, (예조에서) 吏曹로 移文하며, (이조에서) 磨勘하여 差遣한다. 30개월이 되면 遞한다. 만약 (주지가) 범죄를 저지르면 양종이 본조(예조)에 보고하고, (예조에서) 사실을 조사하여 죄를 다스린다. 간음을 범한 자는 천거한 승까지 아울러 죄를 다스린다.
>
> ④ 住持는 遞代할 때 傳掌하되, 파손, 분실된 물품이 있으면 徵納한다.[91]

---

91 『經國大典』, 禮典 度僧. "① 爲僧者 三朔內 告禪宗或敎宗 試誦經【心經 金剛經 薩怛阤】報本曹【私賤 則從本主情願】啓聞 收丁錢【正布三十匹】給度牒 過三朔者 族親隣近告官 還俗當差 知而不告者 竝罪 ○ 度牒借者與者 依懸帶關防牌面律論】② 禪敎兩宗 每三年選試 禪宗 則傳燈拈頌 敎宗 則華嚴經十地論 各取三十人 ③ 諸寺住持 兩宗擬數人薦望 報本曹 移文吏曹 磨勘差遣 三十朔而遞 如有所犯 兩宗報本曹 覈實治罪 犯奸者 幷坐薦僧 ④ 住持遞代時 傳掌 有破失物 徵納".

①은 도승에 관한 규정으로, 승이 되는 자는 3개월 이내에 선종이나 교종에 고하여 『심경(心經)』, 『금강경(金剛經)』, 『살달타(薩怛陁)』 등의 송경(誦經)을 시험한 뒤, 예조에 보고하고 계문하여 정포(丁布) 30필을 거둔 다음에 도첩(度牒)을 발급하도록 하였다. ②는 승과에 관한 규정으로, 선종과 교종에서 3년마다 선시(選試, 승과)를 시행하되, 선종은 『전등록(傳燈錄)』와 『염송(拈頌)』을, 교종은 『화엄경(華嚴經)』과 『십지론(十地論)』을 시험하여 각 30인을 취하도록 하였다. ③은 주요 승직인 지정 사찰의 주지의 임명에 관한 것이다. 선종과 교종에서 주지 후보자를 천망(薦望)하여 예조에 보고하면, 예조에서 이를 이조에 보내 마감(磨勘)하여 차견(差遣)하도록 하되, 30개월마다 교체하도록 하였다. ④에서는 이 지정 사찰의 주지가 교체될 때 인계인수하도록 하되, 파손, 분실된 물품이 있으면 징납하도록 하였다. ①은 도승, ②는 승과, ③과 ④는 주요 승직인 주지에 대한 규정이라고 할 수 있는데, 이는 곧 승정체제 운영의 주요 구성 요소인 도승, 승과, 승직 운영에 관한 핵심적인 사항을 규정해 둔 것이라고 할 수 있다. 그리고 ①, ②, ③에는 모두 승정 기구인 선종과 교종의 역할을 규정해 두었다는 점도 확인할 수 있는데, 이를 통해 볼 때 승정 기구인 선종과 교종은 도승, 승과, 승직의 운영, 곧 승정체제 운영의 중추적인 역할을 담당하고 있었다고 할 수 있다.

『경국대전』에는 지정 사찰에 지급된 사사전에 대한 규정도 수록되었다. 『경국대전』의 호전(戶典) 제전(諸田)의 조문을 인용해 보면 다음과 같다.

[자료 17] 官屯田, 馬田, 院田, 津夫田, 氷夫田, 守陵軍田은 스스로 경작하며 稅가 없다. 國行水陸田, 祭享에 供上하는 諸司의 菜田, 內需司田, 惠民署의 種藥田은 모두 稅가 없다. 寺田, 衙祿田, 公須田, 渡田, 崇義殿田, 水夫田, 長田, 副長田, 急走田은 각자 稅를 수취한다.[92]

[자료 17]의 조문에 따르면 사전(寺田), 곧 사사전은 아록전(衙祿田), 공수전(公須田) 등과 함께 각자 세를 징수하는 수조지(收租地)의 일종으로 규정되었다. 이는 국가적인 기능, 역할을 담당하는 기관이나 직역에 국가가 지급한 토지로, 사찰의 사유 토지와는 그 성격이 달랐다. 사사전은 일반 사찰의 사유 토지가 아니라, 국가가 승정체제에 소속된 지정 사찰에 지급하는 토지인 것이다.[93] 사사전은 『실록』, 『대전속록(大典續錄)』 등에서 '사사위전(寺社位田)', '거승위전(居僧位田)', '승인위전(僧人位田)' 등으로 지칭되기도 하였는데, 국가가 승직인 주지를 임명하여 관리하는 지정 사찰에, 그 사찰의 운영과 소속 승도의 공양을 위해 지급된 토지라고 할 수 있는 것이다. 이에 앞서 〈표 2〉와 〈표 3〉, 〈표 6〉을 통해 살펴보았듯이, 태종대와 세종대에 승정체제를 개혁할 때 상주승의 인원에 따라 사사전의 결수를 규정하였던 것이다.

한편 위의 『경국대전』 호전 제전을 살펴보면, 국가가 사찰에 지급한 토지로는 국행수륙전(國行水陸田)도 있었다. 이 국행수륙전은 『실록』, 『경국대전』, 『대전속록』 등에서 '수륙위전(水陸位田)', '국행수륙제사전(國行水陸諸寺田)' 등으로 지칭되기도 하였는데, 그 용어를 통해 보듯 국행 수륙사(水陸社, 水陸寺)의 운영, 국행 수륙재의 설행을 위해 국가가 지급한 토지였다.

---

92 『經國大典』, 戶典 諸田. "官屯田馬田院田津夫田氷夫田寺陵軍田 則自耕無稅 國行水陸田祭享供上諸司菜田內需司田惠民署種藥田 竝無稅 寺田衙祿田公須田渡田崇義殿田水夫田長田副長田急走田 則各自收稅".

93 조선시대의 사찰은 크게 지정 사찰과 일반 사찰로 구분된다고 할 수 있다. 이에 당시의 기록에서 지칭하는 사찰이, 지정 사찰인지, 일반 사찰인지 구분할 필요가 있다. 예컨대 『경국대전』 호전에 규정된 사전은 지정 사찰의 사사전에 대한 것인 반면, 『경국대전』 예전 사사의 "寺社는 새로 짓지 못한다. 다만 옛 터에 重修할 경우에는 두 종에 신고하고, 두 종에서 예조에 보고하면 예조에서 왕에게 보고한다."라는 규정은 일반 사찰에 대한 것이라고 할 수 있다(『經國大典』, 禮典 寺社. "凡寺社, 勿新創, 唯重修古基者, 告兩宗, 報本曹, 啓聞"). 또한 『세종실록지리지』의 각 군읍에는 지정 사찰을 중심으로 사찰이 수록된 반면, 『동국여지승람』, 『신증동국여지승람』의 각 군읍에는 지정 사찰과 일반 사찰의 구분 없이 주요 사찰을 다수 수록하였다. 조선전기에는 국가, 왕실 등과의 관계, 재정 운영 방식 등에 따라 다양한 성격의 사찰이 있었던 것으로 보이므로, 앞으로 이에 대한 구체적인 연구가 필요해 보인다.

앞의 〈표 6〉을 통해 1424년 승정체제 개혁으로 36개 지정 사찰에 국가가 지급한 토지를 살펴보면, 관음굴(觀音窟)과 진관사(津寬寺)에는 사사전 이외에도 수륙위전 100결을 각각 별도로 지급하였다. 이 수륙위전 100결은 국행 수륙사인 관음굴과 진관사가 수륙사를 운영하고 수륙재를 설행할 수 있도록 국가가 지급한 토지인 것이다. 이처럼 국가가 국행 수륙사로 지정한 사찰, 곧 국행 수륙재를 설행하는 사찰에는 수륙사 운영과 수륙재 설행을 위해 '국행수륙전'이 별도로 지급되었다.[94]

그런데 15세기에는 국행 수륙사와 별개로, 내행 수륙사도 있었다.[95] '국행 수륙사'는 국가가 수륙재를 설행하기 위해 지정한 사찰이며, '내행 수륙사'는 왕실이 수륙재를 설행하기 위해 지정한 사찰이라고 할 수 있다. 수륙재 설행의 주체가 국가인가, 왕실인가에 따라 구분한 것인데, 국행 수륙재는 국왕이 조정의 신료를 봉행사신(奉香使臣)으로 파견하고, 국가의 재정으로 운영되었던 반면, 내행 수륙재는 왕실의 사재(私財)로 운영되었던 것으로 보인다. 이처럼 국행 불교의례는 국가의 공적인 불교의례이며, 왕실의 사적인 불교의례와는 구분된다고 할 수 있다. 그러므로 이러한 국행 불교의례의 설행은 국가 승정체제의 운영을 전제한다고 할 수 있으며, 승과에 입격한 승직자들이 국행 불교의례를 주로 담당했던 것으로 보인다. 『사리영응기(舍利靈應記)』는 15세기 중엽에 국가적인 불교의례의 설행에 참여한 승직자의 명단을 확인할 수 있는 자료로, 〈표 9〉는 1448년(세종 30) 내불당(內佛堂) 조영 경찬법회에 참여한 승인 명단을 『사리영응기』에 기록된 내용, 형식에 의거하여 정리한 것이다. 관찬 금속활자본인 『사리영응기』는 1448년 내불당 조영 경찬법회를 설행한 배경, 경위, 절차 등을 편

---

94 조선전기 국행 수륙사, 국행 수륙재의 운영에 대해서는 4장 3절에서 강진 무위사의 사례를 검토하면서 자세히 논할 것이다.

95 손성필, 2022b, 앞 논문, 58~62쪽.

〈표 9〉 1448년(세종 30) 내불당 조영 경찬법회 참여 승인 명단

【信眉】, 判禪宗事【臣 坦珠】, 判敎宗事【臣 希忍】, 禪德【臣 洪濬】, 前 大慈庵 住持【臣 智海】, 禪德【臣 信能, 臣 性均】, 前 開慶寺 住持【臣 敬田】, 開慶寺 住持【臣 守眉】, 津寬寺 住持【臣 心明】, 大禪師【臣 信柔】, 入選【臣 性寒】, 禪德【臣 法藏】, 大禪師【臣 智牛】, 禪德【臣 道膺】, 中德【臣 海祐】, 禪德【臣 義全, 臣 學悅】, 前 僧伽寺 住持【臣 信敬】, 中德【臣 雪徽】, 大選【臣 義琳】, 禪德【臣 敬義, 臣 尙濟, 臣 仁丕, 臣 海祥, 臣 一中】, 大禪【臣 道傳】, 禪德【臣 信觀, 臣 洪戒, 臣 省丕, 臣 學觀, 臣 智禪, 臣 義玄, 臣 洪正, 臣 惠哲, 臣 一誾, 臣 景行, 臣 祖明, 臣 普門, 臣 尙惠, 臣 性宗, 臣 佛川, 臣 克虛, 臣 卓峯, 臣 七淨, 臣 義倫, 臣 法融, 臣 信正, 臣 水精, 臣 克馴, 臣 省正】

찬하여 간행한 문헌인데,[96] 이 법회를 준비하고 진행한 여러 부류의 인물 명단도 자세히 기록해 두었다.[97] 〈표 9〉에서 보듯이 이 법회에 참여한 승인 51명은 모두 승직자였는데,[98] 선종 판사와 교종 판사, 개경사(開慶寺), 진관사 등의 지정 사찰 주지 등과 같은 승직에 임명된 자, 대선사, 선덕, 중덕 등과 같은 승계를 수여 받은 자가 참여하였음을 확인할 수 있다. 그들은 모두 '신(臣)'을 칭하였는데, 이는 이들이 국가체제의 일부인 승정체제의 운영을 담당하는 관인이었다는 사실을 단적으로 확인할 수 있는 사례로 보인다.

이처럼 1424년의 개혁으로 성립한 승정체제는 15세기에 안정적으로 지속 운영되었다. 2개 종, 36개 지정 사찰, 사사전 약 8,000결의 승정체제는 성종대에 이르러 지정 사찰은 43개로, 사사전은 10,000여 결로 증가하기도 하였지만, 대체로 1424년 성립한 승정체제는 큰 변동 없이 80여 년간 유지

96 내불당 조영 경찬법회, 사리영응기 편찬 등에 대해서는 박선경, 2019, 「조선 세종대 『사리영응기』 편찬과 왕실불사의 전통」, 『동국사학』 67; 정영미, 2019, 「『舍利靈應記』 재검토: 편찬자와 특징을 중심으로」, 『동국사학』 67 참조.

97 『舍利靈應記』(甲寅字本, 1448年頃; 동국대 도서관 DR 218.09 김57ㅅ), 10~11판. 박선경, 2019, 「조선 세종대 『사리영응기』 편찬과 왕실불사의 전통」, 『동국사학』 67.

98 甲寅字本 『舍利靈應記』의 해당 부분을 살펴보면, 僧職, 僧階는 大字로, '臣'과 法名은 小字로 간행되었다. 〈표 9〉에 소자는 【 】 안에 기재하였다. 이러한 구성과 편집으로 볼 때, 경찬법회에 참여한 51명은 모두 승직에 임명되거나 승계가 수여된 승직자임이 분명하다고 할 수 있다.

되었다고 할 수 있다.『실록』, 법전 등을 통해 볼 때, 승정체제의 운영 목적
이자 일차적 기능은 대체로 국가와 왕실의 안녕 축원, 승도와 사찰의 통솔
과 관리, 국가적인 불교 의례의 담당 등이었던 것으로 보인다.『경국대전』
에는 승정체제의 주요 구성 요소인 승정 기구, 승과, 승직, 도승, 사사전
등의 운영 규정이 수록되었다. 이는 승정체제가 조선 국가체제의 일부였
으며, 1424년 세종이 개혁을 단행한 이후에 안정적으로 지속 운영되었음
을 의미한다. 성종 중반 이후 신료들이 도승, 승과, 선종과 교종 등의 폐지
를 주청한 것도, 이 제도들이 계속 시행되고 있었기 때문이었다고 할 수
있다. 그 운영에 일부 변화가 없지는 않았지만, 조선의 승정체제는 15세기
말, 16세기 초까지도 안정적으로 운영되고 있었던 것이다. 그러나 15세기
의 승정체제는 다른 국가 제도들과 마찬가지로 연산군 말기의 폭정으로
갑자기 폐지되다시피 하였으며, 다른 국가 제도들과는 달리 중종반정 이
후에도 복구되지 못한 것이었다.

3. 16세기 전반 승정체제 폐지의 실제

    중종대는 연산군대의 파국을 수습하고 중흥을 위한 다양한 정치적 모색이 이루어진 시기로 평가된다. 그 과정에서 국왕, 대신, 신진 관료 등의 여러 정치 주체가 대립·갈등하였고, 이는 기묘사림(己卯士林)의 대두와 퇴출, 김안로(金安老)의 집권과 실각 등으로 표면화되었다. 결과적으로 중종대는 사림정치 형성의 초석이 된 시기였지만, 새로운 정치적 질서를 모색해 가면서 그 성과와 한계가 동시에 노정될 수밖에 없는 시기였다.[1] 이는 불교정책도 마찬가지였다. 『실록』을 통해 중종대의 불교정책 전개를 살펴보면, 승정체제(僧政體制)의 복구, 기신재(忌晨齋)의 폐지, 『경국대전(經國大典)』 도승(度僧) 조의 삭제, 승인호패제(僧人號牌制)의 시행, 『신증동국여지승람(新增東國輿地勝覽)』 미수록 사찰의 철훼 등의 다양한 사안을 논의하면서 그 의견 차이로 인해 국왕과 신료, 신료와 신료가 대립, 갈등하는 양상이 나타났고, 시기에 따라 불교정책이 변모하는 양상을 보였다.

---

1   중종대 정치사에 대한 연구 성과로는 최이돈, 1994, 『朝鮮中期 士林政治構造硏究』, 일조각; 김돈, 1997, 『朝鮮前期 君臣權力關係 硏究』, 서울대출판부; 김돈, 2009, 『조선중기 정치사 연구』, 국학자료원; 김범, 2005, 「朝鮮前期의 王權과 政局運營: 成宗·燕山君·中宗代를 중심으로」, 고려대 사학과 박사논문 등이 있다.

그러나 이러한 중종대 불교정책의 전개는 그간 거의 주목을 받아오지 못했다. 우선 이는 조선시대에 불교가 쇠퇴하였다는 인식으로 인해 조선시대 불교의 연구 가치 자체가 저평가되어 온 데 기인한 바 크다고 생각된다. 이에 따라 조선시대 불교에 대한 연구는 부진하였고, 조선시대 불교의 여러 측면은 이른바 억불 정책의 지향이거나 귀결인 것으로 주로 해석되어 왔다. 2000년대 이후에야 조선시대 불교에 대한 전문적인 연구 성과가 나오기 시작하였는데,[2] 『실록』의 불교 관련 기사에 대한 전반적인 검토를 통해 조선시대에 불교정책이 다변화하였고, 특히 중종대에서 숙종대에 이르는 조선중기에 여러 정책적 변화들이 집중적으로 나타났다는 점이 논의되기도 하였다.[3] 이러한 근래의 연구들을 통해 볼 때 조선시대 불교에 대한 기존의 일반적인 이해는 상당히 재고되어야 하고, 기존의 역사상이 근대기에 형성된 과정이 엄밀히 검토되어야 할 것으로 보인다.

특히 중종대는 일반적으로 불교계가 가장 침체했던 시기로 이해되어 왔다.[4] 이는 조선초기 이래 억불 정책 지향의 귀결로 중종대에 가장 심한 억불 정책이 시행되어 불교계가 심각하게 침체할 수밖에 없었다고 보는 불교사 인식,[5] 국가의 억압으로 불교 전통이 단절되다시피 한 중종대의 불교계 현실에서 태고 보우(太古 普愚)로부터 청허 휴정(淸虛 休靜)에 이르는 특

---

2 조선시대 불교사에 대한 전문적 연구의 시작을 알린 성과로는 한상길, 2000, 「朝鮮後期 寺刹契 研究」, 동국대 사학과 박사논문; 남희숙, 2004, 「朝鮮後期 佛書刊行 研究: 眞言集과 儀式集을 중심으로」, 서울대 국사학과 박사논문 등이 있으며, 새로운 관점의 제시를 시도한 종합적 연구성과로는 김용태, 2010, 앞 책; 이종수, 2010, 앞 박사논문; 손성필, 2013, 앞 박사논문 등이 있다.

3 손성필, 2013, 앞 박사논문, 21~29쪽, 50~101쪽, 175~214쪽.

4 김영태, 1997, 앞 책; 이봉춘, 1998, 앞 글; 조계종교육원 편, 2004, 앞 책.

5 高橋亨, 1929, 앞 책, 270~299쪽; 이봉춘, 1997, 「中宗代의 불교정책과 그 성격」, 『한국불교학』 23. 高橋亨은 불교정책에 따른 승도의 사회적 지위 하락을 부각하였고, 이봉춘은 중종대 불교정책이 조선 초 불교정책의 완결이라는 점을 강조하였다는 점에서는 다소 차이가 있다. 이 두 연구는 모두 불교사적 관점에서 중종대 불교정책을 논하였는데, 특히 高橋亨의 저술은 이후 조선시대 불교 역사상 형성에 미친 영향이 지대하다는 점에서 그 서술 관점과 방식 등이 엄밀히 분석될 필요가 있다.

정 법맥을 통해 불교 전통이 계승되었음을 중시하는 조선후기의 불교사 이해 경향 등에 따른 것이라고 할 수 있다. 다시 말해, 불교정책 변화와 불교계의 부침을 동일시하는 인식, 조선 건국에 따라 불교의 쇠퇴가 결정되었다고 보는 관점, 임진왜란과 전법 계보 중심의 조선시대 불교 전·후기 구분론 등의 기존 조선시대 불교사의 이해 방식들이 혼재함에 따라, 중종대를 불교계가 가장 침체하고 불교 전통이 단절되다시피 한 시기로 서사하는 역사상이 창출된 것으로 생각된다.[6] 그러므로 중종대 불교정책 전개에 대한 검토는 그 자체로 기존의 조선시대 불교사 인식에 대한 성찰과 새로운 조선시대 불교 역사상의 모색에 일조할 수 있는 연구 주제가 아닌가 한다.[7]

중종대 『실록』 기사에 대한 검토를 통해 볼 때 주목되는 것은 불교정책을 논의하면서 그 이상과 현실에 대한 국왕과 신료, 신료와 신료 간의 의견 차이가 노정되었으며, 시기에 따라 상이한 지향의 불교정책이 시행되었다는 점이다. 중종 초반에는 연산군 말기에 폐지되다시피 한 승정체제를 조종(祖宗)의 유제(遺制), 유교(遺敎)라는 명분으로 복구하고자 했으나 실현되지 못하였고, 중종 후반에는 승도가 증가한 현실에 대한 대책이자 국가적 역사(役事)에 인력을 동원하기 위한 방편으로 도승제(度僧制)의 일

---

6 김용태는 명종대의 양종 복립, 도승과 승과의 시행이 불교계의 인적 계승과 존립을 가능케 한 계기였다고 봄으로써 16세기 후반을 불교계의 존립모색기로 평가하였다. 이는 임진왜란 승군 활동과 휴정의 영웅적 면모를 중심으로 조선후기 불교의 출현을 이해해 온 기존의 불교사 인식에 비해 역사현실에 가까운 진전된 불교사 인식이었다. 그러나 중종대에 대해서는 기존의 일반적 이해와 마찬가지로 폐불기로 규정함에 따라 불교전통이 상당히 단절된 시기인 것으로 평가하였다(김용태, 2010, 앞 책, 40~41쪽).

7 중종대의 불교정책과 함께 불교계 동향을 살펴보기 위해서는 관찬편년사서인 『實錄』와 함께 지리지, 간행불서 등 다양한 사료들이 종합적으로 검토되어야 한다. 『實錄』과 『新增東國輿地勝覽』을 통해서는 이 시기에 1,600개 이상의 사찰이 유지·존속하였음을, 당시 간행된 불교 서적을 통해서는 이 시기에 전국의 사찰에서 대량의 불서가 간행되었고 뚜렷한 증가 추세였음을 확인할 수 있다. 특히 이 시기 사찰판 불서 간행의 증대는 불교사뿐만 아니라 서지사적으로도 아주 주목되는 현상이다(손성필, 2013, 앞 박사논문, 102~161쪽; 2013a, 앞 논문).

종인 승인호패제의 시행을 추진하기도 하였으나, 중종대에는 성리학적(性理學的) 교화론(敎化論)을 명분으로 국가체제에서 불교 제도를 폐지함에 따라 사실상 불교계에 대한 방임이 이루어졌다고 할 수 있다. 그러므로 각 정치 주체 간의 상이한 불교정책 지향은 중종대 불교정책의 변화 양상뿐만 아니라, 중종대 전후 불교정책의 추이, 조선시대 불교정책의 성격을 이해하는 데에 시사하는 바가 큰 것으로 보인다. 따라서 이 절에서는『실록』을 통해 중종대 초반, 중반, 후반 불교정책의 전개를 살펴보고, 그 논의 과정에서 보이는 국왕과 신료의 인식을 검토하여 각 시기별 불교정책의 성격과 의미에 대해 논해 보고자 한다.

1) 중종 초반 국가 불교 제도의 폐지

조선초기의 불교정책은 1424년(세종 6) 승정체제 개혁으로 2종 36사 체제가 성립하면서 대체로 안정되었으며, 승정체제를 구성하는 도승, 승과(僧科), 승직(僧職), 사사전(寺社田) 등의 제도가『경국대전(經國大典)』에 수록되기도 하였다. 조선초기의 불교정책은 국가체제의 일부인 승정체제를 개혁하고, 국가·왕실의 각종 불교재의를 간소화하거나 폐지함으로써, 국가체제를 정비하고 불교와 관련한 국가의 재정 지출을 줄이고자 한 것이었다. 세종대 중반 이후에는 주로 국왕과 왕실의 불교 숭상에 대한 비판적 논의가 이루어졌을 뿐이며, 성종대에는 신진 관료에 의해 도승, 선교양종(禪敎兩宗), 기신재 등의 혁파 요구가 거셌으나 성종은 대부분 윤허하지 않았다. 1492년(성종 23) 도첩 발급을 우선 중지하라는 조처가 내려지기는 하였으나, 15세기의 도첩제는 그 운영 방식, 실효성 등으로 볼 때 승도로의 출가를 효과적으로 규제한 제도로 보기 어려우므로, 도첩 발급의 일지 중지는 불교계에 대한 실질적 제재 조치였다고 보기 어려운 듯하다.[8]

15세기의 승정체제는 연산군의 폭정으로 예기치 않게 폐지되다시피 하였다. 선교양종과 사사전을 혁파하라는 명이 내려졌고, 흥천사(興天寺), 흥덕사(興德寺), 원각사(圓覺寺) 등의 도성(都城) 내 사찰은 소실되거나 훼철되었다. 이러한 상황으로 인해 큰 타격을 입은 것은 불교계 전반이 아니라 국가적으로 운영된 승정체제였다는 점에 유의할 필요가 있지만, 연산군 말기의 폭정으로 인해 세종대 이래 안정적으로 유지된 승정체제가 갑자기 폐지되다시피 한 것은 조선시대 불교정책의 중요한 분기점이 되었음은 분명해 보인다. 1506년 중종반정(中宗反正) 이후 국가의 여러 제도가 복구되어 갔으나, 승정체제의 혁거(폐지)는 폐조(廢朝, 연산군)가 한 일이지만 잘한 것이라고 평가되어 복구되지 않았다. 승정체제의 구성 요소인 도승, 승과, 양종, 사사전, 도성사찰(都城寺刹) 등의 혁거는 성종대 이후 신료에 의해 주장되어 왔으나, 국왕이 조종의 유제라는 이유로 윤허하지 않아 온 것이었다. 15세기에 유지된 선교양종, 곧 선종과 교종 중심의 승정체제가 연산군대의 폭정으로 예기치 않게 폐지되다시피 하였고, 결과적으로 중종대에도 복구되지 못한 것이었다.[9]

　　중종 초반의 불교정책 논의를 구체적으로 살펴보면, 1506년 중종반정 직후 신료들은 기신재와 사사전의 혁파를 주청하였다. 기신재는 선왕(先王)과 선후(先后)의 기일(忌日)에 설행하던 불교재의로 연산군대에도 결국 혁파되지 않았고, 사사전은 연산군대에 환수하라는 명이 내려졌으나 중종은 이를 복구하고자 하였다. 이에 신료들이 기신재와 사사전의 혁파를 주청한 것인데, 중종은 이를 윤허하지 않았다. 당시의 논의를 살펴보면,[10] 사사전은 조종조(祖宗朝)의 능침(陵寢)과 내원당(內願堂)을 위해 국가가 주요

8　손성필, 2013, 앞 박사논문, 23~27쪽.

9　『中宗實錄』卷12, 중종 5년 12월 19일.

10　『中宗實錄』卷1, 중종 1년 10월 25일; 11월 9·18일.

사찰에 내려준 토지로 인식하였는데, 신료들은 이 주요 사찰의 운영을 지원하는 국가적 제도를 폐지하고자 한 것이었다. 이처럼 신료들은 국가체제에서 불교 제도를 폐지하는 것이 목적이었다고 할 수 있는데,[11] 반면 이러한 신료들의 주청을 국왕이 윤허하지 않은 명분은 이 제도들이 조종조의 유제이며『경국대전』에 명시되어 있다는 것이었다.

1507년 대비(大妃)는 조종의 유교를 내세워 선교양종과 원각사, 정업원(淨業院) 등의 도성 내 사찰을 복구하고자 한다는 자지(慈旨)를 내렸다.[12] 이는 왕실이 15세기의 승정체제를 복구하고자 한 시도였다고 할 수 있다. 그러나 이에 대한 신료의 반대가 이어졌고, 결국 중종은 그 복구를 "잠시 그만두라(姑勿)"고 명하였으나,[13] 신료들의 요구에 따라 중종이 '잠시(姑)'라는 표현을 철회하기까지 하였다.[14] 그만큼 국왕과 왕실이 국가적 불교 제도를 복구하여 계승하고자 한 의지는 강하였고, 또한 이를 막고자 한 신료의 의지도 강하였다고 할 수 있다. 이해에 중종은 양종의 노비와 토지를 내수사(內需司)에 이속하였는데,[15] 이는 국가 승정체제를 종전과 같이 복구하지 못함에 따라 국가적 불교 의례와 전통을 내수사를 통해 왕실이 계승해 가려는 의지에 따른 의한 조처였다고 할 수 있다.

1508년에는 내수사의 대자사(大慈寺) 중수에 대한 신료의 반대가 이어졌는데,[16] 이를 계기로 내수사 불사, 기신재, 선교양종, 주지(住持)의 혁파,

---

11 崔淑生은 근년에 寺社가 모두 철거되어 僧徒가 끊어졌다고 언급하였다. 그러나 근년인 연산군 대에는 都城의 사찰이 철거되었을 뿐이고 도성 내의 선교양종이 혁거되어 僧職者, 곧 승도 관인층이 끊어졌을 뿐이다. 최숙생은 국가체제와 도성에서의 사찰과 승도를 사찰과 승도 전체로 일반화하여 서술하고 있는 것이다. 이는『實錄』에 기록된 '승도', '사찰' 등의 구체적 지칭 대상이 엄밀히 분석될 필요가 있음을 의미하는 한편,『實錄』에 기록된 조정의 불교 관련 논의가 국가체제와 도성에서 불교 제도를 폐지하는 데에 그 목적이 있었음을 의미한다.

12 『中宗實錄』卷2, 중종 2년 1월 7일.

13 『中宗實錄』卷2, 중종 2년 1월 13일.

14 『中宗實錄』卷2, 중종 2년 1월 19일.

15 『中宗實錄』卷2, 중종 2년 4월 7일.

사사전과 사노비(寺奴婢)의 속공(屬公), 학조(學祖)와 혜명(慧明)에 대한 논죄 등으로 논의가 확대되었다. 그러나 중종이 이를 모두 윤허하지 않자, 대체로 기신재 혁파로 비판과 논의가 집중되는 양상을 보였다. 이는 기신재가 국가와 왕실이 불교를 숭상하는 폐해의 근원이므로, 그 근원을 막아야 한다는 인식에 따른 것이었다. 당시의 상소에 의하면, 신료들은 대자사의 영건을 그만두게 하더라도 기신재를 그만두게 하지 않으면, 이는 흐르는 물을 막되 그 근원을 막지 못하는 것과 같다고 인식하였다.[17] 그러나 중종은 이때 기신재 혁파를 끝내 윤허하지 않았다. 신료들이 외방 사찰의 토지와 노비가 매우 많으니 속공해야 한다는 점,[18] 내수사의 장리(長利)를 혁파해야 한다는 점, 도성에서 혁파된 선교양종 인신(印信)의 권한이 여전하니 회수해야 한다는 점 등을 주청하였으나, 중종이 이를 윤허하지 않기는 마찬가지였다.

1509년에서 1515년까지는 기신재와 내수사 장리 혁파에 대한 신료들의 주청이 간헐적으로 이어졌다. 아울러 『경국대전』 도승 조를 비롯한 승도·사찰 관련 법제를 삭제해야 한다는 주장이 새로이 제기되었고,[19] 사사전과 선교양종 인장(印章)에 대한 문제 제기도 이어졌다. 한편 중종은 『경국대전』에 의거해 사찰의 신축과 중수를 금하고 연소한 승도를 찾아 군액(軍額)에 충당하도록 명하기도 하였고,[20] 선교양종과 소속 사찰의 위전(位田) 추쇄를 중지할 것을 하교하기도 하였다.[21] 이는 국왕과 왕실이 사찰의 신창 금지, 무도첩승(無度牒僧)의 추쇄 등과 같이 『경국대전』에 명시된 법제

---

16 『中宗實錄』 卷6, 중종 3년 5월 6일.
17 『中宗實錄』 卷6, 중종 3년 5월 7일.
18 『中宗實錄』 卷6, 중종 3년 5월 28일.
19 『中宗實錄』 卷9, 중종 4년 9월 27일.
20 『中宗實錄』 卷18, 중종 8년 9월 17일; 『中宗實錄』 卷19, 중종 9년 3월 3일.
21 『中宗實錄』 卷21, 중종 10년 3월 21일.

적인 원칙을 유지하면서, 『경국대전』에 규정된 승정체제 관련 제도를 계승하여 이를 통해 국가와 왕실의 불사를 지속하고자 한 것이었다. 국왕과 왕실이 『경국대전』을 근거로 조종의 유제인 승정체제 운영을 지속하고자 하였으므로, 신료들은 이를 폐지하고자 하였고, 이에 신료들에 의해 『경국대전』 도승 조를 비롯한 승도·사찰 관련 법제의 삭제가 제기되기에 이른 것이었다고 할 수 있다. 이처럼 중종 초반의 불교정책 논의는 세종대 중반부터 연산군대까지 운영된 승정체제를 구성하는 여러 불교 제도를 폐지하고자 하는 신료와 이를 복구하고자 하는 국왕·왕실 간의 대립 양상으로 전개되었다.

그러나 1516년에 기신재와 내수사 장리 혁파에 대한 신료의 주청이 지속됨에 따라, 중종은 결국 그 혁파를 윤허하였다.[22] 이는 당시 대두한 기묘사림이 성리학 사상을 바탕으로 한 명분론을 강경하게 제기했기 때문인 한편, 중종반정 이후 상대적으로 신권(臣權)이 강화되고 왕권(王權)이 약화된 현실로 인한 것이었다고도 볼 수 있다. 이에 따라 왕실의 '기신재(忌辰齋)'는 황조(皇朝)의 예(禮)에 따라 '기신제(忌辰祭)'로 봉행하도록 하였으며,[23] 사노비에 대한 속공 조치도 내려졌다.[24] 그러나 내수사 장리의 혁파를 계기로 내수사는 재원 마련을 위한 또 다른 방안을 모색하고자 하였던 것으로 보인다. 기신재와 내수사 장리 혁파를 윤허한 기사 하단의 사론(史論)을 통해 볼 때 내수사는 이후 사찰의 전지를 통해 재원을 마련하였다.[25] 이 사론에 의하면 장리가 혁파된 후 내수사는 팔도 사찰의 전지를 통해 재원을 마련하였고, 환관, 상궁 등이 사찰을 왕래하여 내수사와 사찰 간의

22 『中宗實錄』 卷25, 중종 11년 6월 2일.
23 『中宗實錄』 卷25, 중종 11년 6월 16일.
24 『中宗實錄』 卷26, 중종 11년 11월 5·6·8·9일.
25 『中宗實錄』 卷25, 중종 11년 6월 2일.

관계가 긴밀해지는 계기가 되었다. 왕실과 사찰이 불사의 봉행을 위해서만이 아니라, 경제적 목적을 위해서도 긴밀한 관계를 형성하게 된 계기가 되었다는 것이다. 이러한 왕실, 내수사, 사찰 간의 관계는 중종대 중·후반은 물론 명종대 이후의 불교 제도와 불교계를 이해하기 위해서도 주목해야 할 지점인 것으로 보인다.

기신재 혁파 이후에는 『경국대전』 도승 조의 삭제 논의도 바로 이어졌다. 신료들은 불교 제도를 이미 모두 혁파하였으므로 『경국대전』 도승 조도 삭제해야 한다고 주청하였고, 이미 기신재 혁파를 윤허한 중종은 이 또한 윤허하였다. 이 기신재 혁파에 이은 『경국대전』 도승 조 삭제 논의는 당시 국왕과 신료의 불교정책에 대한 인식과 지향을 살펴볼 수 있는 사례라고 할 수 있다.[26] 우선, 이 논의에서 김안국(金安國)은 '불도(佛道, 불교)'가 이미 모두 혁파되었다고 언급하였다는 점에 주목할 필요가 있다. 그는 기신재를 비롯한 '불교 제도'가 모두 혁파된 것을 '불교'가 모두 혁파되었다고 표현하고 인식하였던 것이다. 이는 당시 조정 신료들이 기신재 혁파 등을 주청한 목적이, 국가체제에서 불교 제도를 폐지하는 데에 있었음을 의미한다. 기신재가 혁파됨에 따라 국가체제에서 도승, 승과, 승직, 사사전 등의 불교 제도는 모두 폐지된 것이었고, 이는 『경국대전』 도승 조가 사실상 사문화되었음을 의미하였다. 이에 신료들은 『경국대전』 도승 도를 삭제하여 백성들이 의혹하지 않도록 하자고 주청하는 데에까지 이르렀던 것이다.

그리고 신료들은 국가체제에서 불교 제도가 폐지되면 백성과 이단이 국왕의 뜻에 따라 저절로 교화될 것으로 인식하였다. 국왕과 왕실이 불교를 숭상하는 기미를 완전히 제거하면, 백성들에게 국왕과 왕실의 교화가 미쳐 이단이 자연히 성행하지 않게 될 것이라고 인식하였던 것이다. 이는 당

---

26 『中宗實錄』 卷27, 중종 11년 12월 16일.

시 신료들이 주장한 불교정책이 성리학 사상에 의거한 '교화론'에 따른 것이었음을 의미한다. 국왕이 성학(聖學)을 통해 수신(修身)하고 제가(齊家)하여 밝아진 명덕(明德)이 백성에게 미쳐 그들을 자연스레 교화되게 한다는 사상에 따라, 국왕과 왕실은 공식적으로 불교를 숭상하지 않아야 하는 것이었고, 이에 국가체제에서 불교 제도를 폐지하고자 하였던 것이다. 이러한 사상에 따라 신료들은 국가체제에서 불교 제도를 폐지하고자 한 것이었고, 이를 완수한 것이 1516년이었으므로, 그 사상에 따르면 이제 국가는 국왕의 교화가 백성들에게 미치도록 기다리면 되는 것이었다.

이러한 중종 초반 신료들의 불교정책 인식과 지향은 조선초기의 불교정책 또한 반추해 보게 한다. 실제로 조선은 개국 초 이래 사찰 승도 추쇄, 사찰 수색, 사찰 철훼 등과 같은 강경한 불교정책을 시행하지 않았다. 국가 승정체제를 개혁함으로써 국가체제에서 불교 제도의 규모를 축소하고 위상을 격하하고자 하였지만, 국가가 사찰을 대대적으로 철훼하거나 백성의 불교 숭신을 규제한 것은 아니었다. 간혹 불교, 승도, 사찰에 대한 강경한 정책을 주장하는 신료도 있었으나 국왕이 이를 윤허하지 않았고, 신료들은 대체로 국가체제에서 불교 제도를 축소하거나 폐지하자고 주청하였고, 국왕과 왕실, 고위 관료의 불교 숭신을 강경하게 비판하였을 뿐이었다. 1516년에도 능성현령(綾城縣令)인 송세림(宋世琳)이 상소하여 군액(軍額) 충정(充定)을 위해 승도를 추쇄하는 것이 현실적으로 어렵기 때문에 사찰을 불태워 그 근원을 없애자고 하는 강경한 정책을 상소하였지만,[27] 정광필(鄭光弼)과 남곤(南袞) 등은 "근자에 이미 양종(兩宗)의 승도(僧徒)가 없어졌고 흥행(興行)할 수도 없어서 불교(佛敎)의 쇠퇴가 극에 달했다고 할 만하므로, 사찰을 분훼(焚毁)할 것까지 없다."고 하였다.[28] 이처럼 정광필과

27 『中宗實錄』卷25, 중종 11년 7월 15일.
28 『中宗實錄』卷25, 중종 11년 7월 25일.

남곤 등은 승정체제의 폐지를 불교 쇠퇴와 동일시한 인식을 바탕으로, 불교 제도 폐지로 인해 불교가 쇠퇴하게 될 것이므로 강경한 정책을 취할 필요가 없다고 하였다. 정광필, 남곤 등은 성리학적 교화론에 의거한 불교정책 인식과 지향에 따라 강경한 정책을 시행할 필요가 없다고 했던 것이다.

이러한 성리학적 교화론과 명분론에 따르면 조선의 국정 운영을 위한 만세성법인『경국대전』의 도승 조는 삭제되어야 마땅한 것이었으므로, 신료들이 국가체제에서 불교 제도를 폐지한 데에 이어『경국대전』도승 조의 삭제를 주청했던 것이다. 이에 중종은 다음에『경국대전』을 인출할 때는 삭제하는 것이 가하다고 윤허하였다. 이어 승정원의 주청에 따라『경국대전』도승 조와 함께 승도와 관련한 여러 조항들을 함께 삭제할 것을 윤허하였다.[29] 이로써 국가체제에서 불교 제도는 명실상부하게 모두 폐지되었다고 할 수 있다. 이제 국왕은 스스로 수양하고 왕실을 단속함으로써 백성에게 그 교화가 미치도록 하면 되는 것이었고, 실제로 중종 중반의 불교정책은 그러한 방향으로 전개되었다. 이처럼 중종 초반 국왕과 왕실은 15세기의 승정체제를 복구하고자 했지만 결국 폐지되었고, 중종대에는 국가 승정체제가 폐지된 초유의 상황이 전개되었다고 할 수 있다.

2) 중종 중반 교화론적 정책의 지향

중종 초반에는 승정체제가 복구되지 못하였고, 1516년에 기신재가 혁파되고『경국대전』도승 조 등의 삭제 인출이 윤허됨에 따라 국가체제에서 불교 제도는 모두 폐지되었다. 이에 1516년 이후 약 20년간은 중종 초반과는 달리 불교정책이 간헐적으로 논의되었을 뿐이었다. 중종 중반이라고

---

29 『中宗實錄』卷27, 중종 11년 12월 16일.

할 수 있는 이 시기에는 내수사를 통한 왕실의 공공연한 불사에 대한 우려와 비판, 줄어들지 않는 지방 사찰과 승도에 대한 대응 방안 등이 거론되었으나, 이에 대한 실질적 조치가 시행된 사례는 거의 찾아보기 어렵다. 하지만 『실록』을 통해 당시의 불교정책 논의 내용을 살펴보면 이 시기 불교정책의 성격, 국왕과 신료의 승도·사찰에 대한 현실 인식 등을 파악할 수 있다.

우선 신료들은 왕실이 내수사를 통해 공공연하게 불사를 벌이는 것에 대해 경계하고 우려하였다. 기신재가 혁파된 이듬해인 1517년 6월에 부제학 이자(李耔)는 시사(時事)의 병폐에 대해 논하는 글을 올리면서, 내수사가 사용(私用)으로 소민(小民)들과 이익을 다투고 그 이익으로 승도를 기른다고 비판하였다.[30] 내수사가 사적 이익을 도모하여 승도나 사찰을 지원하는 것에 대해 비판한 것이다. 또 이해 12월에 경연에서 김정(金淨)은 사사(寺社)의 전지(田地)를 관부에 소속시킬 때 백성의 전지가 다수 속공된 것, 또 이것을 모두 내수사에 소속시키는 것은 온당치 못하다고 하였다.[31] 이는 곧 중종 초반에 속공된 사사전이 대부분 내수사로 귀속되었고, 그 과정에서 백성의 전지도 함께 귀속된 데 대한 비판이었는데, 이 또한 내수사를 통한 왕실의 사적 이익 추구에 대해 비판한 것이었다고 할 수 있다. 조종의 유제인 불교재의를 설행하기 위해 사사전 혁거를 반대했던 왕실은 국가적인 불교 제도 폐지 이후에 내수사의 이익 추구를 통해 확보한 재원으로 불교재의를 설행하고 사찰을 지원하게 된 것이었다. 이는 기존에는 국가와 왕실의 주요 불교재의, 불사 등이 국가적으로 설행되거나 봉행되었으나, 국가체제에서 불교 제도가 폐지된 이후 내수사를 통해 사적이고 공공연하게 지원되기 시작한 것이었다고 할 수 있다.

---

30 『中宗實錄』 卷28, 중종 12년 6월 12일.

31 『中宗實錄』 卷31, 중종 12년 윤12월 21일.

1518년 7월에는 원주의 진사(進士) 김위(金渭)가 승니(僧尼)가 내지(內旨)를 일컬으며 산사에 출입하는 것을 비판하는 상소를 올렸으나,[32] 중종은 오히려 불확실한 정보로 상소했다 하여 김위를 조사하도록 한 일이 있었으며, 1519년 2월에는 본궁(本宮)의 별좌(別坐) 석명창(石命昌)이 내수사의 문서를 위조하여 전라도에 가서 복천사(福泉寺)의 전지(田地)와 기명(器皿)을 그 사찰에 돌려주려 한 일에 대한 징계가 논의되었다. 조광조(趙光祖)는 이 사찰의 노승(老僧)과 내간(內間) 간의 통교가 있을 것이므로 엄히 다스려야 한다고 하였는데,[33] 신문해 보니 내전(內殿)과 상당히 관련이 있어 끝까지 감행하지 못하였다고 하였다.[34] 이처럼 신료와 유생은 왕실의 사적인 불사에 대해 비판적이었으나, 그럼에도 불구하고 내수사를 통한 왕실의 불사 봉행, 사찰 지원은 지속되었던 것으로 보인다.

1524년에는 회암사(檜巖寺) 승도가 내지를 받들었다고 하면서 큰 도량을 열었는데, 도성 사람들이 몰려들어 승도 수천 명에게 공양한 일이 있었다. 신료들은 이에 대해 비판하면서, 왕실이 내수사의 재원으로 지원하여 명산의 여러 사찰들에서 달마다 불공을 올리고 있는 것에 대해서도 아울러 비판하였다.[35] 중종은 이에 대해 자전(慈殿)의 분부가 있었을 수 있으나, 국왕 자신은 모르는 일이라는 태도를 취했다. 그러나 신료들의 비판이 이어지자, 그 뒤에 들으니 자전이 태종의 기신일(忌辰日)에 자전의 내관을 보내어 도량을 연 것인데, 국왕 자신은 미처 모르고 있었으며, 이에 대비에게 은근히 간하고 있다고 하였다. 이처럼 왕실은 불교재의 설행에 대한 의지를 버리지 않았고, 회암사를 비롯한 명산의 여러 사찰에 대한 지원을 통해

---

32 『中宗實錄』 卷34, 중종 13년 7월 17일; 19일.

33 『中宗實錄』 卷35, 중종 14년 2월 14일.

34 『中宗實錄』 卷35, 중종 14년 4월 10일.

35 『中宗實錄』 卷51, 중종 19년 6월 17일.

불공을 올리고자 하였다. 신료들은 왕실의 불사에 대해 비판하였지만, 왕실은 사적이고 공공연하게 불사를 봉행하고 사찰을 지원하였던 것이다.

이 1524년 왕실 불사에 대한 논의를 살펴보면, 신료의 비판에 대한 국왕의 태도가 바뀌었음을 확인할 수 있다. 중종 초반에 조종의 유제인 기신재를 혁파할 수 없다고 고수하던 국왕이, 이제는 자신은 잘 모른다거나 자전에게 간하겠다는 태도를 취했다. 이는 왕실의 불교재의 설행이 바람직하지 않다는 규범이 원칙적으로 국왕에게 수용된 것이라고 볼 수도 있지만, 국왕이 왕실의 사적인 불사 봉행에 대해서는 신료들에게 적극적으로 대응할 필요성이 상대적으로 적었기 때문인 것으로 보인다. 신료들의 비판도 예전에 비해서는 강경하지는 않았다고 할 수 있다. 신료가 "명산의 여러 사찰에 지원되는 내수사의 비용도 백성에게서 나오는 것이지 귀신이 날라주는 것이 아니다."라고 비판함으로써 아무리 내수사가 왕실의 사적 재원을 집행하는 곳이라고 해도 그 또한 백성들로부터 나오는 것이라는 점을 상기시킨 것인데,[36] 이는 곧 왕실의 사적인 불사는 기존의 국가적인 불사에 비해서는 그것을 비판할 명분이 적을 수밖에 없음을 전제한 발언이라고도 할 수 있다. 다시 말해 중종 중반에 이르러 국가적인 불사는 폐지됨에 따라 왕실의 사적인 불사는 지속, 확대되었으며, 이에 따라 왕실의 불사는 사적이면서 공공연하게 봉행되었고, 신료들은 왕실의 사적인 불사에 대해서는 상대적으로 강경한 비판을 제기하기 어려웠던 것으로 보인다.

한편 중종 중반에는 지방 사찰과 승도에 대한 대응 방안도 논의되었다. 중종 초반에 승정체제가 복구되지 못하고 기신재가 혁파됨에 따라, 중종 중반에 국왕과 신료들은 이제 불교가 쇠퇴하게 되었다거나 끊어지게 되었다는 인식을 보였다. 불교나 도교에 관련한 정책 논의 과정에서 이러한 인

식을 확인할 수 있는데,[37] 중종이 즉위한 후 "불교를 통렬히 배척하여, 그간 사림(士林)이 혁파하기를 바랐으나 이루지 못했던 양종과 기신재를 혁파하였다."라고 한 것을 통해 볼 때,[38] 선교양종과 기신재 혁파는 불교에 대한 통렬한 배척으로 인식되었고, 이에 따라 불교가 쇠퇴하게 되었다고 인식하였다. 곧 국가 승정체제와 국가적인 불교재의를 혁파함으로써 불교가 쇠퇴하게 되었다고 인식하였던 것인데, 이는 사림이 대두한 성종대 이래 신진 관료들의 불교정책 지향이 국가체제에서 승정체제, 기신재 등의 불교 제도를 폐지하는 것이었으며, 이것이 중종 초반에 실현됨으로써 이제 불교가 쇠퇴하게 되었다고 인식하였음을 의미한다.

그러나 1516년 기신재가 혁파된 이후에도 『실록』에서는 지방에서 사찰이 신축·중수되고 있고 승도가 많다는 기록이 다수 확인된다. 1517년에는 정병(正兵) 최숙징(崔淑澄)이 "근년 이래로 지방 사람들이 재궁(齋宮)을 설치하여 승도(僧徒)가 많이 거처하니 재궁을 철훼하여 그 재목으로 학교를 세우고 승도에게는 군역(軍役)을 지우자."라고 상소하였고,[39] 1517년에는 외방에 사찰이 많고 중수되기도 하며 승도가 많은 데 대한 대책이 논의되었다.[40] 석강(夕講)에서 시독관(侍讀官) 장옥(張玉)은 지방에는 아직도 사찰이 많고 중수되고 있으며 승도도 아주 많다고 하였고, 이에 대한 대책으로 도성 주변의 능침 사찰을 철훼하여 그 근본을 끊어 버리자고 제안하기도 하였다. 지방 사찰과 승도에 대한 대책으로, 지방 사찰을 철훼하거나 지방 승도를 추쇄하는 것이 아니라, 도성 주변의 능침 사찰을 철훼함으로써 그 본보기를 보이자고 한 것이었다. 승정체제가 폐지되었음에도 지방 사찰

---

37 『中宗實錄』 卷31, 중종 13년 1월 10일; 卷36, 중종 14년 6월 21일; 卷48, 중종 18년 7월 18일.

38 『中宗實錄』 卷34, 중종 13년 8월 29일.

39 『中宗實錄』 卷31, 중종 12년 12월 17일.

40 『中宗實錄』 卷33, 중종 13년 5월 17일.

뿐 아니라 능침사찰도 계속 유지되고 있었다는 사실이 주목되거니와, 지방 사찰과 승도에 대한 대책으로 도성 주변의 사찰을 철훼하자는 방안을 제기한 것도 주목할 만한 지점으로 보인다. 더구나 중종은 이러한 장옥의 대책에 대해 그렇게 갑자기 금할 것은 없고 승도가 기쁘게 농사에 종사하도록 하면 된다고 답하였다. 곧 사찰과 승도에 대한 직접적인 규제를 할 필요는 없고 승도가 농사로 돌아가도록 국가를 다스리면 될 뿐이라고 답한 것이다. 이는 성리학 사상에 의거한 대책으로, 국왕이 훌륭히 국정을 운영하여 그 교화가 백성에 미치면 승도가 되는 자가 없을 것이므로 무리하게 직접적인 규제를 할 필요가 없다는 것이었다. 이를 통해 당시에도 사찰 철훼나 승도 추쇄와 같은 직접적 규제가 시행되지 않았을 뿐만 아니라, 중종 초반에 승정체제, 기신재 등의 불교 제도가 폐지되었다고 해서 사찰이 철훼되거나 승도가 추쇄된 것은 아니었음을 알 수 있다. 곧 연산군대에 폐지되다시피 한 15세기의 승정체제가 중종 초반 복구되지 않음에 따라, 승정체제를 통한 국가적 지원이 중단되어 불교계가 상당한 타격을 입을 수밖에 없었겠지만, 그렇다고 해서 국가가 사찰 철훼, 승도 추쇄 등과 같은 직접적 규제를 시행하지는 않았던 것이다.

사찰 철훼, 승도 추쇄와 같은 직접적 규제가 바람직하지 않다고 인식한 것은 신료들도 마찬가지였다. 예를 들어 성리학 사상에 투철한 기묘사림의 대표적 인물인 조광조는 1519년에 당시의 불교정책에 대해 아뢰면서,[41] 승도를 추쇄하여 군역에 충당하는 것은 바람직한 일이지만 급박하게 시행해서는 안 된다고 하였으며, 기신재가 혁파되어 불교가 끊어질 상황이었는데 다시 왕실과 승도가 통교함으로써 왕실의 불사가 계속 봉행되는 현실을 우려하였다. 곧 국가적 불교 제도를 폐지하고 왕실이 모범을 보임으

---

41 『中宗實錄』 卷35, 중종 14년 4월 10일.

로써 점차 불교가 쇠퇴하게 하는 것이 바람직하고, 급박하게 승도를 추쇄하는 것은 바람직하지 않다고 인식하였던 것이다.

승도 추쇄가 중종 중반에도 불교를 배척하기 위한 방안으로 논의되기는 하였다. 1519년 6월 인동(仁同) 훈도(訓導) 은림(殷霖)은 무도첩승을 추쇄하여 환속시키면 늙은 승도만 남아 승도가 결국 없어지게 될 것이라고 아뢰었으나, 이에 대해 안당(安瑭)은 무도첩승을 추쇄하는 것은 현실적으로 어렵다고 아뢰었다.[42] 이해 9월에 중종은 불교를 배척하려는 자들이 사찰을 철훼하자고 하나 승도가 없으면 사찰이 저절로 없어질 것이므로 지방에서 승도 추쇄를 잘 살펴서 하면 된다 하였다.[43] 그리고 1523년에는 사헌부에서 군역을 모면하려는 백성 중에 승도가 되어 산사(山寺)에 숨는 자가 허다하다고 하면서, 팔도의 관찰사에게 이들을 추쇄하여 정역시키고 그 성명을 보고하도록 해야 한다고 주청하였는데, 중종이 이를 윤허하기도 하였다.[44] 이러한 논의와 조치를 통해 볼 때 중종대에도 무도첩승을 추쇄하여 정역한다는 원칙적 법제는 유지되었다고 할 수 있다. 추쇄의 대상이 된 승도는 무도첩승이나 군역을 피해 삭발한 피역승(避役僧)이었으며, 승도에 대한 전면적인 추쇄가 논의되지는 않았다. 승도가 성리학에 의해 이단의 무리로 거론되었다고 해서 그에 대한 전면적인 추쇄가 논의된 것은 아니었으며, 승정체제가 폐지된 이후에도 도첩을 받은 승도의 자격은 인정하였고, 국정 운영에 저해가 되는 피역승이 추쇄의 대상이라는 원칙은 유지된 것이었다.

그런데 중종대에도 이 무도첩승과 피역승에 대한 추쇄가 실효적으로 시행되었다고 보기 어렵다. 15세기에도 무도첩승과 피역승의 추쇄가 하교되

---

42 『中宗實錄』卷36, 중종 14년 6월 13일.

43 『中宗實錄』卷36, 중종 14년 9월 4일.

44 『中宗實錄』卷47, 중종 18년 4월 23일.

었으나, 지방관이 이를 '문구(文具)', 곧 형식적인 문서 행정으로 처리하는데 그치면서 유명무실한 하교로 여겨졌을 뿐이다.[45] 이는 중종대에도 마찬가지였는데, 1528년 무도첩승 추쇄에 대한 논의에서 이를 확인할 수 있다.[46] 장순손(張順孫)이 피역승의 폐단을 바로잡기 위해 무도첩승을 추쇄하자고 청하였는데, 중종이 엄격히 금해야 하지 않겠느냐고 말하자, 이에 김기(金紀)는 각 도의 관찰사가 무도첩승 추쇄를 보고하기는 하나 형식적인 문서상의 행정에 그칠 뿐 유명무실하니 실효성이 없을 것이라고 아뢰었다. 국왕이 각 도의 관찰사에게 무도첩승 추쇄를 하교한다고 해도 문서상의 보고에 그칠 뿐 실효성이 없을 것임을 분명히 아뢰고 있었던 것이다.

이처럼 15세기와 마찬가지로 중종대에도 승도에 대한 추쇄는 시행되었다고 보기 어렵다. 1523년에 피역승에 대한 추쇄가 윤허되었다고 해서, 실제로 이 조치가 제대로 시행되었다고 보기 어려운 것이다. 무도첩승 추쇄가 관찰사에게 하교되어도 시행되지 않고 문서상으로 보고되고 있었을 뿐인데다가, 근본적으로는 승도 추쇄와 같은 강경한 조처가 바람직한 정책으로 여겨지지도 않았다. 앞서 논하였듯이 중종과 조광조는 직접적 제재를 가하지 않고도 훌륭한 정사를 통한 국왕의 교화로 승도가 환속하게 하거나 백성이 출가하지 않게 하는 것을 바람직한 불교정책으로 여겼다. 이른바 불교 배척을 지향하는 것이 성리학 사상의 특징이기는 하지만, 승도 추쇄, 사찰 철훼 등과 같은 강경한 제재를 시행하는 것이 성리학 사상이 지향하는 바는 아니었다. 그러므로 승도 추쇄의 현실적 어려움, 성리학적 교화론을 추구한 사상적 지향 등으로 인해, 중종 중반에도 승도 추쇄는 제대로 시행되었다고 보기 어렵고, 더 강경한 조치인 사찰 철훼도 대대적으로 시행된 바 없었다고 할 수 있다.

---

45 손성필, 2013, 앞 박사논문, 25~27쪽.
46 『中宗實錄』 卷62, 중종 23년 8월 14일.

1530년 1월 5일의 조강(朝講)에서 이루어진 불교정책 논의를 통해서는 지금까지 논한 당시 불교정책의 지향과 실효성, 사찰·승도에 대한 현실 인식 등에 대해 종합적으로 살펴볼 수 있다.[47] 이날 조강에서는 "왕정(王政) 이 잘 시행되어 예의(禮義)의 교화가 천하에 충만하면 불법(佛法)이 있어도 들어올 길이 없다[王政修明 禮義之敎 充於天下 則雖有佛法 無由而入]"[48]라는 구절의 강독을 계기로 당시의 불교정책에 대해 논의하였다. 성리학 사상 에 의한 불교정책 지향을 한 마디로 표현하고 있는 이 구절에 대해, 김극 핍(金克愊)은 지당하다고 하였고, 심언광(沈彦光)은 '왕정(王政)과 예교(禮 敎)가 잘 시행되어 교화(敎化)가 천하에 충만하면 불교(佛敎)는 저절로 없 어질 것'이라고 하여 이 구절의 의미를 재차 천명하였다. 이를 통해 보듯 성리학 사상에 따른 바람직한 불교정책은 왕정을 통한 국왕의 교화로 불 교가 저절로 약화되도록 하는 것이었다. 곧 국가체제에서 승정체제, 기신 재 등과 같은 불교 제도를 폐지하여 성리학적 왕정의 기반을 마련한 후, 국왕의 교화를 통해 승도가 저절로 줄어들도록 하고자 하였던 것이다. 이 러한 사상에 따르면 성리학적 왕정과 교화를 국왕과 조정이 잘 시행하면 될 뿐 승도 추쇄, 사찰 철훼 등과 같은 직접적인 제재는 바람직하지 않은 것이었다. 실제로 15세기에 이어 중종대에도 사찰 수색을 통한 승도 추쇄, 사찰 철훼 등은 시행되지 않았고, 피역승을 추쇄하여 정역해야 한다는 원 칙은 유지하였으되 무도첩승 추쇄는 문서상의 행정에 그친 채 거의 시행 되지 않았다. 김극핍은 조강을 시작하면서 "조정(朝廷)이 불도(佛道)를 숭 상하지 않고 있는데도 승도가 지금보다 더 극심하게 늘이난 직은 없다."라 고 발언하였는데, 이 발언에서는 중종 초반의 불교정책이 '조정이 불도를

47　『中宗實錄』卷67, 중종 25년 1월 5일.

48　歐陽脩의 논설인 「本論中」에 있는 글이다. 온전한 문장은 "堯舜三代之際 王政修明 禮義之敎 充於 天下 于此之時 雖有佛法 無由而入"이다(『廬陵文鈔』十三 ; 『唐宋八大家文鈔校注集評』3, 西安: 三泰出 版社, 1998, 1935쪽).

숭상하지 않기 위해' 국가체제에서 불교 제도를 폐지하고자 한 것이며, 그러한 지향이 승도 추쇄, 사찰 철훼 등와 같은 강경한 조치를 수반하는 것은 아니었음을 단적으로 확인할 수 있다.

이 조강에서는 이러한 성리학 사상에 따른 불교정책 지향에 근거하여, 15세기에 시행된 도승제의 당위성과 실효성에 대한 평가가 논의되기도 하였다. 심언광은 도첩으로 승도를 금하는 것은 말단적인 방법이므로 왕정과 예교가 시행되어야 한다는 원칙적인 주장을 하였다. 김극굄과 정광필(鄭光弼)은 도승제의 시행 취지가 승도가 마음대로 돌아다니지 못하게 하는 것이었으며, 역(驛)에서 무도첩승을 단속하여 군역에 정속시켰다고 하였다. 이는 무도첩승에 대한 추쇄 목적과 방법이 사찰에 거차하는 승도에 대한 전면적인 추쇄가 아니었음을 의미한다. 성종대 조정의 불교정책 논의를 통해서도 살펴보건대 무도첩승에 대한 추쇄는 대부분 여염에 머무르거나 역을 통행하는 승도에 대한 것이었으며, 사찰에 거처한 승도에 대한 추쇄는 시행되지 않았다. 사찰 수색을 금지하는 법규가 세조대에 시행되어 『경국대전』에 규정되기도 하였거니와, 현실적 어려움, 분란에 대한 우려 등으로 시행할 수 없다고 인식되었다. 이러한 논의를 통해 볼 때 15세기와 마찬가지로 중종대에도 사찰 거처 승도에 대한 추쇄가 시행되지 않았고, 무도첩승과 피역승에 대한 추쇄는 형식적인 문서 행정으로 이루어지고 있었을 뿐임을 다시 한번 확인할 수 있다.

이 조강의 불교정책 논의에서 주목되는 것은 군액은 감소하는데 승도는 증가한다고 하는 공통된 현실 인식을 바탕으로 이루어졌다는 점이다. 논의에 참여한 김극굄, 심언광, 정광필, 조종경(趙宗敬) 등은 승도가 증가하고, 도성 안을 거리낌없이 출입하고 있다고 인식하였다. 조종경은 지방에서는 불교가 여전히 신봉되어 수많은 사람들이 사찰로 몰려가고 있고, 개성부 천마산(天摩山)과 성거산(聖居山) 등의 대찰이 거의 다 중수되었으며, 충청도와 전라도에는 특히 승도가 아주 많다고 하여, 지방의 사정에 대해 자세히 언급하였다. 이러한 공통된 현실 인식을 바탕으로 조강에서 불교 정책을 논의하기는 하였으나, 이에 대한 대책은 결국 기존의 정책 기조, 운영 방식을 유지하는 것이었다. 이 논의의 끝에 중종은 각 도에서 일시에 승도를 추쇄하는 방식과 같은 강경한 조치를 무리하게 시행하는 것은 바람직하지 않고, 기존 법제를 수령들이 잘 시행하도록 점차 다스려 가자고 하였다. 이는 승도와 사찰에 대한 강경한 조치를 지양하고, 성리학적 교화론에 따른 점진적인 교화를 지향하는 정책 기조를 유지한 것이라고 할 수 있다.

그런데 중종 중반에 승도가 증가한 현실은 당시의 불교정책이 단기적으로 실효성이 없었음을 의미한다. 중종 초반 승정체제와 기신재의 혁파, 『경국대전』 도승 조의 삭제 등은 신료와 유생에 의해 훌륭한 정책으로 평가되었고 이제 불교가 끊어지게 되었다고 인식되었지만, 실제로는 승도가 줄어들지 않고 오히려 증가하였다면 이는 정책의 단기적 실패로 평가할 수도 있을 듯하다. 물론 중종 초반 승정체제의 폐지가 승도의 수를 감소시키기 위해 시행된 정책 조치인 것만은 아니었고, 중종 중반에 지향된 교화론적 불교정책은 즉각적이고 단기적인 효과보다는 점진적이고 장기적인 효과를 기대한 정책 기조였다고 할 수 있다. 그러나 단기적 실효성 부족으로 인한 승도 증가를 간과할 수는 없었으며, 이러한 현상이 지속된다면 장기적인 성공도 기대하기 어려운 것이었다. 앞서 논했듯이 김극핍은 "조정이 불도를 숭상하지 않고 있는데도 승도가 지금보다 더 극심하게 늘어난 적은 없다."라고 발언하였는데, 이러한 김극핍의 발언은 국가체제에서 불교 제도를 폐지하여 성리학적 왕정의 기반을 구축하였으나 도리어 승도는 감소하지 않고 증가하고 있던 당시의 현실을 단적으로 언급한 것이었다. 이처럼 중종 중반에는 조정에서 승도, 사찰에 대한 실효적인 정책 논의가 거의 이루어지지 않았고, 성리학 사상에 따른 교화론적 불교정책을 일관적으로 지향하였다고 할 수 있다. 이러한 정책 지향에 따라 당시 국가는 승도와 사찰을 사실상 방임했다고 할 수 있을 듯하며, 이에 따라 국가의 장기적 지향과는 달리 승도가 증가하고 사찰이 신축·중수되는 현상이 나타났던 것으로 보인다.

중종 중반에 승도가 증가하고 사찰이 신축·중수될 수 있었던 것은 앞서 논한 바와 같이 국가가 교화론적 불교정책을 지향하고 강경한 조치를 지양함에 따라 사실상 승도와 사찰을 방임했기 때문이라고 할 수 있다. 중종 중반에 해당하는 1530년에 증보된 관찬 전국 지리지인『신증동국여지승람(新增東國輿地勝覽)』에는 1,600여 개에 이르는 사찰이 수록되었는데, 이 또한 각 군읍별 주요 사찰을 수록한 것일 뿐 당시의 모든 사찰을 수록한 것이 아니었다.⁴⁹ 당시 사찰은 여러 경제적 기반을 통해 유지되거나 신축·중수될 수 있었다. 1529년 대사헌(大司憲) 김극성(金克成)은 시정(時政)에 대한 상소에서 '근래에 백성이 승도가 되어 도성을 마음대로 다니고, 부상(富商)·귀척(貴戚)이 재물을 시주하여 제산(諸山)의 사찰(寺刹)이 점점 중영(重營)되고 있다'라고 한 바와 같이,⁵⁰ 사찰은 부유한 상인, 고위 관인 등과 같은 사가(私家)의 사적 경제 지원으로 유지, 중수, 신축될 수 있었던 것으로 보인다.

앞서 1절, 2절에서 논한 바와 같이 승정체제 개혁이나 폐지에 따른 사사전 혁파는 지정 사찰에 대한 국가의 재정 지원 중단을 의미할 뿐이었다. 주요 사찰에 대한 국가적 지원의 중단은 해당 사찰과 불교계에 상당한 경제적 타격이었을 것임은 분명하다. 하지만 애초에 전국의 모든 사찰이 국가의 재정 지원을 받아 오던 것도 아니었고, 사사전을 지급받는 승정체제 소속의 지정 사찰에서 해제되었다고 해서 철훼된 것이 아니었으므로, 각 사찰은 저마다 시납전(施納田), 시주(施主) 등과 같은 여러 경제적 기반을

---

49 조선시대 주요 지리지에 수록된 사찰 수에 대해 논의는 4장 2절 참조.
50 『中宗實錄』卷65, 중종 24년 4월 25일.

통해 계속 유지되거나, 자립을 모색할 수 있었다. 그리고 앞서 언급한 바와 같이 중종 초반에 사사전이 혁파되었다고고는 하나, 그 사사전은 대부분 내 수사로 귀속되었으며, 이에 따라 왕실(내수사)과 사찰은 사적인 경제 관계 로 결속하게 되었다고 할 수 있다. 이제 왕실도 국왕의 '사가(私家)'로서 사 찰을 사적으로 지원하게 된 것인데, 이에 중종 중반부터 왕실은 내수사를 통해 명산대찰에 불사를 봉행하고 사찰을 지원하였고, 도성 주변의 능침 사찰도 계속 유지될 수 있었던 것이다. 이처럼 당시 사찰은 그 사찰의 성 격, 층위, 위상 등에 따라 다양한 경제적 기반, 지원을 통해 유지될 수 있었 던 것으로 보인다.[51]

그런데 1530년경부터 나타난 조정의 현실 인식이 단순히 '승도가 많다' 가 아니라 '승도가 증가하였다'라는 것은 주목이 필요한 지점으로 보인다. 조선 개국 초부터 승도가 많다는 인식은 계속 있어 왔으며, 특히 조정에서 는 군역을 피해 승도가 되는 자가 많다고 인식하고 이를 문제시해 왔다.[52] 국가체제에서 불교 제도가 모두 폐지된 1516년 직후에도 승도가 많다고 여긴 조정의 현실 인식은 확인된다. 1517년에는 지방에 재궁이 신축되고 승도가 많다고 하였고,[53] 1518년에는 지방에는 사찰이 아직 많고 승도도 많다고 하였으며,[54] 1523년에는 군역을 피하기 위해 승도가 되는 자가 허 다하다고 하였다.[55] 이러한 현실 인식은 불교 제도가 폐지된 이후에도 지 방에 여전히 승도가 많다고 인식하였다는 점에서는 주목되지만, 승도가

---

51 조선전기 사찰의 종류와 층위에 대해서는 손성필, 2013, 앞 박사논문, 102~105쪽 참조.

52 "세조대에 승도가 많았음에도 말년에는 軍額의 수효가 아주 많았다."고 한 중종대 신료의 인식 을 통해 볼 때, 승도로 출가하는 자가 많아 군액이 감소한다는 주장은 승도 규제의 상투적인 명분이었으므로 그러한 주장이 각 시기에 따라 얼마나 현실을 반영한 것이었는지에 대해서는 면밀히 검토될 필요가 있다(『中宗實錄』 卷62, 중종 23년 8월 14일).

53 『中宗實錄』 卷31, 중종 12년 12월 17일.

54 『中宗實錄』 卷33, 중종 13년 5월 17일.

55 『中宗實錄』 卷47, 중종 18년 4월 23일.

증가한다고 인식하지는 않았다는 점에서 종전의 현실 인식과 크게 다르지 않았다고 할 수 있다. 그런데 1530년경부터는 승도가 증가하였다는 인식이 나타나기 시작하였다. 1528년에는 군역을 피해 승도가 된 자가 이전보다 배로 증가하였다고 하였고,[56] 1529년에는 군역을 피해 승도가 된 자들이 도성을 횡행하고 있다고 하였으며,[57] 1530년에는 승도가 크게 증가하였고 도성을 횡행하고 있으며, 지방 사찰이 중수되고 수많은 백성들이 사찰로 몰려가 불교를 숭신하는데, 특히 충청도와 전라도에 승도가 많을 뿐 아니라 무리지어 도적질을 하기도 한다고 하였다.[58] 흉년이 든 1533년에 전라도에서는 승도가 도적이 되어 사람을 죽이거나 물건을 해하고 인가를 태우니 큰 변란이 일어날까 우려스럽다고도 하였다.[59]

1530년경 승도가 증가하였다고 하는 조정의 현실 인식에 대해서는 앞으로 더 면밀한 검토를 통해 해석될 필요가 있어 보인다. 실제로 승도가 증가한 것인지, 증가한 원인이 무엇인지, 조정의 인식과 같이 단지 피역을 위해 승도가 된 자가 증가한 것인지, 전라도 승도가 도적이 되었다고 하는 기사를 어떻게 해석해야 하는지 등에 대한 면밀한 검토가 필요하다고 할 수 있다.[60] 이에 당시의 여러 자료를 통해 종합적으로 검토되어야 할 것으로 보이는데, 우선 주목되는 것은 이 시기에 지방 사찰의 불교서적 간행이 증가하기 시작하였고, 불교서적의 간행량이 가장 많은 지역도 전라도였다는 점이다. 이는 이 당시 승도의 증가가 단지 피역승과 무뢰배의 증가만을 의미하지 않고, 불교 숭신과 불교계 활동에 따른 현상이기도 하였음을 방증한다고 할 수 있다.[61] 이처럼 승도 증가의 원인과 실상에 대해서는 앞

---

56 『中宗實錄』 卷62, 중종 23년 8월 14일.
57 『中宗實錄』 卷65, 중종 24년 4월 25일.
58 『中宗實錄』 卷67, 중종 25년 1월 5일.
59 『中宗實錄』 卷74, 중종 28년 4월 16일.
60 중종대 중반의 승도 증가 현상에 대해서는 손성필, 2013, 앞 박사논문, 105~115쪽 참조.

으로 다방면으로 분석될 필요가 있다 하더라도, 1530년경 조정에서 승도가 증가하였다고 인식한 것은 분명해 보인다. 그런데 앞서 논한 바와 같이, 이렇게 승도가 증가하는 현실은 성리학적 교화론에 따라 승도와 사찰을 직접 관리, 통제하거나 규제하지 않은 정책이 단기적으로 실효성이 없었다는 것을 의미하였고, 이에 조정에서는 기존 정책의 수정, 새로운 대안의 모색 등을 논의하지 않을 수 없었던 듯하다. 실제로 중종 후반에는 불교정책을 논의하면서 정책이 수정되고 대안이 모색되기도 하였으나, 각 정치 주체 간의 의견 차이, 현실적 한계 등으로 인해 불교정책 노선이 대립, 갈등, 공전하는 양상으로 전개되었다.

3) 중종 후반 불교정책 노선의 갈등

1535년 영의정(領議政) 김근사(金謹思)와 우의정(右議政) 김안로(金安老)는 육조(六曹)와 함께 논의하여 한시적 부역을 대가로 승인호패(僧人號牌)를 발급하는 방안을 아뢰었다.[62] 이 제도를 제안한 이유는 승도의 수가 예전에 비해 크게 증가한 현실에 대한 대책이 필요하다는 것이었다. 그 진달 내용을 자세히 살펴보면, 우선 김근사와 김안로 등의 조정 대신은 불교는 지극히 쇠퇴하였으나 승도의 수는 이전에 비해 아주 많다고 인식하였다. 앞서 논한 바와 같이 불교가 쇠퇴하였다고 한 것은 국가체제에서 불교 제도를 모두 폐지한 데에 대한 관용적 표현이었고, 승도 수가 증가하였다고 한 것은 1530년경부터 나타난 조정의 현실 인식이었다.

김근사와 김안로는 이러한 현실에 대해 구체적으로 아뢰었는데, 예전에

---

61 16세기 불서 간행의 양적 추이와 종류, 사상 경향에 대해서는 손성필, 2013, 앞 박사논문, 117~174쪽 참조.

62 『中宗實錄』卷80, 중종 30년 8월 11일.

는 관에서 도첩을 발급하고 유명 사찰의 주지를 임명하였으나 지금은 모두 폐지하여 그 배척의 뜻이 지극함을 보였는데도, 사찰은 이전과 같이 신축·중수되고 승도는 비행을 일삼고 있다고 하였다. 이는 중종 중반의 불교정책으로 인한 당대의 현실을 아뢴 것으로, 국가체제에서 불교 제도를 모두 폐지함으로써 국왕의 교화를 통해 승도와 사찰이 저절로 줄어들기를 기대하였으나, 현실은 그렇지 않았다는 것이다. 이에 이러한 현실에 대한 대책이 필요하다고 하였는데, 일일이 조사하여 법대로 조치하는 강경한 정책을 취하면 소요만 일게 될 뿐 근본적 대책이 되지 못하고, 그렇다고 그대로 둔다면 상황이 악화되어 통제하지 못하게 될까 우려된다고 하였다. 이에 불교를 아예 단절시킬 수 없을 바에야 쇠미하게 하는 게 바람직하다고 보았는데, 이는 곧 사찰을 철훼하고 승도를 추쇄하는 강경한 정책이나, 승도와 사찰을 사실상 방임하는 정책이 모두 바람직하지 않으므로, 현실적 대책을 강구할 필요가 있다고 본 것이었다.

그런데 이와 같은 김근사와 김안로의 현실 인식 속에는 이미 그 대책에 대한 인식도 내재해 있었다고 할 수 있다. 김근사와 김안로는 관에서 도첩을 발급하고 유명 사찰의 주지를 임명함으로써 무도첩승을 규제하고 아무나 주지가 되지 못하게 한 것이 승도와 사찰에 대한 통제 대책이 조금이라도 되었다고 보았는데[稍有禁防], 이는 곧 승정체제를 폐지하여 국가가 승도와 사찰에 대해 관리, 통제하지 않음으로 인해 작금의 현실을 초래했다고 보았음을 의미한다. 이를 통해 볼 때 당시 김근사와 김안로가 주도하던 조정에서는 승도와 사찰을 조금이라도 통제하기 위한 제도가 필요하다고 인식하였으며, 이에 따라 제안한 대책이 한시적 부역을 대가로 한 승인호패제(僧人號牌制)였다. 그런데 이 승인호패제는 15세기에 시행된 도승제의 운영 방식과 거의 유사한 것이었으므로, 당시 조정에서 제시한 대책은 결국 15세기 도승제의 복구에 가깝다고 할 수 있다.[63]

김근사와 김안로는 승인호패제의 구체적 시행 방안에 대해서도 아뢰었는데,[64] 이는 양정(良丁) 중에 승도가 된 자를 모집하여 국가적 역사(役事)에 동원하고, 일정 기간 부역한 승도에게 호패를 발급한다는 것이었다. 이에 호패를 발급받은 자를 사찰에 거처하게 하며, 호패가 없는 자는 단속하고, 신축 사찰을 철훼함으로써, 국가가 승도와 사찰에 대한 일정한 관리와 통제를 해야 한다는 것이었다. 이러한 승인호패제는 국가가 승도의 자격을 인정하는 문서를 발급하고, 면역의 특권을 부여하되, 이 문서가 없는 승도는 단속하고자 한 것이므로, 그 성격과 운영이 15세기 도승제의 운영과 유사하였다. 태조대부터 연산군대에 이르는 15세기 승정체제 운영 시기에는 정전(丁錢)을 납부하고 송경(誦經) 시험을 거쳐 도첩을 발급한다는 것이 법규로 규정되어 있었지만, 정전 납부와 송경 시험을 통해 도첩을 받는 자는 거의 없어 문서상의 형식적 행정에 그쳤다고 지적된 반면, 도성의 궁궐과 사찰 공사에 승도를 약 30일간 한시적으로 동원한 대가로 도첩을 대량으로 발급하는 방식으로 운영되기도 하였는데, 한 번 발급된 도첩은 그 권리가 지속적으로 인정되었다. 이처럼 15세기에 도승제는 사실상 국가의 역사에 부역한 대가로 도첩을 지급하는 방식을 중심으로 운영되었으므로, 중종 후반 승인호패제를 시행하자는 제안은 사실상 15세기 도승제를 재시행하자는 것과 다를 바 없었다.

한시적 부역을 대가로 도첩을 발급하는 방식의 도승제 운영은 도첩을 발급받지 않은 승도가 많은 현실을 사실상 인정하는 것이었다. 국가가 출가를 제한하고자 한 현실적 이유는 군역을 수행하고 생업에 종사할 백성이 줄어든다는 것이었는데, 현실적 필요에 따라 무도첩승을 국가의 역사에 한시적으로 동원하되 그 대가로 면역을 평생 보장하는 도첩을 발급하는 것은 승도로의 출가가 규제되지 않은 현실을 인정하면서도 일반 백성

---

63 조선전기의 도승제 운영에 대해서는 손성필, 2013, 앞 박사논문, 25~27쪽, 39~40쪽 참조.
64 『中宗實錄』 卷80, 중종 30년 8월 11일.

에 비해 역 부담이 가벼운 도첩승의 특권적 지위를 용인하는 모순된 조치였다. 당시 사찰을 수색하여 무도첩승을 추쇄한 것도 아니었으므로, 이러한 도승제의 운영은 승도로의 출가를 제한하는 실질적인 규제력이 있었다고 보기 어렵다. 그러므로 승인호패제도 15세기의 도승제 운영과 마찬가지로 승도의 노동력을 국가적 역사에 활용하면서, 승도에 대한 최소한의 규제[稍有禁防]를 하기 위한 것이었으므로, 이는 승도가 증가하는 현실에 대응하기 위한 현실적인 대책이었다고 할 수 있다. 이 승인호패제 시행 가부에 대한 논의에서 김안로는 '불교가 중국을 통해 들어온 지 몇백 년이 지났지만 역대로 금지하지 못했는데, 지금에 와서 어찌 다 처벌할 수 있겠습니까'라며 '호패(號牌)나 도첩(度牒)의 법은 승도가 함부로 행동하지 못하게 하려는 것뿐입니다'[65]라고 하였는데, 이러한 언급을 통해서도 승인호패제의 시행 배경과 목적에 대한 인식을 확인할 수 있다. 한편 이러한 언급을 통해서도 15세기의 도승제가 승도 규제를 위한 강경한 법규로서 작용한 것이 아니라, 승도가 많은 현실을 인정하면서 유연하게 운영되었음을 다시 한번 확인할 수 있다.

승인호패제는 김근사, 김안로의 제안에 따라 견항(犬項)의 축대를 쌓는 공사에 승도를 동원하면서 시범적으로 시행되었다. 그 시행 초기에는 세부 규정, 공사 현황 등에 대해 일부 논의가 이루어졌으나, 견항 공사가 진행되던 1536년 4월에 성균관(成均官) 유생(儒生) 곽지정(郭之楨) 등이 여러 차례 올린 승인호패제 시행 반대 상소를 계기로 조정에서는 승인호패제 시행의 가부가 재논의되었다. 곽지정 등이 승인호패제를 반대한 이유는 승인호패제가 오히려 승도가 증가하고 불교가 번성하는 단초가 되리라는 것이었다. 일부 승도에 대한 호패 지급으로 수많은 승도를 다 규제할 수

---

65 『中宗實錄』 卷82, 중종 31년 8월 8일.

없으며, 일반 백성은 평생 부역에 동원되는데, 승도에게는 일시적 부역의 대가로 평생 면역을 보장하는 호패를 지급하는 것은 부당하다는 것이었다.[66] 그러므로 곽지정 등은 승인호패제를 시행하면 15세기 국가체제에서 불교 제도를 운영하던 방식으로 회귀하여 불교가 번성하는 단초가 될 수 있음을 우려했던 것이다. 한편 곽지정 등은 왕실의 사적인 불사 봉행에 대해서도 비판하였는데, 근래에 불교재의가 성대하게 설행되어 불교 숭상의 조짐이 보이는데, 이는 왕실이 공공연하게 불사를 지원하기 때문이라고 하였다. 곽지정 등은 국가체제에서 불교 제도를 운영하는 것과 함께, 왕실이 불사를 지원하는 것도 비판하였는데, 이 또한 이러한 국가의 제도나 왕실의 행위가 백성에게 좋지 않은 영향을 미친다는 인식에 따른 것이었다고 할 수 있다.

그러므로 곽지정 등의 주장은 사실상 승도와 사찰에 대한 기존의 교화론적 정책에 대한 지지를 의미했다고 할 수 있다. 국가체제에서 도승제와 같은 불교 제도를 폐지하고 국왕과 왕실이 불사를 봉행하지 않음으로써 백성과 승도가 저절로 교화되도록 한다는 것은 중종 중반 이후 국가가 지향해 온 불교정책이었다. 이는 국왕이 불교를 숭상하지 않고 국가가 승도를 제도적으로 인정하지 않으면, 강경한 규제를 하지 않아도 백성이 저절로 교화되어 불교가 쇠퇴할 수밖에 없을 것이라고 인식한 것으로, 이는 앞서 논한 바와 같이 성리학 사상에 투철한 불교정책 지향이었다. 곽지정 등은 불교를 단시일에 잘라내거나 막을 수는 없다고 하였는데[其植根流波 非朝夕所能斷遏也],[67] 이는 성리학 사상에 기반한 교화론적 불교정책이 단시일에 실효적 성과를 거두기는 어렵다는 점을 인지하고 있었기 때문으로 보인다. 이처럼 성균관 유생 곽지정 등은 성리학 사상에 기반한 기존의 불

66 『中宗實錄』卷81, 중종 31년 4월 7·8·9일.
67 『中宗實錄』卷81, 중종 31년 4월 7일.

교정책을 지지하였기 때문에, 다른 정책 대안을 제시하지는 않았고, 이미 견항 공사가 진행 중이라 하더라도 호패를 지급하지 말자고 주장하였을 뿐인 것이다.

이처럼 승인호패제를 시행하려는 측과 반대하는 측의 의견 차이는 분명 했다고 할 수 있다. 승도가 증가하였다는 현실 인식은 공통적이었지만, 조정 대신인 김근사, 김안로 등은 불교는 현실적으로 근절하기 어려우므로 승도를 조금이라도 규제하면서 국가가 그 노동력을 국가적인 역사에 활용하기 위해 승인호패제를 시행하자고 주장한 반면, 성균관 유생 곽지정 등은 불교는 현실적으로 근절하기 어려우므로 국가가 승도를 조금이라도 용인하는 제도를 시행해서는 안 된다고 주장하였던 것이다. 곽지정 등의 상소에 따라 승인호패제 시행을 재논의할 때에 조정 신료들은 위와 같은 두 의견으로 나뉘었고,[68] 중종은 견항 공사에 이은 안행량(安行梁) 공사의 시행 여부를 결정하지 못하였다.

불교정책에 대한 조정 신료들의 이러한 의견 차이는 대체로 각 정치세력의 상이한 지향에 따른 것이기도 했던 것으로 보인다. 중종 중반의 교화론적 불교정책이 조광조를 위시한 사림세력에 의해 지향된 것이었다면, 중종 후반의 승인호패제는 김안로 등의 훈척세력에 의해 추진된 것이었으며, 성균관 유생 곽지정 등의 승인호패제 반대 상소는 사림세력의 의견을 대변한 것이었다고 할 수 있다. 그렇다면 대체로 사림세력은 성리학 사상에 투철한 교화론적 불교정책을 지향하였고, 훈척세력은 15세기에 시행된 현실적인 불교정책을 계승하였다고 할 수 있다. 이에 중종 후반의 승인호패제 시행 논의는 승도가 증가하였다고 하는 공통된 현실 인식으로부터 촉발되었지만, 훈척세력과 사림세력, 현실적 대책과 사상적 지향 간의 대

---

68 『中宗實錄』卷81, 중종 31년 4월 10・12일.

립 양상으로 전개되었던 것이다. 물론 조정의 신료를 모두 훈척세력과 사림세력으로 양분할 수 없고, 신료 저마다 그 정치적 성향과 정책적 의견에는 차이가 있을 수 있으나, 당시 불교정책 논의에서 나타난 대립 양상은 다른 배경과 성격을 가진 정치세력 간의 정치적 지향, 정책적 의견 차이와 무관치 않았음은 분명해 보인다.

곽지정 등의 상소를 계기로 조정에서는 승인호패제 시행의 가부에 대한 논의가 여러 차례 이루어졌지만, 위와 같은 양측의 견해차만 확인하였을 뿐 이는 좁혀지지 못하였다. 이에 따라 정국을 주도하던 김근사, 김안로 등은 견항 공사를 계속 추진하였고, 공사에 참여한 승도 5,000여 명에게 호패가 지급되었다.[69] 김근사, 김안로 등은 승인호패제 시행 초기부터 거론된 안행량 의항(蟻項) 공사를 견항과 마찬가지로 승도를 동원해 추진하고자 하였고, 이에 대한 신료와 유생의 반대가 이어졌다. 1537년 2월에 성균진사(成均進士) 유건(柳建) 등의 상소를 계기로 승인호패제와 의항 공사의 시행 여부를 두고 논의가 분분하였으나,[70] 결국 위와 같은 견해차를 좁히지 못한 채 의항 공사는 추진되었다. 1537년 4월까지 부역한 승도는 5,000여 명이었고, 계속 찾아오는 승도에 대해서도 부역을 할 수 있도록 하였다.[71] 그러다 1537년 10월 김안로가 정쟁으로 축출되어 유배·사사되고, 김안로가 시행한 제도들이 혁파되면서 승인호패제도 함께 폐지되었다.[72] 이처럼 이 시기의 불교정책 전개는 당시의 정치 동향과 밀접한 상관관계가 있었다고 할 수 있다. 그러나 의항 공사로 기한을 채우지 못한 승도가 부역하고 있는 고양(高陽) 관사(官舍) 등의 공사에 대해서는 일단 공사를 계속 하

---

69 『中宗實錄』 卷82, 중종 31년 6월 16일.
70 『中宗實錄』 卷83, 중종 32년 2월 1·2·4·5·6·7일.
71 『中宗實錄』 卷84, 중종 32년 4월 6·7일.
72 『中宗實錄』 卷85, 중종 32년 10월 28일.

도록 하고, 그 이후에는 더 이상 승도를 동원하지 않도록 했다.[73] 이로써 볼 때 1536년과 1537년의 견항, 의항 공사에 한시적 부역에 참여하여 호패를 발급 받은 승도는 10,000여 명 이상이었고, 이 승인호패의 회수가 다시 논란이 되기도 하였다.

불교정책이 조정에서 다시 쟁점화된 것은 여주(驪州) 신륵사(神勒寺) 승도 30여 명이 과거길에 투숙한 경상도 유생 30여 명을 도적으로 몰아 구타하고 한 유생이 상해를 입게 된 사건을, 1538년 8월 30일 사헌부가 조정에 아뢴 일이 계기가 되었다.[74] 이에 대해 성균진사(成均進士) 박문수(朴文秀) 등이 9월 19일에 상소하여, 이러한 폐단이 일어나게 된 근본 원인이 승인호패제를 시행하여 승도의 지위와 면역을 보장함으로써 그들이 평생 안일하게 지낼 수 있도록 한 데에 있다고 아뢰었다. 그러므로 기존에 발급된 승인호패를 회수하는 한편, 유생을 구타한 신륵사 승도, 전라도에서 소동을 일으킨 승도, 왕실을 참칭한 승인 경진(敬震)과 보담(寶湛) 등을 조사하여 처단하고, 승도 추쇄와 사찰 철훼, 불서 분서 등을 시행하자고 주장하였다.[75] 그러나 중종과 조정 대신은 승도 추쇄나 사찰 철훼를 갑자기 시행하면 소요가 발생할 것이 우려된다는 점, 발급한 승인호패의 수가 많지 않다는 점, 한 번 발급한 것을 회수하여 신의를 잃을 수 없다는 점 등을 들어 이를 수용하지 않았다.[76]

그러자 승인호패를 회수하자는 상소가 이어졌으나 윤허되지 않았으며, 사헌부에서 『여지승람』에 미수록된 신축 사찰만 철훼하자는 방안이 새로이 제기되었다.[77] 이 또한 승도와 사찰이 증가하고 있는데 지방관들이 이

---

73 『中宗實錄』 卷85, 중종 32년 10월 28일.

74 『中宗實錄』 卷88, 중종 33년 8월 30일.

75 『中宗實錄』 卷88, 중종 33년 9월 19일.

76 『中宗實錄』 卷88, 중종 33년 9월 19일.

77 『中宗實錄』 卷88, 중종 33년 9월 26·27일.

를 규제하지 않고 문서상의 형식적 보고만 일삼고 있을 뿐이라는 현실 인식에 근거한 것이었다.[78] 이에 따라 9월 28일에 조정 대신이 논의하여 『여지승람』에 미수록된 신축 사찰을 철훼하되 사목(事目)을 마련하여 경기도와 전라도부터 점차 시행하면 소요를 줄일 수 있을 것이라고 아뢰자, 중종은 이를 윤허하였다.[79] 10월 6일에는 사헌부가 작성한 사목에 대해 사간원에서 아뢰었는데, 승도는 유망(流亡)하는 자들이라 의식(衣食)을 해결해 주지 않은 채 곧바로 정역(定役)한다면 정착하여 살기 어려울 것이니 일족(一族)의 보증을 받은 후 일정 기간 역을 면제하는 것을 사목에 추가하자고 건의하자, 중종은 이를 윤허하였다.[80] 이에 따라 박세옹(朴世蓊)을 전라도 경차관(敬差官)으로 파견하여 신축 사찰 철훼와 피역 승도 추쇄를 시행하였으나, 12월 16일에 흉년이 든 전라도에 큰 옥사까지 일어나 민심이 흉흉하다 하여 박세옹을 즉시 올라오도록 하자고 건의되었고, 종종은 이를 따랐다.[81] 박세옹이 돌아와서 아뢰기를 전라도에 승도가 아주 많았는데 이는 수령들이 법을 집행하지 않았기 때문이라고 하였고, 정장(丁壯) 3,000여 명을 추쇄했다고 하였다.[82] 이후 경기도와 전라도에서 철거된 『여지승람』 미수록 사찰을 다시 창건하면 치죄하도록 규정하기도 하였으나, 그럼에도 불구하고 다시 창건되는 사찰이 있어 관찰사에게 단속하도록 조치하기도 하였다.[83]

1539년 6월 성균생원(成均生員) 유예선(柳禮善)의 상소로 불교정책은 또다시 논란되었다. 유예선은 승인호패제 시행을 비판한 한편, 『여지승람』

78 『中宗實錄』 卷88, 중종 33년 9월 27일.
79 『中宗實錄』 卷88, 중종 33년 9월 28일.
80 『中宗實錄』 卷88, 중종 33년 10월 6일.
81 『中宗實錄』 卷89, 중종 33년 12월 16일.
82 『中宗實錄』 卷89, 중종 34년 2월 23일.
83 『中宗實錄』 卷91, 중종 34년 6월 3일.

미수록 사찰의 철훼를 경기도, 전라도만 시행한 점, 능침사찰인 봉선사(奉先寺)와 봉은사(奉恩寺)는 철훼하지 않은 점, 내관을 통한 왕실의 불사가 끊이지 않는 점 등을 비판하고, 당시 수사찰(首寺刹)로 여겨진 봉선사, 봉은사의 철훼와 왕실 관련 승도인 보담(寶曇)과 행사(行思)에 대한 치죄를 주장하였다.[84] 그러나 이는 윤허되지 않았으며, 이에 유생들의 상소는 계속 이어졌고, 조정에서는 왕실의 여러 원당(願堂) 지정이 비판되기도 하였다.[85] 성균관 유생 유예선 등은 상소를 통해 『여지승람』 수록 사찰은 철훼하지 못하도록 하는 점, 경기도, 전라도 이외 지역의 신축 사찰 철훼에 대해 조정에서 논의하지 않는 점, 왕실과 관련된 봉선사와 봉은사가 수사찰로 여겨지고 있다는 점 등을 비판하면서, 봉선사와 봉은사의 철훼를 주장하였다.[86]

그러나 중종이 봉선사와 봉은사가 조종의 사찰이라는 이유로 철훼를 윤허하지 않자, 연일 봉선사·봉은사를 철훼해야 한다는 유생의 상소가 이어졌다. 중종이 끝내 윤허하지 않자, 유생들이 성균관을 비우고 물러나기까지 하였다.[87] 이를 계기로 기존 불교정책의 평가와 새로운 대안에 대한 논의가 영의정(領議政) 윤은보(尹殷輔), 좌의정(左議政) 홍언필(洪彦弼), 우의정(右議政) 윤인경(尹仁鏡), 우찬성(左贊成) 김안국(金安國) 등 여러 조정 대신들에 의해 이루어졌으나, 다양한 견해들로 논의가 공전되면서 당시 불교정책 노선의 난맥상을 드러냈으며, 결국 『여지승람』 미수록 사찰을 점차 철훼한다는 말로 유생을 타이르기로 하고 논의는 종결되었다.[88] 당시 논의에 참여한 조정 대신들은 승도가 증가한 현실을 심각하게 받아들였고, 중

---

84 『中宗實錄』 卷91, 중종 34년 6월 3일.

85 『中宗實錄』 卷91, 중종 34년 6월 4일.

86 『中宗實錄』 卷91, 중종 34년 6월 8일.

87 『中宗實錄』 卷91, 중종 34년 6월 9일.

88 『中宗實錄』 卷91, 중종 34년 6월 10일.

종 중반의 교화론적 정책은 물론 중종 후반의 승인호패제도 실효성이 없다고 인식하고 있었으나, 적절한 대책에 대한 합의를 도출해내지는 못하였다. 이는 당시 국정 운영의 한계에 기인한 것인 한편, 성리학적 지향과 조선 사회의 현실 간의 괴리라는 문제에 봉착해 있었기 때문이기도 한 것으로 보인다.

결국『여지승람』미수록 사찰에 대한 철훼를 농사철을 피해 점차적으로 시행하겠다는 말로 유생을 타이름으로써 유생이 성균관을 비운 상황은 해소되었지만,[89] 당시에도 경기도와 전라도의 철훼된 사찰들이 복구되고 있다거나, 경기도의 사찰은 반수가 복구되었다거나, 내전의 명을 빙자하여 철훼된 사찰이 복구되고 있다거나, 경기도와 전라도에 파견된 경차관이 사찰 철훼와 승도 추쇄를 철저히 시행하지 않았다는 등의 비판이 조정 신료들에 의해 제기되고 있었다.[90] 이처럼 1539년 6월에는 불교정책에 대한 논의가 분분하였는데, 그 이후로 당분간 그 논의가 보이지 않다가, 10월에는 재상들이 지난번에 전라도의 사찰을 일시에 철훼하여 승도가 거처할 곳이 없어져 도둑이 된 자들이 많다는 폐단을 아뢰었고, 전주부윤(全州府尹) 이언적(李彦迪)도 중앙의 관료를 파견하여 갑자기 사찰을 철훼함으로써 승도가 한겨울에 의지할 곳이 없어 유망하게 된 폐해를 아뢰었다. 1541년 3월에는 성균진사(成均進士) 왕희언(王希彦) 등이『여지승람』미수록 사찰의 철훼를 시행하지 않는 데 대해 비판하는 상소를 하였고, 중종은 흉년이 들어 철거하지 않았다고 하였다.[91] 이후 중종이 사망한 1544년까지 불교정책 논의는 더 이상 이루어지지 않았고,『여지승람』미수록 사찰에 대한 철훼도 결국 시행되지 않았다. 그러므로 가장 강경한 불교정책인 사찰 철훼

---

89 『中宗實錄』卷91, 중종 34년 6월 11·12일.

90 『中宗實錄』卷91, 중종 34년 6월 10·11일.

91 『中宗實錄』卷94, 중종 36년 3월 8·15일.

는 결국 1538년 겨울 경기도와 전라도에 한해 1회 시행하다가 중단되었고, 그것도 『여지승람』에 수록된 1,600여 개 사찰을 제외한 일부 신축 사찰에 대해 시행되었을 뿐이다. 이는 조선시대를 통틀어 국가가 주도하여 대대적으로 사찰을 철훼한 유일한 사례였다고 할 수 있다.

한편 중종 후반에도 내수사를 통한 왕실의 사적인 불사에 대한 비판은 계속되었다. 1537년에는 내전에서 지시했다고 의심되는 개성(開城) 화장사(華藏寺)의 불사가 신료들에 의해 비판되었는데, 중종은 처음에는 자신은 모르는 일이라고 하였다가 결국 내전의 지시에 따른 제안대군(齊安大君) 댁의 불사로 밝혀지자 정사를 그만두고 조용히 과오를 반성하겠다고 하였고[近勿視事 靜而思愆],[92] 1538년에는 내수사의 노(奴)인 승 경신(敬宸)이 세자를 참칭하여 불사를 일으키려 한 일로 왕실의 불교 숭상이 의심받아 비판되었으나 중종은 자신은 모른다고 하였다.[93] 1539년에는 신료와 유생들이, 왕실이 원당을 지정하여 불사를 행하고 있고 여러 사찰에 내관의 왕래가 끊이지 않는다고 비판하였는데, 중종은 자신은 모르는 일이라 하였으나 이들이 요구한 봉선사·봉은사의 철훼는 끝내 윤허하지 않았다. 이처럼 중종 후반에도 왕실의 불사에 대한 왕실과 신료 간의 대립 양상은 계속되었다. 15세기에도 국가와 왕실의 불사에 대해 신료들이 계속 비판해 왔지만, 16세기 초인 중종 초반에 국가체제에서 불교 제도가 폐지되면서 왕실은 명산대찰에 사적으로 불사 봉행을 지속하는 양상을 보였고, 이에 대한 신료의 비판도 계속되었으나 국왕은 대체로 자신은 모르는 일이라는 태도로 일관하였다.

지금까지 논한 바와 같이 중종 후반은 불교정책의 난맥상이 드러난 시기였다. 현실적 대책과 성리학 사상, 훈척세력과 사림세력 간의 대립으로

---

92 『中宗實錄』 卷83, 중종 32년 1월 21·23일; 2월 9·10·12·13·20·24·25·26·30일.

93 『中宗實錄』 卷89, 중종 33년 11월 11·18·19·21일; 12월 9일.

불교정책 논의는 공전되는 양상을 보였고, 증가한 승도와 사찰을 규제하는 실질적 대책이 시행되지 못하였다. 국왕, 신료, 유생 등이 승도가 증가하였다는 공통된 현실 인식을 가지고 있었음에도, 그 대책에 대한 합의를 도출해내지 못하였던 것이다. 성리학 사상에 따라 승도와 사찰을 사실상 방임한 중종 중반의 교화론적 불교정책은 단기적 실효성이 없었고, 이로 인해 증가한 승도와 사찰을 규제하기 위한 현실적 대책으로 한시적 부역을 대가로 한 일종의 도승제인 승인호패제가 김안로 등에 의해 추진되었으나, 김안로가 축출되면서 곧 폐지되었다. 이에 성균관 유생 등은 승인호패 회수와 함께 사찰 철훼, 승도 추쇄 등의 강경한 정책 추진을 주장하였으나, 국왕과 대신들은 이를 수용하지 않았다. 다만 중앙 관료인 경차관을 경기도와 전라도에 파견하여 『여지승람』에 미수록된 신축 사찰을 철훼하는 조치가 한 번 시행되었다가 민심의 동요를 우려해 이내 중단되었는데, 중앙 관료를 파견한 것은 당시 관찰사, 수령 등의 지방관들이 승도와 사찰에 대한 단속을 하지 않고 문서상의 형식적 보고에 그쳐 왔기 때문이었다. 성균관 유생들은 당시에 수사찰로 여겨진 능침사찰인 봉선사·봉은사의 철훼를 주장하였는데, 이 또한 윤허되지 않았고, 『여지승람』 미수록 사찰에 대한 철훼를 점차 시행한다는 말로 유생을 타일러 무마하였다. 결국 승도와 사찰에 대한 더 이상의 조처는 이루어지지 않았으며, 이러한 불교정책의 난맥상 속에 명종이 즉위하여 문정왕후(文定王后)가 등장하였던 것이다.

문정왕후가 『경국대전』에 의거하여 승정체제를 복구한 명분도 증가한 승도를 통솔할 제도가 필요하다는 것이었다.[94] 중종 후반에도 왕실의 사적인 불사는 공공연하게 계속되고 있었으며, 이는 명종대에 승정체제가 복구되어 봉은사와 봉선사를 각각 선종과 교종의 수사찰(도회소)로 지정하

---

94 『明宗實錄』 卷10, 명종 5년 12월 15일.

고, 명산대찰을 왕실의 내원당으로 지정하면서 공식화, 표면화되었다. 그러므로 명종대 승정체제의 복구는 15세기의 승정체제를 계승한 것이면서, 중종대 왕실의 사적 불사와 사찰 지원을 공식화, 표면화한 것이기도 하였다. 이러한 이해에 따르면, 중종대에 불교 전통이 단절되다시피 했다고 하는 기존의 일반적인 이해는 타당하지 않아 보인다. 앞서 논하였듯이 중종 초반에 승정체제가 폐지된 이후에도 지방의 수많은 사찰이 여러 경제적 기반을 통해 유지, 운영되고 있었고, 1516년 기신재 폐지 이후에도 왕실은 공공연하게 불사를 계속해 왔기 때문이다. 이처럼 조선전기 불교의 역사는 국가 제도, 사찰 운영, 불교 전통 등의 변화 못지않게 그 연속성 또한 주의 깊게 고려되어야 할 것으로 보인다.

　마지막으로 중종대를 뒤이은 명종대와 선조대의 불교정책에 대해 간략히 언급해 두고자 한다. 1550년(명종 5) 문정왕후는 승도가 증가하고 통솔되지 않는 현실, 선교양종이 『경국대전』에 규정된 제도라는 점 등을 명분으로 선교양종, 곧 선종과 교종의 복립을 명하였다.[95] 명종대의 선교양종 복립은 15세기에 지속적으로 운영되다가 40여 년 전인 16세기 초에 폐지된 승정체제의 복구를 의미했다. 이에 명종대에는 15여 년간 승정체제가 다시 운영되었는데, 15세기와 마찬가지로 승정 기구인 선종과 교종을 중심으로 승직, 승과, 도승, 사사전 등의 제도가 운영된 것이다. 그러므로 이는 기본적으로 조선의 만세성법인 『경국대전』에 규정된 제도를 시행한 것이자, 15세기의 승정체제를 계승한 것이라고 할 수 있다.[96] 명종대에는 승

---

95 『明宗實錄』卷10, 명종 5년 12월 15일.

96 기존에는 명종대 문정왕후가 숭불 정책, 불교중흥 정책을 시행했다고 알려진 반면, 그 정책이 15세기의 승정체제를 복구한 것일 따름이라는 점은 명확히 논의되지 않았다. 불교사적 맥락에서 문정왕후의 주도로 승정체제가 복구된 것은 높이 평가될 만한 사건이라고 할 수 있지만, 이는 막연히 사상적 맥락에서 평가되기보다, 당시의 정치 현실(정치사적 맥락), 『경국대전』에 규정된 법제(제도사적 맥락) 등을 충분히 고려하여 평가되어야 할 것으로 보인다. 기존에 알려진 바와 같이 명종대의 승정체제 복구를 숭불 정책으로 평가한다고 하면, 15세기에 승정

정체제 운영의 변화도 확인되는데, 승정체제의 운영에 내수사의 관여가 확대된 점, 지정 사찰의 수가 크게 증가한 점,[97] 승정체제가 전쟁 당시 승도의 동원과 통솔에 활용된 점, 도승의 원칙이 무력화되고 승도가 직접 동원된 점 등을 들 수 있다. 이는 15세기 후반, 16세기 전반의 변화를 계승한 것이자, 임진왜란 이후 승도와 사찰 관련 제도 운영의 단초가 된 것으로 보인다. 이 명종대의 승정체제는 1566년(명종 21)에 폐지되었는데, 이로써 고려로부터 유래한 승정체제는 한국의 역사에서 비로소 폐지되었다고 할 수 있다.

명종대 말기에 승정체제가 폐지된 이후,[98] 선조대에는 중종대와 마찬가지로 교화론적 불교정책이 지향되었는데, 이는 성리학에 투철한 유자의 기본적인 정책 지향이라고 할 수 있다. 이에 선조대에도 불교계에 대한 직접적인 제재는 거의 확인되지 않으며, 선조대가 조선시대를 통틀어 사찰의 불교서적 간행이 가장 활발한 시기였다는 점은 주목할 만한 사실로 보인다. 선조대에는 중종대와 마찬가지로 국가체제에서 승정체제가 운영되지 않는 상태가 된 것인데, 이는 국가가 승도와 사찰을 관리하거나 통제하는 별도의 제도를 운영하지 않았음을 의미한다.[99] 그런데 연산군대 말, 중

체제 지속 운영된 사실도 숭불 정책으로 평가해야 할 것인데, 일반적으로 명종대는 숭불 정책이 시행된 시기로 평가하면서도, 15세기는 억불 정책이 시행된 시기라는 인식이 완고한 듯하다. 이에 조선전기 승정체제 운영과 폐지에 대해서는 정확한 사실을 바탕으로 역사적 맥락을 고려하여 재평가가 이루어질 필요가 있어 보인다. 명종대 승정체제의 복구와 변화에 대해서는 추후 별도의 논문을 통해 자세히 논의하고자 한다.

97 손성필, 2013a, 위 논문, 80~94쪽. 1551년(명종 6) 內願堂으로 지정된 사찰은 395개였으나, 1522년에 선종 20개, 교종 39개 사찰을 혁거하였고, 1555년에 55개 사찰을 혁거하였다.

98 명종대 말기에 유생이 양주 회암사를 불태웠다는 인식이 통용되기도 하나, 이는 근거 없는 사실에 의거하여 형상화된 역사상의 단적인 사례라고 할 수 있다. 회암사는 유생에 의해 불타지 않았으며, 선조대에도 운영되다가 임진왜란 때 소실된 것으로 보인다. 회암사의 망폐 시기, 기존 역사상의 형성 과정 등에 대해서는 추후 별도의 논문을 통해 자세히 논의하고자 한다.

99 국가가 승정체제를 폐지했다고 해서 사찰을 전혀 관리, 통제하지 않았던 것은 아니며, 기본적으로 지방관을 통한 수취 제도는 작동했던 것으로 보인다(김선기, 2022b, 앞 논문). 하지만 승정체제를 통한 기존의 관리, 통솔이 이루어지지 않음으로써 사실상 불교계는 국가로부터 방임되었던 것으로 보인다. 명종대의 승정체제가 폐지되고 교화론적 불교정책이 지향된 선조대에,

종대 초에 승정체제가 폐지될 때도 사사전은 전부 혁거되지 않았으며,[100] 명종대 말에 승정체제가 폐지되면서도 사사전은 속공된 것이 아니라 결국 내수사로 귀속되었으므로,[101] 16세기 이후 사사전과 왕실 재정의 관계에 대해서는 앞으로 보다 면밀한 검토가 필요한 연구 과제라고 할 수 있다. 16세기 말의 임진왜란을 계기로 조선후기에는 승군을 통솔하고 승역을 관리하는 제도가 성립하였는데, 이는 기존의 승정체제와는 달리 도총섭, 총섭과 같은 승직을 임명하여 승군을 통솔하거나 지방관을 통해 승역을 관리하기 위한 것이었다. 조선전기의 승정체제가 복구되지 않아 선종과 교종이 설치되거나 승과가 시행되지는 않았지만, 조선후기에 성립된 승군, 승역 제도는 조선말기까지 지속되었다. 이에 이러한 조선전기와 조선후기의 불교, 승도, 사찰에 대한 제도의 연속성, 차이점 등도 앞으로 심도 있는 논의가 필요한 연구 과제로 보인다.

조선시대를 통틀어 사찰의 불교서적 간행이 가장 활발했다는 점은 이를 방증한다고 할 수 있다(손성필, 2013a, 앞 논문).

100 송수환, 2000, 『朝鮮前期 王室財政 研究』, 집문당, 134~135쪽; 이경식, 2012, 앞 책, 310~313쪽.

101 송수환, 2000, 앞 책, 143~144쪽; 이경식, 2012, 앞 책, 315~316쪽.

4

조선전기의 지정 사찰과 일반 사찰

1. 조선전기 지정 사찰의 혁거와 존립

1) 승정체제의 운영과 지리지 수록 사찰

조선전기는 승정체제가 개혁되어 운영되다가 폐지된 시기였다.[1] 3장에서 논의한 바와 같이, 일반적으로 조선초기의 불교정책으로 알려진 대부분의 조치들은 사실 승정체제를 대상으로 한 국가체제의 개혁이었고, 이는 고려의 승정체제를 계승하되 그 규모를 축소하고 위상을 격하하고자 한 것이었다. 이에 2개 종, 36개 지정 사찰의 승정체제가 성립하였으며, 이는 15세기에 큰 변동 없이 계속 운영되었다. 16세기 초에 갑자기 폐지된 승정체제는 명종대에 복구되었다가, 선조대에 다시 폐지되었다. 조선전기 승정체제의 개혁과 폐지는 국가체제에서 불교 제도를 축소하거나 폐지하여 불교의 국가적 기능을 억제하고자 한 것일 뿐이었다. 일반적인 오해와는 달리 승정체제의 소속에서 사찰이 지정 해제되었다고 해서 철거되거나 망폐하는 것이 아니었으며, 승정체제 개혁, 폐지와는 별개로 조선 사회에는 수많은 사찰이 유지되고 있었다. 승정체제 개혁, 폐지에 따라 사찰이

---

1   손성필, 2024a, 앞 글, 34~35쪽.

혁거되면 '지정 사찰'에서 '일반 사찰'로 위상이 바뀌는 것일 뿐이었고, 그 사찰은 경제적 기반의 여하에 따라 존립할 수도, 망폐할 수도 있었다. 또한 성리학에 투철한 사림세력은 국가체제에서 불교 제도를 제거한 뒤에 승도와 백성이 저절로 교화되기를 기다리는 정책을 지향하였을 뿐, 승도 추쇄, 사찰 철훼와 같은 강경한 규제를 지향하지 않았다.

그러나 조선초기 억불 정책에 따라 사찰이 철훼되었거나 망폐하였다는 인식, 성리학에 투철한 유자가 승도와 사찰을 강경하게 억압했다는 인식 등은 학계, 일반에 상당히 고착화되어 있으며, 이는 기존에 형성된 역사상이 제대로 비판, 성찰되지 못해 왔기 때문으로 보인다. 이에 이 절에서는 조선시대에 편찬된 관·사찬 전국 지리지에 각 군읍별로 수록된 사찰 정보를 조사하여, 승정체제의 개혁, 폐지에 따라 혁거된 '지정 사찰'의 존립 여부에 대해 논해 보고자 한다. 이는 사찰이 승정체제로부터 혁거된다고 해서 망폐한 것이 아니었다는 사실을 분명히 확인해 두기 위한 것이며, 이를 통해 조선전기 사찰 존립과 운영의 실제를 명확히 파악하기 위한 것이라고 할 수 있다.

1406년과 1424년의 개혁은 기존 국가체제의 일부인 승정체제에 대한 개혁이었다. 기존에는 이른바 억불 정책으로 알려져 왔으나, 이는 국가가 주지 임명, 사사전과 사노비 지급 등을 통해 사찰을 지원하고 관리하며 승도를 보호하고 통제하는 국가적인 시스템(체제)을 개혁한 것으로, 기존 승정체제를 감축하고 재편한 것이었다. 이에 1406년과 1424년 개혁으로 지정된 242개 사찰, 36개 사찰은 국가가 승정체제 운영을 위해 지정하여 사사전을 지급하고 주지를 임명함으로써 지원하고 관리하는 사찰일 뿐, 그 이외의 사찰을 배제하고 규제하기 위해 지정된 것이 아니었음은 분명해 보인다. 사실 사찰의 남설을 막기 위해 사찰의 신창과 중창을 금하는 법규는 별도로 존재하였는데, 이는 현실에 존재하는 다수 사찰의 유지와 보수는 인정하면서 사찰을 새로 건립하는 행위를 금하기 위한 것이었다.[2] 『경제육전(經濟六典)과 『경국대전(經國大典)』에도 수록된 이 법규는 사찰이 더 이상 건립되는 것을 통제하기 위한 것으로, 승정체제 운영을 위한 사찰 지정과는 목적, 대상, 성격 등이 전혀 다른 정책이었으나, 그간 이를 구분하지 않고 억불 정책이라고 막연하게 해석해 왔던 것이다. 이는 승도에 대한 정책도 마찬가지로, 당시 승도층은 판사, 주지 등과 같은 승정체제 고위 승직자층, 승과에 입격하여 승계를 수여 받은 광의의 승직자층, 도첩을 발급 받아 국역을 면제 받은 도첩승(度牒僧), 도첩을 발급 받지 못한 하층 승도, 승도 행색을 한 비승비속(非僧非俗)의 무뢰배 등으로 다양했으며,[3] 승정체제 개혁은 승직자층을 대상으로 한 정책인 반면, 도승제(度僧制)는 승인(僧人)으로의 출가를 제한하면서도 그 지위를 보호하기 위한 제도였다.[4] 그러나 이 또한 엄밀히 구분하지 않은 채 억불 정책으로 막연하게 일반화해 왔던 것이다.

국가의 사찰 신창 및 중창 금제를 통해 볼 때, 당시 조선 사회에는 승정체제 개혁과는 별개로 다수의 사찰이 존재하였고, 사찰 저마다의 인적·물적 기반에 따라 존립하기도 망폐하기도 하였으며, 국가는 사찰이 더 이상 건립되지 않도록 규제하고자 했을 뿐이다. 물론 승정체제로부터의 혁거는 사찰의 존립과 망폐에 큰 영향을 미치는 요인 중에 하나였음은 분명해 보인다. 그러나 사찰의 경제 기반은 국가가 지급한 사사전만이 아니었으며, 사사전이 사찰 운영에서 차지하는 비중도 사찰마다 달랐다고 할 수 있다. 사실 사찰은 상당한 규모의 인적·물적 기반이 없이는 유지되기 어려운 시설이자 기관이었는데, 조선시대뿐 아니라 고려시대에도 화재, 전란, 승도의 이산, 경제 기반의 약화 등의 다양한 사유로 인해 망폐하였다.[5] 여말선

---

2 손성필, 2019b, 앞 논문, 72~75쪽.
3 손성필, 2013b, 앞 논문, 67~76쪽.
4 손성필, 2018, 앞 논문, 190~191쪽.

초에는 몽고의 침략, 왜구의 침탈, 경제 기반의 약화 등으로 인해 이미 다수의 사찰이 망폐한 상태였는데, 그간 이러한 사실에는 주목하지 않고 태종·세종대의 억불 정책으로 인한 사찰 혁거와 망폐를 지나치게 강조해 왔다.[6] 그러나 앞서 논한 바와 같이 그간 강력한 억불 정책으로 알려져 온 1406년과 1424년의 개혁은 기존 승정체제에 대한 개혁이었으며, 사찰이 승정체제에서 혁거되었다고 해서 국가에 의해 철훼되거나 필연적으로 망폐하는 것은 아니었다. 국가가 사사전을 환수하더라도, 사찰 저마다의 사정과 경제 기반에 따라 존립할 수도, 망폐할 수도 있었던 것이다. 실제로 승정체제 소속 사찰의 지정과 혁거가 승정체제에 소속되지 않은 사찰의 존재를 전제로 이루어지고 있었고, 1424년 개혁으로 혁거된 사찰이 망폐하지 않고 『세종실록지리지』에 수록되기도 하였다는 점을, 앞서 승정체제의 개혁과 운영에 대한 논의를 통해 이미 확인하였다.

조선 사회의 사찰에 대한 이해의 부족은 『세종실록지리지(世宗實錄地理志)』, 『신증동국여지승람(新增東國輿地勝覽)』, 『동국여지지(東國輿地志)』 등과 같은 지리지에 수록된 사찰 정보에 대한 연구의 부진과 잘못된 이해에 기인하는 바도 크다고 생각된다. 이 지리지들에 수록된 사찰 정보는 저마다 수록 방침, 선별 기준 등에 차이가 있었는데, 기존에는 이를 충분히 고려하지 않은 채 활용해 온 듯하다.[7] 앞서 3장 2절에서 논한 바와 같이 『세종실록지리지』의 사찰 정보는 당시 승정체제에 소속된 36개 지정 사찰을 중심으로 수록한 것으로, 그 소속 종과 지급 사사전 결수를 충실하게 기재하였다. 그러나 『신증동국여지승람』은 승정체제 소속의 지정 사찰을 수록

---

5 이병희, 2006, 앞 논문; 이병희, 2007, 앞 논문.

6 손성필, 2019b, 앞 논문, 66~67쪽.

7 『新增東國輿地勝覽』, 『東國輿地志』 등과 같은 전국 지리지, 『永嘉誌』, 『晉陽誌』, 『一善誌』 등과 같은 私撰 邑誌의 사찰 정보 수록 방침 및 선별 기준에 대해서는 손성필, 2019a, 앞 논문 참조.

한 것이 아니라, 당시 조선 사회에 현존하던 주요 사찰을 군읍별로 다수 수록한 것이었으며, 16세기 이후 편찬된 군읍별 관찬, 사찬 읍지에는 대체로 전국 지리지에 수록된 사찰보다 상당히 많은 수의 사찰이 수록되었는데, 이에 대해서는 4장 2절에서 자세히 논의할 것이다.

조선전기에 편찬된 관찬 지리지의 사찰 수록 양상을 살펴보면, 1425년(세종 7)에 편찬된『경상도지리지(慶尙道地理志)』에는 1424년 체제의 36개 사찰 중에 경상도 소재 사찰인 경주 기림사(祇林寺), 합천 해인사(海印寺), 진주 단속사(斷俗寺), 거창 현암사(見巖寺)만을 수록하였다. 1424년 개혁 직후 편찬된『경상도지리지』에는 경상도 지역의 승정체제 소속 4개 사찰만이 수록되었던 것이다. 그런데 1432~1454년에 편찬된『세종실록지리지』에는 승정체제 소속 36개 사찰 이외에도 16개 사찰이 추가 수록되었고,[8] 이후 1469년(예종 1)에 편찬된『경상도속찬지리지(慶尙道續撰地理誌)』에는 승정체제 소속의 지정 사찰 이외에도 다수의 현존 사찰을 수록하였으며, 1481년(성종 12)에 처음 편찬된『동국여지승람(東國輿地勝覽)』에 이르러서는 더 이상 승정체제 소속 여부는 기재하지 않고 당시 현존하던 군읍별 주요 사찰을 선별하여 수록하였다. 관찬 지리지의 사찰 정보가 승정체제 지정 사찰을 중심으로 수록하는 방식에서, 현존하는 주요 사찰을 수록하는 방식으로 점차 변화해 간 것이다. 그러나 이러한 관찬 지리지의 사찰 정보 수록 방식의 변화가 지니는 함의는 아직 자세히 논의된 바 없어 보인다.[9]

---

8 『세종실록지리지』에 수록된 비지정 16개 사찰은 당시에 현존하던 사찰을 일부 수록한 것으로 보이는데, 그 선별 기준은 불분명하다.

9 다만『세종실록지리지』와『신증동국여지승람』의 물산(토산) 정보의 검토를 통해, 두 관찬 지리지의 항목 설정과 수록 정보의 성격이 매우 상이하였다는 견해가 제시된 바 있어 주목된다(소순규, 2014,「『신증동국여지승람』토산 항목의 구성과 특징」『동방학지』165). 이에 따르면 『세종실록지리지』의 물산 항목은 국가의 수취제도를 반영하여 지역의 수취 물종들을 기재한 반면,『신증동국여지승람』의 토산 항목은 공물과는 상관없이 각 지역에서 실제 산출되는 특징적인 물종들을 상당히 정확하게 기재하였다고 한다. 이는 두 관찬 지리지의 사찰 정보 수록 양상의 차이와 상당히 유사한데,『세종실록지리지』는 승정체제에 소속된 지정 사찰을 중심으로

그중에서도 『경상도속찬지리지』는 승정체제 소속의 지정 사찰이 아닌 사찰에 대해서도 소속 종을 기재하는 특징적 양상이 나타나므로, 승정체제의 운영 및 사찰의 존립 양상과 관련하여 주목된다. 『경상도속찬지리지』에는 '승사(僧寺)' 조가 설정되었는데, 서두에 수록된 「지리지속찬사목(地理誌續撰事目)」에 따르면 "승사: 모산 모사 모종 소속(某山某寺某宗所屬)"이라고 기재한다는 지침이 설정되어 있었다. 실제로 『경상도속찬지리지』의 승사 조는 이러한 지침에 따라 기재되었는데, 그 정보를 정리하면 〈표 10〉과 같다.[10]

〈표 10〉을 통해서도 확인되는 『경상도속찬지리지』 수록 사찰 정보의 특징적 면모는 크게 세 가지로 정리해 볼 수 있을 듯하다. 첫째, 승정체제의 소속 종을 기재한다는 지침에 따라 대부분의 사찰에 소속 종 정보가 기재되었다. 1469년은 2종 36사의 승정체제가 운영되던 시기이므로 사찰별 소속 종을 기재하고자 한 것인데, 기림사, 해인사, 단속사, 현암사 등과 같이 36개에 속한 지정 사찰뿐 아니라, 지정 사찰 이외의 사찰에 대해서도 소속 종을 기재한 점은 주목된다. 이에 대해서는 당시의 승정체제 운영과 관련하여 후속 연구가 필요하다. 둘째, 승정체제 소속 사찰로 지정된 36개 사찰 이외에도 해당 지역에 현존하던 다수의 사찰이 수록되었다. 다만 군읍별로 사찰의 수록 여부, 수록 사찰 수의 편차가 크므로, 각 군읍별로 동일한 수록 지침, 선별 기준에 따라 사찰 정보를 수록했다고 보기는 어려운 듯하다.

기재한 반면, 『신증동국여지승람』은 각 군읍에 현존하던 사찰 중에 주요 사찰을 선별하여 기재하였다.

10 규장각 소장의 『慶尙道續撰地理誌』(奎 10008)를 조사하여, 사찰 정보가 수록된 군읍, 사찰명, 소속 종, 1406년 체제의 242개 사찰 및 1424년 체제의 36개 사찰 포함 여부 등을 정리하였다. 군읍별로 소속 종의 기재 형식이 다소 다르나, 대체로 사찰을 종별로 구분하여 배열하고 소속 종 정보를 말미에 기재해 두었다.

<표 10> 『경상도속찬지리지』 수록 사찰 목록

소재지(사찰 수) 구분	소재지(사찰 수) 군읍	소속 종	사찰명	비고
慶州道(30)	慶州府(6)	–	靈妙寺, 芬皇寺, 佛國寺, **祇林寺***, 天龍寺, 法光寺	宗屬未詳
	淸道郡(7)	禪宗	雲門寺, 小鵲鴨寺, 磧川寺, 新菴寺, **七葉寺****, 文殊寺, 鶴井寺	皆屬禪宗
	梁山郡(1)	禪宗	**通度寺****	屬禪宗
	慶山縣(6)	禪宗	密岩寺, 深泉寺, 鳩住寺, 聖岩寺, 安興寺, 如佛寺	皆屬禪宗
	玄風縣(6)	教宗	瑜伽寺, 大見寺, 消災寺, 道成寺, 庭栢寺, 速成寺	皆屬教宗
	昌寧縣(2)	教宗	玉泉寺	屬教宗
		禪宗	**蓮花寺****	屬禪宗
	淸河縣(2)	禪宗	寂滅寺, 寶鏡寺	皆屬禪宗
安東道(8)	安東大都護府(4)	禪宗	下臨寺(臨河寺), 白蓮寺	禪宗屬
		教宗	修淨寺, 法林寺	教宗屬
	醴泉郡(3)	禪宗	龍門寺, 大谷寺	禪宗屬
		教宗	普門寺	教宗屬
	永川郡(1)	禪宗	**鼎脚寺****	禪宗屬
尙州道(4)	善山府(1)	禪宗	朱勒寺	屬禪宗
	陜川郡(1)	教宗	**海印寺***	屬教宗
	高靈(1)	教宗	盤龍寺	屬教宗
	開寧(1)	教宗	葛項寺	屬教宗
晉州道(23)	晉州牧(11)	禪宗	五臺寺, 安養寺, 化龍寺, 月牙寺, **法輪寺****, 百岩寺, 靑谷寺, 靑原寺, 集賢寺, 凝石寺	禪宗屬
		教宗	**斷俗寺***	教宗屬
	金海(3)	禪宗	長遊寺, **甘露寺****, 龜岩寺	俱屬禪宗
	昌原(1)	禪宗	高山寺	屬禪宗
	咸陽(2)	教宗	**嚴川寺****, 鷲岩寺	屬教宗
	三嘉(1)	教宗	紺岳寺	屬教宗
	居昌(1)	教宗	**見岩寺***	屬教宗
	山陰(2)	禪宗	**智谷寺****	屬禪宗
		教宗	梵額寺	屬教宗
	固城縣(1)	教宗	**法泉寺****	屬教宗
	[鎭海](1)	禪宗	義林寺	屬禪宗
계	23(67)	–	65	

*는 1424년 지정 36개 사찰임
**는 1407년 지정 읍내 자복사 교체 88개 명산대찰임

셋째, 1424년 개혁으로 242개 사찰에 속해 있다가 승정체제에서 혁거된 사찰이 다수 수록되었다. 〈표 10〉의 칠엽사(七葉寺), 통도사(通度寺), 연화사(蓮花寺), 정각사(鼎脚寺), 법륜사(法輪寺), 감로사(甘露寺), 엄천사(嚴川寺), 지곡사(智谷寺), 법천사(法泉寺) 등은 1406년 체제의 242개 지정 사찰에 속해 있다가 1424년 개혁으로 혁거된 사찰인데, 이『경상도속찬지리지』를 통해 볼 때 1469년까지 망폐하지 않고 존립해 있었던 것으로 파악된다. 사찰이 혁거되었다고 해서 망폐하지 않았던 것이다. 이처럼, 『경상도속찬지리지』의 사찰 정보는 승정체제를 운영 중이던 시기에 편찬됨에 따라 사찰별 소속 종을 기재하면서도, 36개 지정 사찰을 중심으로 수록하지 않고 해당 지역에 현존하던 여러 사찰을 수록하기 시작했다는 점에서, 『세종실록지리지』와『신증동국여지승람』의 과도기적 성격을 지닌 것으로 평가할 수 있을 듯하다.

2) 승정체제 혁거 사찰의 존립과 망폐

『동국여지승람』은 2종 36사의 승정체제가 운영된 1481년(성종 12)에 처음 편찬되었고, 승정체제가 폐지된 1530년(중종 25)에 증보되어『신증동국여지승람』으로 편찬되었다. 『동국여지승람』과『신증동국여지승람』은 『세종실록지리지』와는 달리 군읍에 현존하던 다수의 사찰을 수록하였다. 1530년에 편찬된『신증동국여지승람』에는 승정체제 지정 사찰의 소속 종, 사사전 결수 등을 기재하지 않았으며, 이는『동국여지승람』도 마찬가지였다.[11]

---

11 1481년에 편찬된『東國輿地勝覽』의 初稿本은 현전하지 않고, 1487년에 인행된 乙亥字本, 1499년에 인행된 癸丑字本 등의 零本이 현존할 뿐이다(정의성, 1996, 「東國輿地勝覽의 書誌的 硏究: 初稿本부터 新增本까지」, 연세대 문헌정보학과 박사논문). 이『동국여지승람』殘存本의 일부(乙亥字本 全羅道 卷37~38, 癸丑字本 京畿 卷11~13)와『신증동국여지승람』의 사찰 조를 비교해 보면, '新增' 이외에는 수록 사찰과 기재 내용이 동일하다. 그러므로『동국여지승람』과『신증동국여

『세종실록지리지』와는 달리 승정체제 소속의 지정 사찰을 중심으로 사찰을 수록하는 방식으로 편찬되지 않았던 것이다. 다만 『동국여지승람』과 『신증동국여지승람』 한성부(漢城府) 불우 조의 흥천사와 흥덕사 기사에는 각각 "이에 선종으로 삼았다[是爲禪宗].", "이에 교종으로 삼았다[是爲敎宗]."라고 하여, 흥천사와 흥덕사가 선종 도회소, 교종 도회소라는 사실을 기재하였는데, 이를 통해 승정체제에 관한 일부 정보는 기재하였음을 확인할 수 있다. 그런데 이처럼 연산군 말기에 망폐한 흥천사와 흥덕사가 한성부의 불우 조에 수록되었듯, 『신증동국여지승람』 수록 사찰 정보의 해당 시기를 1530년으로 단정하기는 어려워 보이는데, 대체로 처음 편찬된 1481년에서 증보 편찬된 1530년에 이르는 시기의 사찰 정보를 수록했다고 보아야 할 듯하다.[12]

　『신증동국여지승람』은 조선 사회에 현존하던 다수의 사찰을 수록했으므로, 『세종실록지리지』에 비해 수록된 사찰의 수가 아주 많다. 『세종실록지리지』에는 36개 지정 사찰을 포함하여 모두 52개 사찰이 수록된 반면, 『신증동국여지승람』에는 불우 조에 1,650여 개, 고적 조에 70개, 모두 1,720여 개의 사찰이 수록되었다. 기본적으로 불우 조에 수록된 사찰은 현존 사찰, 고적 조에 수록된 사찰은 망폐 사찰이므로, 『신증동국여지승람』에는 당시 조선 사회에 현존하던 1,650여 개에 이르는 사찰이 수록되었다고 할 수 있다. 『세종실록지리지』와 비교해 볼 때 30배 이상 많은 사찰이 『신증동국여지승람』에 수록되었는데, 『세종실록지리지』가 편찬된 이후로부터 『동국

지승람』 사찰 조의 수록 내용은 크게 차이가 없었던 것으로 보이나, 추후 『동국여지승람』 현존본에 대한 종합적인 조사가 필요하다.

12 위의 각주에서 보듯 1530년 편찬된 『신증동국여지승람』의 사찰 조는 1481년 편찬된 『동국여지승람』의 내용을 바탕으로 일부 사찰 항목을 '新增'하는 방식으로 편찬되었으므로, 대체로 1481년에서 1530년에 이르는 시기의 사찰 정보로 볼 수 있다. 그러므로 『세종실록지리지』와 『신증동국여지승람』의 사찰 수록 방식의 차이는 승정체제의 운영, 폐지와는 무관해 보인다.

여지승람』과『신증동국여지승람』이 편찬되기까지 짧게는 30년, 길게는 80년에 이르는 시기에 30배가량의 사찰이 새로 건립된 것이 아니었음은 물론이다.『신증동국여지승람』은『세종실록지리지』와는 달리, 당시 조선 사회에 현존하던 다수의 사찰을 수록하는 방향으로 수록 방침 및 선별 기준을 설정하여 편찬된 것인데, 이에『신증동국여지승람』을 통해 승정체제 지정 사찰을 파악할 수는 없지만, 당시 조선 사회에 현존하던 주요 사찰의 목록을 확인할 수 있는 것이다.

『신증동국여지승람』이후에 편찬된 전국 지리지도『신증동국여지승람』과 마찬가지로 현존하던 주요 사찰을 수록하는 방식으로 사찰 정보를 기재했으므로, 17세기 중엽에 유형원(柳馨遠)이 편찬한『동국여지지』, 18세기 중엽에 국가가 읍지를 집성하여 편찬한『여지도서(輿地圖書)』의 사찰 정보 현황을 함께 조사하여 제시하면 〈표 11〉과 같다.[13] 〈표 11〉에서 보듯『신증동국여지승람』과『동국여지지』,『여지도서』에는 1,500~1,600개가량의 현존 사찰 정보를 수록하였다.

그런데 주의해야 할 것은『신증동국여지승람』등의 전국 지리지에는 당시 군읍에 현존하던 사찰을 모두 수록하지 않았다는 점이다.『신증동국여지승람』의 경우 한 군읍당 평균 5개의 사찰을 수록하였는데, 이는 각 군읍별로 주요 사찰을 선별하여 평균 5개가량의 사찰 정보를 수록하였음을 의미한다. 실제로『동국여지지』의「수정동국여지지범례(修正東國輿地志凡例)」에는 '중형 사찰 이상[中寺以上]'을 수록하고, 망폐한 사찰은 거찰(巨刹)만 고적 조에 수록한다는 사찰 정보 수록 원칙을 제시해 두었다.[14] 그러므로 전국 지리지에 당시 현존하던 대부분의 사찰을 수록했다고 이해해 온 기

13 류명환, 2015, 앞 논문, 237~240쪽의 조사 내용을 바탕으로 정리하였다. 지리지 수록 사찰의 수를 조사, 분석하는 연구 방법은 이병희에 의해 처음 시도되었다(이병희, 1997, 앞 논문).

14『東國輿地志』(규장각 古 4790-51)「修正東國輿地志凡例」. "寺刹 勝覽作佛宇 今改之 中寺以上得載 小菴堂則有名勝及事蹟者外不必載 其往時寺刹今廢爲遺址者 巨刹則移附於古蹟 其餘直刪去".

<표 11> 『신증동국여지승람』·『동국여지지』·『여지도서』 수록 현존 사찰 현황

구분	신증동국여지승람(1530)		동국여지지[1666]		여지도서[1765]	
	군읍 수	현존 사찰 수	군읍 수	현존 사찰 수	군읍 수	현존 사찰 수
한성부	1	18	1	10	1	*
개성부	1	16	1	12	1	12
경기	37	178	37	179	37	126
충청도	54	260	54	253	54	184
경상도	67	284	67(31)	(159)	71	324
전라도	57	278	56	323	56	217
황해도	24	213	24	206	23	129
강원도	26	113	26	126	26	160
함경도	22	75	22	86	23	138
평안도	42	221	42	220	42	234
계	331	1,656	330(294)	(1,574)	334	1,524

- 『동국여지지』는 缺帙(1冊)로 慶尙左道 군읍과 사찰이 누락된 수를 '( )'에 표시함
- 『여지도서』는 漢城府 읍지가 편찬되지 않아 해당 지역 사찰 수를 '*'로 표시함

존의 경향은 잘못된 것이며, 현존하던 사찰을 모두 수록한 것이 아니라는 점을 고려하여 이를 활용해야 한다.[15] 『신증동국여지승람』의 경우 15세기 후반~16세기 전반에 현존하던 사찰이 다수 수록되지 않은 것으로 보이는데, 실제로 이는 당시의 문집, 고문서, 간행 불서의 간기 등을 통해 확인될 뿐 아니라, 16세기 후반~17세기 전반 편찬된 사찬 읍지에 『신증동국여지승람』에 미수록된 다수의 사찰이 수록되었다는 점을 통해서도 방증된다.[16]

---

15 손성필, 2019a, 앞 논문, 195~200쪽.

16 16세기 이후에 편찬된 각 군읍별 사찬 읍지와의 비교를 통해 볼 때, 읍지마다 수록 방침 및 선별 기준은 다소 다르지만, 대체로 읍지에는 군읍에 현존하던 사찰의 대부분을 수록한 반면, 전국 지리지에는 현존하던 사찰의 상당수를 수록하지 않았다. 『신증동국여지승람』에 유서 깊은 고찰인 安東 鳳停寺, 尙州 大乘寺 등이 수록되지 않은 것은 단적인 사례라고 할 수 있다. 한편 이는 『신증동국여지승람』, 『동국여지지』, 『여지도서』 등의 전국 지리지 간에도 수록 방침 및 선

이처럼 『신증동국여지승람』 등의 전국 지리지는 당시 현존하던 주요 사찰을 수록한 것이기 때문에, 당시에 현존하던 모든 사찰을 파악하는 데는 충분치 않지만, 승정체제 소속 사찰로 지정되었던 주요 사찰들의 존립 및 망폐 여부를 대략 파악하기에는 무리가 없는 자료라고 할 수 있다. 이에 우선 1407년 승정체제 개혁의 후속 조치로 읍내 자복사를 교체한 88개의 명산대찰을 중심으로, 242개 지정 사찰에 속해 있다가 1412년 후속 조치의 철회, 1424년 승정체제 개혁 등에 따라 혁거된 사찰의 존립과 망폐 여부를 조사하여 제시하면 〈표 12〉, 〈표 13〉과 같다.[17] 〈표 12〉의 사찰은 대부분 1407년 읍내 자복사를 교체하여 지정한 88개의 명산대찰로, 1406년 개혁으로 성립한 242개 지정 사찰의 승정체제에 속해 있다가 1412년에 1407년의 후속 조치가 철회되면서 혁거된 사찰들이다. 앞서 3장 2절에서 논했듯 『실록』에는 242개 사찰 중에 이 88개 명찰의 목록만 수록되었는데, 이 88개 사찰은 명산대찰이기는 하지만 242개 사찰 중에서는 상대적으로 사격(寺格)이 낮은 사찰이었다고 할 수 있다.

각 지리지의 사찰 수록 방식,[18] 조사 방법[19] 등에 주의하여 〈표 12〉와

별 기준 등이 동일하다고 상정하기 어려움을 의미하는데, 전국 지리지의 암자 수록 비율, 임진왜란에 따른 사찰의 망폐 등을 고려할 때 18세기 중엽에 편찬된 『여지도서』는 현존 사찰의 수록 비율이 비교적 높은 반면, 15세기 후반～16세기 전반에 편찬된 『신증동국여지승람』은 현존 사찰의 수록 비율이 비교적 낮은 것으로 보인다(손성필, 2019a, 앞 논문, 201～204쪽).

17 『(國譯)新增東國輿地勝覽』(1969～1970, 민족문화추진회) 수록 영인본, 『東國輿地志』(筆寫本, 규장각 古 4790-51), 『輿地圖書』(1979, 국사편찬위원회) 등을 조사하여 정리하였다.

18 지리지의 사찰 조를 검토할 때는 사찰을 수록하는 방식이 지리지마다 다소 다르다는 점에 대한 주의가 필요하다. 대부분의 지리지에서는 '佛宇' 조 또는 '寺刹' 조에 수록된 사찰은 현존 사찰이며, '古跡' 조에 수록되거나 "지금은 망폐하였다[今廢, 今無]"라고 기재된 사찰은 망폐 사찰이라고 할 수 있다. 그러나 불우(사찰) 조를 설정하고 현존 사찰과 망폐 사찰을 함께 수록한 경우도 있는데, 이 경우에는 "지금은 망폐하였다"라는 기재 정보를 통해 사찰의 현존과 망폐 여부가 구분된다(손성필, 2019a, 앞 논문, 179～182쪽). 이렇듯 지리지에 수록된 사찰은 지리지의 수록 항목이나 기재 정보를 통해 현존 및 망폐 여부를 파악할 수 있다. 그러나 지리지에 수록되지 않은 사찰의 경우에는 그 존립 및 망폐 여부 파악에 특히 주의할 필요가 있는데, 엄밀히 말해 이 미수록 사찰은 그 존립 및 망폐 여부를 정확히 알 수 없다고 할 수 있다. 특히 전국 지리지의 경우 현존하던 사찰을 대부분 수록한 것이 아니라, 일정한 기준에 따라 선별 수록한

〈표 13〉을 살펴보면, 1407년에 지정되었다가 1424년에 혁거된 88개 사찰은 『신증동국여지승람』이 편찬된 16세기 전반까지 60%가량, 『동국여지지』가 편찬된 17세기 중엽까지 50%가량, 『여지도서』가 편찬된 18세기 중엽까지 40%가량 존립하였다. 사찰이 승정체제로부터 혁거되었다고 해서 필연적으로 망폐하지 않았던 것이다. 이러한 조사 결과는 승정체제 개혁과 운영, 사찰의 지정과 혁거, 지리지의 사찰 수록 방식 등에 대한 앞선 논의에 부합하는 것으로, 승정체제로부터의 혁거는 사찰 망폐 사유의 하나였을 뿐이며, 혁거 사찰은 저마다의 사회경제적 기반에 따라 망폐할 수도, 존립할 수도 있었다. 혁거 사찰은 사사전 이외의 사적 경제 기반을 갖추어 존립할 수도 있었고, 화재, 전란, 승도의 이산, 경제 기반의 약화 등과 같은 기타 사유로 인해 망폐할 수도 있었던 것이다. 그러므로 〈표 12〉의 88개 혁거 사찰이 16세기 전반, 17세기 중엽, 18세기 중엽에 이르러 망폐한 것도 승정체제에서 혁거되었기 때문으로 볼 수 없음은 물론이다. 각 시기별 여건, 사찰별 사정에 따라 존립하기도, 망폐하기도 한 것이므로, 다른 근거가 없는 한 승정체제로부터의 혁거를 해당 사찰의 직접적인 망폐 사유로 해석하는 것은 타당하지 않다고 할 수 있다.

것이기 때문에, 해당 사찰이 수록되지 않았다고 해서 망폐했다고 볼 수는 없다(손성필, 2019a, 앞 논문, 199~200쪽). 그러므로 지리지에 수록되지 않은 사찰은 다른 근거가 없는 한 그 존립과 망폐 가능성을 모두 열어 둘 수밖에 없다.

19 사찰의 존립 및 망폐 여부를 조사할 때는 〈표 12〉의 비고에서 보듯, 여러 지역에 동일한 사찰 명칭이 다수 존재하므로 소재 지역 정보 없이는 동일한 사찰로 단정하기 어렵다는 점, 동일한 사찰을 지칭하는 다른 명칭이 존재하거나 유사한 명칭으로 지칭되는 경우가 있다는 점, 행정구역 개편으로 인해 시기에 따라 사찰의 소재 군읍이 달라질 수 있다는 점, 군읍의 경계에 소재하는 사찰은 행정구역이 다르게 기재되거나 중복 기재될 수 있다는 점 등에 대한 주의가 필요하다.

구분	지정년도	혁거년도	소재지		사찰명	존립·망폐·미상			비고
						여지승람	동국여지지	여지도서	
邑內資福交替名刹88寺	1407	1412	京畿	廣州	靑溪寺	○	○	○	果川, 淸溪寺
	1407	1412		驪興	神異寺	○	○	-	驪州, 神通寺
	1407	1412		楊根	白巖寺	-	-	-	
	1407	1412		砥平	菩提岬寺	○	×	×	普提寺
	1407	1412		楊州	神穴寺	×	×	*	漢城
	1407	1412		臨津	昌和寺	○	○	-	長湍, 昌化寺
	1407	1412		水原	彰聖寺	○	○	○	彰善寺
	1407	1412		南陽	弘法寺	○	○	-	
	1407	1412		安城	石南寺	○	○	○	
	1407	1412		龍駒	瑞峰寺	○	○	-	龍仁
	1407	1412		僧嶺	觀音寺	○	○	-	朔寧
	1407	1412		永平	白雲寺	○	○	○	
	1407	1412		漣州	五峯寺	○	○	○	漣川
	1407	1412		江華	栴香寺	-	-	-	
	1407	1412	忠淸	忠州	嚴正寺	-	-	-	
	1407	1412		堤州	長樂寺	-	-	-	堤川
	1407	1412		永春	德泉寺	-	-	-	
	1407	1412		淸州	原興寺	-	-	-	
	1407	1412			菩慶寺	○	○	○	菩薩寺
	1407	1412		沃州	智勒寺	○	○	○	沃川, 寧國寺(智勒山)
	1407	1412		稷山		天興寺	×	×	-
	1407	1412		牙州	桐林寺	○	○	×	牙山
	1407	1412		林州	普光寺	○	○	○	林川
	1407	1412		藍浦	聖住寺	○	○	×	
	1407	1412		定山	雞鳳寺	○	○	-	
	1407	1412		靑陽	長谷寺	○	○		
	1407	1412		大興	松林寺	-	○	○	

<표 12> 세종대 혁거 88개 사찰(읍내 자복사 교체 88개 명찰)의 존립 여부 조사(계속)

구분	지정 년도	혁거 년도	소재지		사찰명	존립·망폐·미상			비고
						여지 승람	동국 여지지	여지 도서	
邑內資福交替名刹88寺	1407	1412	慶尙	雞林	天王寺	×	*	×	慶州, 四天王寺
	1407	1412		密陽	嚴光寺	×	*	×	
	1407	1412		梁州	通度寺	○	*	○	梁山
	1407	1412		淸道	七葉寺	–	*	–	
	1407	1412		大丘	龍泉寺	○	*	○	密陽 湧泉寺
	1407	1412		昌寧	蓮花寺	○	*	×	
	1407	1412		彦陽	石南寺	–	*	○	
	1407	1412		寧海	雨長寺	○	*	×	葦長寺
	1407	1412		永州	鼎覺寺	○	*	○	永川, 鼎脚寺, 正覺寺
	1407	1412		松生	雙巖寺	×	*	×	靑松
	1407	1412		義城	氷山寺	○	*	×	
	1407	1412		基川	淨林寺	–	*	–	豊基
	1407	1412		仁同	嘉林寺	–	*	–	
	1407	1412		奉化	太子寺	○	*	×	
	1407	1412		義興	麟角寺	○	*	○	
	1407	1412		新寧	功德寺	○	–	○	永川
	1407	1412		善州	原興寺	×	–	×	善山
	1407	1412		草溪	白巖寺	–	–	–	
	1407	1412		金山	眞興寺	○	○	×	金泉
	1407	1412		開寧	獅子寺	×		×	
	1407	1412		軍威	法住寺		*	○	
	1407	1412		晉州	法輪寺	○	○	×	
	1407	1412	全羅	金海	甘露寺	○	○	○	
	1407	1412		義昌	熊神寺	–	–	○	昌原
	1407	1412		咸陽	嚴川寺	○	–	○	
	1407	1412		固城	法泉寺		○	○	
	1407	1412		河東	陽景寺	–	–	–	
	1407	1412		山陰	地谷寺	○	○	○	智谷寺
	1407	1412		減陰	靈覺寺	○	○	○	安陰, 安義

<표 12> 세종대 혁거 88개 사찰(읍내 자복사 교체 88개 명찰)의 존립 여부 조사(계속)

구분	지정년도	혁거년도	소재지		사찰명	존립·망폐·미상			비고
						여지승람	동국여지지	여지도서	
邑內資福交替名刹88寺	1407	1412	全羅	宜寧	熊仁寺	–	–	–	
	1407	1412		益州	彌勒寺	○	×	–	益山
	1407	1412		泰山	興龍寺	○	○	–	36寺 泰仁
	1407	1412		羅州	普光寺	○	○	○	
	1407	1412		靈巖	道岬寺	○	○	○	
	1407	1412		耽津	萬德寺	○	○	○	康津, 白蓮寺(萬德山)
	1407	1412		道康	無爲寺	○	○	○	康津
	1407	1412		長沙	禪雲寺	○	○	○	茂長
	1407	1412		咸豊	君尼寺	○	○	○	咸平, 瑞祥寺(君尼山), 君遊寺
	1407	1412		務安	大崛寺	○	○	–	福正寺
	1407	1412		任實	珍丘寺	–	–	–	
	1407	1412		雲峰	原水寺	○	×	–	源水寺
	1407	1412		谷城	桐裏寺	○	○	○	泰安寺(桐裏山)
	1407	1412		長興	迦智寺	○	–	–	
	1407	1412			金藏寺	○	○	–	
	1407	1412		順天	香林寺	–	○	–	
	1407	1412		光州	鎭國寺	–	○	–	光山, 鎭國院
	1407	1412		樂安	澄光寺	○	○	○	
	1407	1412		高興	寂照寺	–	–	–	興陽
	1407	1412		綾城	公林寺	–	–	–	綾州
	1407	1412		昌平	瑞峯寺	○	○	○	36寺
	1407	1412		和順	萬淵寺	○	○	○	
	1407	1412	黃海	鳳州	成佛寺	○	○	○	鳳山
	1407	1412		白州	見佛寺	○	○	○	白川, 江西寺
	1407	1412		江陰	天神寺	○	○	–	
	1407	1412		文化	區業寺	○	○	○	貝葉寺
	1407	1412		連豊	霞居寺	○	○	–	長連, 鶴居寺

<표 12> 세종대 혁거 88개 사찰(읍내 자복사 교체 88개 명찰)의 존립 여부 조사

구분	지정년도	혁거년도	소재지		사찰명	존립·망폐·미상			비고
						여지승람	동국여지지	여지도서	
기타 혁거 사찰	1407	1412	江原	襄州	成佛寺	-	-	-	襄陽
	1407	1412		原州	法泉寺	○	○	×	
	1407	1412		三陟	三和寺	○	○		
	1407	1412		麟蹄	玄高寺	-	-		
	1407	1412	咸吉	安邊	毗沙寺	-	-	-	
	-	[1406]	慶尙	晉州	臥龍寺	○	○	○	
	-	[1406]	全羅	金溝	金山寺	○	○	○	
	[1406]	[1424]	開城		聖燈菴	○	○	○	開城, 長湍
	[1406]	[1424]	開城		雲巖寺	×	×	×	光巖寺
	[1406]	1407	京畿	南陽	貫華寺	-	-	-	
	[1406]	1424	京畿	長湍	華藏寺	○	○	○	開城, 長湍
	[1406]	[1424]	京畿	水原	萬義寺	○	○	○	
	[1406]	[1424]	忠淸	忠州	億政寺	-	-	-	

- 읍내 자복사 교체 88사는 『세종실록지리지』를 기준으로 지역별로 재배열함
- '○'는 수록된 현존 사찰, '×'는 수록된 망폐 사찰, '-'는 수록되지 않은 미상 사찰임
- 『동국여지지』는 경상좌도 1책이 결질되어 해당 군읍 소재 사찰에 '*'로 표시함
- 『여지도서』는 한성부 읍지가 편찬되지 않아 한성부 소재 사찰에 '*'로 표시함

<표 13> 세종대 혁거 88개 사찰(읍내 자복사 교체 88개 명찰)의 존립 현황

구분	신증동국여지승람(1530)			동국여지지[1666]			여지도서[1765]		
	존립	망폐	미상	존립	망폐	미상	존립	망폐	미상
사찰 수	56	7	25	45	5	38	36	15	37
비율	64%	8%	28%	51%	6%	43%	41%	17%	42%

　　다음으로 세종~연산군대에 승정체제 소속 사찰로 지정된 사찰의 존립과 망폐 여부를 조사하되, 시기에 따라 지정 사찰을 교체하거나 추가하는 방식으로 승정체제가 운영된 점을 고려하여, 세종~연산군대에 한 번이라

도 승정체제 소속 사찰로 지정된 50개 사찰의 존립과 망폐 여부를 조사하여 제시하면 〈표 14〉와 같다.[20] 〈표 14〉의 50개 사찰은 세종~연산군대에

〈표 14〉 세종~연산군대 지정 및 교체 50개 사찰의 존립 여부 조사(계속)

구분	지정 년도	혁거 년도	소재지		사찰명	존립·망폐·미상			비고
						여지 승람	동국 여지지	여지 도서	
최초 지정 36寺	1424	-	江原	原州	覺林寺	○	○	×	
	1424	-		淮陽	表訓寺	○	○	○	
	1424	1424	黃海	殷栗	亭谷寺	○	○	○	停穀寺
	1424	-		文化	月精寺	○	○	○	
	1424	-		海州	神光寺	○	○	○	
	1424	-	咸吉	安邊	釋王寺	○	○	○	
	1424	-	平安	平壤	永明寺	○	○	○	
추가 지정 및 교체 사찰	1424	-	江原	江陵	上院寺	○	○	○	
	1424	-	全羅	順天	松廣寺	○	○	○	
	1424	-	京畿	海豊	興教寺	○	○	○	豊德
	1425	-	江原	淮陽	長安寺	○	○	○	
	1425	-	江原	淮陽	正陽寺	○	○	○	
	[세종]	-	京畿	揚州	重興寺	○	○	*	세종실록지리지 漢城
	1457	-	京都		淨業院	-	-	*	漢城
	1464	-	忠淸	報恩	福泉寺	○	○	○	
	1465	-	京都		圓覺寺	○	×	*	漢城, 興福寺
	1469	-	京畿	揚州	奉先寺	○	○	○	
	1469	-	江原	襄陽	洛山寺	○	○	○	
	1473	-	京畿	高陽	正因寺	○	○	×	
	1473	-	京畿	驪州	報恩寺	○	○	○	神勒寺
	1499	-	京畿	廣州	奉恩寺	○	○	○	

---

20 1424년 3월 이후 교체 지정되거나 추가 지정된 사찰은 교체 및 추가 지정된 사실이 기록으로 확인되는 경우, 국가로부터 사사전이 지급된 사실이 확인되는 경우에만 조사 대상에 포함하였다. 〈표 12〉와 마찬가지로 『新增東國輿地勝覽』, 『東國輿地志』, 『輿地圖書』 등을 조사하여 정리하였다.

〈표 14〉 세종~연산군대 지정 및 교체 50개 사찰의 존립 여부 조사

구분	지정 년도	혁거 년도	소재지		사찰명	존립·망폐·미상			비고
						여지 승람	동국 여지지	여지 도서	
최초 지정 36寺	1424	-	京中		興天寺	○	×	*	漢城
	1424	-	京中		興德寺	○	×	*	漢城
	1424	-	留後司		崇孝寺	-	×	-	開城
	1424	-	留後司		演福寺	○	×	○	開城
	1424	-	留後司		廣明寺	○	○	-	開城
	1424	-	留後司		神巖寺	-	-	-	
	1424	-	開城		觀音崛	○	○	○	觀音寺
	1424	-	開城		甘露寺	○	○	○	
	1424	-	京畿	海豊	衍慶寺	○	○	○	豊德
	1424	-		松林	靈通寺	○	○	-	開城, 長湍
	1424	-		揚州	僧伽寺	○	○	*	漢城
	1424	-		楊州	開慶寺	○	○	-	
	1424	-		揚州	檜巖寺	○	○	×	
	1424	-		揚州	津寬寺	○	○	○	
	1424	-		楊州	藏義寺	○	○	*	漢城
	1424	-		楊州	逍遙寺	○	○	○	
	1424	-		高陽	大慈菴	○	○	○	
	1424	-	忠淸	公州	鷄龍寺	○	○	○	鷄龍岬寺, 岬寺
	1424	-		報恩	俗離寺	○	○	○	
	1424	-		忠州	寶蓮寺	○	○	-	
	1424	-	慶尙	晉州	斷俗寺	○	○	○	
	1424	-		慶州	祇林寺	○	*	○	
	1424	-		巨濟	見菴寺	○	○	×	居昌
	1424	-		陜川	海印寺	○	○	○	
	1424	1424	全羅	求禮	華嚴寺	○	○	○	
	1424	1425		泰山	興龍寺	○	○	-	資福교체 88寺 泰仁
	1424	1425		昌平	瑞峯寺	○	○	○	資福교체 88寺
	1424	1424		全州	景福寺	○	×	×	
	1424	-	江原	高城	楡岾寺	○	○	○	

〈표 15〉 세종~연산군대 지정 및 교체 50개 사찰의 존립 현황

구분	신증동국여지승람(1530)			동국여지지[1666]			여지도서[1765]		
	존립	망폐	미상	존립	망폐	미상	존립	망폐	미상
사찰 수	47	–	3	41	6	3	30	5	15
비율	94%	–	6%	82%	12%	6%	60%	10%	30%

승정체제 소속 사찰로 한 번이라도 지정된 사찰들로, 연산군대까지 승정
체제가 운영되던 시기에는 이 사찰들 중의 일부가 지정 사찰의 교체에 따
라 혁거 사찰이 되었다고 할 수 있다. 앞서 논했듯 승정체제 소속의 지정
사찰은 시기에 따라 교체되기도 했기 때문이다. 그러나 이 사찰들은 모두
연산군대 말, 중종대 초의 승정체제 폐지에 따라 결국 혁거되었다. 사사전
환수와 운영 실태, 명종대의 승정체제 운영 등에 대해서는 추가적인 검토
가 필요하지만, 16세기 초에 승정체제 자체가 폐지됨에 따라 이 사찰들은
모두 혁거 사찰이 되었다고 할 수 있다.

〈표 14〉와 〈표 15〉를 살펴보면, 세종~연산군대에 승정체제 소속으로
지정된 50개 사찰은 『신증동국여지승람』이 편찬된 16세기 전반까지 90%
가량, 『동국여지지』가 편찬된 17세기 중엽까지 80%가량, 『여지도서』가 편
찬된 18세기 중엽까지 60%가량 존립하였다.[21] 세종~연산군대에 승정체
제 소속으로 지정된 50개 사찰이 1424년 개혁으로 혁거된 자복사 교체 88
개 명찰보다 20~30% 정도 높은 비율로 존립한 것이다. 예상되는 바와 같
이, 세종~연산군대 50개 지정 사찰의 존립 비율이 더 높기는 하지만, 그
존립 비율이 1424년에 혁거된 88개 명찰에 비해 크게 높은 수치라고 보기

---

21 앞의 〈표 14〉를 통해 볼 때 세종~연산군대의 지정 사찰 중에 16세기 이후 망폐한 사찰은 주로
漢城과 開城의 都城 내에 소재한 사찰들이었다. 특히 한성 도성 내에 있던 興天寺, 興德寺, 圓覺寺
등은 연산군 말기의 폭정으로 망폐하였고, 승정체제도 이때 사실상 폐지되었다. 한성의 도성
내 사찰은 중종대 이후에도 복구되지 못했는데, 이에 명종대 승정체제가 복구되면서 선종과
교종의 도회소로 지정된 것은 한성 인근의 廣州 奉恩寺와 楊州 奉先寺였다.

어렵다. 앞서 논한 바와 같이 승정체제로부터의 혁거는 사찰 망폐 사유의 하나일 뿐, 사찰 망폐의 필연적 사유가 아니었던 것이다. 1424년 개혁에 따라 지정된 사찰이 망폐한 사례도 있고, 1424년 개혁에 따라 혁거된 사찰이 존립한 사례도 있다는 점을 통해 보듯, 사찰은 승정체제로부터의 혁거 이외의 다양한 사유로 인해 망폐하기도 했고, 사사전 이외의 다양한 사회경제적 기반을 통해 존립하기도 했던 것이다. 이는 조선 사회에서 사찰의 존립과 망폐 양상이 각 시기별로 정치, 사회, 경제적 배경을 고려하여 그 추이를 검토하고 직간접적인 요인을 분석해야 할 연구 과제임을 의미한다.

그러므로 조선 사회의 사찰 망폐 사유를 막연하게 억불 정책의 결과로 일반화하여 해석해 온 기존의 관념은 타당하지 않으며, 사찰의 '혁거', '철훼', '망폐'를 엄밀하게 구분하지 않고 사찰이 혁거되면 존립하기 어려웠다고 보아 온 기존의 이해는 불명확하고 부정확한 것이었다고 할 수 있다. 이러한 잘못된 이해가 통용되어 온 것은 1406년과 1424년의 개혁을 승정체제 개혁으로 명확하게 규정하지 못하고 강력한 억불 정책으로 과장 해석해 온 점, 승정체제 소속 사찰의 지정과 혁거를 조선전기 사회의 수많은 사찰을 전면적으로 규제하고 억압하기 위한 것으로 잘못 해석해 온 점, 조선전기 사회에서 사찰의 존립과 망폐 양상에 대한 연구 자체가 부진하고 연구 방법에 한계가 있었던 점 등이 복합적으로 작용한 결과로 보인다. 이에 조선전기 사회의 이해를 위해서는 승정체제의 개혁과 운영, 승도와 사찰의 사회경제적인 실태 등에 대한 진전된 연구가 필요할 뿐만 아니라, 기존의 잘못된 이해가 통용된 연구사적 배경에 대한 심층적 연구도 필요해 보인다.

2. 조선전기 일반 사찰의 양적 실태

사찰(寺刹)은 조선 사회에 고르게 분포한 기관(機關)이자 경관(景觀)이었다. 물론 고려 사회에 비해 영향력이 줄었고, 각 시기별 차이도 고려해야 하겠지만, 조선 사회에는 많은 수의 사찰이 존재했고, 수행, 신앙, 의례, 독서, 유람, 숙박, 서적 간행, 책판 보관, 종이 생산 등등의 다양한 기능을 하였다. 사찰은 지속적인 유지 자체에 큰 인적·물적 토대가 필요했기 때문에 사회경제적 측면에서 중요한 연구 주제로 보인다. 그러나 사찰은 일반적으로 억압과 수탈의 대상, 구시대의 잔재, 이단 종교의 사원 등으로 여겨지며 조선시대사의 주요 연구 주제로 인식되지 않는다. 이는 조선시대가 억불 정책의 시대로 형상화되면서 사찰에 대한 연구도 저평가되어 왔기 때문으로 보이는데,[1] 이에 따라 조선시대 사찰의 존립 양상에 대한 체계적

---

1 2000년대 이후 축적된 조선시대 불교사 연구 성과를 바탕으로 최근에는 조선의 건국을 '유불교체'로, 조선시대를 '숭유억불'로 규정하여 단절과 억압으로 해석하는 것이 타당한가라는 문제 제기가 이루어졌으며(김용태, 2018, 앞 논문), 조선의 불교정책에 대한 기존 인식의 문제점이 비판적으로 검토된 바 있다(손성필, 2018, 앞 논문). 한편 16세기 향촌 사회를 이른바 유교화가 크게 진전된 사회로 상정하는 역사상에 대한 문제 제기가 이루어지기도 하였다(송웅섭, 2017, 「고려 말~조선전기 '정치 세력의 이해' 다시 보기」, 『역사비평』 120).

으로 연구가 이루어져 왔다고 보기 어렵다.

그런데 조선시대에 다수 편찬된 지리지(地理誌)와 읍지(邑誌)에는 대부분 '불우(佛宇)' 또는 '사찰(寺刹)' 조가 설정되었다. 16세기 전반의 『신증동국여지승람(新增東國輿地勝覽)』, 16~17세기의 사찬(私撰) 읍지, 18~19세기의 관찬(官撰) 읍지 등에는 거의 어김없이 해당 군읍에 소재하는 사찰의 정보와 관련 시문이 수록되었다. 일반적으로 지리지와 읍지는 국가의 지방 통치, 사족의 향촌 통치, 향촌의 유교적 교화 등의 목적으로 편찬되었다고 이해되는데, 이 지리지와 읍지에 불우 조를 설정한 이유에 대한 심층적 논의가 필요할 뿐더러, 사찰의 조사, 수록, 기술 방식에 대한 기본적인 검토부터 충실히 이루어질 필요가 있어 보인다. 곧, 지리지와 읍지는 조선시대 사찰 연구를 위한 기초 자료이므로 종합적이고 체계적인 연구가 필요한 것이다.

지리지와 읍지의 불우 조에 주목한 기존의 성과로는 이수환, 이병희, 양혜원의 연구가 대표적이다. 먼저 이수환은 『여지승람』, 『영가지(永嘉誌)』, 『경상도읍지(慶尙道邑誌)』 등의 불우, 고적(古跡) 조를 활용하여 영남 지역 사찰의 수를 조사하는 한편 사찰의 건물과 토지가 관사, 서원 등으로 전용된 사례를 중심으로 검토함으로써 사찰의 경제적 기반이 유교적으로 전환되어 갔다고 논하였다.[2] 이병희는 『여지승람』, 『여지도서(輿地圖書)』, 『조선불교통사(朝鮮佛敎通史)』를 조사하여 전국 사찰 수의 추이를 검토함으로써 사찰 수의 감소 추세, 평지 사찰의 망폐, 암자의 비중 증가 등을 지적하였다.[3] 그리고 양혜원은 『영가지』의 불우, 고적, 고탑(古塔) 조를 구체적으로 분석함으로써 16세기 안동 지역에서 평지 사찰의 망폐, 암자의 비중 증가, 사찰의 전용 등을 실증하고 읍치 주변의 공간 질서가 변동하였다고 해

---

2 이수환, 1984, 앞 논문; 이수환, 2005, 앞 논문.

3 이병희, 1997, 앞 논문.

석하였다.[4] 이처럼 지리지와 읍지의 불우 조에 대한 역사학계의 연구는 더디게 진전되어 온 한편,[5] 근래에는 지리학계에서 지리지 및 지도의 사찰 정보에 대한 연구가 수행되고 있다.[6]

이 절에서는 전국 지리지, 사찬 읍지 등에 기재된 사찰 정보를 분석하여, 조선전기 '일반 사찰'의 양적 실태와 존재 양상에 대해 살펴볼 것이다. 16세기 후반~17세기 전반에 편찬된 경상도 지역의 사찬 읍지의 '불우' 조에 수록된 사찰 정보를 검토하고, 이를 15세기 후반, 16세기 전반에 편찬된 『여지승람』, 17세기 중엽에 편찬된 『동국여지지』 등의 전국 지리지에 수록된 사찰 정보와 비교·분석함으로써, 당시 사찰의 양적 실태와 존립 양상에 대해 살펴보고자 한다. 16세기 후반~17세기 전반에 편찬된 경상도 지역의 사찬 읍지인 함안(咸安)의 『함주지(咸州誌)』, 안동(安東)의 『영가지』, 진주(晉州)의 『진양지(晉陽誌)』, 상주(尙州)의 『상산지(商山誌)』, 선산(善山)의 『일선지(一善誌)』를 대상으로 하는 것은 16세기 후반~17세기 전반은 현전하는 사찬 읍지가 편찬된 가장 앞선 시기이며, 사찬 읍지에는 전국 지리지에 비해 사찰 정보가 충실히 기재되었기 때문이다.[7] 이에 조선시대 전

---

4 양혜원, 2005, 앞 석사논문; 양혜원, 2019a, 앞 논문.

5 그 밖에 이경순은 영남 읍지인 『嶺南誌』에 수록된 다수의 사찰을 지역 불교사 연구에 활용하였으며(이경순, 2007, 「조선시대 경북지역의 불교」, 『경북학의 정립과 정신문화사 연구』, 한국국학진흥원), 오경후는 지리지마다 수록 사찰 수가 다른 것은 불교에 대한 부정적 인식으로 인해 실태 조사를 정확하게 하지 않았기 때문일 것이라는 의견을 제시하였다(오경후, 2007, 「朝鮮時代 慶州地域 寺院의 數的 推移와 性格」, 『신라문화』 30). 그리고 손성필은 이병희의 조사를 바탕으로 하되 『여지승람』에 수록된 1,650여 개의 사찰 수는 전체 사찰 수가 아니라 군읍별 대표 사찰을 평균 5개 정도 수록한 것임을 논하였다(손성필, 2013, 앞 박사논문, 41~43쪽, 102~105쪽; 손성필, 2016, 앞 논문, 149~156쪽).

6 류명환, 2015, 앞 논문; 류명환, 2017, 「조선 후기 고지도의 사찰지명 변화 연구: 『대동여지도』를 중심으로」, 『문화역사지리』 29-3. 류명환은 『大東輿地圖』에 수록된 지명 중에 자연 지명, 행정·군사 지명을 제외하면 사찰 지명이 가장 많다는 점을 지적하였다.

7 『朝鮮時代 私撰邑誌』(한국인문과학원, 1989~1900); 양보경, 1987, 「朝鮮時代 邑誌의 性格과 地理的 認識에 관한 研究」, 서울대 박사논문; 오상학, 2015, 『한국 전통 지리학사』, 들녘; 최윤진, 1994, 「16·17세기에 편찬된 慶尙道의 私撰 邑誌」, 『전북사학』 17. 16세기 후반~17세기 전반에

국 지리지와 사찰 읍지에 수록된 사찰 정보를 비교·분석함으로써, 조선전기 사찰의 양적 실태와 존재 양상을 연구하는 방법, 방향에 대한 기초적인 검토를 해 보고자 하는 것이다.

1) 군읍 소재 사찰의 양적 실태

(1) 읍지 수록 사찰의 존립과 망폐

16·17세기는 사족이 정치·사회적 영향력을 점차 확대해 가던 시기였다. 그 구체적 양상에 대해서는 다각도의 논의가 필요하지만, 16세기에 점차 영향력을 확대해 가던 사족은 17세기에 이르러 조선 사회의 주도 계층으로 확고한 위상을 가지게 되는 것으로 보인다. 사족 중심 사회로의 전개와 함께 편찬이 크게 증가한 문헌이 문집(文集), 비명(碑銘), 행장(行狀), 읍지(邑誌) 등이었다. 문집, 비명, 행장 등이 선조(先祖)와 선사(先師)의 행적(行蹟), 문장(文章), 관직(官職), 계보(系譜), 도학(道學) 등을 현창하기 위해 편찬된 문헌이라면, 읍지는 사족이 향촌 사회에서 유교적 교화와 효율적 통치를 도모하고 그 사회적 위상을 강화하기 위해 편찬된 문헌이라고 할 수 있다.

16세기 전반인 1530년 『여지승람』이 편찬된 이후 18세기 중엽 『여지도서』가 편찬되기까지 16세기 후반에서 18세기 전반에 해당하는 시기에는 관찬 전국 지리지는 편찬되지 않은 반면, 지역 사족과 지방관에 의해 사찬 읍지가 다수 편찬되었다. 이 사찬 읍지는 대체로 전국 지리지에 비해 항목의 수가 많았으며 정보의 양도 많고 내용도 충실하였다. 한강(寒岡) 정구

편찬된 읍지로 현전하는 것은 전라도 順天의 『昇平誌』, 평안도 平壤의 『平壤誌』, 成川의 『成川誌』 등이 있다. 경상도 지역의 사찬 읍지가 양적으로 다수 현전하고 내용도 풍부하기 때문에 우선 검토하고자 한다.

(鄭逑, 1543~1620)는 16세기 후반에서 17세기 초엽의 사찬 읍지 편찬을 선도한 인물로, 지방관으로 부임하는 지역마다 읍지 편찬을 주도하거나 관여하였다.[8] 그러나 정구가 편찬한 읍지는 대부분 현전하지 않는데, 유일하게 1587년 편찬된 함안의 『함주지』만이 현전한다.[9] 이 『함주지』는 현전하는 최고(最古)의 읍지로, 임진왜란 이전에 편찬된 것이다.[10]

『함주지』는 임진왜란 이후에 보전됨으로써 17세기 전반의 사찬 읍지 편찬에 큰 영향을 미쳤다. 그 대표적 읍지가 바로 『영가지』와 『진양지』인데, 『영가지』는 유성룡(柳成龍, 1542~1607)과 정구의 영향력 아래 권기(權紀, 1546~1624)의 주도로 1602년에서 1608년에 걸쳐 편찬되었으며, 『진양지』는 성여신(成汝信, 1546~1632) 등 지역 사족의 주도로 1622년에서 1632년에 걸쳐 편찬되었다. 『함주지』와 『영가지』, 『진양지』 간의 영향 관계는 읍지의 항목 설정에서 단적으로 확인되는데, 『여지승람』은 군읍의 지리 정보를 20개의 항목으로 설정하여 기술한 데 비해 『함주지』는 항목을 40개로 세분하고 보완하여 기술하였다. 이 『함주지』의 항목 설정이 『영가지』, 『진양지』와 상당히 유사한데, 특히 『진양지』는 『함주지』와 항목 설정이 거의 일치한다.[11]

또한 항목 설정으로 볼 때 『상산지』와 『일선지』가 같은 계열의 읍지라고 할 수 있다.[12] 『상산지』는 이준(李埈, 1560~1635)이 1617년 편찬하였으

8 김문식, 2006, 「16~17세기 寒岡 鄭逑의 地理志 편찬」, 『민족문화』 29.

9 『함주지』의 편찬과 보전에 吳澐(1540~1617)이 주도적 역할을 하였다는 의견도 제시된 바 있다(김순희, 2004, 「吳澐과 咸州誌」, 『서지학연구』 29).

10 임진왜란 이전에 편찬된 읍지로는 『함주지』와 함께 尹斗壽(1533~1601)의 『平壤誌』가 현전한다. 柳馨遠이 17세기 중엽 편찬한 『東國輿地志』(규장각 古 4790-51)의 '纂輯諸書'에서 16세기에서 17세기 전반까지 편찬된 사찬 읍지 20여 종이 확인되나, 현전하지 않는 것이 많다.

11 오이환, 2011, 「晉陽誌의 출판」, 『동방학지』 155; 최원석, 2015, 「咸州誌 편찬 및 구성의 역사지리적 특징」, 『문화역사지리』 27-3.

12 박인호, 2016, 「선산 읍지 『일선지』의 편찬과 편찬정신」, 『역사학연구』 64, 81~82쪽.

며, 『일선지』는 최현(崔晛, 1563~1640)이 1618년 편찬하여 1636년경까지 보완한 것이다.[13] 이 『상산지』와 『일선지』는 『함주지』 계열 읍지가 약 40개의 항목을 동등한 층위로 설정한 것과는 달리, 우선 10개의 상위 항목을 설정한 다음 하위의 세부 항목을 설정하는 방식으로 편찬되었다. 이렇게 항목 설정에 차이가 있고 내용의 상략에도 다소 차이가 있지만, 『함주지』, 『영가지』, 『진양지』, 『상산지』, 『일선지』는 16세기 후반~17세기 전반 경상도 지역에서 편찬된 사찬 읍지로, 『여지승람』과 같은 전국 지리지에 비해 정보가 충실하고 내용이 풍부하다는 점에서는 공통적이다.

　사찬 읍지의 불우 조에는 대체로 해당 군읍에 소재하는 사찰 및 암자의 명칭, 위치, 역사, 관련 시문, 망폐 여부 등의 정보가 비교적 상세하게 수록되었다. 『함주지』, 『영가지』, 『진양지』에는 모두 '불우' 조가 설정되었고, 『상산지』와 『일선지』에는 '고적(古蹟, 古跡)' 조의 하위에 각각 '사찰' 조, '불우' 조가 설정되었다. 『진양지』, 『상산지』, 『일선지』는 불우 조에 현존 사찰과 망폐 사찰을 일괄 수록하고 '지금은 망폐하였다[今廢]'와 같은 내용 기술을 통해 현존 사찰과 망폐 사찰을 구분한 반면, 『함주지』와 『영가지』는 기본적으로 고적 조에 망폐한 사찰을 수록하고 불우 조에는 현존 사찰을 수록하였으나, 불우 조에도 근래에 망폐한 사찰은 '금폐(今廢)'로 기술하였다. 이처럼 읍지마다 항목 설정, 수록 기준, 기술 방식 등은 달랐지만, 읍지에 수록된 사찰은 기본적으로 현존 사찰과 망폐 사찰을 구분하여 수록되거나 기술되었다. 그러므로 각 읍지별 편찬 방식을 고려하여 조사하면, 편찬 당시의 현존 사찰과 망폐 사찰의 현황 파악이 가능하다. 이에 읍지에 수록된 사찰을 현존 사찰과 망폐 사찰로 구분하여 그 양적 실태를 우선 살펴보고자 한다.

13　박인호, 2016, 앞 논문, 76~78쪽.

<표 16> 『함주지』 불우 조 및 고적 조 수록 사찰 현황

佛宇					古跡					계
[현존]		[망폐]		소계	[현존]		[망폐]		소계	
[寺]	[庵]	[寺]	[庵]		[寺]	[庵]	[寺]	[庵]		
6	-	2	-	8	-	-	1	-	1	9
6		2			-		1			

　먼저 『함주지』의 사찰 수록 현황을 조사하여 제시하면 〈표 16〉과 같다.[14] 〈표 16〉에서 보듯 『함주지』에는 모두 9개의 사찰이 수록되었는데, 이 중 고적 조에 수록된 사찰은 1개, 불우 조에 수록되었으나 망폐했다고 기술된 사찰은 2개이다. 그러므로 『함주지』를 통해 1587년 전후의 16세기 후반에 함안 지역에는 현존하던 사찰이 6개, 망폐한 사찰이 3개였다는 점을 확인할 수 있으며, 이 중 2개는 비교적 근래에 망폐되었다고 추정해 볼 수 있다. 함안군(咸安郡)은 후술할 안동대도호부(安東大都護府)나 진주목(晉州牧)에 비해 읍격(邑格)이 낮고 관할 지역이 넓지 않으므로, 수록 사찰 수도 안동과 진주에 비해서는 적을 수밖에 없다고 할 수 있다.

　다음으로 『영가지』의 사찰 수록 현황을 조사하여 제시하면 〈표 17〉과 같다.[15] 〈표 17〉에 보듯 『영가지』의 불우 조와 고적 조에는 108개에 이르

---

14 『함주지』는 1587년에 편찬된 후 필사 유통된 사본이 현전하는데, 규장각, 연세대 등에 소장되어 있다(규장각 奎10985; 奎12249; 연세대 고서(I) 915.195 함주지). 『國譯 咸州誌』(함안문화원, 1995)는 영인 저본이 규장각 소장 奎17452라고 밝혔으나, 奎17452의 『咸安郡邑誌』는 해당 저본이 아닌 것으로 확인된다. 조사 결과 『國譯 咸州誌』에 영인된 판본은 일제강점기에 간행된 石印本으로, 1587년 편찬한 原誌를 卷1로, 憲宗朝에 郡守 李德熙가 增修하여 편찬한 續誌를 卷2로 합편하여 간행한 것이다. 필사본 및 석인본 『함주지』 원지의 내용은 모두 대동소이하며, 사찰 조의 내용은 모두 동일하다.

15 『영가지』는 1602~1608년 편찬된 후 간행되지 못하고 權紀 後孫家, 靑城書院, 安東府司에 3질을 보관하였으며, 1791년에 교정한 후 1899년에야 목판으로 간행되었다(「해제」, 『國譯 永嘉誌』, 안동군, 1991). 현재 1899년 간행본과 함께 權紀 宗家本, 安東府司藏本, 1791년 校訂本 등이 현전하는데, 고적·불우·고탑 조의 내용은 거의 차이가 없다고 한다(양혜원, 2019a, 앞 논문, 162~163쪽).

<표 17> 『영가지』 불우 조 및 고적 조 수록 사찰 현황

佛宇					古跡					계
[현존]		[망폐]		소계	[현존]		[망폐]		소계	
[寺]	[庵]	[寺]	[庵]		[寺]	[庵]	[寺]	[庵]		
30	32	4	2	68	-	-	37	3	40	108
62		6			-		40			

는 사찰이 수록되었는데, 이 중 고적 조에 수록된 사찰은 40개, 불우 조에 수록되었으나 망폐했다고 기술된 사찰은 6개이다. 그러므로 『영가지』를 통해 1602~1608년 전후에 안동 지역에는 현존하던 사찰이 62개, 망폐한 사찰이 46개였다는 점을 확인할 수 있으며, 이 중 6개는 비교적 근래에 망폐했을 것으로 추정해 볼 수 있다. 대도호부 격의 안동은 월경지(越境地)를 포함하여 관할 지역이 넓으며, 고적 조에 수록된 망폐 사찰 중에는 읍치(邑治) 주변의 평지 사찰의 비중이 높았다는 점이 기존 연구를 통해 밝혀져 있다.[16]

다음으로 『진양지』의 사찰 수록 현황을 조사하여 제시하면 〈표 18〉과 같다.[17] 『진양지』에는 『함주지』, 『영가지』와는 달리 불우 조에 현존 사찰과 망폐 사찰을 일괄 수록하였다. 고적 조에는 사찰을 수록하지 않고, 망폐

---

16 양혜원, 2005, 앞 석사논문; 양혜원, 2019a, 앞 논문.

17 『진양지』는 1622~1632년 편찬된 후 家藏, 傳承되었는데, 1922년에야 목활자로 간행되었다. 1920년에 간행을 발의하고 진주 지역 각 가문에 소장된 필사본 7종을 수합하여 교정한 후 간행하였는데, 이 7종 간에 사소한 차이와 착오가 없지 않았지만 대체는 같았다고 한다(오이환, 2011, 앞 논문, 84~86쪽). 우선 확인 가능한 규장각 소장 필사본 2종(想白古 915.15-J564y; 古 4790-17)을 1922년간 활자본과 비교하였는데, 상백문고본은 활자본과 내용이 대동소이하긴 하지만, 필사본의 내용이 더 자세하고 구체적인 경우도 일부 확인된다. 상백문고본이 善本이 라고 볼 수는 없지만, 사찰이 망폐했다는 정보가 활자본에는 없으나 상백문고본에는 있으면, 상백문고본을 따라 망폐한 것으로 파악하였다. 앞으로 『진양지』 필사본에 대한 종합 조사를 통해 엄밀한 검토가 필요하나, 활자본으로도 당시 사찰 현황의 대체를 파악하는 데는 무리가 없어 보인다.

<표 18> 『진양지』 불우 조 수록 사찰 현황

佛宇					古跡					계
[현존]		[망폐]		소계	[현존]		[망폐]		소계	
[寺]	[庵]	[寺]	[庵]		[寺]	[庵]	[寺]	[庵]		
34	63	32	21	150	–	–	–	–	–	150
97		53			–		–			

한 사찰도 모두 불우 조에 수록한 것이다. 불우 조에 수록된 사찰의 수는 모두 150개인데, 이 중 당시 현존하던 사찰은 97개, 망폐한 사찰은 53개로 파악된다. 그러므로 『진양지』를 통해 1622~1632년 전후의 17세기 전반에 진주 지역에는 현존하던 사찰이 97개, 망폐한 사찰이 53개였다는 점을 확인할 수 있다. 『진양지』에 수록된 사찰의 수는 『영가지』에 비해서도 크게 많은데, 이는 진주목이 안동대도호부만큼 읍격이 높고 관할 지역이 넓은 군읍이기도 하거니와, 당시 진주목이 사찰과 암자가 다수 분포하는 지리산(智異山) 지역의 상당 부분을 관할하고 있었기 때문으로 보인다.[18]

다음으로 『상산지』의 사찰 수록 현황을 조사하여 제시하면 <표 19>와 같다.[19] 『상산지』에는 '9 고적(九古蹟)' 조의 하위에 '고도(古都)', '고현(古縣)', '산성(山城)', '부곡(部曲)', '정관(亭觀)', '사찰(寺刹)'이 차례로 세부 항목으로 설정되었으며, 사찰 조에 현존 사찰과 망폐 사찰이 함께 수록되었다. 수록된 사찰 수는 모두 6개로, 이 중 현존 사찰은 5개, 망폐 사찰은 1개로 파악된다. 상주목(尙州牧)이 안동대도호부, 진주목과 마찬가지로 거읍

---

18 『진양지』 불우 조에서 香積寺에서 靈臺菴에 이르는 약 80개의 사찰을 대체로 넓은 의미의 지리산 권역의 사찰로 볼 수 있을 듯하다.

19 『상산지』는 1617년 蒼石 李埈이 편찬하였는데, 1749년 淸臺 權相一이 이준의 『상산지』를 대폭 續修, 追補하여 편찬한 필사본도 현전한다. 이른바 淸臺本으로 지칭되는 이 續修本은 『尙州史料集』(상주문화원, 1998)에 영인 수록되었다. 그러나 권상일 속수본은 18세기 중엽 상주의 상황이 반영된 것으로, 17세기 전반의 상황을 살펴보기에는 적절치 않다. 현재 1617년 이준이 편찬한 『상산지』, 이른바 蒼石本은 규장각 소장 필사본이 유일한 듯하다(규장각 古 4790-31).

〈표 19〉『상산지』고적 사찰 조 수록 사찰 현황

古蹟 〉寺刹				계
[현존]		[망폐]		
[寺]	[庵]	[寺]	[庵]	
4	1	1	-	6
5		1		

(土邑)이었던 점을 고려하면, 비교적 적은 수의 사찰이 수록되었다고 할 수 있다. 그런데 1749년 권상일(權相一, 1679~1759)이 편찬한『상산지』의 고 적 사찰 조를 보면, 현존 사찰 10개, 현존 암자 44개, 망폐 사찰 3개, 망폐 암자 2개, 모두 59개의 사암이 수록되었다.[20] 자세히 후술하겠지만, 지리지 와 읍지는 저마다의 편찬 방침에 따라 사찰을 수록하였고, 사찰 수록의 충실 성 여부는 같지 않았다. 대체로 전국 지리지는 주요 사찰을 선별 수록하지만, 사찬 읍지는 해당 군읍의 사찰을 충실히 수록하는 양상을 보인다. 하지만 사 찬 읍지도 저마다의 방침과 기준에 따라 편찬되었는데, 1749년 편찬『상 산지』와의 비교를 통해 볼 때『상산지』(1617)는 사찰을 충실히 수록하지 않 은 읍지로 볼 수밖에 없을 듯하다. 그러므로『상산지』로는 17세기 전반 상 주 지역의 사찰 현황에 대한 충실한 정보를 파악하기 어렵다고 할 수 있다.

다음으로『일선지』의 사찰 수록 현황을 조사하여 제시하면 〈표 20〉과 같다.[21]『일선지』도『상산지』와 마찬가지로 '고적 제8(古跡第八)' 조의 하위

---

20 『商山誌』(1749), 九古蹟 寺刹;『尙州史料集』, 1998, 593~594쪽.

21 『일선지』는 訒齋 崔晛이 1618년 편찬하여 1636년경까지 보완하였다. 이 17세기 전반 최현이 편찬한『일선지』필사본은 최현 후손가 가장본과 국립중앙도서관 소장본(한古朝62-70)이 현 전하는데, 최현 후손가본은 선산문화원에서 영인하였다(『一善志』, 선산문화원, 1983). 국립중 앙도서관본은 상당 부분이 일실된 결질본이나, 최현 후손가본에는 없는 '題詠第九'가 수록되어 자료적 가치가 크다(박인호, 2016, 앞 논문, 76~87쪽). 하지만 고적 조를 비교해 보면 국립중앙 도서관본에는 최현 후손가본에는 수록된 일부 사찰이 傳寫 漏落된 점이 확인되므로, 최현 후손 가본에 의거하여 조사하였다. 규장각 소장『一善誌』(『朝鮮時代 私撰邑誌』영인) 및 장서각 소장 『一善邑誌』는 19세기 후반에 해당하는 내용이 보완된 追補本이므로 자료 이용에 주의를 요한다.

<표 20> 『일선지』 고적 불우 조 수록 사찰 현황

古跡 〉 佛宇				계
[현존]		[망폐]		
[寺]	[庵]	[寺]	[庵]	
13	8	11	2	34
21		13		

에 '폐역원(廢驛院)', '정관(亭觀)', '불우(佛宇)' 등의 세부 항목을 설정하였으며, 불우 조에 현존 사찰과 망폐 사찰을 일괄 수록하였다.[22] 수록된 사찰 수는 모두 34개로, 이 중 현존 사찰은 21개, 망폐 사찰은 13개로 파악된다. 당시 선산이 도호부(都護府) 격의 군읍이었다는 점을 고려하면, 선산에 적지 않은 수의 사찰이 현존했다는 점을 확인할 수 있다. 그러므로 『일선지』는 17세기 전반의 사찰 정보를 비교적 충실히 조사하여 수록한 읍지로 볼 수 있을 듯하다.

이처럼 읍지를 통한 사찰 현황 조사는 지역별 특성, 읍지별 편찬 방식 등을 고려하여 이루어져야 하는데, <표 16~20>을 통해 우선 확인되는 것은 16세기 후반~17세기 전반에 현존 사찰의 수가 적지 않았고, 망폐한 사찰에 비해 많았다는 점이다. 기존의 연구에서는 국가의 불교 억압, 사회의 유교화, 사족 세력의 성장 등 관점에 따라 망폐한 사찰에 더 주목해 왔지만, 사찬 읍지를 통해 볼 때 16세기 후반~17세기 전반의 조선 사회에는 상당히 많은 수의 사찰이 유지되고 있었다. 더구나 『영가지』, 『진양지』, 『상산지』, 『일선지』의 수록 사찰은 임진왜란 이후의 사찰 현황이라는 점을 고려하면, 조선 사회에 존재하던 사찰의 양적 규모에 대한 재평가와 함께, 그 존립 양상에 대한 재검토가 필요해 보인다.

---

22 『일선지』 古跡의 '亭觀' 조의 경우에도 현존 정자와 망폐 정자를 함께 수록하고, 망폐한 정자의 경우 '今爲廢墟' 등으로 기재하였다.

(2) 읍지 수록 학교·서원과의 비교

사찬 읍지를 통해 볼 때 16세기 후반~17세기 전반의 경상도 지역에는 다수의 사찰이 현존하고 있었다. 하지만 사찬 읍지를 통해 확인되는 사찰의 양적 규모, 지역 사회에서 차지하는 비중을 객관적으로 평가하기는 쉽지 않다. 다만 기존의 연구에서는 망폐 사찰에 더 주목하여 사찰의 망폐를 조선 사회가 유교화되고 있다는 데 대한 근거로 인식한 듯하다. 또한 사찰의 유지(遺趾), 건물, 토지 등이 이른바 '유교적 기반'으로 전용된 사례를 조사하여 이를 유교화의 근거로 파악하였다.[23] 여기서 유교적 기반이라 함은 서원(書院), 사우(祠宇), 서당(書堂), 서재(書齋), 정사(精舍) 등의 사족층의 사설 기관을 비롯하여 공해(公廨), 향교(鄕校), 역원(驛院) 등의 각종 관사(官司)를 포함한다. 곧 사찰의 경제적 기반이 관사, 서원 등으로 전용되는 것을 이른바 유교화라고 해석한 것이다.

서원, 서당 등은 유교적 사설 교육(敎育) 기관이자 제의(祭儀) 공간으로 불교의 수행(修行) 기관이자 재의(齋儀) 공간인 사찰과 대비되는 성격이 지닌 것이 사실이다. 서원, 서당 등은 향촌 사회의 유교적 교화, 사족의 향촌 통치와 밀접한 상관관계를 지닌 기관으로, 사족이 편찬한 16·17세기 사찬 읍지의 주요 수록 대상이었다고 할 수 있다. 『여지승람』에는 향교에 국한된 '학교(學校)' 조만 설정되었으나, 사찬 읍지들에서는 '서원(書院)', '서당(書堂)', '서재(書齋)' 등의 항목이 별도로 설정되었고, '학제(學制)', '학전(學田)', '학규(學規)' 등의 하위 항목이 설정되기도 하였다. 그만큼 서원, 서당을 포함하는 넓은 의미의 '학교'는 사찬 읍지를 편찬한 사족층에게 중시된 항목이었다. 그러므로 각 지역 읍지의 불우 조에 수록된 사찰의 수와 학교·서원·서당 조에 수록된 서원, 서당의 수를 비교해 보는 것은 사찰이 지

---

23 이수환, 1984, 앞 논문; 이수환, 2005, 앞 논문.

역 사회에서 차지하는 비중을 이해하는 데 일정한 의미가 있을 것으로 생각된다.

다만 이러한 비교 방법은 해당 읍지가 사찰과 서원·서당을 충실히 수록한 것일 때 유효하다는 점에 주의할 필요가 있다. 해당 군읍에 존재하는 사찰과 서원·서당을 충실히 수록하지 않은 읍지를 대상으로 할 경우, 이러한 방법은 유효성이 떨어질 수밖에 없다. 사족이 중시한 서원, 서당 등은 충실히 수록하면서, 사찰은 충실히 수록하지 않았을 가능성을 고려해야 하는 것이다. 앞서 살펴본 바와 같이 『영가지』, 『진양지』, 『일선지』는 대체로 해당 군읍의 사찰 정보를 충실히 기재한 것으로 보이나, 『상산지』는 그렇지 않은 듯하다.[24] 그러므로 사찬 읍지를 통한 사찰과 서원·서당의 수효 비교는 상주를 제외한 함안, 안동, 진주, 선산 지역의 경우 어느 정도 유효성을 지닌다고 판단된다.

이에 먼저 『함주지』 학교 조의 수록 현황을 조사하여 제시하면 〈표 21〉과 같다. 〈표 21〉에서 보듯 『함주지』에는 학교 조만 설정되었고, 서원, 서당 조는 설정되지 않았다. 다만 학교 조에는 향교(鄉校)와 함께 금천서원(琴川書院)이 수록되어 있다. 금천서원은 1567년 설립한 서원으로 1583년 금천 지역으로 이건하였다. 『함주지』에는 이 금천서원 이외에는 서원·서당이 수록되어 있지 않은데, 당시 함안 지역에는 금천서원 이외에 서원, 서당이 없었던 듯하다. 물론 각 가문의 가숙(家塾)이 존재했을 가능성은 있지만, 후술할 동시기 안동, 진주 지역과 같이 지역 사족이나 지방관의 주도로 도학 강학과 동몽 교육을 목적으로 건립된 서당은 없었던 것으로 보인다. 19세기 전반 헌종(憲宗) 조에 증수된 『함주지』 속지(續誌)의 학교·서원

---

24 『함주지』는 후대에 편찬된 읍지와 비교해 볼 때 함안 소재의 암자가 충실히 수록된 것인지는 의심스럽다(『咸州誌』, 1939년 刊, 石印本, 卷2). 그러나 대체로 주요 현존 사찰[存]은 충실히 수록되었다고 볼 수 있을 듯하다.

조에 서원과 사우가 11개 수록된 것과 비교해 보면,[25] 16세기 후반 함안 지역의 경관에서 서원·서당이 차지하는 비중은 상대적으로 적었다고 할 수 있다.

〈표 21〉『함주지』학교 조 수록 현황

學校			-			-			계
[현존]	[망폐]	소계	[현존]	[망폐]	소계	[현존]	[망폐]	소계	
2	-	2	-	-	-	-	-	-	2

다음으로『영가지』향교·서원·서당 조의 수록 현황을 조사하여 제시하면 〈표 22〉와 같다. 〈표 22〉에서 보듯『영가지』에는 향교, 서원, 서당 조가 각각 설정되었다. 향교 조에는 향교가, 서원 조에는 여강서원(廬江書院), 삼계서원(三溪書院), 병산서원(屏山書院)의 3개가, 서당 조에는 풍구서당(豊岳書堂), 청성관사(靑城精舍), 한서정사(寒棲精舍), 양파서당(陽坡書堂), 도생서당(道生書堂), 옥병서재(玉屛書齋) 등의 22개가 수록되었다. 여강서원, 삼계서원, 병산서원은 각각 1575년, 1589년, 1605년에 설립되었고, 서원 조에 수록된 '서당(書堂)', '정사(精舍)', '서재(書齋)' 등은 대체로 16세기 후반에 지역 사족이 건립한 것이다.『함주지』와 비교해 볼 때, 서당 조를 별도로 설정하고 서당, 정사 등을 수록하였다는 점이 특징적이다. 그 기술 내용을 살펴보면 서당은 훈도(訓導)와 양몽(養蒙)의 공간으로, 정사는 은거(隱居)와 퇴휴(退休)의 공간으로 기능을 하였던 것으로 보인다.[26]『영가지』에 서당

---

25 『咸州誌』(1939년 刊, 石印本) 卷2, 學校·書院;『國譯 咸州誌』, 1995, 107쪽; 112~113쪽.

26 이병훈에 따르면 이 시기 안동 지역에서는 높은 수준의 성리학 강학을 진행하는 道學的 書堂, 은거 수양을 목적으로 하는 精舍形 書堂, 사족 자제 및 일반 동몽의 교육을 목적으로 하는 서당이 혼재하여 건립되었고, 이른바 도학적 서당은 이후 서원이 되기도 하였다. 또한 이병훈은 지역 사족이 건립한 서당은 사족 자제를 대상으로 하고, 지방관이 건립한 서당은 일반 동몽을 대상으로 하였다고 보았다(이병훈, 2018, 「16세기 안동지역 재지사족의 성장과 서당 건립 활동」,『민족문화논총』69).

과 정사가 다수 수록된 것이 다른 지역에 비해 그 설립이 많았기 때문인지, 수록 기준의 차이로 인한 것일 뿐인지에 대해서는 신중한 접근이 필요하다. 다만『함주지』편찬을 주도한 정구가『영가지』의 편찬에도 관여했다는 점에서 함안 지역에 설립된 서당을『함주지』에 수록하지 않았을 리 없어 보인다. 그러므로 비교적 이른 시기인 16세기 후반에 다수의 서당이 건립된 것은 안동 지역의 특징적 현상으로 보아도 무방할 듯하다.

〈표 22〉『영가지』향교·서원·서당 조 수록 현황

鄕校			書院			書堂			계
[현존]	[망폐]	소계	[현존]	[망폐]	소계	[현존]	[망폐]	소계	
1	–	1	3	–	3	22	–	22	26

다음으로『진양지』학교·서원·서재 조의 수록 현황을 조사하여 제시하면 〈표 23〉과 같다.『진양지』에는 학교, 서원, 서재 조가 각각 설정되었다. 학교 조에는 향교가, 서원 조에는 덕천서원(德川書院), 대각향현사(大覺鄕賢祠)의 2개가, 서재 조에는 동면서재(東面書齋), 남면서재(南面書齋), 서면서재(西面書齋), 북면서재(北面書齋), 가좌촌서재(加佐村書齋), 원당서재(元堂書齋)의 6개가 수록되었다. 덕천서원과 대각향현사는 각각 1576년, 1610년에 설립되었으며, 동·서·남·북면의 서재는 후진(後進)의 훈도(訓誨)를 위해 1566년에 설립되었다. 그런데 이 6개의 서재 중에서 4개는 설립 이후 화재를 입거나 임진왜란으로 망폐한 상태였다고 기술되어 있으므로, 1622～1632년『진양지』편찬 당시 현전하던 곳은 남면서재, 북면서재뿐이었으며, 이 또한 임진왜란 이후에 중건된 것이었다. 이를『영가지』서당 조와 비교해 볼 때, 진주 지역에는 서당의 설립 자체가 상대적으로 적었을 뿐 아니라 그마저 계속 유지되지 못해,『진양지』편찬 당시에 운영된 서재는 2개뿐이었다. 안동이 이황(李滉, 1501～1570)이 활동한 지역인 것에 대비해,

진주가 조식(曹植, 1501~1572)이 활동한 지역임을 상기한다면, 진주가 재지 사족의 영향력, 향촌의 유교화의 측면에서 후진적 지역이라고 보기 어렵다. 그러므로 동시기 진주 지역의 서당 설립이 부진했다기보다, 안동 지역의 서당 설립이 선구적이었다고 보는 것이 적절할 듯하다.

〈표 23〉『진양지』 학교·서원·서재 조 수록 현황

學校			書院			書齋			계
[현존]	[망폐]	소계	[현존]	[망폐]	소계	[현존]	[망폐]	소계	
1	-	1	2	-	2	2	4	6	9

다음으로 『상산지』 '3 학교(三學校)' 조의 하위 항목인 향교, 서원, 서당의 수록 현황을 조사하여 제시하면 〈표 24〉와 같다. 『상산지』의 학교 조에는 서두에 학교 설립의 역사와 의미를 상술한 후 상주 소재 향교, 서원, 서당을 기술하였다. 향교에 대한 서술 말미에 "임진왜란 때 불탔다."라는 기사로 보아 상주 향교는 『상산지』가 편찬된 1617년까지 복구되지 못했던 것으로 보인다.[27] 서원에 대해서는 서원 명칭은 기술하지 않고, "1606년에 창건하였다."라고 되어 있는데, 이 서원은 숙종 조에 사액(賜額)된 도남서원(道南書院)으로 당시까지는 특정한 명칭이 없었던 듯하다. 그리고 서당에 대해서는 "가숙(家塾)의 제도에 의거하여 각 면에 모두 있는데, 과반은

〈표 24〉『상산지』 학교 조 수록 현황

學校									계
鄕校			書院			書堂			
[현존]	[망폐]	소계	[현존]	[망폐]	소계	[현존]	[망폐]	소계	
-	1	1	1	-	1	(31)	-	(31)	(33)

---

27 상주 향교는 1618년에 중건되었으므로 『상산지』의 기록이 당시의 실제에 부합한다고 할 수 있다.

목사(牧使) 신잠(申潛, 1491~1554)이 창건한 것이다[依家塾之制 各面皆有之 而過半申候靈川所創]."라고만 되어 있다. 당시 상주의 각 면에 모두 서당이 있었으며, 그중 1552년부터 1554년까지 상주 목사에 재임한 신잠이 창건한 것이 절반이 넘는다는 것이다. 당시 상주에 몇 개의 면이 있었는지는 분명치 않은데, 1749년 편찬『상산지』에 따르면 18세기 중엽에는 31개의 면이 있었다.[28] 목사 신잠의 행장에 따르면 그가 건립한 서당은 10여 개[無慮十許所]였다고 하고,[29] 『상산지』(1749)에 따르면 16개였다고 한다.[30] 그러므로 당시 상주에는 최대 31개의 서당이 있었다고 상정할 수는 있으나, 16세기 후반에 건립된 서당이 임진왜란을 거친 후에도 모두 존속했다고 보기는 어려운 듯하다.[31] 16세기 중엽 이래 상주 지역의 서당 건립 활동이 다른 지역에 비해 선구적이었지만, 각 면에 모두 서당이 있었다는『상산지』의 포괄적 서술로는 편찬 당시 상주 지역에 정확히 몇 개의 서당이 있었는지 파악하기 어렵다.

다음으로『일선지』'학교 제5(學校第五)'조의 수록 현황을 조사하여 제시하면 〈표 25〉와 같다.『일선지』학교 조는 '학교(鄕校)', '해평향교(海平鄕校)', '학제(學制)', '학전(學田)', '전복(田僕)', '서원(書院)', '원규(院規)', '학규(學規)', '월암서당(月巖書堂)' 등 다수의 하위 항목으로 구성되었다. 향교는

28 『商山誌』(1749), 一興地;『尙州史料集』, 1998, 563쪽.

29 「通政大夫行尙州牧使申公行狀」,『玉溪先生文集』卷3;『한국문집총간』37, 253쪽.

30 已上十六書堂皆申靈川潛爲牧使時所建"(『商山誌』(1749), 三學校 書堂;『尙州史料集』, 1998, 570쪽). 신잠이 건립한 서당은 흔히 18개로 알려져 있으나, 이는 후대에 형성된 인식인 듯하다(姜世揆 (1762~1833), 「道谷書堂重修記」; 강경모, 「尙州의 書堂敎育考察: 靈川子 申潛 牧使의 18書堂을 中心으로」,『상주문화연구』12, 2003 재인용).

31 1749년에 편찬된『상산지』에는 서원 11개, 서당 19개가 수록되어 있어 참고가 된다. 단, 서당 조에 수록된 修楔所, 存愛院, 鄕約社, 鄕約堂은 제외하였다(『商山誌』(1749), 三學校;『尙州史料集』, 1998, 569~570쪽). 19개의 서당 중에, 16개는 申潛이 창건한 것이고, 3개는 숙종조 이후에 창건한 것이다. 16개 중에 6개가 임진왜란 때 소실되었다고 기재되었는데, 각 서당에 따라 전란 직후에 중건되기도, 17세기 말에 이르러 중건되기도 하였다.

임진왜란으로 불탄 후 1600년, 1624년 중건을 통해 복구되고 있었고, 속현(屬縣)인 해평현(海平縣)의 향교는 임진왜란으로 불탄 뒤 그 유지에 서당을 세웠다고 기술되어 있다. 서원 조에는 1575년 사액된 금오서원(金烏書院)이 수록되었는데 임진왜란으로 폐허가 된 후 이건하였다고 되어 있다. 월암서당 조에는 1630년에 김주(金澍)를 배향하기 위해 서당을 건립하였고, 1636년에 하위지(河緯地)와 이맹전(李孟專)을 배향하였다고 되어 있다. 이로써 볼 때 월암서당은 서원으로 건립되었다고 할 수 있는데, 실제로 숙종조에 이르러 월암서원(月巖書院)으로 사액되었다. 위의 『일선지』의 학교조 내용을 정리해 보면 『일선지』가 편찬된 1636년 전후에 선산 지역에는 향교 1개, 서원 2개, 서당 1개가 있었던 것으로 파악된다.

〈표 25〉『일선지』 학교 조 수록 현황

學校									계
[鄕校]			[書院]			[書堂]			
[현존]	[망폐]	소계	[현존]	[망폐]	소계	[현존]	[망폐]	소계	
1	–	1	2	–	2	1	–	1	4

이처럼 『함주지』, 『영가지』, 『진양지』, 『상산지』, 『일선지』를 통해 볼때 서원과 서당은 16세기 후반~17세기 전반의 지역 사회의 경관에서 차치하는 비중이 컸다고 보기 어려운 듯하다. 많은 수의 서원과 서당이 분포한 18·19세기 조선 사회와 비교해 볼 때 그러하고, 16세기 후반~17세기 전반에 현존한 사찰과 암자의 수와 비교해 볼 때 그러하다. 앞서 살펴본 사찰의 수와 서원·서당의 수를 단순 비교해 보면, 당시 향촌 사회의 경관에서 사찰과 암자가 차지하는 비중이 상당히 컸다는 점을 확인할 수 있다. 이에 각 읍지에 수록된 편찬 당시 현존하던 학교 및 사찰의 목록을 조사하여 제시해 보면 〈표 26〉과 같다.

구분	學校			寺刹	
	鄕校	書院	書堂·書齋	寺	庵
咸州誌 (1587)	鄕校	琴川書院 (1개)	–	主吏寺, 眉山寺, 靑松寺, 松坊寺, 北寺, 雙岸寺(6개)	–
永嘉誌 (1608)	鄕校	廬江書院, 三溪書院, 屛山書院 (3개)	豊岳書堂, 靑城精舍, 寒棲精舍, 石門精舍, 謙巖精舍, 遠志精舍, 玉洲精舍, 陽坡書堂, 道生書堂, 八耦書堂, 養正書堂, 龍泉書堂, 伊溪書堂, 西澗書堂, 芝陽書堂, 鏡光書堂, 佳野書堂, 玉屛書齋, 龍峽書堂, 面提書堂, 龜潭書堂, 鳳山書堂 (22개)	西嶽寺, 東嶽寺, 玄沙寺, 南興寺, 遺才寺, 燕飛院佛寺, 開目寺, 鳳停寺, 廣興寺, 白眼房寺, 艾蓮寺, 碧房寺, 福林寺, 陵洞寺, 沙亡寺, 居仁寺, 玉山寺, 硯寺, 黃山寺, 東林寺, 仙刹, 米糒寺, 月巖寺, 中臺寺, 袈裟寺, 鷲棲寺, 棲碧寺, 竹薇寺, 介乃寺, 蓮臺寺 (30개)	藍林庵, 滿月庵, 白雲庵, 聖齋庵, 鳳棲庵, 嘉水庵, 鳳栖庵, 甘水庵, 白蓮庵, 白雲庵, 滿月庵, 元曉庵, 夢想庵, 普賢庵, 文殊庵, 眞佛庵, 中臺庵, 普門庵, 上大乘庵, 下大乘庵, 致遠庵, 克一庵, 安中庵, 上淸凉庵, 下淸凉庵, 古龍穴庵, 擎日庵, 慈悲庵, 東庵, 西庵, 古道庵, 淨修庵 (32개)
晉陽誌 (1633)	鄕校	德川書院, 大覺鄕賢祠(2개)	南面書齋, 北面書齋 (2개)	大籠寺, 義谷寺, 長安寺, 非羅寺, 白巖寺, 龍巖寺, 百泉寺, 臥龍寺, 龍泉寺, 觀音方寺, 靑谷寺, 香積寺, 法界寺, 般若寺, 岐林寺, 德山寺, 雙溪寺, 白巖寺, 長興寺, 會講寺, 神興寺, 義神寺, 靈神寺, 斷俗寺, 五臺寺, 默溪寺, 靑巖寺, 智居寺, 華巖寺, 龍山寺, 凝石寺, 紺巖寺, 花寺, 一屋齋寺 (34개)	演淇菴, 默奚菴, 戒水菴, 柳方菴, 聖水庵, 鉢峯菴, 古无爲菴, 南臺菴, 上流菴, 枇芘菴, 佛出庵, 靈臺菴, 玉水菴, 寶文菴, 道士菴, 南臺菴, 小隱庵, 古靈庵, 兜率菴, 地藏菴, 佛日菴, 普照菴, 七佛菴, 隱菴, 通日菴, 金沙菴, 靑沙菴, 社堂菴, 中菴, 眞樂堂, 普賢菴, 沙惠菴, 東菴, 能二菴, 上水谷菴, 下水谷菴, 隱靜臺, 大勝庵, 古大勝, 上大勝, 西臺, 東菴, 圓廠菴, 圓通菴, 松老庵, 圓棲菴, 寂坐菴, 銀菴, 淸凉臺, 東菴, 北菴, 普明庵, 靈雲菴, 西臺, 鐵窟菴, 中鐵窟菴, 下鐵窟菴, 隱仙庵, 白雲菴, 千佛菴, 靈臺菴, 東山庵, 七谷菴 (63개)

<표 26> 경상도 지역 사찬 읍지 수록 현존 학교 및 사찰 목록

구분	學校			寺刹	
	鄕校	書院	書堂·書齋	寺	庵
商山誌 (1617)	–	書院(1개)	書堂 ([31]개)	龍巖寺, 勝長寺, 小林寺, 龍潭寺(4개)	彌勒庵(1개)
一善誌 (1636)	鄕校	金烏書院, 月巖書堂 (1개)	書堂 (1개)	梧桐寺, 彌鳳寺, 水多寺, 大芚寺, 納石寺, 接聖寺, 大穴寺, 普峰寺, 東陽寺, 桃李寺, 崇巖寺, 文殊寺, 衆愛寺(13개)	閣殿庵, 藥師殿, 金堂庵, 金水窟, 白雲庵, 石水庵, 布機窟, 道詵窟(8개)

〈표 26〉은 『함주지』, 『영가지』, 『진양지』, 『상산지』, 『일선지』가 각각 편찬된 1587년, 1602~1608년, 1622~1632년, 1617년, 1618~1636년에 함안, 안동, 진주, 상주, 선산 지역에 현존하던 서원, 서당을 포함한 학교와 암자를 포함한 사찰의 목록이다. 문헌별 특징, 지역별 차이에 유의할 필요가 있지만, 대체로 학교에 비해 사찰의 수가 크게 많음을 한눈에 확인할 수 있다. 물론 사찰의 수가 더 많았다고 해서 사찰의 영향력이 학교, 서원에 비해 컸다고 말할 수는 없다. 그러나 분명한 것은 기존의 연구들이 당시 지역 사회에 다수 존재한 사찰에는 관심을 기울이지 않고, 학교, 서원, 서당 등에만 주목해 왔다는 점이다. 조선 사회가 결국 유교화된다는 결과를 전제로 유교로의 변화를 중심으로 연구하고 해석해 온 것이라고 할 수 있다. 그러나 이러한 일면적인 해석은 당시 향촌 사회에 대한 이해의 폭을 좁히는 결과를 초래할 뿐 아니라, 조선 사회가 이른바 유교화되어 가는 구체적 양상을 밝히기 위해서도 바람직하지 않아 보인다.

위 표에서 보듯 16세기 후반~17세기 전반의 조선 사회에는 상당히 많은 수의 사찰이 분포하고 유지되고 있었다. 그간 이 시기의 사찰은 국가와 유자에게 억압 당하여 무력하고 소외된 이단 종교의 사원으로 형상화되었고, 사찰의 건물, 토지 등의 물적 기반은 유교의 경제적 기반으로 전용되어 간 것으로 이해되었다. 그러나 서원과 서당도 그 설립, 운영, 유지를 위해 경제적 기반이 필요했듯, 사찰을 유지하고 운영하기 위해서는 상당한 수준의 경제적 기반이 필요할 수밖에 없었다. 그렇다면 위와 같이 많은 사찰이 지역 사회에서 유지되고 있었다는 것은 사찰들이 그에 상응하는 인적·물적 토대를 갖추고 있었음을 의미한다. 곧 다수 사찰의 존립 자체가 사찰의 사회·경제적 기반이 지역 사회에서 취약하지만은 않았음을 뒷받침한다고 할 수 있다. 그러므로 16·17세기 존립하던 사찰의 양적 실태를 정확히 확인하는 작업은 당시의 조선 사회를 이해하는 데 중요한 의미를 지니며, 더 나아가 그 존립과 망폐의 양상을 구체적으로 검토함으로써 당시 조선 사회의 사찰에 대한 이해를 확장할 필요가 있어 보인다.

2) 사찰의 존립 양상과 망폐 사유

(1) 사찰의 양적 증감 추이 재검토

16세기 후반~17세기 전반의 사찬 읍지를 통해 볼 때 조선 사회에는 다수의 사찰이 존립하여 유지되고 있었다. 앞서 살펴보았듯이 기존의 통념과는 달리 이 시기 지역 사회에는 상당히 많은 수의 사찰이 존재했고, 상대적으로 서원과 서당은 아직 지역 사회에서 양적 우위를 점하는 기관으로 성장하지 못했던 것으로 보인다. 물론 사찰과 서원의 수를 단순 비교하는 방법을 통한 추론에는 신중할 필요가 있으나, 사찰의 수는 조선 사회의 연구를 위한 가장 기본적인 정보의 하나라고 할 수 있으므로, 정확한 정보의 파악과 해석이 필요한 듯하다. 이 절에서는 16세기 후반~17세기 전반에 편찬된 사찬 읍지를 통해 사찰의 존립 실태를 논하고 있는데, 이 시기에 존립한 사찰의 수에 대한 평가와 해석을 위해서는 이전, 이후 시기와의 증감 양상을 검토할 필요가 있다. 조선시대 사찰의 양적 증감 추이를 바탕으로 『함주지』, 『영가지』, 『진양지』, 『상산지』, 『일선지』에 수록된 사찰의 수, 곧 16세기 후반~17세기 전반에 존립한 사찰의 수에 대한 평가가 필요한 것이다. 그런데 이미 조선시대에 편찬된 전국 지리지를 중심으로 사찰의 증감 추이를 논한 연구가 이루어진 바 있으므로, 이를 바탕으로 정리한 시기별 현존 사찰 수 현황을 우선 제시해 보면 〈표 27〉과 같다.[32]

〈표 27〉은 『세종실록지리지(世宗實錄地理志)』, 『여지승람』, 『동국여지지』, 『여지도서』, 『가람고(伽藍考)』, 『범우고(梵宇攷)』, 『조선불교통사』에 수록된 현존 사찰 수를 조사한 현황을 정리한 것이다. 『여지승람』과 『여지도서』의 수록 사찰 수는 일찍이 조사된 것이나,[33] 신경준(申景濬, 1712~1781)이 편찬한 『가람고』와 정조(正祖)의 명으로 편찬된 『범우고』의 수록 사찰 수는 비교적 근래에 조사된 것이다. 『세종실록지리지』, 『여지승람』, 『동국여지지』, 『여지도서』 등의 전국 지리지, 『가람고』와 『범우고』와 같은 사찰 주제 지리지는 각 시기별 전국의 사찰 현황을 연구하는 데 중요한 자료들이라고 할 수 있다. 그런데 〈표 27〉을 통해 짐작되듯 각 자료별로 편찬 방침과 사찰 수록 기준이 동일하다는 점이 전제되지 않는다면, 〈표 27〉의 사

---

32 이병희, 1997, 앞 논문; 오경후, 2012, 앞 논문; 류명환, 2015, 앞 논문. 연구자에 따라 각 지리지 수록 사찰 수의 계산에 조금씩 차이가 있으므로, 『신증동국여지승람』, 『동국여지지』, 『여지도서』, 『조선불교통사』는 이병희를 따르고, 『세종실록지리지』와 『가람고』는 류명환을, 『범우고』는 오경후를 따랐다. 『여지도서』는 경기도, 충청도, 전라도, 경상도의 39개 군읍이 누락되었는데, 국사편찬위원회가 『여지도서』를 영인하면서 가장 가까운 시기의 누락 군읍 읍지를 수집하여 보유편으로 수록하였다(『輿地圖書』, 국사편찬위원회, 1973). 그러나 보유편에 수록된 읍지를 모두 동일한 시기의 것으로 보기 어려우므로, 〈표 27〉의 『여지도서』 수록 사찰 수는 엄밀한 의미에서 1760년경의 정확한 사찰 현황으로 보기 어렵다.

33 최근의 연구에 따르면, 『여지도서』는 편찬이 완료되지 못했고, 이에 국가적으로 명명된 바도 없다. '여지도서'는 다만 이 문헌 중의 한 부를 대대로 소장한 서명응 가문에서 사적으로 부여한 명칭일 뿐이었으므로, 이 문헌은 『1760년 상송 읍지』 정도로 지칭하는 것이 적절하다고 할 수 있다. 한편, 이 『1760년 상송 읍지』는 3~5부가 동시에 제작되었는데, 최근에 경상도 지역 몇몇 군읍의 상송 읍지가 추가로 발견되기도 하였다(손성필·김준섭, 2021, 앞 논문).

<표 27> 조선시대 전국 지리지 수록 현존 사찰 수 현황

구분	세종실록지리지 (1454)	신증동국여지승람 (1530)	동국여지지 [1660]	여지도서 [1760]
수록 사찰 수	52	1,658	1,602	1,537
비고			『동국여지지』 결책으로 경상좌도 36개 군읍 누락	39개 누락 군읍은 영인서 보유편에 의거하여 보완
구분	가람고 [1770]	범우고 (1799)	조선불교통사 (1915)	-
수록 사찰 수	1,448	1,747	1,283	-
비고			산내암자 제외 산내암자 포함 1,478	-

찰 수 현황을 통해 증감 추이를 파악하는 방법은 타당성을 확보하기 어렵다. 예컨대 『세종실록지리지』의 수록 사찰은 국가의 승정체제(僧政體制)에 소속된 지정 사찰을 중심으로 수록 편찬된 것이며, 『조선불교통사』를 통해 보듯 산내암자(山內庵子)의 포함 여부와 같은 수록 기준에 따라 사찰 현황은 달라질 수밖에 없다. 따라서 <표 27>을 통해 조선시대에 편찬된 전국 지리지에 대체로 1,600개가량의 사찰이 수록되었다는 점은 확인할 수 있으나,[34] 시기별 사찰 수의 증감 추이를 파악하기는 어려운 것이다.

그러나 일반적으로 전국 지리지에는 편찬 당시 현존하던 대부분의 사찰을 수록했다고 인식되었고, 이러한 인식은 최근까지도 크게 달라지지 않은 듯하다.[35] 이에 따라 전국 지리지에 수록된 사찰 수 현황을 통해 각 시기별 사찰의 양적 증감 추이를 파악하는 연구 방법은 여전히 통용되고 있다.

---

34 손성필, 2013, 앞 박사논문; 손성필, 2016, 앞 논문.
35 이병희, 1997, 앞 논문; 류명환, 2015, 앞 논문.

조선시대 사찰 수의 증감 추이에 대해서는 이병희의 연구가 선구적이며 대표적이다. 이병희는『여지승람』,『여지도서』,『조선불교통사』에 수록된 사찰을 중심으로 조선시대 사찰 수의 증감 추이를 논하였는데,[36] 조선시대에 사찰 수가 계속 감소해 갔고, 사찰 중에 암자가 차지하는 비중이 증가했다고 파악했다.[37] 이러한 결론이 조선말기 사찰 상황에 비추어 보았을 때 거시적으로 틀린 것이라고 말하기는 어려우나, 전국 지리지에 수록된 사찰 수 현황이 각 시기에 현존하던 사찰 수의 실제에 얼마나 부합하는지에 대해서는 비판적 검토가 불가피해 보인다.

그런데 해당 군읍의 지리 정보가 충실하게 수록된 사찬 읍지는 전국 지리지에 현존 사찰이 얼마나 충실하게 수록되었는지를 살펴보는 데 좋은 연구 자료가 된다. 16세기 후반~17세기 전반에 편찬된 경상도 지역의 사찬 읍지인『함주지』,『영가지』,『진양지』,『상산지』,『일선지』에 수록된 현존 사찰과, 16세기 전반에 편찬된『여지승람』, 17세기 중엽에 편찬된『동국여지지』, 18세기 중엽에 편찬된『여지도서』의 해당 군읍에 수록된 현존 사찰을 조사하여 정리하면 〈표 28〉과 같다.[38]

〈표 28〉에서 보듯 전국 지리지에 수록된 사찰에 비해, 사찬 읍지에 수록된 사찰이 현저히 많다. 특히 안동, 진주, 선산 지역은 사찬 읍지에 수록된

---

36 이병희는『東國輿地志』에 수록된 사찰 수는 사찰 증감 추이의 논의에서 제외하였다. 전라도 지역의 사찰 수가 크게 많다는 이유로 정보의 신빙성이 의심스럽다고 보았기 때문이다(이병희, 1997, 앞 논문, 55쪽). 그러나 이는 문헌별, 지역별로 사찰을 조사하고 선별하여 수록하는 기준 및 방식이 달랐기 때문일 뿐,『동국여지지』가 다른 지리지에 비해 정보의 신빙성에 크게 문제가 있다고 보기는 어려운 듯하다.

37 이병희는 이 밖에『여지승람』의 고적 조에 수록된 폐사 중에 평지에 소재한 것이 많다는 점을 근거로 고려시대 이래의 사찰 중에 평지 사찰이 다수 망폐하였다고 보았고, 도별 사찰 수 분석을 통해 다른 지역의 사찰 수는 감소한 데 반해 경상도의 사찰은 유독 증가하였다고 파악하였다. 그러나 후자의 주장은 각 시기별 전국 지리지에 당시의 현존 사찰 대부분을 수록한 것이라는 점을 전제한 것이므로 타당하다고 보기 어렵다.

38 『(國譯)新增東國輿地勝覽』(민족문화추진회, 1969~1970),『東國輿地志』(筆寫本, 규장각 古 4790-51),『輿地圖書』(국사편찬위원회, 1979)에 의거하여 조사하였다.

<표 28> 사찬 읍지 및 전국 지리지 수록 현존 사찰 현황 비교

구분	여지승람 (1530)			함주지(1587) 영가지(1608) 진양지(1633) 상산지(1617) 일선지(1636)			동국여지지 [1660]			여지도서 [1760]		
	사	암	계	사	암	계	사	암	계	사	암	계
함안	5	-	5	6	-	6	6	-	6	2	5	7
안동	7	-	7	30	32	62	*	*	*	11	-	11
진주	17	2	19	34	63	97	16	6	22	12	5	17
상주	3	1	4	4	1	5	5	1	6	7	2	9
선산	11	4	15	21	13	34	10	3	13	7	4	11

사찰이 전국 지리지에 비해 현저히 많음이 분명히 확인된다. 함안과 상주 지역의 경우는 수록 사찰 수가 크게 차이 나지 않는데, 『함주지』와 『상산 지』는 당시 현전하던 사찰 정보를 충실히 수록한 사찬 읍지가 아니기 때문 으로 보인다. 앞서 살펴보았듯이 『상산지』는 현존 사찰을 충실히 수록한 읍지로 보기 어려우며, 『함주지』는 암자의 수록이 충실하지 않았던 것으로 보인다. 이처럼 사찬 읍지라고 해서 모두 사찰 정보를 충실히 수록한 것은 아니라는 점, 사찬 읍지마다 편찬 방침 및 수록 기준이 동일하지 않 았다는 점 등에 주의할 필요가 있으나, 『영가지』, 『진양지』, 『일선지』 등을 통해 볼 때 대체로 사찬 읍지에는 전국 지리지에 비해 많은 수의 사찰 정 보가 충실히 수록되었다.

이를 통해 볼 때 『여지승람』, 『동국여지지』 등의 전국 지리지에는 당시 의 현전 사찰을 충실히 수록했다고 보기 어렵다. 이 또한 각 지리지마다 편찬 방침 및 수록 기준이 다소 다를 수 있다는 점에 주의를 요하나, 사찬 읍지에 비해 전국 지리지에는 당시 현존하던 사찰을 충실히 수록한 것이 아님은 분명해 보인다. 다시 말해, 전국 지리지에는 현존 사찰을 선별 수록 한 것이지, 현존 사찰을 대부분 수록한 것이 아니라고 할 수 있다. 전국 지리지에 사찰이 선별 수록되었다는 점은 『동국여지지』의 「수정동국여지지범례(修正東國輿地志凡例)」를 통해 확인된다.[39]

> [자료 18] 寺刹: 『輿地勝覽』에는 '佛宇'라고 하였으나 '사찰'로 고친다.【韻書에 '刹'은 僧寺라고 하였다.】中寺 이상은 수록하고, 小菴堂은 名勝과 事蹟이 있는 것을 제외하고는 굳이 수록하지 않는다.【근처에 있는 사찰의 주석 중에 기재하기도 한다.】예전의 사찰로 지금은 망폐하여 遺址만 남은 것은 巨刹은 '古蹟' 조로 옮겨 수록하고 그 나머지는 삭제한다.

『동국여지지』의 서두에는 각 항목별 수정 범례가 수록되었는데, 위의 내용은 사찰 조의 수정 범례이다. 위 범례에 따르면, 『동국여지지』에 수록된 사찰은 '중급 규모 사찰[中寺] 이상을 수록한다', '소규모 암자[小菴堂]는 특별한 경우를 제외하고는 수록하지 않는다'라는 등의 방침 및 기준에 따라 수록된 것이다. 이 범례를 통해 『동국여지지』사찰 조에는 모든 현존 사찰을 수록한 것이 아님을 분명히 확인할 수 있다. 이와 같은 범례를 밝히지 않았다 하더라도, 전국 지리지 및 사찬 읍지에는 나름의 편찬 방침과 수록 기준에 따라 사찰을 수록하고, 제외했을 것이다. 대체로 전국 지리지는 사찰을 선별 수록하고, 사찬 읍지는 충실히 수록한 것으로 볼 수 있으나, 『상산지』를 통해 보듯 사찬 읍지도 저마다 방침과 기준이 달랐던 것처럼, 전국 지리지도 방침과 기준이 동일하지 않았던 것으로 보인다. 각 전국 지리지와 사찬 읍지의 편찬 방침 및 수록 기준에 대한 신중한 고려를 바탕으로 현존 사찰 현황을 파악해야 하는 것이다.

---

39 「修正東國輿地志凡例」, 『東國輿地志』(규장각 古 4790-51). "寺刹 勝覽作佛宇 今改之【韻書曰 刹 僧寺也】中寺以上得載 小菴堂則有名勝及事蹟者外不必載【或附見於傍寺註中】其往時寺刹今廢為遺址者 巨刹則移附於古蹟 其餘直刪去."

그렇다면 그간 전국 지리지에 현존 사찰이 대부분 수록되었다고 전제하고, 사찰의 양적 증감 추이를 논한 연구 방법은 타당하지 않다고 할 수 있다. 또한 임진왜란 이후인 17세기 전반에 편찬된 사찬 읍지에 수록된 사찰의 수가『여지승람』수록 사찰보다 크게 많으므로, 임진왜란 이전에는『여지승람』수록 사찰보다 현저히 많은 사찰이 현존했을 것이라는 점을 추론 가능하다. 이에 구체적 검토를 위해 사찬 읍지와『여지승람』, 『동국여지지』, 『여지도서』에 수록된 현존 사찰을, '사(寺)' 격의 사찰에 한하여 사찰별 수록 현황을 조사하여 제시하면 〈표 29〉와 같다.

〈표 29〉는 사찬 읍지와『여지승람』, 『동국여지지』, 『여지도서』에 한 번이라도 현존 사찰로 수록된 '寺' 격의 사찰을 정리한 것으로, 각 자료에 수록된 현존 사찰은 '○', 망폐 사찰은 '×', 수록되지 않은 사찰은 '-'로 표시하였다. 편찬 시기에 따라『여지승람』, 사찬 읍지, 『동국여지지』, 『여지도서』에 수록된 사찰 순으로 정리하였는데, 『여지승람』에 수록되지 않고 사찬 읍지, 『동국여지지』, 『여지도서』에 수록된 사찰은 음영으로 구분하였다.[40] 이를 고려하여 〈표 29〉를 살펴보면, 한눈에도『여지승람』에는 수록되지 않았으나 사찬 읍지, 『동국여지지』, 『여지도서』에는 수록된 사찰이 많음을 확인할 수 있다. 앞서 논한 바와 같이 대체로 사찬 읍지에 가장 많은 수의 현존 사찰이 수록되었음도 확인할 수 있는데, 다만 상주 지역의 경우『여지도서』에 가장 많은 수의 현존 사찰이 수록된 것은『상산지』에 사찰 정보가 부실하게 수록되었기 때문으로 볼 수 있다.

---

40 한편『여지도서』의 경상도 편은『여지승람』수록 사찰을 우선 모두 수록하여 기술한 다음, 새로 수록하는 사찰은 '新增'으로 구분하여 후반부에 수록하였는데, 『여지도서』에 '신증'으로 구분되어 새로 수록된 사찰은 밑줄로 표시하였다.

〈표 29〉 사찬 읍지 및 전국 지리지 수록 현존 '寺' 격 사찰의 사찰별 수록 현황(계속)

구분	사찰명	여지승람 (1530)	함주지(1587) 영가지(1608) 진양지(1633) 상산지(1617) 일선지(1636)	동국여지지 [1660]	여지도서 [1760]
함안	主吏寺	○	○	○	×
	眉山寺	○	○	○	×
	獅子寺	○	×	○	×
	阿見寺	○	×	○	×
	靑松寺	○	○	○	○
	松坊寺	-	○	○	-
	北寺	-	○	-	-
	雙岸寺	-	○	-	-
	深源寺	-	-	-	○
안동	白蓮寺	○	×	-	×
	臨河寺	○	×		×
	法林寺	○	×		×
	法龍寺	○	×		○(1726重修)
	淸涼寺	○	○(蓮臺寺)		○
	開目寺	○	○		○
	法興寺	○	×		×
	西嶽寺	-	○		○
	東嶽寺	-	○		-
	玄沙寺	-	○		○
	南興寺	-	○		-
	遺才寺	-	○		-
	燕飛院佛寺	-	○		-
	鳳停寺	-	○		○
	廣興寺	-	○		○
	白眼房寺	-	○		-
	艾蓮寺	-	○		-
	碧房寺	-	○		-
	福林寺	-	○		

<표 29> 사찬 읍지 및 전국 지리지 수록 현존 '寺'격 사찰의 사찰별 수록 현황

구분	사찰명	여지승람 (1530)	함주지(1587) 영가지(1608) 진양지(1633) 상산지(1617) 일선지(1636)	동국여지지 [1660]	여지도서 [1760]
안동	陵洞寺	-	○		-
	沙亡寺	-	○		-
	居仁寺	-	○		-
	玉山寺	-	○		-
	硯寺	-	○		-
	黃山寺	-	○		○
	東林寺	-	○		-
	仙利	-	○		○
	米麪寺	-	○		-
	月巖寺	-	○		-
	中臺寺	-	○		○
	袈裟寺	-	○		-
	鷲棲寺	-	○		-
	棲碧寺	-	○		-
	竹薇寺	-	○		-
	介乃寺	-	○		-
	龍潭寺	-	-		○
진주	斷俗寺	○	○	○	○
	安養寺	○	○	○	×
	默溪寺	○	○	×	×
	靈神寺	○	○	○(靈神菴)	×
	凝石寺	○	○	○	○
	淸谷寺	○	○	○	○
	法輪寺	○	×	○	×
	香積寺	○	○	○(香積菴)	×
	臥龍寺	○	○	○	○
	五臺寺	○	○	○	○
	牛房寺	○	○	○	○

그렇다면 특정 지리지 및 읍지에만 수록되고 여타 지리지 및 읍지에는 수록되지 않은 사찰의 존립 여부는 어떻게 판단해야 할까? 지리지 및 읍지에 수록된 시기에만 존립하다가 다시 망폐한 것이거나, 망폐했다가 지리지 및 읍지에 수록된 시기에 중창된 것일까? 두 가지 가능성 또한 모두 열려 있지만, 엄밀히 말해 지리지 및 읍지에 수록되지 않은 사찰은 존립 및 망폐 여부를 판단할 수 없다고 보는 것이 가장 합당하다. 다른 근거가 없는 한 미수록 사찰은 존립 및 망폐 여부에 대한 판단을 보류해야 하는 것이다. 이는 존립했다고 단정할 수 없지만, 망폐했다고 단정할 수도 없음을 의미한다. 그러나 기존의 연구에서는 흔히 지리지 및 읍지에 수록되지 않은 사찰은 그 시기에 현존하지 않았다고 파악해 왔다. 전국 지리지에 그 시기에 현존한 대부분의 사찰이 수록되었다고 전제하고 사찰의 증감 추이를 논하는 연구 방법도 미수록 사찰의 현존 가능성을 고려하지 않은 것이라고 할 수 있다. 그러므로 지리지와 읍지에 미수록된 사찰의 현존 및 망폐 가능성을 모두 열어두고 사찰의 존립 실태를 논할 필요가 있는 것이다.

그런데 16세기 후반~17세기 전반에 편찬된 경상도 지역 사찬 읍지에 수록된 많은 수의 현존 사찰의 존립 양상을 이해하기 위해서는 이 사찰들이 『여지승람』에 수록되지 않았을 뿐 대부분 계속 존립해 왔던 것인지, 아니면 『여지승람』 편찬 당시에는 망폐했다가 그 사이에 건립된 것인지를 파악하는 것이 중요하다. 특히 안동, 진주, 선산 지역의 경우 『여지승람』에 수록되지 않고 사찬 읍지에만 수록된 '사' 격의 현존 사찰이 각각 28개, 23개, 7개에 이른다. 앞서 논했듯이 대체로 전국 지리지에는 사찰을 선별 수록하고, 사찬 읍지에는 충실히 수록한다는 점을 통해 볼 때, 16세기 후반~17세기 전반의 사찬 읍지에 수록된 사찰의 상당수는 『여지승람』에 미수록되었을 뿐 현존해 있었고 사찬 읍지 편찬 당시까지 존립했던 것일 가능성이 커 보인다. 〈표 29〉에서 보듯이 『여지승람』에 수록되지 않은 많은 사찰들이 『여지승람』 편찬 이후인 16세기 중엽에서 17세기 전반에 이르는 시기에 새로 건립되었다고 보는 것은 더욱 타당해 보이지 않기 때문이기도 하다. 예컨대 사찰의 중창 사실을 비교적 충실히 기술한『진양지』에서,『여지승람』미수록 사찰 중에 임진왜란의 병화를 겪은 후 중창되었다고 기술된 사찰을 조사해 보면, 대룡사(大籠寺), 의곡사(義谷寺), 장안사(長安寺), 비라사(非羅寺), 백암사(白巖寺), 용천사(龍泉寺), 관음방사(觀音方寺), 기림사(岐林寺), 백암사(白巖寺, 岳陽), 청암사(靑巖寺), 화사(花寺) 등이 확인된다. 이 여러 사찰들이 16세기 중·후반에 새로 건립되었다기보다,『여지승람』에 미수록되었을 뿐 16세기에 계속 존립하다가 임진왜란 이후 중창되었다고 보는 것이 자연스러워 보인다. 이와 관련하여 1749년에 편찬된『상산지』고적 사찰 조의 대승사(大乘寺)에 관한 서술에는 다음과 같은 흥미로운 내용이 발견된다.[41]

[자료 19] …… 寺刹(大乘寺)이 創建된 것은 실로 新羅 중엽이다. 그런데 삼가『興地勝覽』을 보니 彌勒庵만 수록되었고 本寺(大乘寺)는 수록되지 않았으니 이는 어찌된 까닭인가? 일찍이 노인들이 하는 말을 들으니 절이 여러 번 화재를 입었다고 하는데 혹『興地勝覽』을 편찬할 당시에 중창하지 못했던 것인가?

『상산지』(1749)를 편찬한 권상일은 상주의 유서 깊은 사찰인 대승사가『여지승람』에 수록되지 않은 것에 대해 의문을 제기하면서,『여지승람』편찬 당시 대승사가 화재를 입은 후 중창되지 못했던 것이 아닐까 하는 추정을 해보기도 하였다. 그만큼『여지승람』에 대승사가 수록되지 않은 것은 지역 사족으로서 이해하기 어려웠던 것이다.『삼국유사(三國遺事)』의 탑상(塔像) 편, 천책(天頙)의 「유사불산기(遊四佛山記)」 등에 기록된 고찰(古

---

41 『商山誌』(1749), 九古蹟 寺刹 大乘寺(『尙州史料集』, 1998, 593쪽). "寺刹創建實在新羅中葉 而竊見勝覽祇在彌勒庵 不載本寺 此何故焉 嘗聞古老流傳之語 寺累經回祿 或於其時未及改創耶".

利)인 대승사는 1571년과 1572년에 대승사에서 『불설대보부모은중경(佛說大報父母恩重經)』과 『묘법연화경(妙法蓮華經)』을 간행한 사실,[42] 1660년에 대승사의 왕실 원당(願堂) 혁파 논의가 이루어진 사실[43] 등을 통해 볼 때, 16세기에서 17세기에 이르는 시기에 계속 존립하고 있었음이 분명하다고 할 수 있다. 하지만 〈표 29〉에서 보듯이 대승사는 『여지승람』과 『동국여지지』에 수록되지 않았고, 18세기 중엽에 편찬된 『여지도서』에 이르러서야 전국 지리지에 수록되었다. 상주의 대승사는 『여지승람』과 『동국여지지』에 미수록되었을뿐 16~17세기에 계속 존립하고 있었던 것이다.

〈표 29〉를 살펴보면 고려후기에 건축된 한국 최고의 목조 건축물인 극락전(極樂殿)으로 유명한 안동의 봉정사(鳳停寺)도 『여지승람』에 수록되지 않았음을 확인할 수 있다. 그러나 봉정사는 『실록(實錄)』, 문집(文集) 등을 통해 16세기에 계속 존립했음을 확인된다.[44] 안동 봉정사의 경우에도 고려후기, 조선전기를 거쳐 조선후기에 이르기까지 계속 존립하고 있었지만, 단지 『여지승람』에 수록되지 않았을 뿐인 것이다. 사찰의 존립 여부를 파악하는 방법에는 안동 봉정사의 사례처럼 『실록』, 문집 등의 문헌을 통해 파악하는 방법이 있으며, 상주 대승사의 사례에서 보듯 불교서적을 간행한 사실을 조사함으로써 파악하는 방법도 있다. 불교서적은 서적 간행 시기, 지역, 주체에 대한 기록인 간기(刊記)를 정확히 기재하는 특징이 있는데, 특정 사찰이 특정 시기에 불서를 간행했다면 그 사찰이 그 시기에 존립했다고 볼 수 있다. 사찰의 존립 못지않게 서적의 간행은 상당한 인적·물적 토대가 없이는 수행하기 어려운 사업이었으므로, 사찰이 존립하기

---

42 『佛說大報父母恩重經』(1571年刊 木板本), 刊記: "隆慶五年辛未(1571)二月日慶尙道尙州地四佛山大乘寺開板"; 『妙法蓮華經』(1572年刊 木板本), 刊記: "隆慶六年壬申(1572)二月日慶尙道尙州地四佛山大乘寺開板".

43 『顯宗實錄』 卷2, 현종 1년 4월 2·3일; 『顯宗改修實錄』 卷2, 현종 1년 4월 2·3일.

44 『明宗實錄』 卷25, 명종 14년 8월 9일; 『明宗實錄』 卷31, 명종 20년 3월 13·14·16일.

도 어려운 상황에서 불서를 간행했을 리는 없기 때문이다. 이에 〈표 29〉에서 『여지승람』에 미수록된 함안, 안동, 진주, 상주, 선산의 사찰 중에, 16세기에 불서를 간행한 사찰과 간행 불서, 간행 시기 등을 조사하여 제시하면 〈표 30〉과 같다.[45]

〈표 30〉 『여지승람』 미수록 사찰의 16세기 불교서적 간행 현황

지역	사찰	간행 불서(간행 연도)
안동	廣興寺[46]	佛說阿彌陀經(1525), 妙法蓮華經(1527), 金剛般若波羅密經五家解(1530), 水陸無遮平等齋儀撮要(1538), 天地冥陽水陸齋儀纂要(1538), 蒙山和尙六道普說(1539), 月印釋譜(1542), 佛說大報父母恩重經(1562), 佛說長壽罪滅護諸童子陀羅尼經(1562), 法界聖凡水陸勝會修齋儀軌(1563), 仔夔刪補文(1568), 金剛般若波羅密經變相(1570), 預修十王生七齋儀纂要(1576)
진주	七佛寺	現行西方經(1531)
상주	普門寺 (普文寺)	佛說大報父母恩重經(1563), 水陸無遮平等齋儀撮要(1568), 佛說預修十王生七經(1581)
	大乘寺	佛說大報父母恩重經(1571), 妙法蓮華經(1572)

〈표 30〉에서 보듯 안동 광흥사(廣興寺), 진주 칠불사(七佛寺), 상주 보문사(普門寺)와 대승사(大乘寺)는 16세기 전반에 편찬된 『여지승람』에는 수록되지 않았지만, 16세기에 불서를 간행한 사실이 확인된다. 그러므로 이 사찰들은 『여지승람』에 수록되지 않았지만, 16세기에 존립하고 있었음이 분명하다고 할 수 있다. 특히 안동 광흥사는 16세기에 다수의 불서를 지속적으로 간행했다는 점에서,[47] 상주 보문사는 『여지승람』, 『상산지』(1617),

---

45 김성수 외, 2013, 『朝鮮前期 記錄文化 硏究: 목판인쇄 기록물』, 청주고인쇄박물관; 남권희·임기영, 2017, 「경상도 북부지역 사찰의 불교 자료 간행」, 『국학연구』 34; 임기영, 2013, 「安東 廣興寺 간행 불서의 서지적 연구」, 『서지학연구』 55.

46 광흥사에서 16세기에 간행한 불서는 21종에 이르는 것으로 파악되나, 그중 현존본을 실사한 13종만을 정리하였다(임기영, 2013, 앞 논문, 453~454쪽).

47 안동 광흥사는 1542년에 『月印釋譜』를 간행한 사찰일 뿐 아니라, 2013년에 地藏殿의 仁王像과 十王像의 服藏에서 다량의 고서와 고문서를 수습하였는데 그 복장에서 『월인석보』 권21의 초

『상산지』(1749), 『여지도서』 등에는 수록되지 않고 오직 『동국여지지』에만 수록된 사찰인데 16세기에 여러 불서를 간행했다는 점에서 주목된다. 이러한 여러 사례들을 통해 볼 때, 『여지승람』에 수록된 1,600여 개의 사찰도 적지 않지만, 『여지승람』에 수록되지 않은 사찰도 적지 않았던 것으로 보인다. 전국 지리지의 사찰 수록 경향, 여러 『여지승람』 미수록 사찰 사례 등을 통해 볼 때, 16세기에는 『여지승람』에 수록된 1,600여 개를 크게 상회하는 수많은 사찰이 조선 사회에 현존하고 있었다고 볼 수밖에 없을 듯하다.

이상의 논의를 토대로 앞서 제시한 〈표 27〉의 조선시대 전국 지리지 수록 현존 사찰 수 현황을 다시 살펴보면, 전국 지리지에 수록된 사찰은 현존 사찰의 일부를 수록한 것일 뿐이므로, 전국 지리지에 현존 사찰을 대부분 수록했을 것이라는 점을 전제로 사찰의 양적 증감 추이를 논하는 것은 적절한 연구 방법이 아님이 분명하다고 할 수 있다. 기존에는 『여지승람』, 『여지도서』, 『조선불교통사』를 중심으로 사찰의 양적 증감 추이를 논하였으나, 『가람고』와 『범우고』를 포함하여 살펴보면 전국 지리지류를 통해 조선시대의 사찰 수가 감소했다는 결론도 도출하기 어렵다는 점이 확인된다. 엄밀히 말해 〈표 27〉을 통해 확인할 수 있는 정확한 사실은 조선시대의 전국 지리지에는 대략 1,600개를 전후하는 수준의 사찰을 수록했다는 것일 뿐이다. 각 지리지에 수록된 사찰 정보가 당시 현존하던 사찰을 어떤 기준과 지침에 따라 수록한 것인지가 명확히 파악되지 않는다면, 그 정보로 사찰의 증감 추이를 파악할 수는 없는 것이다. 그렇다면 지리지에 수록된 사찰 정보를 통해 조선시대 사찰의 증감 추이를 논하거나, 조선 사회에 실제 사찰이 얼마나 존재했는지 연구하기 위해서는 각 지리지에 당시 현

간본이 최초로 발견되어 주목받은 사찰이다. 또한 광흥사는 이른바 尙州本 『訓民正音解例』의 원소장처로 추정되기도 한다(천명희, 2014, 「새로 발견된 廣興寺 『月印釋譜』 권21의 書誌와 특성」, 『국학연구』 24).

실에 존재하던 사찰을 얼마나 수록한 것인지를 따져 보는 작업이 필요하다고 할 수 있다. 곧, 조선시대 지리지에 수록된 사찰 정보를 적절히 활용하기 위해서는 우선 각 지리지의 '현존 사찰 수록률'에 대한 분석과 논의가 선행되어야 하는 것이다.

조선시대에 편찬된 전국 지리지의 '현존 사찰 수록률'을 분석하고 파악하기 위해, 우선 기존 연구를 통해 파악된 각 지리지별 사찰과 암자의 수록 비율로 논의해 보고자 한다. 이병희의 조사에 따르면, 『여지승람』, 『동국여지지』, 『여지도서』, 『조선불교통사』의 암자[庵] 수록 비율은 11.4%, 17.7%, 33.0%, 42.6%로 증가하였다. 역으로 각 지리지의 사찰[寺] 수록 비율은 88.6%, 82.3%, 67.0%, 57.4%로 감소하였다.[48] 앞선 논의를 바탕으로 살펴보면, 이는 당시 현존하던 사찰과 암자 비율이 위와 같이 증감한 것이라기보다, 각 지리지에 수록된 사찰과 암자의 비율이 위와 같이 증감한 것이라고 할 수 있다. 그런데 전국 지리지의 사찰 정보는 각 군읍별 주요 사찰을 선별하여 수록한 것이라는 점, 『동국여지지』 범례에 암자는 주요 수록 대상이 아니라고 명시한 점 등을 통해 반추해 보면, 조선말기로 갈수록 전국 지리지의 암자 수록 비율이 높아지는 것은 조선말기로 갈수록 지리지에 실제 현존하던 사찰을 수록한 비율, 곧 '현존 사찰 수록률'이 높아진다는 것을 의미한다는 추론이 가능하다. 지리지에 군읍별 주요 사찰로 암자를 수록하는 비율이 증가한다는 것은 그만큼 해당 군읍에서 지리지에 수록할 만한 '사(寺)' 격의 사찰이 감소했다는 의미일 것이기 때문이다. 이는

---

48 『여지승람』, 『동국여지지』, 『여지도서』, 『조선불교통사』에 수록된 현존 사찰과 암자 비율은 이병희, 1997, 앞 논문에 의거하였다. 단, 이병희는 窟, 堂, 房 등으로 지칭된 사찰을 '기타'로 구분하였으나, 이 논문에서는 '암자'에 포함하였다. '기타'의 비율은 모두 1% 전후였다. 그리고 이병희는 『동국여지지』를 사찰의 증감, 사암의 비율 등의 논의에서 제외하였으나, 이 논문에서는 제외하지 않았다. 앞서 언급한 바와 같이 유독 『동국여지지』 수록 사찰 정보의 신빙성을 의심하기는 어려워 보이며, 추후 전국 지리지 사찰 정보의 조사 방식, 수록 기준 등에 대한 종합적인 연구가 필요해 보인다.

역으로 암자 수록 비율이 상대적으로 낮은『여지승람』과『동국여지지』는 '현존 사찰 수록률'이 그만큼 낮았을 가능성이 크다는 것을 의미한다. 암자의 수록 비율이 낮았다는 것은 해당 군읍에 현존하던 사찰 중에서 지리지에 수록할 만한 사찰을 그만큼 선별하여 수록했음을 의미하기 때문이다.

이러한 추론을 바탕으로 조선시대 각 지리지별 사찰과 암자의 수록 비율을 다시 살펴보면,『여지승람』,『동국여지지』,『여지도서』,『조선불교통사』에 사찰이 수록되는 비중은 감소하고, 암자가 수록되는 비중은 증가하는 추세가 뚜렷한데, 이는 앞선 시기에 편찬된 지리지일수록 현존 사찰 수록률이 낮았고, 후대로 갈수록 지리지의 현존 사찰 수록률이 높아지고 있음을 의미한다고 할 수 있다. 다시 말해 조선전기에 편찬된『여지승람』, 17세기 중엽에 편찬된『동국여지지』는 당시 현존하던 사찰을 상당히 수록하지 않은 자료인 반면, 18세기 중엽에 편찬된『여지도서』, 일제강점기에 편찬된『조선불교통사』는 당시 현존하던 사찰을 상당히 수록한 자료라고 할 수 있는 것이다. 이는 15~17세기에는『여지승람』과『동국여지지』에 수록된 것보다 상당히 많은 사찰이 조선 사회에 존재했으나, 18~19세기에 이르면 조선 사회에 존재한 사찰의 수가 15~17세기보다 현저히 감소했음을 의미한다. 이와 같은 분석에 따르면 조선 사회에 존재한 사찰 수가 조선말기로 갈수록 감소 추세였다는 결론은 기존 연구와 동일하다고도 할 수 있으나, 실제 조선말기에 이르러 사찰이 감소한 규모는 지리지에 수록된 사찰 수를 단순 비교한 수치보다 현저했던 것으로 보인다.[49] 이는 조선

---

[49] 18세기 중엽 이후에는 균역법 시행으로 인해 승도가 감소하여 사찰의 쇠락, 망폐가 증가하였고, 이에 따라 조선 사회의 사찰 수는 크게 감소했던 것으로 보인다. 이러한 사실은 당시의『실록』기사를 통해 확인될 뿐만 아니라(『英祖實錄』卷74, 영조 27년 11월 26일; 卷81, 영조 30년 4월 29일; 卷85, 영조 31년 8월 14일;『正祖實錄』卷12, 정조 5년 12월 28일; 卷16, 정조 7년 10월 29일; 卷19, 정조 9년 2월 1일; 卷21, 정조 10년 4월 20일; 卷38, 정조 17년 12월 18일; 卷47, 정조 21년 10월 19일; 손성필, 2013, 앞 박사논문, 40쪽), 사찰 고문서, 고고학·미술사 성과 등을 통해서도 확인된다(김선기, 2023, 앞 논문). 기존에는 일반적으로 조선초기의 불교 정책으로 사

사회에 실제 존재한 사찰의 수가 조선말기에 비해 조선전기에는 현저히 많았다고 볼 수밖에 없음을 의미하기도 한다. 이처럼 사찰과 암자의 지리지 수록 비율 분석을 통해 볼 때, 조선전기에 편찬된 『여지승람』은 현존하던 사찰 중에 주요 사찰을 선별하여 수록한 자료이며, 그만큼 조선전기에는 『여지승람』에 수록된 것보다 크게 많은 사찰이 존재하고 있었다고 볼 수밖에 없는 것이다.

이처럼 조선전기에 『여지승람』에 수록된 것보다도 상당히 많은 사찰이 존재한 것은 분명해 보인다. 이러한 분석은 앞선 논의와도 부합하는데, 앞서 〈표 28〉을 통해 살펴보았듯이 15세기 후반, 16세기 전반에 편찬된 『여지승람』, 16세기 후반~17세기 전반에 편찬된 사찬 읍지, 17세기 중엽에 편찬된 『동국여지지』에 수록된 사찰을 비교하여, 『여지승람』과 『동국여지지』에 수록되지 않았더라도 16세기 후반~17세기 전반 지역 사회에 현존하던 다수의 '사' 격 사찰을 확인할 수 있었다. 더구나 16세기 후반과 17세기 전반의 사이에 임진왜란이라는 큰 전란을 겪었고, 『함주지』를 제외한 사찬 읍지들이 임진왜란 이후인 17세기 전반에 편찬된 것이라는 점을 고려하면, 임진왜란 이전인 16세기 후반에는 17세기 전반에 편찬된 사찬 읍지에 수록된 사찰보다도 많은 수의 사찰이 지역 사회에 존재했던 것으로 보인다. 실제로 임진왜란 이전의 16세기 후반이 사찰의 불교서적 간행량이 임진왜란 이후의 17세기보다 많았다는 점, 16세기 후반은 조선시대를 통틀어 불서 간행량이 가장 많은 시기였다는 점 등은 이러한 추론을 뒷받침한다.[50]

찰이 다수 망폐하였을 것으로 인식된 데에 비해, 실제 다수 사찰의 운영과 유지에 심각한 피해를 입힌 사건은 여말선초 왜구의 침입, 16세기 말 임진왜란, 20세기 중엽의 한국전쟁 등과 같은 전란, 그리고 18세기 중엽의 균역법 시행이었던 것으로 보인다. 이처럼 지리지, 읍지의 사찰 수는 각 시기의 현실과 맥락을 고려하여 검토·해석될 필요가 있다.

50 현존 불서 판본을 통해 파악된 연간 불서 간행[開板] 횟수는 중종대 전반까지는 1회에 못 미치다가 중종대 후반에 3.5회, 명종대에 3.2회, 임진왜란 이전의 선조대에 5.75회까지 증가하였으나, 임진왜란 이후의 17세기에는 3.1회 정도의 수준으로 감소하였다(손성필, 2013a, 앞 논문,

또한 앞서 3장에서 논의한 바와 같이 15세기에 승정체제를 대대적으로 개혁하여 '지정 사찰'이 혁거되었으나, 혁거된 사찰은 '일반 사찰'로 존립할 수 있었으며, 애초에 '지정 사찰'이 아닌 '일반 사찰'도 다수 존재하고 있었다. 앞서 서언에서 언급하였듯이, 실제로『실록』에는 15, 16세기에 사찰과 승도가 상당히 많았다는 기사가 다수 확인되는데, 15세기 후반인 성종대에는 당시 전국의 사찰이 9,500개에 이른다는 기록도 확인된다.[51] 16세기 전반 승정체제가 폐지된 중종대의『실록』에는 승도가 증가하고 사찰이 신축·중수되고 있다고 하였으며, 이에 1538년에는 전라도, 경기도의『여지승람』미수록 신축 사찰을 철훼하는 조치가 시행되다가 중단되기도 했다. 이러한 여러 근거와 분석을 통해 볼 때, 15, 16세기의 조선 사회에『여지승람』에 수록된 1,600여 개보다도 상당히 많은 수의 사찰이 존재한 것은 분명한 사실로 보인다.[52]

117~129쪽). 이는 임진왜란 이전에 증가 추세이던 사찰의 불서 간행이, 임진왜란을 계기로 더 이상 증가하지 못했던 것으로 해석된다. 조선시대 불서 간행에 대한 최근의 조사, 연구 성과로는 손성필, 2024b, 앞 글 참조.

51 『成宗實錄』卷122, 성종 11년 10월 26일. "佛敎之有益於世 臣愚未之或知也 以兩宗所屬寺社計之 全羅道二千 慶尙道三千 忠淸道一千五百 江原·黃海道幷一千 永安·平安道幷一千 京畿·京山一千 大槪不下一萬 而僧徒之數 亦不下十萬五六千矣". 15세기 후반, 16세기 전반에 편찬된『동국여지승람』에 수록된 사찰의 전국 주요 사찰의 수가 1,600여 개였고, 이 절의 〈표 28〉에서 보듯 16세기 후반, 17세기 전반에 편찬된 사찬 읍지에『여지승람』에 수록된 것보다 크게 많은 수의 사찰이 수록되었다는 점을 고려하면, 9,500개에 이르는 사찰 수는 아주 허황된 것이 아닐 수도 있어 보인다.『여지승람』에 주로 수록된 중급 규모 이상의 주요 사찰 이외에도, 소규모 사찰과 암자를 모두 포함하면, 15세기 후반의 사찰 수가 9,500개에 이를 수도 있어 보인다. 그리고 4장 1절의 〈표 10〉『경상도속찬지리지』의 사례를 통해 볼 때, 당시에 국가는 각 군읍이나 승정체제를 통해 전국의 사찰을 상세히 파악하고 있었을 가능성도 있어 보인다.

52 조선전기의 사찰 규모는 조선후기에 비해서 컸던 것으로 보인다. 조선전기에는 고대, 고려시대 이래의 대형 사찰이 지속 운영되고 있었기 때문인데, 예컨대 양주 회암사, 익산 미륵사 등은 조선전기에도 지속 운영되고 있었다. 이러한 대형 사찰은 임진왜란 이전에 사회경제적 사유로 망폐에 이르기도 했지만, 임진왜란으로 망폐하여 전란 이후에 복구되지 못한 사례도 많았던 것으로 보인다. 한편 개항 이후 조선을 방문한 일본 승도는 조선의 사찰 규모가 일본에 비해 크다고 인식되기도 하였다(오가와 히로카즈, 2024, 앞 박사논문, 67~84쪽). 조선말기의 사찰 규모도 일본의 사찰에 비해서는 크다고 인식되었던 것이다.

(2) 사찰 망폐 사유와 중창 사례 검토

조선시대에 편찬된 지리지와 읍지의 불우 조에는 사찰의 명칭, 위치, 역사, 관련 시문, 망폐 여부 등의 정보가 기재되었다. 각 지리지, 읍지마다 상략에 차이가 있기도 하고, 사찰의 명칭, 위치, 망폐 여부 등의 정보만 간략히 기재한 경우도 많지만, 그 사찰에 관한 구체적인 사실을 기술해 둔 것도 적지 않다. 사찬 읍지는 전국 지리지에 비해 수록 사찰의 수도 많거니와, 사찰에 대한 기술 내용도 비교적 충실한 편이다. 그러므로 조선시대 사찰의 존재 양상을 연구하기 위해서는 사찬 읍지 불우 조의 내용에 대한 기본적인 검토가 필요해 보인다. 사찬 읍지에 기술된 정보 중에서 사찰의 존재 양상과 관련하여 특히 주목되는 것은 사찰의 망폐와 중창에 관한 정보이다. 이는 조선 사회의 사찰이 어떻게 유지되었고 망폐하였는지에 대한 기초적인 자료라고 할 수 있다. 이에 이 항에서는 사찬 읍지에 기술된 사찰의 망폐 사유와 중창 사례에 대해 검토하고자 하는데, 그간 조선전기의 사찰이 유교적 기반으로의 전용(轉用)으로 인한 망폐를 중심으로 이해되어 왔던 점을 고려하여, 망폐 사유를 먼저 검토하기로 한다. 우선 『함주지』, 『영가지』, 『진양지』, 『상산지』, 『일선지』에 수록된 사찰의 망폐 사유를 조사하고 분류하여 제시하면 〈표 31〉과 같다.[53]

〈표 31〉에서 보듯이 읍지에 기술된 사찰의 망폐 사유는 '금폐(今廢)', '폐구(廢久)', '화재(火災)', '전란(戰亂)', '전용(轉用)' 등의 5가지로 구분할 수 있으며, 이는 다시 크게 '사유 불명', '사유 명시', '기타'로 구분해 볼 수 있다.

---

53 『함주지』, 『영가지』, 『진양지』, 『상산지』, 『일선지』에 의거하여 조사하되, 해당 사찰이 망폐한 후 중창된 경우는 제외하였다. '今廢'와 '廢久'는 읍지마다 표현도 다소 다르고, 구분이 애매한 측면도 없지 않으나, 지금은 망폐하였다거나 건축물의 일부가 남았다고 기술된 경우 '今廢'로 구분하고[今廢, 今皆廢荒, 今只有三間], 망폐한 지 오래되었다거나 터만 남았다고 기술된 경우 '廢久'로 구분하였다[廢久, 廢之已久, 久廢, 寺廢已久, 自中古廢毁已久, 有廢基, 有遺址, 爲廢址, 只有基址, 廢爲村居].

<표 31> 경상도 지역 사찬 읍지 수록 사찰의 망폐 사유 현황

읍지명	사유 불명		사유 명시		기타	계
	今廢	廢久	火災	戰亂	轉用	
咸州誌	2	1	-	-	-	3
永嘉誌	28	10	-	3	5	46
晉陽誌	25	12	3	11	2	53
商山誌	-	1	-	-	-	1
一善誌	2	7	-	3	1	13
계	57	31	3	17	8	116

우선 사찰의 망폐 사유가 화재와 전란으로 기술된 경우는 망폐 사유가 분명히 명시된 것으로 볼 수 있다. 화재와 전란은 예로부터 전통 사찰을 비롯한 목조 건축의 주된 망폐 사유였다. 화재는 지속적인 망폐 사유였고, 전란은 특정 시기의 망폐 사유였다고 할 수 있다. 16세기 후반~17세기 전반의 사찬 읍지를 통해, 당시 화재로 인한 일반적인 사찰 망폐 사례도 있었고, 임진왜란이라는 큰 전란으로 인한 특수한 사찰 망폐 사례도 있었다는 점이 확인된다. 특히 임진왜란으로 인해 많은 사찰이 망폐하였는데, <표 31>에서 보듯 임진왜란으로 망폐한 사찰은 17개였지만, <표 32>에서 보듯 임진왜란으로 인해 망폐하였다가 중창 복구된 사찰을 포함하면 모두 31개에 이른다. 이처럼 임진왜란은 조선 사회의 사찰 존립에 미친 심각한 영향을 미쳤던 것으로 보이며, 아울러 임진왜란 이후에 바로 상당수의 사찰이 중창되었다는 점에도 주목할 필요가 있어 보인다.[54]

---

[54] 조선전기에는 조선후기에 비해 사찰의 수가 많았던 만큼, 지역 사회에서 사찰의 기능, 영향도 컸을 것으로 보인다. 임진왜란으로 사찰은 방화, 침탈 등과 같은 직접적 요인으로 망폐하기도 했지만, 승도의 이산, 경제 기반의 약화 등과 같은 간접적 요인으로 퇴락·망폐하기도 했다. 이렇게 전란으로 퇴락·망폐한 사찰들이 전후 상당수 중창되었는데, 이는 해당 지역 사회의 참여와 협조 없이는 불가능했을 것으로 보인다. 4장 3절에서 논의할 영광 불갑사는 임진왜란 이후 영광 지역 사회의 참여와 협조로 중창된 사실을 구체적으로 확인할 수 있는 사례라고 할 수 있다.

다시 〈표 31〉을 보면 사실 읍지에는 사찰의 망폐 사유를 분명히 기술하지 않은 것이 대부분이다. '금폐(今廢)', '폐구(廢久)' 등의 기술은 '지금은 망폐하였다', '망폐한 지 오래되었다'라는 상태를 서술한 것일 뿐이므로, 그 사찰이 언제, 어떻게 망폐하였는지에 대해서는 알려주지 않는다. 특히 고적 조에 수록되었거나 망폐한 지 오래되었다고 기술된 사찰은 16세기에 망폐하였는지, 15세기에 망폐하였는지, 아니면 고려후기에 망폐하였는지도 불분명하다. 사실 사찰은 고려시대에도 계속 유지하고 존립하기가 어려운 것은 마찬가지였다. 고려시대에도 사찰은 화재와 전란으로 인해 망폐했으며, 특히 고려후기에는 몽고의 침략, 왜구의 침탈 등으로 인해 많은 사찰이 망폐하였다. 또한 고려시대에도 사찰의 경제 기반이 약화되거나 사찰의 승도가 이산하면 사찰은 망폐하기 마련이었다. 사찰의 유지와 존립에는 그 만한 인적·물적 토대가 필수적이었기 때문이다. 실제로 고려후기에도 경제 기반의 약화, 승도의 이산 등으로 인해 사찰이 망폐하였으며, 사찰을 계속 유지하고 중수·중창하기 위해 다각도의 방안을 모색해 갔던 것으로 보인다.[55] 그렇다면 조선시대 지리지, 읍지에서 확인되는 망폐 사찰이 조선시대의 억불 정책으로 인해 망폐했을 것으로 막연히 추정·해석해 온 기존 관행은 바람직하지 않다고 할 수 있다. 앞서 3장에서 논의한 바와 같이, 일반적으로 억불 정책으로 알려진 태종·세종대의 개혁은 승정체제에 대한 것이었으며, 기존의 국가 지정 사찰이 혁거된다고 해서 필연적으로 망폐하는 것이 아니었다. 물론 태종·세종대의 승정체제 개혁이 여러 사찰의 망폐를 초래한 것은 분명한 사실이지만, 고려후기에도 사찰이 여러 사유에 인해 망폐하기도 했다는 점을 고려하면, 조선전기에도 사찰은 혁거, 화재, 경제 기반의 약화, 승도의 이산 등의 여러 사유로 인해 망폐

---

55 이병희, 2006, 앞 논문; 이병희, 2007, 앞 논문.

했다고 할 수 있다. 그러므로 특정 사찰의 망폐를 명확한 근거 없이 조선시대 억불 정책의 결과로 추정, 해석하는 것은 적절하지 않은 것이다.

한편, '전용'은 조선시대, 특히 조선전기의 사찰 망폐 사유로 흔히 거론되어 왔다. 사찰의 건물과 유지(遺址)가 관사(官舍), 서원 등의 유교적 기반으로 전용되면서 망폐하였다고 해석해 온 것이다. 〈표 31〉을 보면 다섯 군읍의 사찬 읍지에서 사찰의 전용 사례는 8건이 확인되는데, 이를 '사유 명시'가 아닌 '기타'로 구분해 둔 것은 사실 해당 사찰의 직접적 망폐 사유를 전용으로 볼 수 있는지 불분명한 경우가 다수이기 때문이다. 만약 그렇다면, 관사를 유교적 기반으로 해석하는 것이 타당한가에 대한 논의는 차치하더라도, 전용을 사찰 망폐의 주요 사유로 보는 것 자체가 타당한지에 대한 기본적인 논의부터 이루어질 필요가 있어 보인다. 구체적인 논의를 위해 『함주지』, 『영가지』, 『진양지』, 『상산지』, 『일선지』에서 사찰의 망폐 사유가 기술된 사례를 정리하여 제시하면 〈표 32〉와 같다.[56]

〈표 32〉 경상도 지역 사찬 읍지 수록 사찰의 망폐 사유 일람(계속)

구분	연번	읍지명	조목명	사찰명	망폐 사유 기사
今廢·廢久	1	永嘉誌	古跡	法藏寺	寺廢基在府內 士人立書堂 今廢
	2	永嘉誌	佛宇	月巖寺	里人創之 爲牧使權執香火之所 中間荒廢 金監司信元(1553~1614)乃牧使之外派 給米布重創云
	3	永嘉誌	古跡	栢巖寺	中古廢 萬曆辛巳(1581)驛人改創 有洌井 故改名石泉庵 今廢
	4	商山誌	古蹟-寺刹	興王寺	寺廢已久 今□書宇于其處 一名霞谷

---

56 『함주지』, 『영가지』, 『진양지』, 『상산지』, 『일선지』에 의거하여 조사하되, '今廢'와 '廢久'는 구체적으로 기술된 일부 사례만 제시하였고, '火災', '戰亂', '轉用'은 모든 사례를 제시하였다. 해당 사찰이 망폐한 후 중창된 경우도 포함하였으므로, 망폐한 사찰만을 대상으로 한 〈표 31〉의 수치와는 다소 차이가 있다.

구분	연번	읍지명	조목명	사찰명	망폐 사유 기사
火災	1	咸州誌	佛宇	靑松寺	萬曆丙戌(1586)秋災 今方重創
	2	晉陽誌	佛宇	牛房寺 茅房寺	有姜殷烈公(963~1021)影堂及位田　亂後影幀移置州內殷烈祠 位田爲權勢所占 寺宇焚於野火
	3	晉陽誌	佛宇	龍南寺	亂後野火延燒果木 寺亦不復焉
戰亂	1	永嘉誌	佛宇	玄沙寺	壬辰(1592)之亂廢毀 辛丑(1601)流僧天鑑重創
	2	永嘉誌	佛宇	城山寺	壬辰(1592)寺爲兵火所焚
	3	永嘉誌	佛宇	佛堂寺	壬辰(1592)爲兵火所焚
	4	永嘉誌	佛宇	水晶寺	亂後空廢
	5	晉陽誌	佛宇	大籠寺	壬辰(1592)後重建 [壬辰焚蕩後重建]
	6	晉陽誌	佛宇	義谷寺	壬辰(1592)亂後南兵使以興(1576~1627)使山僧性侃重建 [壬辰倭亂焚蕩後南兵使以興使山僧性侃重建]
	7	晉陽誌	佛宇	淸源寺	火於壬辰(1592)
	8	晉陽誌	佛宇	長安寺	壬辰(1592)後重建草舍 [壬辰焚蕩後重建草舍]
	9	晉陽誌	佛宇	毘盧寺	火于壬辰(1592)
	10	晉陽誌	佛宇	普照庵	火于壬辰(1592)
	11	晉陽誌	佛宇	演祺菴	壬辰(1592)亂後重建草舍
	12	晉陽誌	佛宇	白巖寺	壬辰(1592)亂後重創
	13	晉陽誌	佛宇	望晉寺	火于壬辰(1592)
	14	晉陽誌	佛宇	默溪寺	亂後重建
	15	晉陽誌	佛宇	道窟菴 禪淨菴 見性菴 成佛菴 深跡菴 雲関菴	亂後不復
	16	晉陽誌	佛宇	龍泉寺	亂後重創
	17	晉陽誌	佛宇	觀音方寺	亂後重建
戰亂	18	晉陽誌	佛宇	靑谷寺	火于壬辰(1592) 萬曆壬寅(1602)重建
	19	晉陽誌	佛宇	柳方菴	亂後重創
	20	晉陽誌	佛宇	鉢峯菴	爲兵火所焚 丁未(1607)重創 [爲倭火所焚而未復 丁未重創]
	21	晉陽誌	佛宇	法輪寺	[亂後不復]
	22	晉陽誌	佛宇	岐林寺	亂後重建

<표 32> 경상도 지역 사찬 읍지 수록 사찰의 망폐 사유 일람

구분	연번	읍지명	조목명	사찰명	망폐 사유 기사
戰亂	23	晉陽誌	佛宇	南臺菴	亂後重建
	24	晉陽誌	佛宇	上流菴	亂後重創
	25	晉陽誌	佛宇	雙溪寺	火于壬辰(1592) 萬曆辛丑(1601)重建
	26	晉陽誌	佛宇	白巖寺	壬辰(1592)亂後重建
	27	晉陽誌	佛宇	神興寺	壬辰亂後重創 [火於壬辰 亂後重創]
	28	晉陽誌	佛宇	斷俗寺	丁酉災(1597) 其後僧元覺草創 [火于丁酉 其後僧元覺草創]
	29	晉陽誌	佛宇	靑巖寺	火于壬辰(1592) 亂後重建
	30	一善誌	古跡-佛宇	石泉寺	壬辰(1592)煐 里人因其地入書堂
	31	一善誌	古跡-佛宇	全宗寺 普濟寺	俱煐壬辰(1592)
轉用	1	永嘉誌	佛宇	駱駝寺	今爲本府南嶽
	2	永嘉誌	佛宇	南水庵	今爲鑑潭精舍
	3	永嘉誌	佛宇	三百庵	今改構爲士子讀書之所 名曰鶴麓
	4	永嘉誌	古跡	法尙寺	今爲鄕射堂
	5	永嘉誌	古跡	永興寺	遺址今爲臨川鄕社
	6	永嘉誌	書院	白蓮寺	(廬江書院)卽白蓮寺舊基也 萬曆乙亥(1575)創建
	7	永嘉誌	書堂	定光寺	(鏡光書堂)古有定光寺 隆慶戊辰(1568)創立書堂
	8	晉陽誌	佛宇	大寺	今鄕射堂之基 舊寺板殿在鄕射堂門前 有佛像一坐火於壬辰(1592)
	9	晉陽誌	佛宇	黑龍寺	辛巳(1581)牧使申點(1530~1601)毁此寺 作岳陽倉
	10	一善誌	古跡-佛宇	朱勒寺	府使李吉培(?~1440)構南館時 撤毁材瓦因廢今有遺址

* [ ]는 규장각 상백문고 소장 필사본『진양지』에 의거한 것임

　〈표 32〉에서 '금폐·폐구'는 구체적으로 기술된 일부 사례만 제시한 것이고, '화재', '전란', '전용'은 모든 사례를 제시한 것이다. 사찰이 화재와 전란으로 망폐한 이후에 중창된 사례도 포함하였기 때문에, 〈표 31〉과는 달리 사찰 존립과 망폐에 관한 다양한 사례들을 확인해 볼 수 있다. 앞서

논의한 바와 같이 화재와 전란은 비교적 명확한 사찰 망폐 사유라고 할 수 있다. 〈표 32〉에서도 화재와 전란에 해당하는 사례는 망폐 사유가 화재와 전란임을 명확히 기술하였기 때문에, 추가 논의가 필요해 보이지 않는다. 다만, 전란으로 인해 사찰이 망폐한 경우, 이는 화재, 훼손 등의 직접적인 사유로 망폐하는 경우와 경제 기반의 약화, 승도의 이산 등의 간접적인 사유로 망폐하는 경우가 있다는 점에는 주의할 필요가 있어 보인다. 〈표 32〉에서 전란으로 망폐한 사례의 기술을 살펴보면, "화(火)", "분(焚)", "재(災)", "훼(燬)" 등의 표현으로 기술한 경우는 전란으로 인한 화재로 망폐한 것이지만, "폐훼(廢毀)", "공폐(空廢)" 등의 표현으로 기술한 경우에는 화재가 일어나지는 않았지만 망폐한 것으로 이해된다. 곧, 화재가 일어나지는 않았지만 사찰이 전란으로 황폐화된 것인데, 전란으로 인한 훼손, 승도의 이산, 경제 기반의 약화 등으로 사찰이 제대로 관리되지 않아 망폐한 것으로 보인다. 이로써 볼 때 전란 시기에 사찰이 실제 망폐에 이르는 양상은 화재, 훼손, 승도의 이산, 경제 기반의 약화 등의 다양한 사유가 복합적으로 작용하여 다양했으며, 그만큼 전란은 사찰이 일시에 다수 망폐하는 심각한 망폐 사유였다고 할 수 있다.[57] 이처럼 16세기 말에 일어난 대규모 전란인 임진왜란은 사찰의 존립에 심각한 영향을 미쳤으며, 이에 조선전기에 계속 유지, 존립해 온 수많은 사찰이 망폐하였고, 그중에는 임진왜란 이후 중창된 사찰도 많았지만 중창되지 못한 사찰도 적지 않았던 것으로

---

57 1618년 李睟光이 편찬, 간행한 순천 읍지인『昇平志』는, 임진왜란 직후 순천 지역 사찰의 실태가 구체적으로 기록된 자료이다. 이에 따르면 定慧寺는 "예전에는 큰 사찰이었으나 전란 이후에 草創하여 거처하는 승이 아주 적다."라고 하였고, 松廣寺의 경우에는 "정유년에 병화를 피하여 사찰에 古跡이 많다."라고 하였다. 大光寺와 仙巖寺는 "정유년에 병화를 입은 후 重創하였다."라고 하였고, 圓通寺, 善積寺, 興國寺, 龍臺菴, 粉寺는 "작은 사찰들로 전란을 거친 후 초창되어 겨우 지키는 승이 있을 뿐이다."라고 하였다. 이 기록들을 통해 임진왜란 직후 순천 지역의 사찰이 대부분 크고 작은 전란의 피해를 입었으며, 전후 망폐하기도 중창되어 가기도 하였던 상황을 구체적으로 확인할 수 있다. 이처럼 임진왜란에 따른 사찰의 피해와 복구는 면밀한 조사, 검토가 필요한 연구 과제라고 할 수 있다.

보인다.

이제 〈표 32〉에서 전용에 해당하는 10개의 사례를 살펴보면,[58] 이 사례들 중에 전용이 사찰 망폐의 직접적인 사유인 것은 9번의 진주 흑룡사(黑龍寺), 10번의 선산 주륵사(朱勒寺) 사례 2건뿐이다. 흑룡사는 목사(牧使) 신점(申點, 1530~1601)이 1581년 철훼하여 악양창(岳陽倉)을 만들었고, 주륵사는 부사(府使) 이길배(李吉培, ?~1440)가 15세기 초에 철훼하여 남관(南館)을 만들었다고 했으므로, 지방관이 관사 건립을 위해 사찰을 철훼함에 따라 망폐한 사례로 보인다. 하지만 이 2건 이외의 사례들은 전용을 사찰 망폐의 직접적인 사유로 보기 어렵다. 전용 1번부터 8번까지의 사례를 살펴보면, "지금은 그 사찰의 터에 ○○이 있다[遺址今爲○○]", "지금은 그 사찰이 ○○이 되었다[今爲○○]"라고 기술되어 있을 뿐이다. 곧, '예전의 사찰 터에 지금은 다른 기관이 자리 잡았다', '예전의 사찰 건물을 지금은 다른 기관이 쓰고 있다' 등으로 해석되지만, 이를 '사찰이 다른 기관으로 전용되면서 망폐하게 되었다'라고 해석하기는 어려운 것이다. 이와 관련하여 금폐·폐구의 1번 안동 법장사(法藏寺)와 4번 상주 흥왕사(興王寺)는 망폐와 전용의 과정을 비교적 구체적으로 기술한 사례라고 할 수 있다. 법장사는 "폐사지(廢寺址)가 부내(府內)에 있었는데 사인(士人)이 그곳에 서당(書堂)을 지었다."라고 하였고, 흥왕사는 "사찰이 망폐한 지 오래되었는데, 그곳에 하곡서당(霞谷書堂)을 지었다."라고 하였다. 곧, 서당으로 전용되면서 사찰이 망폐한 것이 아니라, 망폐한 사찰 터에 서당을 지은 것이므로, 이와 같은 사례의 경우 전용이 사찰 망폐의 사유라고 할 수 없는 것이다.

이로써 볼 때, 전용 1번~8번 사례가 전용 9, 10번처럼 전용이 직접적인 망폐 사유였는지, 금폐·폐구 1, 4번 사례처럼 망폐 사찰이 전용된 것인지

---

58 각 읍지의 불우 조 이외의 항목도 조사하여, 『영가지』 서원 조의 廬江書院, 서당 조의 鏡光書堂에서 확인되는 전용 사례 2건을 추가하였다.

는 엄밀히 말해 분명하지 않다고 할 수 있다. 다른 근거가 없는 한 망폐 사유를 단정하기 어려운 것이다. 그러나 기존의 연구에서는 전용 1번~8번과 같은 사례를 전용에 의한 사찰 망폐 사례로 안이하게 인식해 온 것으로 보인다.[59] 국가의 불교 억압에 따른 현상으로 막연하게 이해하거나, 유교와 불교를 대비하여 불교적 경제 기반이 유교적 경제 기반으로 전환되어 갔다는 주장을 뒷받침하는 논거로 활용해 온 것이다. 그런데 사실『실록』, 문집, 읍지, 고문서 등의 당대 자료를 세심히 살펴보면, 전용이 사찰 망폐의 직접적인 사유인 사례는 드물고, 이미 망폐한 사찰이 다른 기관으로 전용되는 사례가 많다. 앞서 논의한 바와 같이 사찰은 화재, 전란, 경제 기반의 약화, 승도의 이산 등의 여러 사유로 인해 망폐하였다. 그러므로 고려후기 이래 여러 이유로 망폐한 사찰이 전국 도처에 존재했고, 이 망폐한 사찰의 터[遺址]나 건물이 국가 기관의 관사, 사족층의 서원 등으로 전용되어 갔다고 보는 것이 타당해 보인다. 결과적으로 조선전기에 관사, 사찰, 서원 등을 포함하는 지역 사회 주요 기관의 공간 배치가 점차 재편된 것은 분명해 보이지만,[60] 사찰 터나 건물의 관사·서원으로의 전용이 사찰 망폐의 주요 사유였다고 보기는 어려운 것이다.

그렇다면 조선전기에 사찰이 어떻게 유지, 존립할 수 있었는가라는 질문에 대한 논의를 위해, 16세기 후반~17세기 후반 사찬 읍지에 기술된 중창 사례를 살펴보고자 한다. 기존에는 사찰의 망폐와 전용을 중심으로 조

---

59 16세기에 사찰이 서원으로 전용된 사례로 널리 알려진 것으로는, 榮州 宿水寺 터에 건립된 紹修書院, 楊州 寧國寺 터에 건립된 道峰書院을 들 수 있다. 소수서원과 도봉서원은 이미 망폐한 숙수사, 영국사 터에 건립된 것이며, 운영 중이던 숙수사, 영국사를 철훼하고 건립된 것이 아니었다.

60 조선전기에 국가와 불교계의 결속 약화로 인해 읍치 주변의 평지 사찰이 망폐했다는 기존의 견해는『영가지』,『진양지』,『선산지』의 고적 조와 불우 조를 통해 볼 때 타당해 보인다(이병희, 1997, 앞 논문; 양혜원, 2019a, 앞 논문). 양혜원에 의해 상세하게 검토된 안동 지역뿐 아니라 진주, 선산 지역에서도 읍치 주변의 거찰이 망폐한 사례가 확인되는데, 이 지역들에 대해서는 추후 면밀한 검토가 필요하다.

선전기의 사찰을 이해해 온 경향이 있었지만, 앞서 살펴본 바와 같이 당시의 지역 사회에는『여지승람』에 수록된 1,600여 개보다도 상당히 많은 수의 사찰이 존립하고 있었다. 사찰은 상당한 인적·물적 토대가 없이는 유지하기도 어려웠기 때문에, 다수의 사찰이 유지, 존립할 수 있었던 사회·경제적 기반에 대한 논의가 필요해 보이는 것이다. 사찬 읍지의 불우 조에는 사찰 망폐에 대한 기술도 있지만, 사찰 중창에 대한 기술도 확인된다. 사찰의 중창은 퇴락하거나 망폐한 사찰을 재건하는 행위로, 당시 조선 사회에서 아주 큰 경제적 기반을 보유하거나 경제력이 동원, 취합되지 않으면 수행하기 어려운 사업이었다.[61] 그러므로 사찬 읍지에 수록된 사찰의 중창 사례 검토를 통해, 당시 사찰의 존립 양상에 관한 기초적인 정보를 파악할 수 있을 것으로 보인다. 이에『함주지』,『영가지』,『진양지』,『상산지』,『일선지』에서 확인되는 중창 사례를 조사하고 중창 시기와 주체별 현황을 정리하여 제시하면 〈표 33〉과 같다.

〈표 33〉 경상도 지역 사찬 읍지 수록 사찰의 중창 사례 현황

읍지명	중창 시기					중창 주체				
	임란 이전	임란	임란 이후	미상	계	관인·사족	승인	기타	미상	계
咸州誌	1	-	-	-	1	-	-	-	1	1
永嘉誌	1	1	1	2	5	1	3	1	-	5
晉陽誌	-	-	22	1	23	1	1	-	21	23
商山誌	-	-	-	-	-	-	-	-	-	-
一善誌	-	-	4	-	4	-	-	-	4	4
계	2	1	26	4	33	2	4	1	26	33

---

61 임진왜란 이후 사찰에는 당시 조선 사회에서 궁궐, 관청이 아니면 건립되기 어려운 규모의 대형 건물이 축조되기도 하였는데, 報恩 法住寺 八相殿, 金溝 金山寺 彌勒殿, 求禮 華嚴寺 覺皇殿 등이 대표적이라고 할 수 있다.

〈표 33〉에서 보듯이 다섯 군읍의 읍지에서 확인되는 중창 사례는 모두 33건이다. 중창 사실에 대한 기술도 문헌별로 상략에 차이가 있는데, 『상산지』를 제외한 읍지들에서 사찰 중창 사례를 확인할 수 있으며, 『진양지』에 중창 사실이 가장 충실하게 기재된 것으로 보인다. 이 사례들을 중창 시기별로 구분해 보면, 임진왜란 이후에 중창된 사례가 가장 많으나, 임진왜란 이전의 16세기 후반에 중창된 사례, 임진왜란 시기에 중창된 사례도 확인된다. 중창 주체별로 구분해 보면, 중창 주체를 기술하지 않은 사례가 대부분이지만, 중창 주체가 관인·사족인 경우도 있고, 승인(僧人)인 경우도 있으며, 역인(驛人)인 경우도 확인된다. 사찬 읍지가 지역 사족이나 지방관에 의해 향촌의 유교적 교화, 효율적 통치를 위해 편찬된 점을 고려하면, 사찬 읍지의 불우 조에 이렇게 사찰 중창 사례를 기재했다는 점 자체가 흥미로울 뿐만 아니라, 이를 통해 당시에도 사찰의 중창이 적지 않게 이루어졌음을 확인할 수 있다. 이에 대한 구체적 검토를 위해 『함주지』, 『영가지』, 『진양지』, 『상산지』, 『일선지』에서 사찰의 중창 사실이 기술된 사례를 정리하여 제시하면 〈표 34〉와 같다.

〈표 34〉를 통해 주요 중창 사례를 살펴보면, 임진왜란 이전에는 1번의 함안 청송사(靑松寺), 6번의 안동 백암사(栢巖寺)의 중창 사례가 확인된다. 함안 청송사는 고려 말에 윤환(尹桓, 1304~1386)이 폐사지에 중창한 사찰로 후손이 그의 영정(影幀)을 이 사찰에 봉안하였는데, 1586년에 화재를 당하였으나 바로 중창하였다고 하였다. 이에 따르면 청송사는 고려 말 사대부 가문이 중창한 사찰로 16세기 후반까지 존립하였고, 화재로 인한 망폐에도 불구하고 바로 중창되었다. 청송사가 함안 지역에서 세거한 칠원 윤씨(漆原尹氏) 가문의 영당(影堂)이 부속된 사찰이라는 점에서, 청송사의 중창은 칠원 윤씨 가문의 지원으로 바로 이루어질 수 있었던 것이 아닌가 한다. 아직 널리 알려져 있지는 않지만, 조선전기에는 사대부 가문의 영당이 부속된 사찰이 존재했으며, 이문건(李文楗, 1494~1567)의 『묵재일기(默

연번	읍지명	조목명	사찰명	중창 사실 기사
1	咸州誌	佛宇	靑松寺	麗季漆原郡尹桓(1304~1386)因舊廢地復創之後 後昆仍藏畵幀于此 至今猶存 萬曆丙戌(1586)秋災 今方重創
2	永嘉誌	佛宇	鳳栖庵	萬曆甲午(1594)過僧所創 其下有水閣寺舊基
3	永嘉誌	佛宇	月巖寺	里人創之 爲牧使權執經香火之所 中間荒廢 金監司信元(1553~1614)乃牧使之外派 給米布重創云
4	永嘉誌	佛宇	鷲棲寺	僧毅然重創
5	永嘉誌	佛宇	棲碧寺	僧雪總重創
6	永嘉誌	佛宇	栢巖寺	中古廢 萬曆辛巳(1581)驛人改創 有洌井 故改名石泉庵 今廢
7	晉陽誌	佛宇	大籠寺	
8	晉陽誌	佛宇	義谷寺	壬辰(1592)亂後南兵使以興(1576~1627)使山僧性侃重建
9	晉陽誌	佛宇	長安寺	壬辰(1592)後重建草舍
10	晉陽誌	佛宇	非羅寺	壬辰(1592)亂後草創
11	晉陽誌	佛宇	演祺菴	壬辰(1592)亂後重建草舍
12	晉陽誌	佛宇	白巖寺	壬辰(1592)亂後重創
13	晉陽誌	佛宇	默溪寺	亂後重建
14	晉陽誌	佛宇	龍泉寺	亂後重創
15	晉陽誌	佛宇	觀音方寺	亂後重建
16	晉陽誌	佛宇	靑谷寺	火于壬辰(1592) 萬曆壬寅(1602)重建
17	晉陽誌	佛宇	戒水菴	重創
18	晉陽誌	佛宇	柳方菴	亂後重創
19	晉陽誌	佛宇	聖水菴	亂後新創
20	晉陽誌	佛宇	鉢峯菴	爲兵火所焚 丁未(1607)重創
21	晉陽誌	佛宇	岐林寺	亂後重建
22	晉陽誌	佛宇	南臺菴	亂後重建
23	晉陽誌	佛宇	上流菴	亂後重創
24	晉陽誌	佛宇	雙溪寺	火于壬辰(1592) 萬曆辛丑(1601)重建
25	晉陽誌	佛宇	白巖寺	壬辰(1592)亂後重建
26	晉陽誌	佛宇	神興寺	壬辰亂後重創
27	晉陽誌	佛宇	斷俗寺	丁酉(1597)災 其後僧元覺草創

<표 34> 경상도 지역 사찬 읍지 수록 사찰의 중창 사례 일람

연번	읍지명	조목명	사찰명	중창 사실 기사
28	晉陽誌	佛宇	靑巖寺	火于壬辰(1592) 亂後重建
29	晉陽誌	佛宇	花寺	亂後重建
30	一善誌	古跡-佛宇	彌鳳寺	燬于壬辰(1592) 今草創數間庵
31	一善誌	古跡-佛宇	水多寺	燬于壬辰(1592) 重建
32	一善誌	古跡-佛宇	接聖寺	壬辰(1592)燬 丙子(1636)重建
33	一善誌	古跡-佛宇	大穴寺	壬辰(1592)亂後 重創

齋日記)』등을 통해 그 구체적인 운영 양상도 확인할 수 있다.[62] 앞의 〈표 32〉의 '화재' 2번의 진주 우방사(牛房寺)·모방사(茅房寺)의 기술 내용을 통해 볼 때 우방사·모방사에는 강민첨(姜民瞻, 963~1021)의 영당이 있었으며, 또『진양지』에서는 응석사(凝石寺)에 하즙(河楫, 1303~1380)의 영정이 있었으나 임진왜란으로 불탔다는 기술도 확인할 수 있다.[63] 그리고 6번의 안동 백암사는 망폐한 사찰을 '역인(驛人)'이 1581년 중창하여 석천암(石泉庵)으로 개칭한 사례로, 역인을 사찰 중창 주체로 명시하였다는 점에서 주목된다. 다음으로 임진왜란 시기에는 2번의 안동 봉서암(鳳栖庵) 중창 사례가 확인된다. 봉서암은 1594년에 어떤 승(僧)이 수각사(水閣寺) 터에 중창했다고 하는데, 이처럼 망폐한 사찰의 터에는 관사나 서원이 들어서기도 했지만 새로운 사찰이 세워지기도 했다.

그리고 〈표 34〉를 통해 보듯이 임진왜란으로 인해 망폐한 사찰이 전후

---

62 影堂이 부속된 寺刹로는 李穡(1328~1396)의 영정이 봉안된 충청도 韓山의 永慕庵, 黃喜(1363~1452)의 영정이 봉안된 전라도 寶城의 大元寺, 晉陽 河氏 가문의 영당이 부속된 경상도 晉州의 凝石寺, 星州 李氏 가문의 영당이 부속된 경상도 성주의 安峰寺 등이 대표적이다. 특히 성주 안봉사의 성주 이씨 영당의 경우, 『默齋日記』를 통해 당시 영당에 성주 이씨 12位의 眞影이 봉안되어 있었고, 성주 이씨 가문과 안봉사 측의 협력으로 영당이 운영되었으며 儒敎式 儀禮와 佛敎式 儀禮가 설행되었음이 확인된다. 안봉사와 영당이 분리 운영된 것은 17세기 후반으로 파악된다(박정미, 2015, 앞 박사논문).

63 『晉陽誌』(1922年 刊, 木活字本) 卷2, 佛宇 凝石寺.

에 다수 중창되었다. 앞서 논한 바와 같이, 임진왜란으로 많은 사찰이 망폐하였다는 점, 그럼에도 다수의 사찰이 중창되었다는 점은 조선의 지역 사회와 사찰에 대한 이해를 위해 주목할 필요가 있어 보인다. 임진왜란 이후의 중창 사례 중에는 중창 사실만 간략히 기술된 것도 있고, 중창 연도나 주체를 기재한 것도 있다. 이 중에 승인이 중창 주체로 기술된 사례로, 27번의 진주 단속사(斷俗寺)는 1597년에 불탔으나 원각(元覺)이 중창하였다고 하였고, 비록 중창 시기가 임란 이후인지는 분명하지 않으나 4, 5번의 안동 취서사(鷲棲寺), 서벽사(棲碧寺)는 의연(毅然)과 설총(雪總)이 각각 중창하였다고 하였다. 24번의 진주 쌍계사(雙溪寺)는 1601년에 중건하였다고 간략히 기술되었으나, 쌍계사가 임진왜란 이후 벽암 각성(碧巖 覺性, 1575 ~1660) 등에 의해 대대적으로 중창된 사실에 비추어 볼 때, 사찬 읍지를 통해 승인 주도의 사찰 중창 사실을 자세히 확인하기 어렵다는 한계는 있어 보인다.

구체적인 중창 기술 사례로, 우선 3번의 안동 월암사(月巖寺)는 여말선초의 인물인 권집경(權執經)의 재[香火]를 올리던 곳이었는데 중간에 망폐하였다가 그의 외손인 감사(監司) 김신원(金信元, 1553~1614)이 미포(米布)를 주어 중창하였다고 하였다.[64] 이 월암사는 임진왜란으로 망폐한 사찰은 아니며, 임진왜란 이후에 고위 관인·사족이 선조(先祖)의 재의(齋儀)를 설행하는 사찰을 중창한 사례라는 점에서 주목된다. 그리고 8번의 진주 의곡사(義谷寺)는 임진왜란 이후에 경상도 우병사(右兵使) 남이흥(南以興, 1576 ~1627)이 성간(性侃)에게 중건하도록 하였다고 한다. 임진왜란 이후의 조선후기에는 남한산성(南漢山城), 북한산성(北漢山城) 등의 여러 산성을 축조하면서 사찰을 함께 창건하였고 그 수호를 위해 승군(僧軍)을 동원하였다

---

64 선조, 광해군대의 문신 金慮元의 初名이 金信元이다. 『실록』을 통해 볼 때 김신원이 慶尙道 觀察使로 재임한 시기가 1600~1601년이므로, 월암사도 이 무렵 중창된 것으로 보인다.

는 점을 통해 볼 때, 경상도 우병사 주도의 의곡사 중창은 군사적 목적에 따른 것이라고 할 수 있다.[65]

　이처럼 16세기 후반~17세기 전반에 편찬된 사찬 읍지를 통해 볼 때, 임진왜란 이전에도, 이후에도 사찰의 중창은 이루어졌고, 여러 계층의 참여와 지원으로 여러 목적에 따라 이루어졌던 것으로 보인다. 이는 조선 사회에서 사찰이 그만큼 여러 기능을 담당했으며, 사찰에 따라 그 기능이 다양하고 복합적이었음을 의미한다고 할 수 있다. 이렇게 사찰이 중창될 수 있게 한 사회·경제적 기반이, 곧 사찰이 계속 존립할 수 있게 한 사회·경제적 기반이라고 할 수 있으므로, 조선시대, 특히 조선전기 사회의 이해를 위해서는 사찰의 사회·경제적 기반, 사회적 기능과 영향 등에도 관심을 기울일 필요가 있어 보인다.

---

65 조선후기에는 義僧, 僧軍 등의 僧役이 제도화됨에 따라 거점 산성의 수호를 위해 산성 내부나 인근에 사찰을 건립, 운영하는 것이 일반화되었다. 예컨대 도성 인근의 거점 산성인 남한산성 내부에는 9개의 사찰이 건립, 운영되었으며, 전국의 거점 산성에도 승군이 편제되면 사찰이 건립, 운영되었다(김선기, 2023, 앞 박사논문, 154~156쪽). 조선후기에 진주에는 경상 우병영이 설치되었는데, 우병사 휘하에는 僧將 1인, 守直僧 30명이 편제되었고, 진주성[矗石山城]에는 山城僧將廳(山城寺)이 건립, 운영되었다(『輿地圖書』, 慶尙道 右道兵馬節度營).

3. 조선전기 사찰 운영의 사례와 실제

강진 무위사(無爲寺)와 영광 불갑사(佛甲寺)는 여말선초에는 승정체제 소속 사찰로 지정된 사찰이었으나, 조선초기 승정체제 개혁에 따라 혁거된 사찰이라고 할 수 있다. 그러나 무위사와 불갑사는 혁거된 이후에 조선전기, 조선후기에도 계속 유지, 운영되었으며, 오늘날에 이르기까지 전통 사찰의 면모를 유지하며 운영되고 있다. 무위사는 승정체제에서 혁거된 이후 15세기 후반에 국가나 왕실과의 일정한 관계와 지원으로 중창, 운영된 사찰로 보인다는 점, 불갑사는 16세기에 지역 사회에서 일반 사찰로서의 사회적 기능과 위상을 확인할 수 있는 사찰이라는 점에서 주목할 만한 사례라고 할 수 있다. 이에 이 절에서는 앞선 논의를 바탕으로 조선전기 강진 무위사와 영광 불갑사의 존립과 운영, 위상을 검토함으로써, 조선전기 사찰 운영의 실제를 구체적으로 살펴보고자 한다.

1) 강진 무위사의 혁거와 수륙사 지정

   강진(康津) 무위사(無爲寺)는 1406년과 1424년의 개혁으로 승정체제 소속 사찰에서 혁거(지정 해제)되었다. 무위사는 고려초기 이래 승정체제 소속 사찰의 위상을 계속 유지했던 것으로 보인다. 무위사에는 946년(고려 정종 1) 선각대사(先覺大師) 형미(逈微, 864~917)의 탑비가 건립되었다.[1] 고려 태조는 921년(고려 태조 4) 형미에게 시호로 선각대사를 하사하였고, 탑명은 편광영탑(遍光靈塔)이라 하였다.[2] 이에 최언위(崔彦撝, 868~944)에게 비문을 찬술하게 하였고, 946년에 이르러 무위사에 선각대사탑비가 건립된 것이다. 이처럼 무위사의 선각대사탑비는 고려초기에 국가적으로 건립된 것으로, 무위사는 형미가 당나라에 유학한 후 귀국하여 주석한 사찰이었다. 고려시대 고승비를 건립할 수 있는 고승은 극히 제한적이었고, 불교계에 상당한 영향력을 미치고 국왕의 존숭을 받는 고승에 한하여 고승비가 건립될 수 있었다.[3] 고승비가 건립된 사찰은 국가로부터 지원과 관리를 받을 수 있었으며, 해당 사찰에 대한 문도의 권한을 국가로부터 인정받을 수 있기도 했다.[4] 그러므로 무위사는 광종대 이래 고려의 승정체제가 정비된 이후에도 승정체제 소속 사찰로, 국가가 주지를 임명하고 사사전을 지급하는 사찰이었을 가능성이 매우 크다.

   3장 1절의 [자료 3], 3장 2절의 〈표 5〉 등을 통해 1407년 후속 조치 기사

---

1 「高麗國故無爲岬寺先覺大師遍光靈塔碑銘幷序」(조동원 편, 『韓國金石文大系 1 : 全羅南北道』, 원광대학교출판국, 1979, 31쪽; 문화유산연구지식포털, https://portal.nrich.go.kr). 최연식, 2002, 「고려왕조의 개창을 도운 남도의 두 '선각(先覺)'스님 : 선각대사 형미와 선각국사 도선」, 『(2020 찾아가는 박물관 강좌) 남도, 남도인, 남도문화』, 목포대박물관.

2 형미의 승탑이 건립된 곳은 開城 五冠山이었다. 고려 태조는 사찰을 조성하여 형미의 승탑을 건립하도록 하고, 사찰은 太安寺, 승탑은 遍光靈塔이라고 명명하였다.

3 최연식, 2013, 「高麗時代 高僧의 僧碑와 門徒」, 『한국중세사연구』 35, 한국중세사학회, 28쪽.

4 최연식, 2013, 앞 논문, 28~30쪽.

의 맥락을 통해 볼 때, 무위사는 1406년 이전에는 승정체제 소속 사찰이었으나, 1406년의 개혁으로 지정 해제되었다가 1407년 읍내 자복사를 대체하여 다시 승정체제 소속 사찰로 지정되었다. 1407년 무위사 등의 88개 사찰이 승정체제 소속 사찰로 다시 지정된 명분은 이 사찰들이 '명산대찰', '삼한 이래의 대가람', '산수승처의 대가람'이라는 것이었다. 그러므로 무위사는 고려초기인 946년 선각대사탑비가 건립된 이래, 1406년의 승정체제 개혁이 단행되기까지, 승정체제 소속 사찰이라는 국가적 위상을 대체로 유지해 왔다고 할 수 있다. 그러나 1412년에 읍내 자복사를 명산대찰로 대체한 조치가 철회되면서, 무위사는 다시 승정체제 소속 사찰의 지위에서 지정 해제되었다. 이후 무위사는 1424년의 개혁에 따른 승정체제 소속 36개 사찰에 포함되지 않았다.

이처럼 무위사는 고려초기 이래로 승정체제에 소속된 '지정 사찰'이라는 국가적 위상을 대체로 유지해 왔으나, 1406년과 1424년의 승정체제 개혁으로 인해 '일반 사찰'이 되었다.[5] 주지 임명, 사사전 지급 등을 통해 국가가 지원하고 관리하던 사찰에서, 국가의 지원과 관리를 받지 않는 사찰이 되었다고 할 수 있는 것이다. 이로써 무위사는 그 자체적인 경제 기반의 유무나 확보에 따라 유지될 수도, 퇴락할 수도, 망폐할 수도 있는 일반

---

[5] 고려후기, 조선전기 사회에는 승정체제 소속 사찰 이외에도 다수의 사찰이 존재했던 것으로 보인다. 대체로 승정체제 소속 사찰이 불교계를 주도했던 것으로 보이나, '승정체제 소속 사찰'과 '일반 사찰'의 상호관계에 대한 연구는 거의 이루어지지 않았다. 15세기 후반 편찬되어 16세기 전반 증보된 『신증동국여지승람』에는 군읍별로 대표적인 사찰 1,600여 개가 수록되었고, 『성종실록』에서는 당시의 사찰 수가 9,500개에 이른다는 기사도 확인된다(『成宗實錄』 卷 122, 성종 11년 10월 26일). 한편, 고려와 조선에는 불교, 승도, 사찰에 대하여 승정체제 관련 제도나 법규만 있었던 것은 아니다. 예컨대 조선초기에는 사찰의 新創을 금지하는 법규가 마련되었는데, 이는 기존의 사찰은 그대로 두되 새로 사찰을 창건하는 행위를 금지하는 것일 따름이었다. 그러므로 이 법규는 사찰의 승정체제 소속 여부와는 전혀 무관한 것이었고, '일반 사찰'이 더 이상 증설되는 것을 원칙적으로 금하기 위한 것일 뿐이었다(손성필, 2019b, 앞 논문, 72~75쪽). 이처럼 불교, 승도, 사찰에 대한 국가의 제도나 법규는 그 목적, 대상 등에 따라 달리 분석되어야 할 필요가 있다.

사찰이 되었다. 하지만 15세기에는 국가와 사찰이 일정한 상호관계를 유
지하는 제도로 승정체제만이 있는 것은 아니었다. 『동국여지승람(東國輿地
勝覽)』에 따르면 강진 무위사는 15세기 후반에 '수륙사(水陸社)'가 되었다.
자세히 후술하겠지만, 수륙사는 국가나 왕실이 지정하는 것이었으며, 무위
사가 수륙사로 지정된 것은 『동국여지승람』이 편찬된 1481년(성종 12) 무
렵으로 보인다. 그러므로 이 무위사의 수륙사 지정에 대해 이해하기 위해
서는 먼저 당시에 수륙사가 무엇이었고, 어떻게 운영되었는지를 살펴볼
필요가 있다.[6]

주지하다시피 수륙재(水陸齋)는 뭍과 물을 떠도는 무주고혼(無主孤魂)에
게 음식을 베푸는 시식공양(施食供養)을 함으로써 이들을 천도하는 불교의
식으로 알려져 있다. 수륙재에 대한 이러한 정의는 '수륙재'라는 용어를 고
려하여 그 대상과 목적이 수륙의 무주고혼을 천도하는 데 있다는 데에 충
실한 것이라고 할 수 있다. 그런데 조선전기에 수륙재는 그 주체, 목적, 대
상, 장소 등이 다양하였다.[7] 조선전기에 수륙재는 국가나 왕실이 주도하여
설행하기도, 사찰과 승도가 주도하여 설행하기도 하였고, 무주고혼을 천도
하기 위해 설행되기도 한 반면, 특정 인물을 천도하기 위한 일종의 상·제
례 의식으로 설행되기도 하였으며, 사찰에서 설행되기도, 야외에서 설행되
기도 하였다. 그렇다면 수륙재는 수륙의 고혼을 천도하기 위해 설행되기
시작한 일정한 형식과 절차의 불교의식이라고 보는 것이 더 타당해 보
인다.

---

6 15세기의 '수륙사'에 대한 기존 연구는 거의 없다고 해도 과언이 아닌 듯하다. 기존 연구에서
는 대부분 불교의례인 '수륙재'를 중심으로 논의하였으며, 국가나 왕실이 수륙재 설행을 위해
특정 사찰을 지정하는 제도인 '수륙사'에 대해서는 구체적으로 논의하지 않았다.

7 조선전기의 수륙재에 대해서는 강호선, 2013, 「조선 태조 4년 國行水陸齋 설행과 그 의미」,『한
국문화』 62; 강호선, 2014, 「수륙재」,『테마 한국불교 2』, 동국대학교출판부; 강호선, 2017, 「조
선전기 국가의례 정비와 '국행'수륙재의 변화」,『한국학연구』 44; 박정미, 2015, 앞 박사논문,
45~52쪽, 61~69쪽 등 참조.

조선이 건국된 후 수륙재는 국가적인 불교의식으로 정착되었다. 국가는 고려 왕씨(王氏)를 천도하기 위해서나, 조종(朝宗)의 선왕(先王)·선후(先后)를 천도하기 위해 수륙재를 설행하였고, 상·제례 의식인 칠칠재(七七齋), 추천재(追薦齋), 기신재(忌晨齋) 등을 수륙재로 설행하기도 하였으며, 무주고혼을 천도하기 위해 설행되기도, 각종 재난에 대비하거나 재난을 타개하기 위한 기양의례(祈禳儀禮)로 설행되기도 하였다. 그리고 수륙재는 국가가 주체가 되어 설행하기도, 왕실이 주체가 되어 설행하기도 하였다. 이렇듯 수륙재는 15세기에 국가적인 불교의식으로 정착된 이래, 16세기 이후에는 사찰과 민간에서 보편적인 불교의식으로 확산되어 간 것으로 보인다.

'수륙사'는 수륙재 설행을 위해 지정된 사찰을 지칭하기도, 수륙재 설행을 위한 건물이나 조직을 지칭하기도 한다. 예를 들어, 진관사(津寬寺)는 국가가 수륙재 설행을 위해 지정한 사찰인데, 사찰 경내에 수륙재 설행을 위한 건물을 별도로 조성하였다. 이에 당시의 기록에는 진관사를 수륙사로 지칭하기도 하였고, 진관사 경내에 조성된 건물을 수륙사로 지칭하기도 하였다. 그러나 수륙재를 설행하도록 지정된 사찰 자체를 수륙사로 지칭하는 것이 더 일반적이었던 것으로 보인다.

조선 건국 후 국가가 처음 수륙사로 지정한 사찰은 삼화사(三和寺), 현암사(見巖寺), 관음굴(觀音窟)이었다. 태조는 1395년(태조 4) 전조(前朝) 고려 왕실을 천도하기 위해 삼화사, 현암사, 관음굴에서 '국행 수륙재(國行水陸齋)'를 설행하도록 하였다. 이 1395년 삼화사, 현암사, 관음굴의 국행 수륙재 설행은 조선 최초의 국행 수륙재 설행이었다는 점, 수륙재가 국가의 공식 의례로 설행되었다는 점, 매년 두 번 정기적으로 설행되었다는 점, 국행 수륙재의 의식 절차가 성립되었다는 점, 후대의 수륙재 설행에 미친 영향이 크다는 점 등에서 중요한 의미를 지닌다.[8]

---

8   강호선, 2013, 앞 논문, 227~230쪽.

태조는 1397년(태조 6) 진관사에 수륙사를 조성하고 국행 수륙재를 설행하도록 하였다. 삼화사, 현암사, 관음굴의 수륙재와 같이 매년 두 번 국가의 정기적 의례로 설행하도록 하였다. 그러나 진관사의 수륙재는 고려왕실을 천도하기 위한 것이 아니라, 조선 태조의 선조(先祖), 곧 조종의 명복을 빌기 위해 설행되었다. 진관사를 수륙사로 지정하여 수륙재를 설행한 목적이 삼화사, 현암사, 관음굴과는 다른 것이었다. 권근(權近, 1352~1409)이 당시 진관사 수륙사 조성에 대해 기술한 「진관사수륙사조성기(津寬寺水陸社造成記)」의 일부 내용을 인용해 보면 다음과 같다.

> [자료 20] 洪武 정축년(1397) 정월 을묘일에, 上이 內臣 李得芬과 沙門 臣 祖禪
> 등에게 명하여 말하기를, "내가 국가를 경영하게 됨은 오직 祖宗이 덕을 쌓
> 은 데 힘입은 것이므로 선조의 은덕에 보답하기 위하여 힘쓰지 않으면 안 된
> 다. 또 臣民 중에 혹은 나랏일로 죽고, 혹은 스스로 죽은 자 가운데 제사를 맡
> 을 사람이 없어 저승길에서 굶주리고 엎어져도 구제받지 못함을 생각하니,
> 내가 매우 근심스럽다. <u>이에 古刹에 水陸道場을 세우고 매년 재를 설행하여
> 조종의 冥福을 빌고 또 중생을 이롭게 하고자 하니,</u> 너희들은 가서 합당한 곳
> 을 찾아보라."라고 하였다. **9**

위 인용문에서 보듯 태조가 진관사에 수륙사를 조성하여 수륙재를 설행하도록 한 목적은 조종의 명복을 빌고 중생을 이롭게 하기 위함이었다. 이와 같은 수륙사 조성의 목적이 「진관사수륙사조성기」의 구성과 내용 전반에 뚜렷하게 서술되어 있는데, 특히 위에 인용한 태조의 발언을 통해 그

---

9 權近, 「津寬寺水陸社造成記」(『東文選』 卷78; 『陽村集』 卷12). "洪武丁丑正月乙卯 上命內臣李得芬 沙門臣祖禪等若曰 予有邦家 惟賴祖宗積慶 圖報先德 靡所不力 又念臣民或死王事 或自殞命 而無主祀 飢餓顚隮於冥冥之中 而莫之救 予甚愍焉 <u>欲於古刹 爲建水陸道場 歲設以追祖宗冥福 且利群生</u> 爾往相之".

목적을 분명히 확인할 수 있다. 다만 수륙사 조성의 목적으로 중생을 이롭게 하기 위한 것임을 함께 표방하기는 하였으나, 그 일차적 목적은 조종의 명복을 빌기 위한 것이라고 할 수 있다. 삼화사, 현암사, 관음굴과는 달리, 진관사는 조종의 명복을 빌기 위한 수륙사로 지정되었던 것이다.

이처럼 조선초기 국가가 수륙사를 지정하여 수륙재를 설행한 목적은 크게 고려 왕실의 천도를 위한 것과 조종의 명복을 빌기 위한 것으로 구분된다. 그러나 1397년 진관사 수륙사 지정 이후, 수륙사는 대체로 조종의 명복을 빌기 위한 것으로 인식되었다. 고려 왕실의 천도를 위한 수륙재의 설행은 조선초기 이후 점차 중요성이 퇴색되어 갔는데,[10] 삼화사는 1414년 (태종 14)에 이미 수륙사의 위상을 상실한 것으로 보인다.[11] 관음굴과 현암사는 비교적 지속적으로 수륙사로 유지되기는 하였으나, 관음굴은 세종대에 조종을 위한 수륙사로 인식되었기도 하였다.[12]

그러므로 15세기 중·후반에 이르면 수륙사에서 수륙재를 설행하는 목적은 기본적으로 조종의 명복을 빌기 위한 것이 되었다. 새로 수륙사를 지정하는 경우에도 그 목적은 조종의 명복을 빌기 위한 것이었다. 15세기 중·후반의 『실록』 기사에서 수륙사의 수륙재 설행이 조종의 위한 것이라는 언급은 다수 확인된다. 16세기 초에 이르러 수륙사의 운영을 위해 국가가 지급한 토지인 수륙위전(水陸位田)의 혁파가 논의될 때, 연산군과 중종이

---

10 강호선, 2013, 앞 논문, 231쪽.

11 『太宗實錄』 卷27, 14년 2월 6일. 강호선, 2013, 앞 논문, 225~226쪽. 1414년의『실록』기사에 삼화사 대신 수륙사로 언급된 사찰은 五臺山의 上院寺였다. 1425년(세종 7) 화재로 인해 상원사를 수륙사의 지위에서 혁파하면서, 세종은 상원사를 고려 왕실의 천도를 위한 수륙사로 언급하기도 하였다(『世宗實錄』 卷30, 7년 12월 19일). 그런데 1449년(세종 31) 津寬寺의 水陸社를 寧國寺로 옮기고자 논의하면서, 세종은 진관사가 고려 왕실의 천도를 위한 수륙사라고 언급하기도 하였다(『世宗實錄』 卷124, 31년 4월 21일). 이를 통해 볼 때, 고려 왕실의 천도를 위한 수륙사라는 점은 수륙사 폐지의 명분으로 언급되기도 하였다. 이를 통해 볼 때도 고려 왕실의 천도를 위한 수륙사는 점차 중요성이 퇴색되어 갔던 것으로 보인다.

12 『世宗實錄』 卷115, 세종 29년 2월 13일.

이를 반대한 이유도 수륙사는 조종의 선왕·선후를 위한 사찰이라는 것이었다.[13]

그런데 15세기에는 '국행 수륙사'만 있었던 것이 아니다. 이른바 '내행 수륙사(內行水陸社)'도 존재했다. 내행 수륙사에 관한 1466년(세조 12)의 『실록』 기사를 인용해 보면 다음과 같다.

[자료 21] 戶曹에서 福泉寺 僧 省愚의 狀告에 의거하여 아뢰기를, "本寺(복천사)의 전지[田] 2백 結 중에서 官司에 上納하는 稅米豆가 산출되는 전지는 軍資에 還屬시키고, 그 나머지 전지를 본사에서 收稅하는 일은 청컨대 장고에 의거하여 磨勘하여서 計除하되, 內行水陸社의 例로써 세미두를 전부 收納하는 일은 본사가 國行水陸社가 아니므로 청컨대 들어주지 마소서."라고 하니, 傳敎하기를, "세미두를 모두 그 사찰에 속하게 하라."라고 하였다.[14]

위 기사는 세조가 1464년(세조 10) 복천사에 하사한 사사전의 수세(收稅)에 대한 것으로,[15] 호조(戶曹)에서 이를 세조에게 아뢸 때 국행 수륙사와 내행 수륙사를 거론하였다. 호조는 복천사(福泉寺)가 내행 수륙사라는 이유로 전세를 전부 수납하고자 하는 것에 반대하였는데, 호조가 반대한 명분은 복천사가 국행 수륙사가 아니라는 것이었다. 위 기사를 통해 수륙사의 성격과 운영에 관해 확인할 수 있는 사실은 당시 수륙사는 국행 수륙사와 내행 수륙사로 구분되었다는 점, 국행 수륙사는 국가 재정으로 운영되

---

13 『燕山君日記』卷60, 연산군 11년 11월 6일. "且諸寺刹位田收稅及水陸所需雜物 竝革罷 …… 傳曰 爲先王先后寺刹 則不可遽革". 『中宗實錄』卷1, 중종 1년 10월 25일. "傳曰 前革除水陸寺陵寢寺內願堂位田還給".

14 『世祖實錄』卷39, 세조 12년 9월 11일. "戶曹據福泉寺僧省愚狀告啓 本寺田二百結內 諸司上納稅米豆所出田 還屬軍資 其餘田本寺收稅事 請依狀告 磨勘計除 其以內行水陸社例 稅米豆專收事 則本寺非國行水陸社也 請勿聽 傳曰 幷稅米豆 屬其寺".

15 『世祖實錄』卷32, 세조 10년 2월 28일.

는 것으로 인식되었다는 점, 복천사는 사사전이 지급된 사찰이나 국행 수륙사는 아니었다는 점 등이다. 그런데 세조는 호조의 건의에 따르지 않고, 세미두를 모두 복천사에 속하도록 하였는데, 이러한 조치로 인해 사실상 국행 수륙사와 내행 수륙사의 구분이 모호하게 되거나, 복천사가 국행 수륙사의 위상을 가지게 된 것으로 해석할 수도 있어 보인다.

용어를 통해 확인되듯, 기본적으로 '국행 수륙사'는 국가가 수륙재를 설행하기 위해 지정한 사찰이며, '내행 수륙사'는 왕실이 수륙재를 설행하기 위해 지정한 사찰이라고 할 수 있다. 앞서 논한 바와 같이 15세기 중·후반 수륙사의 수륙재 설행 목적은 조종의 명복을 빌기 위한 것이었으므로, 그 설행의 주체가 국가인가, 왕실인가에 따라 국행 수륙사와 내행 수륙사로 구분했던 것으로 보인다. 그러므로 국행 수륙사와 내행 수륙사는 수륙재를 설행할 때 국왕이 조정의 신료를 봉향사신(奉香使臣)으로 파견하였는가, 그렇지 않았는가에 따라 구분할 수도 있고, 해당 수륙사가 국가의 재정으로 운영되었는가, 왕실의 사재(私財)로 운영되었는가에 따라 구분할 수도 있어 보인다.

사실 국행 수륙사에는 수륙사 운영과 수륙재 설행을 위해 '수륙위전'이 별도로 지급되었다. 앞의 〈표 6〉을 통해 1424년 승정체제 개혁으로 36개 사찰에 국가가 지급한 토지를 살펴보면, 관음굴과 진관사에는 사사전 이외에도 수륙위전 100결을 각각 별도로 지급하였다. 이 수륙위전 100결은 국행 수륙사인 관음굴과 진관사가 수륙사를 운영하고 수륙재를 설행할 수 있도록 국가가 지급한 토지인 것이다. 이 수륙위전은 『실록(實錄)』, 『경국대전(經國大典)』, 『대전속록(大典續錄)』 등에서 '국행수륙전(國行水陸田)', '국행수륙제사전(國行水陸諸寺田)' 등으로도 지칭되었는데, 용어를 통해 보듯 국행 수륙사의 운영과 수륙재의 설행을 위해 국가가 지급한 토지였다.[16]

---

16 한편 寺社田은 『實錄』, 『大典續錄』 등에서 '寺社位田', '居僧位田', '僧人位田' 등으로도 지칭되었는데, 이는 승정체제 소속 사찰의 운영과 그 사찰 승도의 공양을 위해 국가가 지급한 토지라고 할 수 있다.

그러므로 국행 수륙사는 기본적으로 수륙위전과 같은 국가의 재정으로 운영된 수륙사인 반면, 내행 수륙사는 왕실의 사재로 운영된 수륙사라고 할 수 있을 듯하다.

진관사는 대표적인 국행 수륙사로 세종대와 문종대에 그 경내의 수륙사가 개수되었고, 연산군대에 이르기까지 수륙재 설행이 지속되었다.[17] 관음굴도 대표적인 국행 수륙사인데 1477년(성종 8) 재해로 붕괴되어 그 대신 영통사(靈通寺)를 수륙사로 삼았다.[18] 송광사는 1424년(세종 6) 10월 승정체제 소속 사찰로 지정될 때 정종이 중창한 수륙사라고 하였는데,[19] 이후 수륙재 관련 기록은 확인되지 않는다. 1456년(세조 2)에 사헌부에서는 개암사(開菴寺)에 재와(材瓦)를 지급하고, 용문사(龍門寺)에 매년 봄, 가을 식염(食鹽)을 지급하는 것을 비판하면서, 수륙사를 추가로 설치하는[增置] 것은 불가하다고 하였다.[20] 이 1456년의 기사를 통해 볼 때, 당시 수륙사가 추가로 설치되기도 하였고, 수륙사에 토지가 아닌 재화를 지급하기도 하였던 것으로 보인다. 1463년(세조 9)에는 장의사(莊義寺)에 수륙사(水陸舍)가 건립되었는데,[21] 장의사, 진관사 등의 수륙재는 연산군대에 이르기까지 고위 관료[秩高朝官]를 파견하여 설행되었다.[22] 1503년(연산군 9)에는 당시 수륙재를 설행하는 사찰로 경상도 현암사, 전라도 쌍봉사(雙峰寺), 황해도 패엽사(貝葉寺) 등이 거론되었는데, 이때 연산군은 이 사찰들에 조정의 신료[朝官]를 봉향사신으로 파견하는 것을 폐지하였다.[23]

---

17 『燕山君日記』卷48, 연산군 9년 1월 27일.
18 『成宗實錄』卷81, 성종 8년 6월 7일, 30일.
19 『世宗實錄』卷26, 세종 6년 10월 25일.
20 『世祖實錄』卷5, 세조 2년 9월 7일.
21 『世祖實錄』卷30, 세조 9년 6월 7일.
22 『燕山君日記』卷48, 연산군 9년 1월 27일.
23 『燕山君日記』卷48, 연산군 9년 1월 28일.

이러한 사례들을 통해 볼 때, 15세기 중·후반에 수륙사는 다른 사찰로 교체되기도, 새로운 사찰을 지정하기도 하였다. 특히 15세기 후반에 이르러 개암사, 용문사, 장의사, 영통사, 쌍봉사, 패엽사 등이 수륙사로 거론되었는데, 『실록』에서 거론된 이 사찰들은 대체로 국행 수륙사인 것으로 보인다. 『실록』은 기본적으로 국왕과 관인이 국정 운영을 논의한 내용을 기록한 자료라는 점, 이 사찰들이 기존의 국행 수륙사인 진관사, 현암사 등과 함께 거론되었다는 점, 국왕이 조정의 신료를 봉향사신으로 파견했다는 점, 조정의 신료가 재화 지급을 비판한 것은 이를 국가 재정으로 지급했기 때문으로 보인다는 점 등을 통해 볼 때 그러하다. 그렇다면 15세기 후반에 이르러, 15세기 전반에 비해 국행 수륙사가 증가했다고 볼 수 있을 듯하다.

이처럼 국행 수륙사의 지정이 증가하기 시작한 것은 대체로 15세기 후반, 세조대 무렵이었던 것으로 보인다. 위의 1456년 개암사, 용문사 사례를 통해 보듯 실제로 세조대에 신료는 수륙사 지정의 증가를 우려하고 있었다. 앞서 살펴본 [자료 21]의 1466년 복천사 사례를 통해 보듯 세조대에 사실상 국행 수륙사와 내행 수륙사의 구분이 모호하게 되었을 가능성도 있어 보인다. 그리고 앞서 승정체제의 운영과 관련하여 논했듯, 세조대는 승정체제 소속 사찰과 사사전이 다소 증가하기 시작한 시기이기도 하였으며, 복천사는 새로 사사전이 지급된 사찰 중의 하나였다. 1424년 개혁 당시에도 수륙위전이 따로 지급되었듯이, 승정체제 운영과 수륙사 운영의 상호관계에 대한 고찰도 필요해 보인다. 그러므로 15세기 후반에 국가나 왕실이 새로운 사찰을 수륙사로 지정하여 운영하는 것은 이러한 시대적 배경을 통해 볼 때 자연스러운 일이었다.

『신증동국여지승람(新增東國輿地勝覽)』에 따르면 강진 무위사는 '수륙사'가 되었다. 무위사가 수륙사가 되었다는 데 대한 유일한 문헌 기록인『여지승람』의 강진현(康津縣) 불우(佛宇) 조의 무위사에 대한 기술 내용의 전문을 인용하면 다음과 같다.

[자료 22] 無爲寺: 月出山에 있다. 開運 3년(946)에 僧 道詵이 창건하였다. 세월
이 오래돼 퇴락하여 근래에[今] 重營하였는데, 이로 인하여 水陸社로 삼았
다.[24]

『여지승람』에 따르면, 무위사는 고려 초기에 도선(道詵)이 창건한 사찰
인데, 세월이 오래돼 퇴락하여 근래에 중창하였고, 이를 계기로 수륙사로
삼았다고 하였다. 위 내용은 1530년(중종 25)『신증동국여지승람』이 편찬
되면서 '신증(新增)'된 것이 아니므로, 『동국여지승람』이 처음 편찬된 1481
년(성종 12)에 기술된 것이라고 할 수 있다. 실제로 현전하는『동국여지승
람』의 판본을 확인해 보면, 위 인용문과 그 내용이 완전히 동일하다.[25] 그
렇다면 위 내용은 1481년에 기술된 것이 분명하며, 무위사는 1481년과 가
까운 시점에 중창되었고, 이를 계기로 수륙사가 된 것이라고 할 수 있다.
　앞서 논했듯 15세기에 수륙사는 국가나 왕실이 조종의 명복을 빌기 위
해 지정한 사찰이었다. 15세기에 수륙사에 대한 기록은 대부분『실록』에
서 확인된다. 권근의『양촌집(陽村集)』과 같은 고위 관인의 문집(文集)에
「진관사수륙사조성기」가 수록되었고, 그 밖에는『여지승람』, 『세종실록지
리지』등과 같은 관찬 지리지(官撰地理志)에 기술된 것이 확인될 뿐이다.
　『여지승람』에는 수륙사나 수륙재 관련 기술이 한성부의 진관사, 거창군
의 현암사, 강진현의 무위사 3곳에서 확인된다. 진관사는 「진관사수륙사
조성기」 전문이 수록되었고,[26] 현암사는 1395년 태조가 고려 왕씨를 위해
전지 1백 결을 지급하니 매년 2월과 10월에 내향(內香)을 내려 수륙재를

---

24 『新增東國輿地勝覽』卷37, 全羅道 康津縣 佛宇. "無爲寺 在月出山 開運三年 僧道詵所創 歲久頹毀 今重
營 因爲水陸社".

25 『東國輿地勝覽』(癸丑字本, 교토대 가와이문고 河合文庫/卜/18c) 卷37, 全羅道 康津縣 佛宇.

26 『新增東國輿地勝覽』卷3, 漢城府.

설행한다고 하였다.[27] 앞서 편찬된『세종실록지리지』의 경우, 수륙사 관련 기술이 양주도호부의 진관사와 거창현의 현암사 2곳에서 확인된다. 진관사는 국행수륙사로 선종에 소속되며 전지가 250결 지급되었다고 하였고,[28] 현암사는 교종에 소속하여 전지 150결이 지급되었고 태조가 명하여 수륙사로 삼으니 매년 봄, 가을로 향을 내려 재를 설행한다고 하였다.[29]

이처럼 15세기에 수륙사에 대한 기록은『실록』,『여지승람』과 같은 관찬 기록, 고위 관인의 문집 등에서만 확인된다.[30] 무위사와 함께『세종실록지리지』와『여지승람』에 수륙사로 기술된 진관사와 현암사는 모두 15세기의 대표적인 국행 수륙사였다. 무위사의 경우, 국가가 사사전이나 수륙위전을 지급한 사실, 국왕이 봉향사신을 파견한 사실 등이 확인되지 않으므로, 국행 수륙사로 단정하기는 어렵다. 하지만 관찬 지리지인『여지승람』에 '수륙사로 삼았다[爲水陸社]'라고 기술된 점, 당시 '수륙사'라는 용어가 국행 수륙사와 내행 수륙사를 지칭할 때만 사용된 점, 앞서 논했듯 15세기 후반에 국행 수륙사와 내행 수륙사의 구분이 모호하게 되었을 가능성이 있다는 점 등을 통해 볼 때, 무위사가 국가나 왕실이 조종의 명복을 빌기 위해 지정한 수륙사였음은 틀림없어 보인다.

한편『여지승람』에 따르면 무위사는 중창을 계기로 수륙사로 지정되었다고 하였는데, 실제로 1481년 무렵인 15세기 중·후반에 무위사를 중창, 개수한 사실들이 확인된다. 주지하다시피 무위사 극락보전은 1430년(세종 12) 효령대군(孝寧大君, 1396~1486)이 참여하여 조영되었는데, 이 사실은

---

27 『新增東國輿地勝覽』卷31, 慶尙道 居昌郡. "洪武乙亥 我太祖爲前朝王氏 施田百五十結 每年二月十月 降內香 行水陸齋".

28 『世宗實錄』卷148, 地理志 京畿 楊州都護府. "以國行水陸社屬禪宗 給田二百五十結".

29 『世宗實錄』卷150, 地理志 慶尙道 居昌縣 "屬敎宗 給田一百五十結 我太祖命爲水陸社 每年春秋 降香設齋".

30 權近의『陽村集』에 수록된「津寬寺水陸社造成記」도 권근이 태조의 명에 따라 찬술한 것이라는 점에서 일종의 관찬 기록이라고 볼 수 있다.

1982년 해체 수리 당시 종도리에서 발견된 묵서명(墨書銘)의 해석에 따른 것이다.[31] 이 극락보전의 아미타여래삼존벽화는 1476년(성종 7) 조성된 것으로, 그 화기(畵記)에 따르면 허순(許順), 전 아산현감 강질(前牙山縣監姜耋), 강진군부인 조씨(康津郡夫人趙氏) 등 100여 명이 시주로 참여하였다. 극락보전에 봉안된 아미타여래삼존상의 경우 조성 시기가 명확하지는 않으나, 대체로 장흥 보림사(寶林寺) 삼층석탑의 북탑지(北塔誌) 명문에 의거하여 1478년(성종 9) 조성된 것으로 이해된다.[32] 근래에 극락보전 닫집 우측 상부에서 발견된 묵서명에서는 1526년(중종 21)에 단청(丹靑)을 했다는 기록이 발견되었는데, 이를 근거로 극락보전의 단청은 1430년, 1476년경, 1526년에 조성된 것으로 이해된다.[33]

이처럼 무위사 극락보전은 단일 건축물 안에서 전각, 벽화, 단청 등의 편년 기록이 파악되는 희귀한 사례인데, 대체로 1430년에 전각이 신축되어 1476년경 개수된 것으로 보인다. 물론 극락보전이라는 한 건축물의 신축과 개수를 무위사의 중창과 동일시할 수는 없지만, 1430년경과 1476년경에 무위사를 중창하는 활동이 이루어졌음은 분명하다. 그렇다면 『여지승람』이 편찬된 1481년과 가까운 시점의 중창은 1476년경의 중창일 수밖에 없어 보인다. 『여지승람』 편찬보다 약 50년이나 앞서는 1430년경의 중창을 "근래에 중창하였다[今重營]"라고 기술하지는 않았을 것이기 때문이다. 그러므로 현전 기록을 통해 볼 때 무위사는 1476년경의 중창을 계기로 수륙사로 지정된 것으로 보인다. 다만 현재로서는 1476년경 무위사 중창의 규모와 내용을 구체적으로 파악하기는 어렵다.

---

31 극락전의 종도리 장혀에 기재된 묵서명의 가운데 줄에 "宣德五年五月二十日 指諭孝寧省眞信明……"라고 기재되어 있다.

32 김광희, 2014, 「무위사 극락보전 아미타여래삼존상 연구」, 『불교미술사학』 18, 163쪽.

33 이수예, 2014, 「강진 무위사 극락전 단청의 조성연대에 대하여」, 『강좌미술사』 43, 58쪽.

『여지승람』에 따르면, 무위사를 근래에 중창한 이유는 "세월이 오래돼 퇴락하였기[歲久頹毀]" 때문이었다. 물론 무위사는 유서 깊은 고찰이었으나, 일반적으로 사찰이 퇴락하는 것은 경제적 기반의 약화, 거처 승도 수의 감소 등으로 인한 것이었다.[34] 앞서 논했듯 무위사는 1406년의 승정체제 개혁으로 승정체제 소속 사찰에서 지정 해제되었으나, 1407년에 승정체제 소속 사찰로 다시 지정되었을 때 국가로부터 명산대찰로 인식되었다. 그러므로 무위사는 1406년의 개혁으로 지정 해제되었을 때까지는 국가적인 지원과 관리를 받는 사찰이었으며, 1407년부터 1412년까지 읍내 자복사를 대체하여 승정체제 소속 사찰로 지정되기도 하였다. 그러나 1406년 개혁 이전에 국가가 무위사에 지급한 사사전 결수를 알 수 없고, 무위사의 사적 경제 기반의 규모도 알 수 없기 때문에, 1406년과 1424년의 승정체제 개혁이 무위사의 운영에 미친 영향이 어느 정도였는지도 파악하기 어렵다. 그러므로 무위사가 퇴락한 원인을 정확히 알 수는 없지만, 승정체제 개혁에 따른 경제 기반의 약화, 거처 승도 수의 감소가 원인이었을 가능성을 상정해 볼 수 있을 뿐이다.

무위사의 역사를 찬술한 『무위사사적(無爲寺事蹟)』에서는 15세기의 무위사 관련 기록이 2건 확인된다. 『무위사사적』은 무위사 주지 극잠(克岑)이 1739년(영조 15) 정리한 사적을 바탕으로 범해 각안(梵海覺岸, 1820~1896)이 찬술한 것으로, 창건 이래 18세기 전반에 이르는 무위사의 역사를 서술하였다. 18세기 이후에 찬술된 일반적인 사찰사적류와 마찬가지로, 각 시기별 중창 사실을 차례로 서술하여 해당 사찰의 유구한 역사를 강조하는 방식으로 서술되었다. 이에 사찰사적류의 고려시대 이전 서술은 신빙하기 어려운 경우가 많은데, 『무위사사적』도 고려시대 이전의 서술은

---

34 사찰이 '망폐'하는 주요 원인은 전란, 화재 등이지만, '퇴락'하는 주요 원인은 경제 기반의 약화, 거처 승도 수의 감소 등이라고 할 수 있다.

그대로 신빙하기 어려워 보인다. 사찰사적류의 조선전기 서술은 소략한 경우가 많은데, 이는 조선전기에는 조선후기에 비해 사찰의 역사를 기록하는 것이 활발하지 않았고, 임진왜란으로 인해 사찰의 문헌이 상당히 소실되었기 때문으로 보인다. 그런데 무위사의 경우 임진왜란으로 큰 피해를 당하지 않은 사찰이었다. 『무위사사적』에 따르면, 무위사는 왜군이 사찰을 범하지 않아 왜란 이후 월남사(月南寺)와 석왕사(釋王寺) 사이에서 홀로 보존되었다고 하였다.[35] 이에 무위사는 기존의 소장 문헌을 보존할 수 있었고, 『무위사사적』에 1555년(명종 10) 태감(太甘)의 중창 사실도 구체적으로 기술될 수 있었던 것으로 보인다. 그러므로 『무위사사적』의 15세기 관련 기록은 신빙할 만하지 못한 자료로 치부하기 어렵다.

『무위사사적』에는 효령대군이 강진에 머물 때 무위사에서 복을 축원하는 원당[祝釐願堂]을 열었다고 하였다.[36] 앞서 언급했듯 무위사 극락보전이 1430년 효령대군의 참여로 조영되었다는 것은 1982년 극락보전의 해체 수리 당시 종도리에서 묵서명이 발견된 이후에 알려졌다. 그런데 이미 조선후기에 찬술된 『무위사사적』에 효령대군의 불사에 대한 기록이 있다는 것은 그만큼 『무위사사적』의 15세기 관련 기록이 신빙할 만하다는 의미일 것이다. 그러나 효령대군이 개창한 '축희원당'이 구체적으로 어떤 목적에 따른, 어떤 위상의 것이었는지는 분명하지 않다. 다만 당시 원당(願堂)의 용례, 원당 개창의 주체 등을 고려할 때, 이는 왕실 인사인 효령대군이 주도하여 왕실의 사재로 운영한 원당일 것으로 추정된다. 이를 수륙사와 비교해 보자면, 대군의 원당은 국가나 왕실이 선왕·선후의 명복을 빌기 위해 지정한 국행 수륙사와 내행 수륙사보다는 그 위상이 낮은 것일

---

35 『全羅左道康津月出山無爲寺事蹟』. "明神宗萬曆二十年 宣祖二十五年壬辰癸巳 倭寇之亂 寺之諸僧 一心祈祝 軍不犯寺 超然獨存於月南釋王兩寺之間 靈哉異矣".

36 『全羅左道康津月出山無爲寺事蹟』(影印本, 동국대 중앙도서관 B 218.61 무67). "且孝寧大君駐駐於康津之時 開祝釐願堂".

수밖에 없다. 하지만 효령대군의 전각 신축과 원당 개창은 1430년경 무위사의 운영이나 위상에 긍정적인 영향을 미쳤을 것으로 보인다.

『무위사사적』에는 세조가 하사한 「친필어서(親筆御書)」와 「어필결복삼십결제역(御筆結卜三十結除役)」 2축(軸)이 언급되었다.[37] 『무위사사적』에 기록된 이 두 문서의 이름만으로는 그 내용과 성격을 정확히 알기는 어렵다. 그런데 두 문서 중에 「어필결복삼십결제역」은 현전하고 있어서, 그 내용을 파악할 수 있다. 「강진 무위사 감역교지(康津無爲寺減役敎旨)」라는 명칭으로 2021년에 보물로 지정된 이 문서는 1457년(세조 3) 8월 10일 국왕세조가 감사(監司)와 수령(首領)에게 무위사의 잡역(雜役)을 감제(減除)하도록 명하면서 발급한 교지(敎旨)이다.[38] 이 문서의 내용이 잡역을 면제[除役]하도록 한 것이라는 점, 이 문서의 표지에 '어필(御筆)'이라는 묵서(墨書)가 확인된다는 점 등을 통해 볼 때, 이 「강진 무위사 감역교지」가 『무위사사적』에 언급된 「어필결복삼십결제역」이라고 할 수 있다. 「어필결복삼십결제역」은 1457년 세조가 전라 관찰사와 강진 현감에게 무위사의 잡역을 면제하도록 명을 내린 문서인 것이다.

세조는 1457년(세조 3)에 '사사(寺社)는 공부(貢賦) 이외의 잡역(雜役)을 일체 면제'하는 등의 조치를 예조(禮曹)에 전지(傳旨)하였다.[39] 이에 실제로 사찰에 교지가 발급되었는데, 그중 강진 무위사, 능성 쌍봉사, 천안 광덕사(廣德寺), 예천 용문사(龍門寺) 등에 발급된 4건이 현전하고 있는 것이다. 이 중 강진 무위사, 능성 쌍봉사, 천안 광덕사의 문서는 1457년 8월 1일에 발급되었고, 예천 용문사의 문서는 1457년 8월 14일 발급되었다.[40] 당시 이

---

37 『全羅左道康津月出山無爲寺事蹟』. "又世祖大王親筆御書御筆結卜三十結除役二軸".

38 「강진 무위사 감역교지」, 국가문화유산포털(2022.09.01). 이 문서는 조선전기 이래 무위사에 소장되어 전하였을 것인데, 현재는 진안 금당사에 소장되어 있다.

39 『世祖實錄』卷7, 세조 3년 3월 23일. "寺社 貢賦外雜役一除".

40 『國朝列聖御筆』을 통해 1457년 7월 29일 靈巖 道岬寺에도 동일한 내용의 감역교지가 발급된 사

문서가 전국 대부분의 사찰에 발급된 것인지, 특정 주요 사찰에 발급된 것 인지는 분명치 않다. 사찰의 잡역을 면제하는 조치를 하교하면서, 특정 주요 사찰에 교지를 발급하였을 가능성이 커 보인다.[41] 위의 4곳의 사찰 중에 쌍봉사의 경우는 앞서 언급했듯 봉향사신을 파견하여 수륙재를 설행하는 국행 수륙사였다. 그리고 『무위사사적』에 언급된 세조의 「친필어서」는 현전하지 않아 어떤 내용의 문서였는지 알 수 없지만, 무위사에 특혜를 부여하는 것이었을 가능성이 높다.

그러므로 세조의 재위 기간이 1455년에서 1468년에 이르는 시기였고, 무위사의 중창이 1476년경에 이루어졌다는 점을 고려할 때, 1476년경의 무위사 중창은 국가나 왕실의 일정한 지원하에 이루어졌을 가능성이 없지 않아 보인다. 중창을 계기로 무위사를 수륙사로 삼았다는 『여지승람』 기사의 문맥을 고려할 때, 무위사를 수륙사로 지정한 주체인 국가나 왕실이 곧 무위사를 중창한 주체였을 가능성이 높아 보이기 때문이다. 이처럼 15세기 후반 무위사의 수륙사 지정은 승정체제 운영의 지속하에 국가나 왕실의 수륙사 지정이 증가한 시기에 이루어진 것이었다.

2) 영광 불갑사의 혁거와 지역 사찰의 위상

영광(靈光) 불갑사(佛甲寺)는 고려 말인 14세기 중엽에 왕사(王師) 복구(復丘, 1270~1355)의 하산소(下山所)로 지정되었고, 복구가 입적한 후 그

실이 확인된다(카와니시 유야, 2016, 「『국조열성어필(國朝列聖御筆)』 소재(所載) 조선초기 국왕 문서: 태조대(太祖代) 관교(官敎)와 세조대(世祖代) 면역교지(免疫敎旨)」, 『고문서연구』 48).

41 김선기는 세조대에 지정 사찰의 잡역 면제가 제도적으로 확립되었다고 논하면서, 1457년 잡역이 면제된 사찰을 '지정 사찰'로 규정하였다. 그러나 무위사, 쌍봉사, 광덕사, 용문사 등이 36개 지정 사찰은 아니었으므로, 잡역 면제 대상 사찰의 규정과 범위에 대해서는 엄밀한 검토와 논의가 필요해 보인다(김선기, 2022b, 앞 논문, 95~96쪽).

의 승탑(僧塔)과 승비(僧碑)가 건립되었다. 복구의 승탑인 각진국사 자운탑(覺眞國師慈雲塔), 그의 비인 각진국사비(覺眞國師碑)는 지금도 불갑사에 있는데, 각진국사비는 마멸이 심하여 글자를 읽을 수 없는 상태이다. 다행히 그 비문이 『동문선(東文選)』, 『제정집(霽亭集)』, 『영광군모악산불갑사고적급위시답병록(靈光郡母岳山佛甲寺古蹟及位施畓垃錄)』 등에 수록되어 그 내용을 확인할 수 있다. 이 「각진국사비」는 공민왕(恭愍王)의 명으로 1359년 문한학사 춘추관 승지 첨시중(文翰學士春秋館承旨僉侍中) 제정(霽亭) 이달충(李達衷, 1309~1384)이 찬술하였다. 이 「각진국사비」, 그리고 장성(長城) 백양사(白羊寺)의 「전장경제삼회방(轉藏經第三會榜)」 등에 따르면, 충정왕(忠定王)은 왕사 복구에게 불갑사를 하산소로 하사하였다. 불갑사는 왕사 복구의 하산소로 지정되고, 그의 승탑, 승비가 건립되면서 역사 기록에 처음 등장하는 것이다.

그렇다면 왕명에 따라 왕사의 하산소로 지정되고, 고승비(高僧碑)가 건립된 불갑사는 당시 어떤 위상의 사찰이었을까? 이에 대한 논의를 위해 우선 복구의 생애를 「각진국사비」의 내용을 중심으로 간략히 정리해 보면 다음과 같다. 복구는 휘(諱)가 복구, 자호(自號)는 무언수(無言叟), 본관은 고성군(固城郡)으로, 판밀직 우상시 문한학사 승지(判密直右常侍文翰學士丞旨) 이존비(李尊庇)의 아들이다. 복구는 1270년(원종 11) 출생하여, 10세에 조계산의 원오국사(圓悟國師) 천영(天英)에게 가서 구족계를 받았다. 얼마 지나지 않아 천영이 입적하자 유언에 따라 대선사(大禪師) 도영(道英)을 모시고 공부하였고, 1290년(충렬왕 16)에 선종(禪宗)의 승과(僧科)에 급제하였다. 자각국사(慈覺國師) 도영이 복구에게 후학의 지도를 부촉하였으나 사양하고, 백암사(白巖寺, 백양사)로 가서 10여 년간 수행하였다. 이후 대도량인 월남사(月南寺)와 송광사(松廣寺)에 40여 년간 주석하면서 교화하였다.

이후 충정왕이 1350년(충정왕 2) 복구를 왕사로 삼았고,[42] 불갑사를 하산소로 하사하였다. 공민왕이 1352년(공민왕 1)에 불갑사에 주석하고 있던 복구를 다시 왕사로 책봉하였다. 1355년(공민왕 4) 백암사로 가서 머물다가 입적하였다. 백암사에서 다비하고 유골함을 불갑사로 모셔 왔고, 공민왕이 신하를 보내 조문하고 시호를 각진국사, 탑호를 자운이라 하였다. 복구는 보조국사(普照國師) 지눌(知訥, 1158~1210)로부터 13세로, 그 문인은 1,000여 명이나 되었는데 뛰어난 자로는 선원(禪源), 백화(白華), 가지(迦智), 마곡(麻谷) 등이 있었다. 그리고 복구의 속가 조카인 시중(侍中) 행촌(杏村) 이암(李嵒, 1297~1364)은 당대의 명 재상이었다. 이처럼 복구는 명문가 출신으로, 조계종(曹溪宗)으로 출가하여 당시 최고위 승직(僧職)인 왕사를 역임하고 입적 후 국사(國師)로 추증된 인물이었다. 충정왕이 복구를 왕사로 임명하고 하산소로 하사한 곳이 불갑사였으며, 그의 입적 후 공민왕의 명에 따라 승탑, 승비를 건립한 곳도 불갑사였다.

「각진국사비」에 의거한 복구의 생애를 통해 보듯, 불갑사의 하산소 지정과 고승비 건립은 국왕의 명에 따라 국가적으로 이루어진 일이었다. 그리고 복구는 승과에 입격하고 여러 승직을 역임한 인물로, 최고위 승직인 왕사에 이르렀다. 위의 「각진국사비」에는 복구가 40여 년간 승직을 역임한 사실을 다음과 같이 압축적으로 표현하였다.

> [자료 23] 大道場인 月南寺와 松廣寺에 주석한[住] 것이 前後로 40여 년이나 되었다. 그동안 국가를 복되게 하고 중생을 이롭게 한 일과 임금이 포창하고 하사한 은총은 이루 다 셀 수 없을 정도이다.[43]

위 내용은 복구가 월남사와 송광사의 주지(住持)를 40여 년간 역임하면

---

42 「白巖山淨土寺橋樓記」, 『朝鮮寺刹史料』 上.

43 「覺眞國師碑」(『東文選』); 『霽亭集』); 『靈光郡母岳山佛甲寺古蹟及位施畓垃錄』). "住月南松廣大道場 前後四十餘年 其間福國利生之事與夫褒崇錫賜之寵 蓋不可遽數".

서 국가를 복되게 하고 중생을 이롭게 하여 국왕으로부터 포창과 하사 받은 일이 이루 헤아릴 수 없이 많다는 것이다. 월남사와 송광사에 '주(住)'하였다는 것은 단순히 그곳에 머물렀다는 의미가 아니라, 국가의 승직인 '주지(住持)'를 역임했다는 의미이며, 그렇기 때문에 그 일을 잘 수행한 공로로 국왕으로부터 포상을 받은 것이다. 당시 '주지'는 국가가 임명하는 주요 승직의 하나였다. 고려는 주요 사찰에 주지를 임명하였는데, 월남사와 송광사의 경우 국가가 주지를 임명하는 사찰이었다. 그러므로 복구는 주요 승직인 월남사 주지, 송광사 주지를 역임한 것이며, 말년에는 최고위 승직인 왕사에 임명된 것이었다. 그러므로 위 「각진국사비」 등과 같은 자료를 통해 복구의 생애를 연구하거나 불갑사의 위상을 파악하기 위해서는 고려의 이른바 '승정체제(僧政體制)'에 대한 이해가 필요하다고 할 수 있다.

고려는 종(宗) 단위로 승과를 시행하여 승직을 임명하였으며, 주요 사찰에 승직인 주지를 임명하고 그 운영을 위한 토지인 사사전(寺社田)을 지급하였다. 종, 승과, 승직, 사사전 등을 통해 운영되는 유기적인 국가 시스템, 이를 일반적으로 승정체제라고 한다.[44] 그러므로 고려의 사찰은 크게 두 부류로 구분할 수 있다. 국가가 주지를 임명하고 사사전을 지급하여 공적으로 운영하는 '지정 사찰'과 사적으로 운영되는 '일반 사찰'로 구분할 수 있는 것이다. 당시 국가의 지정 사찰은 '비보사사(裨補寺社)'로도 불렸고, 일반 사찰로서 특정 가문의 축원을 담당한 사찰은 '원찰(願刹)'이라고 불렸다. 비보사사는 고려 태조대에 도선(道詵)의 밀기(密記)에 의거하여 창건한 70개 사찰로부터 시작되었으나 점차 확대되어 갔다. 사실 고려시대 당시 현실에 존재한 사찰 하나하나의 성격은 다양했을 것이나, 그 사찰들이 국가가 주지를 임명하고 사사전을 지급한 사찰과 그렇지 않은 사찰로 구분

---

44 한기문, 1998, 앞 책; 이병희, 2009, 앞 책; 손성필, 2019c, 앞 논문.

된다는 점은 분명해 보인다. 다만 고려에 지정 사찰이 얼마나 있었는지는 분명하지 않은데, 조선초기 『실록』의 승정체제 개혁 기사의 내용을 통해 볼 때, 지정 사찰은 대략 500~2,400개, 사사전은 10만 결 정도로 추정된다.[45]

왕사와 국사는 이 승정체제의 최고위 승직이었으며, 최고위 승계(僧階) 인 승통(僧統)이나 대선사(大禪師)에 이른 자 중에 임명되었다. 왕사와 국사 는 실질적인 권한을 가진 직위라고 보기는 어렵지만, 국왕의 스승, 국가의 스승이라는 상징적 지위를 가지고 있었고, 때로는 도총섭(都摠攝)과 같은 승직을 겸임하여 승정을 관할하기도 하였다.[46] 왕사, 국사는 국가로부터 특별한 대우를 받았다. 토지, 봉록(俸祿) 등이 지급되었고, 시호(諡號), 인장 (印章)이 수여되었으며, 때로는 원융부(圓融府)와 같은 독립 관청을 설치해 주기도 했다. 그리고 그 부모를 추중하거나, 그 연고지인 군읍을 승격시키 기도 했다. 하산소 지정은 왕사, 국사에게 주어진 특혜 중의 하나였다.[47] 하산소는 왕사, 국사가 말년에 주석할 수 있도록 국가가 지정한 사찰이었 다. 왕사, 국사는 입적할 때까지 안정적으로 하산소에 주석할 수 있었고, 하산소에는 국가로부터 토지와 노비가 추가 지급되기도 하였다.[48]

고려시대에 고승비는 국왕의 명으로 건립될 수 있는 것이었다. 왕사, 국 사가 입적하면 일반적으로 하산소에 고승비가 건립되었으나, 하산소에 반 드시 고승비가 건립된 것은 아니었다.[49] 고려시대에 고승비가 건립되는 사 찰은 고승의 문도와 깊은 관련이 있는 사찰이었다. 국왕에게 고승비의 건 립을 요청하고 실제 건립하는 과정에서 문도가 중요한 역할을 담당하였고,

---

45 손성필, 2019c, 앞 논문, 258~260쪽.

46 박윤진, 2006, 앞 책, 경인문화사.

47 박윤진, 2006, 앞 책, 174~206쪽.

48 고려시대에 왕사, 국사의 하산소로 지정된 사찰은 현재 38개 정도가 파악된다. 한기문, 1998, 앞 책, 387~388쪽.

49 최연식, 2013, 앞 논문.

스승의 고승비가 건립된 사찰에 대해서는 그 문도가 그 사찰에 대한 독점적, 배타적 권리를 부여받았다고 한다. 그러므로 국가의 고승비 건립은 고승에 대한 예우인 동시에 그의 문하에서 독자적인 세력을 형성한 문도에 대한 우대 조치로 볼 수 있다. 그 문도는 해당 사찰을 거점으로 하여 대대로 독립적인 세력을 유지하였고, 해당 사찰은 고승비와 함께 그들의 구심점이 되었다. 그러므로 고려시대의 고승비는 고승을 현창하기 위한 기념물인 동시에 그의 문도가 그 사찰에서 독자적인 세력을 계속 유지할 수 있게 하는 상징물이었다.[50]

불갑사「각진국사비」의 내용을 살펴보면, 불갑사의 하산소 지정과 복구의 고승비 건립에 관한 사실과 인식을 확인할 수 있다. 우선「각진국사비」의 전체 내용 구성을 살펴보면, ① 복구 입적 5년 후 제자 원규(元珪)가 공민왕에게 고승비 건립을 주청하여 공민왕이 이달충에게 비문 찬술을 명한 사실, ② 복구의 고승비를 찬술하는 이달충의 소회와 고려가 불교를 숭상하는 취지, ③ 공민왕이 복구를 왕사로 임명한 과정, ④ 복구의 생애, ⑤ 복구가 불갑사를 하산소로 지정 받은 인연과 소회, ⑥ 복구의 입적, ⑦ 복구의 성품, ⑧ 복구의 법계와 문도, ⑨ 복구의 속가 인물과 이달충의 인연 등의 순으로 서술되었다. 이 구성을 통해 볼 때, 서두에 각진국사비의 건립이 복구의 문도에 의해 주청되었다는 점, 말미에 복구의 주요 제자의 이름과 문도 수가 기록되었다는 점 등은 위에서 논한 고려시대 고승비의 일반적인 건립 과정, 목적에 부합한다고 할 수 있다. 복구의 문도는 국왕에게 불갑사에 스승의 고승비를 건립해 줄 것을 주청하였고, 그 비문 말미에 복구의 주요 제자 이름과 문도 수를 명시하도록 하였다.

「각진국사비」에서 불갑사에 대한 것은 ㉮ 복구가 공민왕으로부터 왕사를

---

50 현전하는 고려시대 고승비는 61점으로 파악된다. 최연식, 2013, 앞 논문, 9~11쪽.

두 번째 임명 받을 때 그가 불갑사에 주석한 사실, ⓝ 복구가 불갑사를 하산소로 지정 받은 인연에 대한 서술, ⓓ 복구가 백암사에서 입적하여 그곳에서 다비한 후 유골함을 불갑사로 모셔온 사실에 대한 서술 등의 세 부분에서 확인된다. 시간 순에 따라 먼저 ⓝ의 서술을 인용해 보면 다음과 같다.[51]

[자료 24] 만년에 佛岬寺에 주석한[住] 것은 王命에 의한 것이었다. (왕사가) 문도에게 말하기를, "이 산에 가서 묵은[往宿] 적이 있었는데 꿈에 어떤 사람이 절하고 말하기를, '스님께서는 마땅히 이곳에 주석하시게[住] 될 것입니다.'라고 하였다. 이에 마음속으로 이상하게 여겼는데 이제 그 꿈이 실제로 이루어졌도다."라고 하였다. 그리고는 다음과 같이 게송을 지었다.

"임금께서 영광 불갑사 주석하게 하시니   君賜箕城佛岬山
사람들은 지친 새가 돌아올 줄 안다 말하네.   人言倦鳥已知還
정성을 다해 임금께서 천수하시기를 비오니   殷勤薦祝如天壽
이로부터 이 나라가 만년토록 평안하리라."   從此邦基萬古安
임금과 나라를 위한 (왕사의) 간곡한 마음을 이 시에서 또한 볼 수 있다.

위 내용을 살펴보면, 불갑사가 복구가 주석할[住] 곳으로 점지된 곳이었다는 점, 불갑사를 하산소로 지정 받은 후 복구가 국가와 국왕을 축원했다는 점을 부각한 서술이라고 할 수 있다. 복구와 불갑사의 인연, 국가의 불갑사 하사[賜]를 강조한 서술인 것이다. 위 인용문에서 또 한 가지 주목되는 것은 복구와 불갑사의 인연을 강조하고 있지만, 복구는 하산소 지정 이전에 불갑사에 공식적으로 주석한 적이 없었던 것으로 보인다는 점이다.

---

51 「覺眞國師碑」(『東文選』); 『霽亭集』); 『靈光郡母岳山佛甲寺古蹟及位施畓垃錄』). "晚住佛岬寺 王命也 謂其徒曰 往宿此山 夢有人拜 且曰 師宜住此 心竊異之 今而驗矣 乃作頌曰 君賜箕城 佛岬山 人言倦鳥已 知還 殷勤薦祝如天壽 從此邦基萬古安 其惓惓於君國之意 亦可見矣".

일단 복구가 불갑사에 주석한[住] 것은 왕명에 의한 것이라고 하였다. 그리고 위 인용문의 원문을 살펴보면, 복구가 하산소 지정 이전에 불갑사에 가서 꿈을 꾸었을 때는 '가서 숙박하다[往宿]'라고 표현한 반면, 하산소로 지정된 다음 주석하는 것은 '주석하다[住]'라고 기술하였다. 이를 통해 왕사가 하산소에 주석한다는 것은 사실상 그 사찰의 '주지(住持)'로 임명된다는 의미였다는 점, 복구는 하산소 지정 이전에는 불갑사에 가서 잠시 머문 적이 있을 뿐 공식적으로 주석한 적은 없어 보인다는 점 등을 확인할 수 있다.

실제로 ㉮의 서술에서 복구가 공민왕으로부터 왕사를 두 번째 임명 받을 때에도 그가 불갑사에 주석하고[住] 있었다고 하였다. 그리고 1353년(공민왕 2) 백양사의 「전장경제삼회방(轉藏經第三會榜)」에 기재된 복구의 직위는 그가 왕사이자 전 불갑사 주지(前佛岬寺住持)[52]로 되어 있다. 이에 복구는 1353년 즈음에 불갑사 주지의 지위를 문도에게 물려준 것으로 보이는데, 하산소는 기본적으로 국가가 주지를 임명하는 지정 사찰이지만, 왕사의 독자적 운영 권한이 부여된 사찰이었기 때문이다. 「각진국사비」에는 복구가 1355년 백암사에 옮겨 가서 거처하다가[移寓] 그해 병이 들어 입적하였다고 하였다. 백암사는 복구와 사적 인연이 깊은 사찰이었다.[53] 복구는 8세에 일린(一麟)과 백암사에 머물렀고, 백암사에서 10여 년간 수행하기도 하였다. 그리고 복구는 1341년 사재로 백암사를 중창하고 대장경을 안치하였으며, 3차례에 걸쳐 전장법회를 설행하였다. 그러므로 백암사는 복구와 그 속가인 고성 이씨(固城李氏) 가문의 원찰 성격이 강한 사찰이었다고 할 수 있다. 반면 불갑사는 국가가 복구에게 공식적으로 하사한 사찰로, 승직인 주지가 관할하는 국가 지정 사찰이었다.

---

52 「轉藏經第三會榜」, 『朝鮮寺刹史料』 上. "王師 大曹溪宗師 前佛岬寺住持 一邱正令雷音辯海弘眞廣濟 都大禪師 覺儼尊者".

53 이병희, 1997, 「高麗末 朝鮮初 白羊寺의 重創과 經濟問題」, 『한국사연구』 99·100; 윤기엽, 2014, 「각진국사 복구(復丘)와 불교계 동향」, 『보조사상』 42.

㉰의 서술에서 복구가 백암사에서 입적하자, 그곳에서 다비한 후 유골함을 불갑사로 모셔온 사실도 이러한 맥락으로 이해된다. 복구가 백암사에서 입적했지만, 국가가 지정한 복구의 하산소는 불갑사였고, 복구의 문도는 스승의 승탑과 고승비를 불갑사에 건립하고자 하였던 것이다. 복구와 그 속가 가문을 중심으로 사적으로 운영된 사찰인 백암사에 복구의 비를 건립하는 것은 고승비 건립의 명분에도 걸맞지 않았을뿐더러, 백암사는 복구의 문도가 독점적, 배타적 권리를 주장할 필요가 없는 사찰이었다고 할 수 있다. 그렇기 때문에 복구의 문도는 스승의 입적 이후 국왕의 명에 따라 하사된 불갑사에 승탑을 건립하고, 국왕에게 고승비의 건립을 주청하였던 것이다.

그렇다면, 왕사인 복구의 하산소 지정 이전에도 불갑사는 국가 지정 사찰이었을까? 하산소 지정 이전의 불갑사의 위상은 분명하지 않지만, 적어도 불갑사는 왕사의 하산소로 지정될 만한 위상의 사찰이었다고 할 수 있을 것이다. 국왕(국가)이 불갑사를 왕사의 하산소로 지정했다는 점, 불갑사를 왕사의 하산소로 지정하면서 토지나 노비를 지급했다는 기록이 따로 보이지 않는다는 점 등을 통해 볼 때, 불갑사는 하산소 지정 이전에도 국가 지정 사찰로서 그 운영을 위한 상당한 토지와 노비를 보유한 사찰이었을 가능성이 커 보인다. 그러므로 불갑사는 왕사의 하산소 지정 이전에도 국가가 주지를 임명하고 사사전을 지급하는 승정체제 소속의 지정 사찰이었을 가능성이 크다고 할 수 있다.

이처럼 고려후기에 불갑사는 국왕(국가)이 왕사인 복구의 하산소로 지정한 사찰이었다. 하산소 지정 이후 불갑사는 기본적으로 국가가 주지를 임명하는 지정 사찰이었으나, 왕사와 그 문도에게 독자적 운영 권한이 주어진 사찰이었다. 왕사 복구의 입적 후에 불갑사에는 국왕의 명에 따라 복구의 비인 각진국사비가 건립되었는데, 이로써 불갑사는 승정체제에 소속된 사찰이기는 하지만 복구의 문도가 독점적 운영 권한을 부여받은 사찰이 되었던 것으로 보인다. 불갑사가 복구 문도의 이른바 거점 사찰이 되었다고 할 수 있는 것이다. 이처럼 불갑사는 고승비를 통해 고려시대의 그 역사를 구체적으로 확인할 수 있는 사찰인데, 복구의 비가 건립된 정황을 통해 볼 때 불갑사는 왕사의 하산소 지정 이전에도 국가가 주지를 임명하고 사사전을 지급하는 승정체제 소속의 지정 사찰이었을 가능성이 커 보인다.

조선전기에 해당하는 15~16세기 영광 불갑사의 역사는 그간 공백으로 여겨졌다. 그러나 15~16세기 불갑사의 역사를 파악할 수 있는 자료가 아예 없는 것은 아니다. 이에 15세기 승정체제 개혁과 운영에 대한 이해를 바탕으로, 현존 자료를 통해 15, 16세기 불갑사의 역사를 논의해 보고자 한다. 3장에서 논하였듯이, 조선 건국 후 태종·세종대에는 고려의 기존 승정체제에 대한 대대적인 개혁이 이루어졌다. 1406년(태종 6)에는 승정체제에 소속된 지정 사찰을 242개로 감축하였으며, 1424년(세종 6)에는 36개로 감축하였다. 이는 지정 사찰 수의 감축이었을 뿐만 아니라, 지정 사찰에 지급하는 사사전(寺社田)의 감축이었으며, 지정 사찰에 임명하는 승직(僧職)인 주지의 감축이기도 했다. 기존 승정체제에 대한 대대적인 개혁이라고 할 만한 조치가 이루어졌던 것이다. 그러나 1424년의 개혁으로 성립된 2개의 종, 36개의 지정 사찰, 사사전 약 8,000결의 승정체제는 연산군대까지 약 80여 년간 존속하였다. 승정체제의 규모가 크게 감축되기는 하였지만, 15세기에는 승과(僧科)의 시행, 승직의 임명, 지정 사찰의 주지 임명과 사사전 지급 등을 통해 승정체제가 안정적으로 운영되고 있었다. 이 승정체제는 연산군 말, 중종 초에 폐지되었다가, 명종대에 다시 설치되어 약 15년간 운영되었고, 다시 폐지되었다.

이처럼 1406년, 1424년의 승정체제 개혁에 따라 국가 지정 사찰의 수는 크게 감소하였다. 그러나 국가 지정 사찰이 혁거(지정 해제)된다고 해서 모두 망폐할 수밖에 없었던 것은 아니다. 지정 사찰이 혁거되었다고 해서 철훼된 것이 아니었고, 국가가 지급한 토지인 사사전이 환수되었다 하더라도, 사적인 경제 기반인 시주(施主) 시납전(施納田) 등을 통해 일반 사찰로 존속할 수 있었다. 1406년, 1424년의 개혁으로 혁거된 지정 사찰 중에 상당수는 망폐하지 않았으며, 애초에 조선 사회에는 승정체제와는 무관하게 운영되는 일반 사찰이 다수 존재했다. 15세기 후반에 편찬된 『동국여지승람(東國輿地勝覽)』(1481), 16세기 전반에 일부 증보된 『신증동국여지승람(新增東國輿地勝覽)』(1530)에 수록된 사찰의 수는 1,600여 개에 이르는데, 이 또한 각 군읍별 주요 사찰을 수록한 것일 뿐이었으므로, 15, 16세기의 조선 사회에는 1,600여 개보다 크게 많은 사찰이 존립하고 있었다고 할 수 있다.

앞서 논했듯이 영광 불갑사는 고려 승정체제의 지정 사찰이었다. 복구의 하산소 지정 이전에 이미 국가 지정 사찰이었을 가능성이 크며, 복구의 하산소로 지정된 이후 국가가 승직인 주지를 임명하고 사사전을 지급하는 지정 사찰이었음은 분명해 보인다. 1406년, 1424년의 승정체제 개혁은 이러한 국가 지정 사찰을 대상으로 이루어진 것이었으며, 이에 불갑사는 개혁의 대상이었고, 결과적으로 혁거되었다. 불갑사가 1406년 개혁에 따라 지정된 242개 사찰에 포함되었는지, 제외되었는지를 단언하기는 어려운데, 이는 1406년 개혁으로 지정된 242개 사찰의 목록이 현전하지 않고, 불갑사의 혁거 여부에 대한 기록이 전하지 않기 때문이다. 그러나 1424년 개혁으로 지정된 36개 사찰의 목록은 현전하기 때문에, 불갑사가 그 36개 사찰에 포함되지 않았음은 분명히 확인된다. 고려 승정체제의 지정 사찰인 불갑사가 1406년 개혁으로 혁거되었는지, 1424년 개혁으로 혁거되었는지는 분명하지 않지만, 이 조선초기의 승정체제 개혁으로 혁거된 것은 분명해 보인다. 이에 불갑사는 국가 지정 사찰에서 해제되었고, 일반 사찰의 위상을 가지게 되었다고 할 수 있다. 이는 국가가 승직인 주지를 임명하지 않고, 사사전 지급을 통해 경제적 지원을 하지 않는 사찰이 되었음을 의미한다. 이에 불갑사는 사사전 이외의 경제적 기반을 보유했거나 확보한다면 존립할 수 있으나, 그렇지 않다면 망폐할 수도 있는 상황에 처하게 되었다고 할 수 있다.

그런데 불갑사는 조선전기에 편찬된 관찬 지리지인 『동국여지승람』과 『신증동국여지승람』의 전라도(全羅道) 영광군(靈光郡) 불우(佛宇) 조의 서두에 수록되어 있다. 이는 불갑사가 15세기 후반, 16세기 전반에도 존립하였음을 의미한다. 15세기 전반 불갑사의 역사를 구체적으로 알 수는 없지만, 불갑사는 15세기 전반의 승정체제 개혁으로 혁거되었음에도 불구하고 15세기 후반에 존립하고 있었던 것이다. 일반적으로 『여지승람』 불우 조에는 그 군읍에서 대표적인 사찰을 서두에 수록했다는 점을 통해 볼 때, 15세기 후반, 16세기 전반에 불갑사는 영광에서 대표적인 사찰로 인식되었다고 할 수 있다. 이에 『여지승람』의 영광군 불우 조에 수록된 불갑사 항목의 내용을 인용해 보면 다음과 같다.[54]

[자료 25] 佛岬寺 : 母嶽山에 있다. 골짜기가 그윽하고 풍광이 뛰어나다. 옛 비석이 있는데 글자가 결락되었다. 뜰 앞에 동백나무가 있는데 아주 기이하다. ○ 僧 守伊의 시에,

"전각 앞에 심어둔 일곱 가지 동백나무 　　　　七枝冬柏種軒前
삼 층의 곧은 줄기 몇백 년이나 되었나. 　　　直幹三層幾百年
흰 눈 속의 붉은 빛에 옛 일을 기억하고 　　　雪裏紅光謾相憶
마른 등걸의 무늬는 뒷사람 위해 전하네." 　　枯槎圖畫爲人傳
라고 하였다.

54　『新增東國輿地勝覽』 卷36, 全羅道 靈光郡 佛宇. "佛岬寺 在母嶽山 洞壑幽勝 有古碑字缺 庭前有冬柏樹 甚奇 ○僧守伊詩 七枝冬柏種軒前 直幹三層幾百年 雪裏紅光謾相憶 枯槎圖畫爲人傳".

[자료 25]의『여지승람』불갑사 항목의 내용을 통해 볼 때, 당시 불갑사는 풍광이 아름다운 곳으로 인식되었다. 각진국사비는 글자가 이미 마멸된 상태라고 하였으며, 불갑사 뜰에는 동백나무 고목이 있었다. 이 동백나무에 대한 승 수이(守伊)의 시가 수록되었는데, 수이는『동국여지승람』을 편찬한 서거정(徐居正)과 교유한 조선의 승 수이로 보인다.『여지승람』은 다른 시대, 다른 국가의 승인 경우, '고려승(高麗僧)', '대명승(大明僧)' 등으로 기재했다는 점, 서거정의 문집인『사가집(四佳集)』을 통해 볼 때 서거정과 수이의 친분이 깊었다는 점, 서거정의 시에 수이가 호남(湖南)의 송광사(松廣寺)로 떠나는 사실이 확인된다는 점 등을 통해 볼 때 그러하다. 이처럼 불갑사는 15세기 전반의 승정체제 개혁으로 인해 망폐하지 않았으며, 15세기 후반, 16세기 전반에도 지역의 주요 사찰로 건재했던 것으로 보인다.

16세기 후반 불갑사에서는 불교서적이 간행되기도 했다. 1575년 6월 불갑사에서『불설예수시왕생칠경(佛說預修十王生七經)』을 목판본(木板本)으로 간행하였다.[55] 이『불설예수시왕생칠경』은 생전에 사후 극락 왕생을 위해 불도와 불사를 미리 행할 것을 설하는 경전인데, 그 말미의 "만력삼년유월일지 불갑사중간(萬曆三年六月日誌佛甲寺重刊)"이라는 간기(刊記)를 통해 1575년 불갑사에서 간행한 것임을 파악할 수 있다. 이 판본은 1469년(예종 1) 왕실에서 간행한『불설예수시왕생칠경』의 번각본(飜刻本)이며, 이 판본의 말미에는 간기와 함께 당시 간행에 참여한 대시주(大施主) 법잠(法岑), 인조(印祖), 시주(施主) 6명, 각수(刻手) 8명의 법명이 판각되어 있는데, 이들은 대체로 당시 불갑사에서 활동한 승도로 보인다. 사실 16세기 후반은 조선시대를 통틀어 불교서적의 간행이 가장 활발한 시기였으며, 전국의 사찰에서 다량, 다종의 불서가 간행되었다.[56] 서적의 간행은 당시 조선 사

---

55 『佛說預修十王生七經』(1575年, 佛岬寺刊, 구인사 소장); 조선사찰본서목조선시대불서인명DB (동국대학교 불교학술원 불교기록문화유산아카이브).

회에서 상당한 규모의 경제적 기반이 없으면 실행하기 어려운 것이었다. 그러므로 사찰의 불서 간행은 당시 사찰이 서적을 간행할 만한 경제적 기반을 확보하고 있었다는 방증이라고 할 수 있다. 이를 통해 볼 때 불갑사는 16세기 후반 상당한 경제적 기반을 통해 사찰을 유지하면서, 불서를 간행하여 불법을 유포하기도 하였던 것이다.

16세기 말인 정유재란(丁酉再亂) 직후에 영광 지역의 유력 사대부인 수은(睡隱) 강항(姜沆, 1567~1618)이 찬술한 「불갑사중수권시문(佛甲寺重修勸施文)」을 통해서는 16세기 후반의 불갑사에 대한 구체적인 사실과 인식을 살펴볼 수 있다. 이 「불갑사중수권시문」은 정유재란으로 초토화된 불갑사를 중창하기 위해 시주를 권하는 권선문(勸善文)으로, 강항이 정유재란 이후에 찬술하였다. 주지하다시피 강항은 영광 지역의 사대부로, 교서관박사(校書館博士), 공조좌랑(工曹佐郞), 형조좌랑(刑曹佐郞) 등을 역임한 인물이나, 1597년 영광에 낙향해 있을 때 정유재란이 발발하였는데, 영광이 침탈당하면서 왜군의 포로가 되었다. 이후 일본에서 포로 생활을 하면서 성리학을 전파하기도 하였으며, 1600년에 풀려나 영광으로 돌아왔다. 이후 1618년에 졸할 때까지 영광에 거처하면서 독서와 학문에 전념하고 후학을 양성하였고, 『강감회요(綱鑑會要)』, 『간양록(看羊錄)』, 『수은집(睡隱集)』 등을 저술하였으며, 사후 영광 내산서원(內山書院)에 제향되었다. 그러므로 「불갑사중수권시문」은 강항이 일본으로부터 돌아온 1600년에서, 그가 졸한 1618년 사이에 찬술되었다고 할 수 있다. 그간 이 글을 통한 사실관계의 파악에 다소 오해가 있었던 것으로 보이기 때문에, 그 구성과 맥락에 대한 논의를 위해 전문을 인용하면 다음과 같다.[57]

---

56 孫成必, 「朝鮮中期 寺刹版 佛教書籍 刊行의 歷史的 意味」, 『2019年 東國大 佛教文化研究院 HK研究團 秋季 國際學術大會 '東亞細亞 近世 佛教傳統의 形成' 발표자료집』; Son Seong Pil, 2020, Increased Temple Publication of Buddhist Texts in the Sixteenth and Seventeenth Centuries: Reading the Political and Cultural Significance of the Monastic Community, Journal of Korean Religions.

[자료 26] ㉠ 武靈(영광)은 큰 고을이다. 鎭山은 母岳山인 여러 산들이 모여드는 산이므로 '母'라고 한 것이다. 세상 사람이 佛甲이라고 하는 것은 佛寺 중의 으뜸이기 때문에 '甲'이라고 한 것이다. 산 중턱에 龍湫가 있는데 넓이는 數畝나 되고 깊이는 끝도 없다. 神龍이 살며 구름을 일으키고 비를 오게 하니 이 지역 사람이 혜택을 누리고 있다. 그윽한 골짜기는 수백 가구를 받아들일 만한데, 한 물줄기가 안개 낀 굴에서 쏟아져 내려 바위로 퍼져 흩어지는 데 맑고 영롱한 모습이 볼 만하다. 첩첩이 두른 산이 사방을 에워싸고 있으니 참으로 龍天八部가 수호하는 洞天이요 福地라 할 만하다. 500여 칸의 巨刹이 있는데, 僧房은 70여 院이요, 廊環(회랑)은 400여 柱이며, 누각 높이는 90척이나 되고, 法堂은 100여 인이 앉을 수 있다. (중국) 楊州의 水西寺, 宣城의 開元寺라 하더라도 이보다 웅장하고 화려하지는 않을 것이다.

㉡ 누가 처음 經營하였고, 누가 전하였는가. 그 重創은 老僧이 法堂의 서까래

---

57 「佛甲寺重修勸施文」(『睡隱集』 卷3; 『朝鮮寺刹史料』 上, 217~222쪽). "武靈大郡也 其山鎭曰母岳 爲衆山之所宗 故曰母 俗人稱之爲佛甲 爲佛寺之所宗 故曰甲 山腰有龍湫 廣數畝 其深無底 神龍居之 興雲致雨 故一方之民 賴其利澤焉 其陰之谷 足容數百家 有飛泉一道 自雲窟躍下 散布石上 淸瑩可鑑 重巒疊嶂 四面回護 眞天龍八部之所衛護洞天福地之一也 有巨刹五百餘間 僧房七十餘院 廊環四百餘柱 樓高九十尺 法堂可坐百餘人 雖楊州之水西 宣城之開元 蔑以加其壯麗也 厥初之經營 孰爲而執傳之 其重創則老僧因法堂改椽時 得見其上梁 則有大書六字曰貞元元年改造 高麗忠烈王朝 有王師祖眞 自京師至 卓錫而居之 其弟子數百 環寺爲叢林 洞口不能容 其沒也 王爲之立碑 李學士達衷應製爲銘 斷碑缺畫 至今在人口籍甚 環山而邑者 羅咸光靈茂珍長城數州之人士 愛其院舍之淸敞 水石之峻潔 城市之隔遠 挾策讀書者 日以數十計 春弦夏誦 洋洋乎盈耳也 出山而投身科甲 有聲王國者接踵 藏修之有所 有關於學問如是哉 玆可與五老峯之白石菴 九江郡之白鹿洞 儷美而匹休 豈可以佛殿僧舍 慢而易之哉 若歲大旱 有事群望 則太守率文武吏士 齋宿于寺 親祭于湫 凜秋熙春 一郡齊會 則父老率子姓兄弟 讀法於講堂 飮射于門樓 然則是寺之興廢 豈緇流之所獨休戚哉 不幸丁酉之變 兇燹一過 殿堂室房 慘炎焦土 魚鼓不起 竹色久死 池龜出曝 松鶴自廻 不獨桑門士有感而悲者 有識之士 亦有禪宮一廢 世事堪哀之恨 浮屠人法稜 謀於大衆 銳意重創 大衆問曰 是寺之興 非數十萬則不可 比丘所有錢糧幾何 材力幾何 比丘之所以告諭閭里者 將以何道 若以西方之緣業 則有信者有不信者 比丘將何由 法稜曰 吾佛者也 以佛創佛寺 舍緣業何以告人哉 其不信者則吾將以人情告 以人情告則諸老先生必曰 是寺也 吾童子時所讀書處 其廢也吾戚之 其興也吾焉得無情 其子弟必曰 是寺也 吾先子之所讀書處 其廢也吾戚之 其興也吾焉得無情 有童子者必曰 吾子之出就學也將於是寺 吾豈可不爲助力 爲童子者曰 吾成童而就學也必於是寺 吾豈可不爲助力云爾 則其於錢財牛馬布帛衣衾 必無所愛矣 下於此者 吾將以因果諭之 使天堂無則已 有則助我者其登乎 地獄無則已 有則不助我者其入乎 夫如是則與我同願者 豈但十百千人而已哉 吾於創是也何難 大衆曰唯唯 書之以爲卷子".

를 개수할 때 上樑을 볼 수 있었는데, '貞元元年(785년) 改造하다'라는 여섯 글
자가 큰 글씨로 적혀 있었다고 한다. 高麗 忠烈王 때 王師 覺眞이 서울에서 내
려와 이곳에서 주석하였는데, 그 弟子 數百이 절을 둘러싸 叢林을 이루고도
洞口에 자리가 없을 정도였다고 한다. (왕사가) 입적하자 王이 그를 위해 碑
를 세웠는데, 學士 李達衷이 왕명에 따라 비명을 지었다. 비석은 깨지고 글자
는 마모되었으나 지금도 사람들의 입에 많이 오르내린다.

ⓒ 모악산 불갑사를 둘러싼 羅州, 咸平, 靈光, 茂珍(광주), 長城 등의[58] 여러 고
을 선비[人士]가 맑고 탁 트인 院舍(사찰), 험준하고 깨끗한 水石, 城市에서 떨
어진 입지를 기꺼워하여, 책을 들고 讀書를 하는 자가 매일 수십 명씩 찾아와
봄, 여름에는 글 읽는 소리가 귀에 가득하다. 산을 나가서 과거에 입격하고
나라에 이름난 사람이 계속 이어졌으니, 藏修(수행)를 하는 곳이 學問과 연
관됨이 이와 같은 것이 아니겠는가. 이는 五老峯의 白石菴, 九江郡의 白鹿洞과
그 아름다움을 견줄 만하니 어찌 佛殿, 僧舍라 하여 소홀히 여길 수 있겠는가.
큰 가뭄이 든 해에 기우제를 지낼 때는 太守가 文武, 吏士를 거느리고 와서 절
에서 齋宿하고 용추에 가서 친히 제사를 지냈다. 서늘한 가을, 따뜻한 봄에
는 고을 사람들이 일제히 모여드는데 父老가 子姓(자녀)과 兄弟를 데리고 講
堂에서 법문을 읽고, 門樓에서 飮射를 하였다. 그렇다면 이 절의 興廢가 어찌
緇流(승도)만의 기쁨과 슬픔이겠는가.

ⓓ 불행하게도 정유년(1597)의 변란 때에 兵火가 한번 일어나니 殿堂, 室房이
처참하게 초토화되었다. 풍경 소리는 들리지 않고 대나무는 빛바랜 지 오래
되었으며 못가에는 거북이가 햇빛을 쐬러 나오고 소나무에는 두루미가 날아
들었으니, 桑門의 開士(승도)가 안타깝게 여겼을 뿐만이 아니라, 식견이 있는

---

58 원문에는 "羅咸光靈茂珍長城"이라고 되어 있는데, "羅"는 羅州, "咸"은 咸平을 지칭하는 것으로
보이며, "光靈"은 '靈光'의 착간이 아닌가 한다. 실제 羅州, 咸平, 靈光, 茂珍(광주), 長城 등은 모악
산 불갑사를 둘러싼 인근 군읍이었다.

선비도 또한 禪宮(사찰)이 황폐해지자 세상사에 애처로운 마음이 들었다. ㉤ 승 法稜이 大衆과 도모하여 중창하기로 뜻을 세웠다. 대중이 묻기를, "이 절을 일으키려면 數十百萬이 아니면 불가능하다. 比丘가 가진 錢糧이 얼마나 되며, 材力이 얼마나 되겠는가. 비구가 여염에 알리더라도 어떤 말을 해야 하겠는가. 西方의 緣業으로 알리더라도 믿는 자도 있고, 믿지 않는 자도 있을 것이니, 비구가 어찌 해야 하겠는가."라고 하였다. 법릉이 말하기를, "우리는 佛者이다. 佛로써 佛寺를 짓는데 緣業을 버린다면 무엇으로 사람들에게 알릴 것인가. (연업을) 믿지 않는 자에게, 나는 人情으로 알리고자 한다. 인정으로 알리면, 여러 老先生이 반드시 말하기를, '이 절은 내가 어린 시절에 讀書하던 곳이다. 절이 없어지는 것은 내게도 슬픈 일이니, 이 절을 중흥하는 일에 내가 어찌 無情할 수 있겠는가.'라고 할 것이다. 그 子弟는 반드시 말하기를, '이 절은 내 先子(선친)가 독서하던 곳이다. 절이 없어지는 것은 내게도 슬픈 일이니, 이 절을 중흥하는 일에 내가 어찌 무정할 수 있겠는가.'라고 할 것이다. 童子(아이)가 있는 자는 반드시 말하기를, '내 자식이 배우기 시작하면 이 절에서 공부하게 될 것인데 내가 어찌 돕지 않을 수 있겠는가.'라고 할 것이다. 그 아이는 반드시 말하기를, '내가 성장하여 배우기 시작하면 이 절에서 공부하게 될 것인데 내가 어찌 돕지 않을 수 있겠는가.'라고 할 것이다. 그러므로 錢財, 牛馬, 布帛, 衣衾 등을 내어주는 데에 아낌이 없을 것이다. 이보다 아래인 자에게는 내가 因果로 가르치고자 하니, 天堂이 없다면 그만이지만 있다면 나를 돕는 자는 천당에 올라갈 것이요, 地獄이 없다면 그만이지만 있다면 나를 돕지 않는 자는 지옥에 들어갈 것이라고 할 것이다. 이와 같이 한다면 나와 함께 발원하는 자가 어찌 열 명, 백 명, 천 명에 그치겠으며, 내가 이 절을 중창하는 데 무슨 어려움이 있겠는가."라고 하였다. 이에 대중이 "예, 예, 알겠습니다."라고 하였다고 하니, 이에 이를 기록하여 卷子(두루마리)를 만들었다.

위 [자료 26]에서 보듯 「불갑사중수권시문」의 내용은 크게 5부분으로 구성되었다고 할 수 있다. ㉠은 불갑사의 위치, 명칭, 풍광, 규모 등의 개관, ㉡은 불갑사의 역사, ㉢은 정유재란 이전 지역 사회에서 불갑사의 위상, ㉣은 정유재란으로 초토화된 불갑사의 상황, ㉤은 법릉(法稜)이 불갑사 중창을 위한 권선(勸善) 방법에 대해 사찰의 대중과 나눈 대화를 서술하였다. 이 중 ㉤의 내용을 먼저 살펴보면, 법릉이 불갑사를 중창하기로 발원하였는데 사찰의 대중이 수백만 금이 들지도 모를 일을 어찌 이루겠느냐고 하자, 법릉은 사람에 따라 연업(緣業), 인정(人情), 인과(因果)로 권선하면 중창을 이룰 수 있다고 답하였다. 그중에서도 인정으로 권선하는 방법에 관한 서술 비중이 가장 큰데, 이는 불갑사가 지역민들이 대대로 독서(讀書)를 하던 곳이라는 점을 부각하며 권선하자는 것이었다. 법릉이 대중에게 답한 내용을 보면, 불갑사가 노선생(老先生)에게는 어린 시절에 독서하던 곳이고, 그 자제(子弟)에게는 선친이 독서하던 곳이며, 아이[童子]가 있는 자에게는 내 아이가 배우기 시작하면 독서할 곳이라는 점 등을 들면서 권선하면, 사람들이 기꺼이 재물을 내어줄 것이라고 하였다.

이를 통해 볼 때, 당시 불갑사는 지역 사회에게 독서를 하는 장소로 널리 알려져 있었으며, 법릉은 이러한 사실을 부각하여 권선하자는 취지로 지역 사대부인 강항에게 권선문을 요청하였고, 강항이 이를 수락하여 위와 같은 권선문을 지은 것이라고 할 수 있다. 이는 영광 지역의 유력 사대부인 강항도 불갑사가 지역민들이 독서를 하던 곳이라는 점을 인정한 것이라고 할 수 있으며, 강항이 법릉의 말을 인용하지 않고 직접 서술한 ㉢의 내용에도 지역의 선비들이 불갑사를 독서하기 좋은 곳으로 여겼다는 점을 비중 있게 서술하였다. 이처럼 불갑사는 당시 지역민에게 단지 승도가 거처하며 불법을 수행하는 곳인 것만이 아니라, 지역민이 독서를 하고 지역 사회가 향유하는 곳으로도 인식되었다. 이에 ㉢의 말미에 강항은 "불갑사가 흥하고 망하는 것이 어찌 승도만의 기쁨과 슬픔이겠는가"라고 서술하였던 것이다.

　이에 위의 ⓒ은 지역 사회에서 향유하는 또는 지역 사회에 기여하는 불갑사의 여러 사회적 기능을 서술한 것이라고 할 수 있다. ⓒ에 따르면 불갑사는 나주(羅州), 함평(咸平), 영광, 무진(茂珍), 장성(長城) 등의 인근 여러 고을의 선비들이 매일 수십 명씩 찾아와 독서를 하는 곳이었고, 그들 중에는 과거에 급제하여 이름난 자가 많다고 하였다. 또 불갑사는 고을에 큰 가뭄이 들었을 때 영광 군수(靈光郡守)가 관리들과 함께 찾아와서 기우제를 지내는 곳이었고, 봄, 가을에는 부로(父老)들이 자녀와 형제를 데리고 와서 강당(講堂)에서 법문을 읽고[讀法] 문루(門樓)에서 음사(飮射)를 하던 곳이었다. 이처럼 당시 불갑사는 지역 사회에서 독서, 의례, 유람 등의 사회적 기능을 담당하고 있었으며, 위의 「권시문」은 불갑사의 이러한 사회적 기능과 위상에 근거하여 불갑사를 중창하는 데에 지역민이 일조해 주기를 권하는 취지로 서술되었다. 영광 지역의 유력 사대부인 강항도 이러한 불갑사의 사회적 기능과 위상을 인정했기 때문에, 위와 같은 「권시문」을 찬술하여 불갑사의 중창에 앞장선 것이었다고 할 수 있다. 위 「권시문」이 불갑사가 정유재란으로 소실된 이후 이를 중창하여 복구(復舊)하기 위해 서술된 것임을 고려하면, ⓒ은 정유재란 이전, 곧 16세기 후반 지역 사회에서 불갑사의 사회적 기능과 위상을 서술한 것이라고 할 수 있다. ⓒ에 뒤이어 ⓔ에는 정유재란으로 초토화된 불갑사의 상황을 서술하였고, 그에 뒤이은 ⓜ에는 불갑사의 중창에 대해 서술하였는데, 그 맥락을 통해 볼 때 이는 정유재란 이전의 면모로 불갑사는 복구하자는 취지로 구성된 것이라고 할 수 있다. 그러므로 ⓒ이 정유재란이 발발하기 이전인 16세기 후반 지역 사회에서 불갑사의 사회적 기능과 위상을 서술한 것임은 틀림없어 보인다.

　다음으로 ㉠을 살펴보면, ㉠은 「권시문」의 서두에 불갑사의 위치, 명칭, 풍광, 규모 등을 개관한 것이라고 할 수 있다. 불갑사의 규모는 ㉠의 말미에 서술되었는데, 불갑사는 500여 칸의 거찰(巨刹)로, 승방(僧房)이 70여 원(院), 회랑[廊環]이 400여 주(柱), 누각 높이는 90척이며, 법당(法堂)에 100여인이 앉을 수 있다고 하였다. 그런데 기존의 연구에서는 이를 각진국사 복구(復丘)가 불갑사에 주석할 때의 불갑사 규모라고 이해해 왔다.[59] 뒤이은 ㉡의 내용 중에는 각진국사 복구가 불갑사에 주석했을 때 '제자 수백 명이절을 둘러싸 총림(叢林)을 이루고도 동구(洞口)에 자리가 없을 정도였다고한다'라는 서술이 있는데, 이는 복구가 주석한 당시에 그 제자가 아주 많았음을 서술한 것이라고 할 수 있다. 그러나 기존 연구에서는 ㉠의 불갑사규모 서술과 ㉡의 불갑사 역사 서술을 함께 거론하면서, 복구 주석 당시불갑사에는 제자 수백 명이 머물렀고, 그 당시 불갑사의 규모가 500칸에이를 정도로 컸다고 이해하였다. 그러나 위 「권시문」의 내용 구성과 맥락을 살펴보면, ㉠과 ㉡은 별개의 서술이다. 위에 언급했듯이, ㉠은 불갑사의위치, 명칭, 풍광, 규모 등의 개관, ㉡은 불갑사의 역사에 대한 서술인 것이다. 조선중기인 17세기 초 강항이 「권시문」 서두에 불갑사의 위치, 명칭,풍광, 규모 등을 개관하면서, 고려 말 복구가 주석한 당시의 불갑사 규모를서술했다고 보기는 어렵다. 다만 고려 말 복구 주석 당시의 불갑사 규모가16세기 후반에 이르기까지 대체로 유지되고 있었을 가능성은 배제할 수없지만, 그렇다고 해서 위 「권시문」 ㉠의 불갑사 규모 서술이 고려 말 불갑사의 규모에 대한 것이라고 볼 수는 없는 것이다.

그러므로 위 「불갑사중수권시문」의 구성과 맥락을 통해 볼 때, ㉠ 말미의 불갑사 규모 서술은 정유재란 직전, 16세기 후반의 불갑사 규모에 대한

---

59 영광 불갑사의 역사에 대한 주요 연구 성과는 다음과 같다. 이계표, 1992, 「불갑사(佛甲寺)의 연혁(沿革)」, 『남불회보』 2; 이만, 1998, 「佛甲寺의 歷史와 人物」, 『모악산 불갑사의 종합적 고찰』, 동국대 부설 사찰조경연구소; 송일기, 2004, 「靈光 佛甲寺의 歷史」, 『靈光 佛甲寺의 佛教文獻』, 전라남도·전남대학교 문헌정보연구소; 김왕직, 2004, 「연혁」, 『佛甲寺 大雄殿 : 修理報告書』, 문화재청; 윤기엽, 2018, 「영광 불갑사(佛甲寺)의 위상과 역사적 의의」, 『한국사상과 문화』 95.

것이라고 할 수 있다. 「권시문」의 찬술 취지와 주요 내용은 지역 사회에서
여러 사회적 기능을 담당하던 거찰인 불갑사가 정유재란으로 인해 소실되
었으니, 이를 지역 사회의 협조와 지원으로 중창하자는 것이었다고 할 수
있다. 이에 ⓣ 말미의 불갑사 규모 서술은 정유재란 이전인 16세기 후반
불갑사의 규모일 수밖에 없는 것이다.[60] 더구나 이 「권시문」은 지역의 유
력 사대부인 강항에 의해 찬술된 것이므로, 그 정보의 신빙성이 높다고 할
수 있다. 영광 지역에서 거주한 사대부인 강항은 1567년(명종 22)에 출생
하여 1618년(광해군 10)에 사망하였으므로, 정유재란으로 소실되기 이전
불갑사의 모습과 규모를 실제로 직접 본 인물이었다고 할 수 있다. 더구나
「권시문」은 불갑사 중창을 위해 지역 사회에서 지역민에게 권선하기 위해
찬술된 것이므로, 잘못된 정보를 기술하였을 가능성이 적다고 할 수 있다.
그러므로 강항의 「불갑사중수권시문」에 따르면, 불갑사는 16세기 후반에
500칸에 이르는 거찰의 면모를 유지하고 있었으며, 지역 사회에서 수행,
신앙 등의 불교적 기능뿐만 아니라 독서, 의례, 유람 등과 같은 사회적 기
능도 담당하고 있었다고 할 수 있다.[61]

---

60 「佛甲寺重修勸施文」의 서두에 서술된 불갑사의 규모를 그간 복구 주석 당시의 규모로 오해해
온 것은 기본적으로 「권시문」의 내용과 맥락을 잘못 파악했기 때문이라고 할 수 있는데, 이는
조선전기에 불갑사가 500칸 규모의 거찰이었을 리 없다는 선입견이 작용한 데에 따른 오독일
수도 있어 보인다.

61 1660년경 磻溪 柳馨遠(1622~1673)이 편찬한 사찬 전국 지리지인 『東國輿地志』 전라도 영광군
寺刹 條를 살펴보면 17세기 중엽에 불갑사는 상당히 복구가 이루어진 상태였다. 『동국여지지』
에 따르면 당시 불갑사는 '매우 크고 화려하다[寺甚巨麗]'라고 하였다. 유형원이 전라도 扶安에
서 은거하였고, 『동국여지지』의 전라도 편은 내용이 가장 충실한 편이기 때문에, 불갑사에 대
한 기사도 신빙할 만한 것이라고 할 수 있다. 유형원이 불갑사가 매우 크고 화려하다고 한 것
을 보면, 불갑사는 정유재란 이후 바로 중창을 시작하여 17세기 전반에 대대적으로 중창함으
로써, 17세기 중엽에 거찰의 면모를 갖추고 있었다고 할 수 있다. 『東國輿地志』 卷5 全羅道 靈光
郡 寺刹. "佛岬寺 在母嶽山 洞壑幽勝 寺甚巨麗 新羅時所創 有李達衷所撰僧覺眞碑 字缺 庭前有冬柏樹
甚奇". "佛岬寺 : 母嶽山에 있다. 골짜기가 그윽하고 풍광이 뛰어나다. 사찰이 매우 크고 화려하
다. 신라 때 창건되었다. 李達衷이 찬한 승 覺眞의 비가 있는데 글자가 결락되었다. 뜰 앞에 동
백나무가 있는데 매우 기이하다."

이상의 논의를 종합해 보면, 영광 불갑사는 조선초기의 승정체제 개혁에 따라 국가 지정 사찰이 아닌 일반 사찰의 위상을 가지게 되었다.『동국여지승람』과『신증동국여지승람』의 영광군 불우 조를 통해 볼 때, 15세기 전반의 승정체제 개혁으로 인해 혁거되었지만 망폐하지 않았고, 15세기 후반, 16세기 전반에도 지역의 주요 사찰로 건재했던 것으로 보인다. 영광 지역의 유력 사대부인 강항이 찬술한「불갑사중수권시문」에 따르면, 불갑사는 16세기 후반에 500칸에 이르는 거찰이었으며, 지역민이 독서, 의례, 유람 등을 위해 찾아오는 지역 거점 사찰의 위상을 가지고 있었다고 할 수 있을 듯하다. 16세기 후반인 1575년 불갑사에서 간행된『불설예수시왕생칠경』을 통해서는 불갑사가 사찰을 안정적으로 유지하면서 불법을 유포하는 활동을 하고 있었음을 확인할 수 있다. 조선전기에 영광 불갑사는 승정체제에서 혁거되었지만, 그 이후에도 일반 사찰로서 거찰의 규모를 유지하고 있었고, 지역 사회에서 수행, 신앙 등의 불교적 기능뿐만 아니라 독서, 의례, 유람 등의 사회적 기능도 지속적으로 담당하고 있었던 것이다.

5

결언

이 책에서는 조선전기 국가 제도와 사찰에 관해 논하였다. 국가 제도인 승정체제를 중심으로 국가와 사찰의 상호관계를 논한 것이다. 당시의 자료를 근거로 확인한 조선전기 국가 제도와 사찰에 관한 구체적인 사실들은 조선시대 불교에 대한 기존의 일반적인 인식과는 크게 다른 것이라고 할 수 있다. 만약 이 책의 논의가 타당하다면, 조선시대 불교를 연구하는 기존 방법과 관점을 성찰하고, 실제에 부합하는 역사상을 새로 그려 나아가야 할 필요가 있어 보인다. 이에 결언에서는 앞선 논의를 요약하고, 추후의 과제를 정리하면서 마무리하고자 한다.

1. 요약과 정리

　(1) 2장 1절에서는 우선 조선시대 불교사 연구 방법에 대한 비판과 성찰을 위해, 조선시대 불교사 자료의 종류와 성격에 대해 논해 보았다. 조선시대 불교사 자료를 편찬 주체에 따라 국가 및 사족 편찬 자료와 불교계 및 승도 편찬 자료로 대별하고, 자료의 성격에 따라 세부 분류하여 각각 논한 것이다. 이를 통해 조선시대 불교사 연구에 다양한 자료를 활용하되 그 성격에 대한 이해를 바탕으로 분석하고 해석해야 함을 논한 한편, 자료의 종류와 성격에 대한 개관적인 분석만으로도 기존의 조선시대 불교사 인식에 여러 한계와 문제가 있음을 확인할 수 있었다.

　관찬 편년 기록은 국가의 불교정책과 제도에 대해 살필 수 있는 자료로, 정책과 제도의 목적, 배경, 대상, 시행 여부 등을 면밀히 분석할 필요가 있다. 당대의 정치 현안에 대한 최고위 관인의 정책 논의 기사이므로, 불교계 전반에 관한 정보가 기록되지는 않았고, 의견과 주장을 설득하고 관철하기 위한 정치적 수사로 점철되어 있다는 점에도 유의해야 한다. 이를 분석해 보면 조선시대 불교정책의 목적과 대상은 정치사회적 변화에 따라 변모하였고 그 노선을 두고 정치세력 간에 갈등하기도 하였다. 불교계 전반을 대상으로 한 불교정책이 일관적으로 시행되었다고 보기 어려운 것이다.

조선후기의 경우『실록』뿐 아니라『승정원일기』와『비변사등록』등도 불교사 연구에 폭넓게 활용할 필요가 있다. 법전, 호적, 양안, 의궤 등의 관찬 자료들도 국가와 승도, 사찰 간의 관계를 살필 수 있는 자료이나 아직 거의 연구되지 않았다. 법전, 호적 등을 통해 볼 때 조선시대에는 여러 부류와 층위의 승도가 있었으며, 국가는 대체로 이들을 이원적으로 관리하여 법제적으로 보호하기도, 규제하기도 하였다. 그러므로 조선시대 승도가 국가의 억압으로 천인과 같은 대우를 받았다는 일반적 이해는 타당하다고 보기 어렵다.

관찬, 사찬 지리지와 읍지는 국가나 사족이 지방 통치를 위해 편찬한 자료인데, 시기에 따른 각 지역별 주요 사찰의 현황을 파악할 수 있다. 이를 통해 볼 때 조선시대에는 전 시기에 걸쳐 약 1,500개 이상의 사찰이 있었으며, 사찰에 대한 국가의 직접적인 제재는 거의 이루어진 바 없다. 사찰에 따라 폐허화되거나 신축되기도 하였지만, 조선말기에 이르기까지 사찰은 서원·사우보다 수적으로 더 큰 비중을 차지하는 지방 사회의 주요 경관이자 기관이었다. 조선중후기 사회의 정치사회적 주도층인 사족은 문집, 일기, 필기 등의 많은 자료를 양산하였다. 사족의 한문 글쓰기는 그들의 사회적 지위와 직결된 공적 행위라는 점에서 불교에 관한 풍부한 내용을 기대하기 어렵다. 그러나 불교에 대한 관심이 표출된 다소 간의 자료가 현존하고, 특히 일기와 필기류는 상대적으로 문체론적 제약이 약한 편이므로, 이 자료들을 통해 사족 중심 사회에서의 불교 인식과 불교계의 현실을 연구할 필요가 있다.

불교저술은 당대의 불교사 연구를 위해 가장 중요한 자료임이 틀림없다. 조선시대의 불교저술은 주석서류, 삼문론류, 삼교론류, 불교의례서류, 불교사서류 등으로 대별할 수 있을 듯한데, 특히 조선후기의 강학체계인 이력 불서에 대한 다양한 사기류의 편찬은 조선후기 불교의 주목할 만한 특징이나 아직 거의 연구되지 않았다. 조선시대의 불교사상은 교학이 쇠퇴하고 선 일변도였다는 인식에 따라 불교저술에 대한 연구도 부진하였다. 그러나 이 시기의 교학이 이전과 같은 발전상을 보이지 않은 것은 조선만의 현상이 아니었고, 임제 법통의 명분과 교학 전통의 현실이 공존하였다는 점에 유의하여 이 시대 불교 사상의 특징이 연구되어야 할 것으로 보인다. 조선시대에는 많은 양의 불교서적이 간행되었고, 현재 여러 도서관과 사찰에 산적해 있다. 불교서적의 간행은 16세기에 급증하여 17~18세기에도 지속되었음이 근래에 밝혀졌는데, 이때 간행된 불서의 종류를 보면 고려시대, 조선초기의 불교 전통을 기반으로 새로운 전통을 창출하고 있었다. 이처럼 간행 불서는 당대 불교계 전반의 사상 경향이나 지향을 살펴볼 수 있는 자료라는 점에서 중요한 연구 과제이나 지금까지 그 연구가 부진하였다.

고승문집과 고승비는 조선후기 고승의 행적, 사상, 문학 연구를 위해 비교적 많이 활용돼 온 자료이다. 그러나 고승문집 편간과 고승비 건립이 16세기 후반에서 17세기 전반에 이르는 시기에 급증하였고, 사족층의 문집 편간, 신도비 건립 성행 등의 현상과 함께 나타났으며, 이는 불교계 문파 형성의 과정이자 결과이기도 했다는 점이 근래에 밝혀졌다. 문집 편간과 비석 건립은 사족층 이외에는 거의 승도층에게만 용인된 것이었고, 고승 문집 편간과 고승비 건립 자체가 사족 중심 사회의 형성에 대응하여 불교계와 각 문파의 위상을 제고하기 위한 활동이었던 것이다. 사찰사적과 고문서는 풍부한 내용을 담은 불교사 자료이지만 그 수집과 정리조차 아직 미비하다. 다양한 사찰사적의 편찬도 조선후기의 특징적 현상이었으므로 면밀한 조사, 분석이 필요하며, 사찰, 승도와 관련하여 발급된 각종 공문서, 사문서는 국가와 불교계의 관계, 불교계의 사회경제적 실상을 밝히는 데 아주 중요한 자료이므로 연구가 시급하다. 그 밖에 불교문학, 불교건축, 불교미술 등도 주요한 조선시대 불교사 자료라고 할 수 있는데, 국문학, 미술사학적 관점에서뿐만 아니라 역사학, 불교학 등의 관점에 따라 다각도로 해석될 필요가 있다.

이처럼 조선시대 불교사 자료의 종류와 성격만을 통해 볼 때도, 다카하시 도루의 여러 담론을 비롯한 기존의 조선시대 불교사 인식은 신중히 재검토될 필요가 있다. 조선시대 불교는 국가의 전면적인 제재를 받았다고도, 사회적으로 무력했다고도, 사상 전통이 단절되었다고도 보기 어렵다. 불교정책은 시대에 따라 변화하였으며, 불교계는 조선 사회의 일부로서 사회 변화에 대응하였고, 기존 불교 전통을 능동적으로 계승하였던 것으로 보인다. 그러므로 다양한 자료를 통한 실증적 연구와 균형 있는 시각을 통해 새로운 조선시대 불교의 역사상을 모색할 필요가 있는 한편, 기존의 조선시대 불교 역사상이 근대기에 형성된 배경과 양상에 대한 연구도 수행될 필요가 있어 보인다.

(2) 2장 2절에서는 조선시대 불교정책의 대상과 실제에 대해 종합적으로 개관해 보았다. 이에 따르면 조선시대 불교정책의 실제는 기존의 일반적인 이해와는 상당히 달라 보인다. 국가의 유교 지향과 불교 배척에 따라 사찰과 승도가 억압당했을 것이라는 일반적인 이해와는 달리, 조선초기의 종 통폐합, 사사전 환수 등은 국가체제의 일부인 승정체제를 개혁하기 위해 시행된 것이었고, 조선 사회에 널리 분포했던 사찰은 지방 통치체제의 관점에서, 인구의 상당수를 차지했던 승도는 국역체제의 관점에서 재해석되어야 할 것으로 보인다. 승정체제, 사찰, 승도를 대상으로 한 불교정책과 제도는 현실적 목적에 따라 시행되었으며, 이는 '지정 사찰'과 '일반 사찰'에 대한 것, '고위 승도'와 '하층 승도'에 대한 것으로 각각 구분해 볼 수도 있다. 조선 정치와 사회의 시기별 변화에 따라 불교정책의 성격도 변화하였는데, 예컨대 16세기의 사림세력은 국가체제에서 불교 제도를 모두 폐지한 후 승도와 백성이 저절로 교화되기를 기다리는 정책을 지향하였고, 국가가 불교계, 사찰, 승도를 직접 관리, 통제한 15세기의 불교정책은 바람

직하지 않다고 여겼다. 그러나 이들의 사상적, 정책적 지향은 임진왜란으로 인해 균열될 수밖에 없었고, 조선후기에 국가는 다시 불교계, 사찰, 승도를 직접 관리, 통제하고 활용하고자 하였으며, 이에 승역 중심의 승도, 사찰 관리 체제가 성립하여 지속 운영되었다. 그러므로 유교의 불교 배척, 국가의 불교 억압이라는 이분법적 인식의 틀이 조선시대 불교정책의 실제를 크게 왜곡해 왔다고 할 수 있을 듯하며, 조선 사회의 일원인 불교계, 사찰, 승도에 관한 정책과 제도를 조선 국가체제 운영의 일환으로 연구할 필요가 있어 보인다.

조선시대 불교정책에 대한 기존의 오해는 '불교정책'이라는 개념 자체에서도 기인한다고 생각된다. 서언에서 논했듯 불교정책은 '불교'라는 사상(또는 종교, 이념)에 대한 정책이라는 의미인데, 이에 따라 승정체제, 사찰, 승도에 대한 국가의 정책을 '불교'에 대한 정책으로 치환하여 해석하게 하는 결과를 초래하였다. 이로 인해 승정체제, 사찰, 승도를 국가체제의 일부, 사회의 일원으로 해석하지 않고, 이념적인 배척 대상, 종교적인 이단 집단 등으로 안이하게 인식해 온 것이다. 그러므로 앞으로 구체적 역사 현실에 대한 실증적 연구와 함께, 조선시대 불교정책에 대한 잘못된 이해가 그간 통용되어 온 이유에 대한 비판적 성찰도 필요해 보인다. 그 이유로는 조선의 유교와 불교 관계를 서구적 관점의 종교 대립이나 근대적 관점의 이념 투쟁인 것처럼 해석해 왔다는 점, 일제 관학자에 의해 조선시대 불교사가 정리되면서 조선 유교의 독단성에 따른 불교 억압이 부각되었다는 점, 해방 이후에 여말선초를 유교 지향의 사상사적 대전환기로 해석하는 단선 발전론적 역사 인식이 널리 수용되었다는 점 등을 상정해 볼 수 있을 듯하다. 그러므로 앞으로 국가가 불교를 어떻게 억압했는가라는 결정론적 관점이 아니라, 불교계, 사찰, 승도가 조선 사회에서 실제로 어떻게 존재했는가라는 관점에 따라 조선시대 불교정책, 제도 연구가 이루어질 필요가 있으며, 이는 조선시대의 정치, 사회, 사상에 대한 논의와 이해의 진전에도 일조할 수 있을 것으로 보인다.

(3) 2장 3절에서는 조선시대 승도 천인신분설을 비판적으로 재검토하였다. 다카하시 도루는 조선조 중엽 이후 승도가 '팔천'의 하나로 취급되어 도성 출입이 금지되었다고 주장하였고, 이러한 주장은 오늘날까지 무비판적으로 수용되어 왔다. 그러나 『조선실록』, 법전, 호적, 문집, 고문서 등의 여러 당대 사료를 통해 볼 때, 이러한 주장은 근거가 없다. '팔천'은 조선시대 당대 사료에는 전혀 그 용례를 찾아볼 수 없는 개념이며, 『수교집록』과 『속대전』에 규정된 양인의 천역인 '칠반천역'에서 착안하여 근대기에 형성된 관념인 것으로 보인다.[1] 승도의 도성 출입 규제는 신분이 천한 승도의 도성 출입을 막기 위한 것이 아니라, 성리학 사상에 따라 도성의 풍속을 교화하기 위한 상징적 조처였다. 17세기까지는 사실상 그 규제가 실효적으로 이루어지지 않았고, 18세기 초에 주로 서울 근교의 하층 승도, 특히 비구니의 도성 출입을 막기 위한 법규로 천명되었으나, 공적인 사무를 위한 승도의 도성 출입은 18세기 말까지 법적으로 허용되고 있었다. 더구나 지방 사찰을 중심으로 활동한 당시의 불교계에 대한 실질적 규제 조처라고 볼 수 없다.[2]

---

[1]   최근의 연구에 따르면 승도 팔천설은 다카하시 도루의 『李朝佛教』(1929)에 앞서, 朝鮮駐箚憲兵隊司令部가 편찬한 『朝鮮社会考』(1912, 文星社)에서 확인된다. 개항 직후 일본인은 조선 승도의 사회적 지위가 상대적으로 낮아 보인다고 인식하였을 뿐이나, 1910년 전후에 이르면 '조선의 승도는 천인이다'라는 인식이 확립되었다. 그러나 이러한 인식은 사실에 입각한 것이 아니라, 일본인의 시각에 따라 성립된 것이었다(오가와 히로카즈, 2024, 앞 박사논문, 143~163쪽).

[2]   1895년 일본 일련종 승 사노 젠레이(佐野前勵)의 건의에 따른 승도의 한양 도성 출입 금지 해제는 근대 불교의 기점으로 흔히 거론되어 왔다. 이 조치 이후로 비로소 '포교의 자유'가 획득된 것처럼 이해, 서사되어 왔기 때문인 듯하다. 그러나 이에 대해서는 과연 조선시대에 불교 포교의 자유가 없었는가, 승도 도성 출입 금제는 성리학적 왕정의 상징이어야 했던 도성에 승도가 출입하는 것을 제한한 원칙적 조치였던 것으로 보이는데 이를 지나치게 해석해 온 것은 아닌가 등에 대한 검토와 논의가 필요해 보인다. 일제의 사찰령 체제를 '제도적 근대화'로 이해하기도 하는데, 이에 대해서는 국가가 승도, 사찰을 체계적으로 관리하는 것이 근대화인가, 과연

조선시대의 승도는 단일 신분층이 아니라, 여러 부류의 신분, 직역, 계층이 수렴된 복합적 특수 계층이었다. 신분, 직역, 관직, 시기, 지역 등에 따라 다양한 층위의 승도가 있었고, 그 층위에 따라 국가나 사회로부터 일정한 특권이나 지위를 인정받기도 하였다. 대체로 양인 승도가 수적으로 가장 큰 비중을 차지했으며, 승도 관인층인 승직자, 면역 특권층인 도첩승이나 승통정·승가선, 불교계 문파의 종장·강백과 같은 상층 승도가 불교계를 주도하였다. 그러므로 승도층의 다양성과 특수성을 고려하여 조선 사회에서 그 성격, 역할, 위상 등을 구체적으로 검토, 논의해야 할 것으로 보인다. 다만, 지금까지 역사 현실과 크게 다른 역사상이 널리 수용되어 온 것은 승도층을 신분층으로 오해하고, 승도층 내부의 여러 층위를 고려하지 않음에 따라, 하층 승도상을 승도층 전체로, 조선시대 전체로 일반화한 기존 역사상을 비판적으로 성찰하지 못했기 때문인 듯하다. 19세기의 불교계가 그 이전에 비해 상대적으로 현저히 쇠락한 양상을 보였다는 것도 주목되는 점인데, 이는 근대기에 형성된 조선시대 불교의 역사상이 19세기 불교계의 쇠락상을 조선시대 전체에 투영하여 형성된 것일 가능성이 있음을 시사한다. 그러므로 앞으로 조선시대 불교사에 대한 실증적 연구를 심화하는 한편, 근대기의 조선시대 불교 역사상의 형성 과정도 함께 연구되어야 할 것으로 보인다.

조선시대 또는 조선후기에는 승도, 사찰을 체계적으로 관리하지 않고 방치하였는가 등에 대한 검토와 논의가 필요해 보인다. 사실 '불교 근대화'의 기준은 서유럽이 아니라 일본, '일본 불교'일 수밖에 없었으며, 당시 일본은 제국주의의 관점에서 조선을 재단하고 폄하하고자 하였다는 점에 고려하여 기존의 지식과 인식을 비판적으로 성찰할 필요가 있다고 할 수 있다. 최근의 연구에 따르면 사노 젠레이에 의한 도성 출입 금지 해제는 기본적으로 일본 불교의 조선 포교를 위한 것이었으며, 당시나 후대에 일본인들은 이 조치를 그리 성공적인 것으로 평가하지 않았다(오가와 히로카즈, 2024, 앞 박사논문, 124~142쪽).

(4) 3장 1절에서는 조선전기 국가 제도와 사찰에 대한 새로운 논의의 토대를 구축하기 위해, 우선 『실록』 기사를 분석하여 사찰의 '혁거', '철훼', '망폐'의 개념 차이를 구체적으로 검토하였다. 이는 1406년(태종 6)과 1424년(세종 6)의 승정체제 개혁의 실제에 대한 이해 방향을 모색하기 위한 것이면서, 당시 조선 사회의 일반 사찰에 대한 이해 방향을 모색하기 위한 것이기도 하다. 특히 태종·세종대의 승정체제 개혁에 대한 그간의 불명확한 이해는 사찰 '혁거', '철훼', '망폐' 개념에 대한 불명확한 이해와 긴밀한 상관관계가 있다고 할 수 있다. 이에 사찰의 '혁거', '철훼', '망폐' 개념을 정확히 이해하는 것이 어떤 의미가 있는지에 대해 조선초기 승정체제 개혁에 대한 이해를 중심으로 간략히 정리해보면 다음과 같다.

첫째, 사찰의 '혁거', '철훼', '망폐' 개념은 구분되어야 한다. '혁거'는 승정체제에서 해당 사찰을 지정 해제한다는 의미이고, '철훼'는 사찰의 건물을 물리적으로 철거한다는 의미이며, '망폐'는 폐허화되거나 퇴락한 사찰의 상태를 형용하는 표현이다. 『실록』 기사에서 이 용어들을 명확히 구분하여 사용하였으므로, 이 용어들을 정확히 이해하고 해석하거나 사용할 필요가 있다. 사찰이 '혁거'되었다고 해서 '철훼' 당하여 '망폐'하는 것은 아니었으며, 혁거 사찰도 각 사찰의 성격과 경제 기반에 따라 존립할 수도 망폐할 수도 있었다. 태종·세종대에 『경제육전』에는 사찰의 추가 건립을 막기 위해 사찰을 신창·중창하는 행위를 금하는 법령이 별도로 있었으며, 사찰 '철훼'는 이 법령을 위반하고 새로 건립한 사찰에 대해 취하는 시행 법령으로 세종대에 공표되기도 하였다. 이에 사찰의 '혁거'는 국가가 지원하고 관리하던 일정 수의 '지정 사찰'에 대한 것인 반면, 사찰의 신창·중창 금제는 고려 사회를 계승한 조선초기 사회에 현존하던 수많은 '일반 사찰'에 관한 것이었다. 사찰의 '혁거'는 국가체제의 개혁을 위한 것인 반면, 사찰의 신창·중창 금제는 사회에서 사찰의 남설을 막기 위한 것으로, 그 목적, 대상, 내용, 성격 등이 전혀 다른 정책이었다.

둘째, 서언에서 논하였듯이 기존의 연구 성과에서는 '혁거', '철훼', '망폐' 개념을 엄밀히 구분하지 않았고, 태종·세종대 승정체제 개혁에 대한 이해도 명확하지 않았다. 승정체제 개혁에 대한 기존의 이해는 크게 242개, 36개 지정 사찰 이외의 혁거 사찰이 모두 망폐하였다는 견해와 모두 망폐한 것은 아니었다는 견해로 나눌 수 있다. 대체로 전자는 불교에 대한 사상적 억압을 강조하는 데 반해, 후자는 사상적 억압으로 해석하는 경향에 대해 유보적이거나 비판적이었다. 그러나 조선시대 불교사 연구의 부진, 불교 억압 역사상의 고착화 등으로 인해 후자의 견해는 심화, 확산되지 못했고, 일반적으로 전자의 견해가 널리 수용되어 왔다고 할 수 있다. 승정체제 개혁에 대한 불명확한 이해에 따라 '공인 사찰', '본산' 등의 개념도 통용되어 왔으나 재검토가 필요해 보인다.

셋째, 1406년과 1424년 개혁의 대상은 국가가 주지 임명, 사사전과 사노비 지급 등을 통해 사찰과 승도를 지원하고 관리하는 국가적인 시스템(체제)이었다. 지정 사찰, 소속 종, 사사전과 사노비의 수, 상주승의 인원, 승정 기구의 조직과 기능 등을 통합하고 감축하여 새롭게 재편함으로써, 여말선초의 기존 체제를 개혁하고자 한 것이다. 개혁의 대상인 이 체제를 '비보사찰 체제', '교단체제', '승정체제' 등으로 규정할 수 있는데, 일반적인 용어인 승정체제로 일단 규정해 두기로 한다. 이 개혁은 기존 승정체제의 해체를 촉발한 사건임에 분명하지만, 개혁에 따라 성립한 2종 36사의 승정체제가 세종대부터 연산군대에 이르기까지 80여 년간 운영되었다는 점도 간과해서는 안 될 것으로 보인다.

(5) 3장 2절에서는 15세기 승정체제의 개혁과 운영에 대해 논하였다. 이는 조선 태종대와 세종대인 1406년과 1424년에 단행된 승정체제 개혁의 이해 방향과 관련한 것으로, 이 개혁은 강력한 억불 정책의 상징적 사건이자 불교계의 몰락과 사원경제의 해체를 초래한 결정적 사건으로 이해되어

왔다. 앞서 1절에서는 『실록』 기사의 검토를 통해 사찰의 '혁거', '철훼', '망폐' 개념을 구분하고 1406년과 1424년의 개혁을 승정체제 개혁으로 규정하였으며, 이 절에서는 1406년과 1424년 승정체제 개혁의 목적, 대상, 내용 등을 개괄적으로 논한 다음, 지정 사찰과 사사전의 개혁 실태를 검토하였고, 1424년 개혁으로 성립한 승정체제의 운영과 변천을 논하였다. 이 절의 논의 내용을 간략히 정리하면 다음과 같다.

첫째, 1406년과 1424년의 개혁은 기존의 승정체제에 대한 개혁이었다. 국가가 주지 임명, 사사전과 사노비 지급 등을 통해 사찰을 지원하고 관리하며 승도를 보호하고 통제하는 국가적인 시스템(체제)을 개혁한 것으로, 기존 국가 체제의 일부인 승정체제(또는 교단체제, 비보사찰체제)를 감축하고 재편한 것이었다. 이에 종 수, 사찰 정수, 사사전 결수, 상주승 인원, 승정 기구의 조직과 기능 등을 유기적으로 감축하고 재편하고자 하였으며, 이로써 2개 종, 36개 지정 사찰의 승정체제가 성립하였다. 이 개혁은 불교가 국가를 통치하는 데는 적합하지 않은 사상이라는 인식하에 국가체제를 정비하기 위해 단행되었으며, 기지급된 사사전을 환수하여 국가 재정을 확충하는 것이 주요한 목적이었다. 그러므로 이 개혁으로 인해 국가 체제에서 불교의 기능이 크게 약화되고, 상층 불교계의 기득권이 상당히 해체된 것은 분명해 보인다. 그러나 이 개혁은 국가가 주지를 임명하고 사사전(수조지)을 지급하는 승정체제 소속 사찰을 대상으로 한 것이었으므로, 전국의 모든 사찰을 대상으로 한 것이 아니었다. 기존의 일반적인 이해와는 달리, 이 개혁은 전국의 사찰과 그 보유 토지를 전면적으로 철훼하거나 몰수한 것이 아니었으며, 이 개혁으로 규정된 사찰 정수, 사사전 결수, 상주승 인원 등이 사찰을 규제하고 승도를 억압하기 위한 기준으로 작용한 것도 아니었다.

둘째, 1406년과 1424년의 개혁으로 2개 종, 36개 지정 사찰, 사사전 약 8,000결의 승정체제가 성립하였다. 기존 승정체제를 국가와 왕실이 중시한 사찰을 중심으로 감축하고 재편한 조선의 승정체제가 성립한 것이며, 이는 연산군대에 이르기까지 안정적으로 운영되었다. 먼저 1406년에 242 개의 지정 사찰, 11,100여 결의 사사전 체제로의 개혁이 이루어졌는데, 이는 여말선초 승정체제의 지정 사찰을 1/2 또는 1/10 수준으로, 사사전을 1/10 수준으로 감축한 대대적인 개혁으로, 고려의 승정체제, 비보사찰, 사사전 등과의 비교 연구를 통해 그 역사적 의미에 대한 논의를 심화할 필요가 있어 보인다. 뒤이어 1424년에는 1406년 체제를 개혁하여 36개의 지정 사찰, 7,950결의 사사전 체제로 재편하였는데, 이 개혁은 종을 대대적으로 통합하고 지정 사찰을 크게 감축한 개혁이기도 하면서, 사사전을 기존의 70% 수준으로 감축한 비교적 소폭의 개혁이기도 하였다. 이 1424년 개혁은 국가와 왕실이 중시한 주요 36개 사찰을 중심으로 승정체제를 재편하고, 이 사찰들에 대한 사사전 지급을 증액하는 방향으로 단행된 개혁이었던 것이다.

셋째, 1424년의 개혁으로 성립한 승정체제는 16세기 초에 이르기까지 안정적으로 지속 운영되었다. 2개 종, 36개 지정 사찰, 사사전 약 8,000결의 승정체제는 사찰의 혁거와 신규 지정으로 지정 사찰을 교체하고, 사사전의 혁거와 이급으로 사사전 결수가 변경되는 것과 같은 변화도 일부 있었는데, 이에 성종대에 이르러 지정 사찰은 43개로, 사사전은 10,000여 결로 증가하였다. 하지만 대체로 1424년의 개혁으로 성립한 조선의 승정체제는 큰 변동 없이 80여 년간 유지되었다. 승정체제의 운영 목적이자 일차적 기능은 대체로 국가와 왕실의 안녕 축원, 승도와 사찰의 통솔과 관리, 국가적인 불교 의례의 담당 등이었던 것으로 보인다. 『경국대전』에는 승정체제의 주요 구성 요소인 승정 기구, 승과, 승직, 도승, 사사전 등의 운영 규정이 수록되었는데, 이는 승정체제가 조선 국가체제의 일부였으며, 1424년 개혁으로 성립한 승정체제가 안정적으로 지속 운영되었음을 뒷받침하는 확고한 근거라고 할 수 있다. 성종 중반 이후 신료들이 도승, 승과,

선종과 교종 등의 폐지를 주청한 것도, 이 제도들이 계속 시행되고 있었기 때문이었다. 그러나 15세기의 승정체제는 다른 국가 제도들과 마찬가지로 연산군 말기의 폭정으로 갑자기 폐지되다시피 하였으며, 다른 국가 제도 들과는 달리 중종반정 이후에도 복구되지 못한 것이었다.

(6) 3장 3절에서는 중종대를 중심으로 16세기 초에 승정체제가 폐지된 이후의 정책 지향과 논의에 대해 살펴보았다. 15세기의 승정체제는 16세 기 초 연산군의 폭정으로 갑자기 폐지되다시피 하였고, 중종반정 이후에 도 복구되지 못함에 따라 중종대에는 국가체제에서 승정체제가 운영되지 않았다. 『실록』을 통해 중종 초·중·후반의 불교정책 전개를 살펴보면, 중 종대는 불교정책에 대한 의견 차이로 국왕과 신료, 왕실과 신료, 신료와 신료 간이 대립·갈등하였고, 시기에 따라 불교정책이 변모하는 양상을 보 인 시기였다.

중종 초반에는 승정체제가 국왕·왕실과 신료 간의 대립 끝에 복구되지 못하였으며, 1516년에는 기묘사림을 비롯한 신료들의 지속적인 요구에 따 라 기신재도 폐지되었다. 이로써 중종 초반에는 국가체제에서 불교 제도 가 모두 폐지되었는데, 당시 신료들이 국가체제에서 불교 제도를 폐지하 고자 한 것은 성리학적 왕정의 기틀을 마련하여 교화론적 불교정책을 시 행하기 위함이었다고 할 수 있다. "왕정이 잘 시행되어 예의의 교화가 천 하에 충만하면 불법이 있어도 들어올 길이 없다[王政修明 禮義之敎 充於天下 則雖有佛法 無由而入]"라는 언명에서 확인되듯, 성리학 사상에 따른 바람직 한 불교정책은 왕정을 통한 국왕의 교화로 불교가 저절로 약화되고, 승도 가 저절로 줄어들도록 하는 것이었다. 이러한 사상에 따르면 국왕과 조정 은 성리학적 왕정과 교화를 잘 시행하면 될 뿐 승도 추쇄, 사찰 철훼 등과 같은 직접적인 제재는 바람직하지 않은 것이었다. 실제로 중종 중반에는 교화론적 불교정책을 지향하면서 승도와 사찰에 대한 강경한 규제를 시행하지 않았는데, 이는 사실상 불교계에 대한 방임을 의미하였다. 이는 15세기에 국가체제의 일부로 승정체제를 유지하면서, 도승, 승과, 승계, 승직, 사사전 등의 불교 제도를 운영하던 것과는 크게 다른 정책 지향이었다.

중종 중반 이후 국가가 교화론적 불교정책을 지향함에 따라 명산대찰을 비롯한 다수의 사찰이 계속 존립할 수 있었으며, 내수사를 통한 왕실의 사적 불사는 공공연하게 계속되었다. 중종 중반인 1530년경에 이르면 승도가 증가하였다는 조정의 현실 인식이 나타났는데, 이에 대한 대책으로 중종 후반에는 15세기에 시행된 도승제의 일종인 승인호패제가 다시 논의, 시행되기도 하였다. 그러나 현실적 정책과 성리학 사상에 대한 견해차, 훈척과 사림으로 구분되는 정치세력 간의 대립 등으로 인해 논의는 공전되었고, 중종 말기에 이르기까지 결국 적절한 대책은 마련되지 못하였다. 뒤이은 명종대에 국왕과 왕실의 선교양종(선종과 교종) 복립, 곧 승정체제 복구는 이러한 배경하에 추진된 것으로, 문정왕후가 천명한 선교양종 복립의 명분도 선교양종(승정체제)이 『경국대전』에 규정된 제도이며, 승도 증가에 대한 대책이 필요하다는 것이었다. 그러므로 중종대는 국가체제에서 불교 제도가 폐지되고 승정체제 소속 사찰에 대한 국가적인 지원은 중단되었으나, 성리학적 정책 지향에 따라 승도와 사찰이 사실상 방임되면서 사적 경제 기반을 토대로 불교 전통이 지속, 계승될 수 있던 시기였으며, 이 시기 사찰판 불교서적 간행의 급증은 이를 뒷받침하는 현상이라고 할 수 있다.[3]

중종대를 뒤이은 명종대에는 승정체제가 복구되어 15여 년간 운영되었

---

3 손성필, 2013a, 「16세기 사찰판 불서 간행의 증대와 그 서지사적 의의」, 『서지학연구』 54, 한국서지학회; Son Seongpil, 2020, 「Increased Temple Publication of Buddhist Texts in the Sixteenth and Seventeenth Centuries: Reading the Political and Cultural Significance of the Monastic Community」, 『Journal of Korean Religions』 11-2, Institute for the Study of Religion, Sogang University; 손성필, 2024b, 「불교 서적 간행의 추이와 시기별 경향」, 『한국불교사: 조선·근대』, 한울아카데미.

다. 이는 15세기에 지속 운영되다가 40여 년 전인 16세기 초에 폐지된 승정체제를 복구한 것이었는데, 15세기와 마찬가지로 승정 기구인 선종과 교종을 중심으로 승직, 승과, 도승, 사사전 등의 제도가 운영되었다. 그러므로 이는 기본적으로 『경국대전』에 규정된 제도를 시행한 것이자, 15세기의 승정체제를 계승한 것이라고 할 수 있다. 명종대에는 승정체제의 운영에 변화도 확인되는데, 승정체제의 운영에 내수사의 관여가 확대된 점, 지정 사찰의 수가 크게 증가한 점, 승정체제가 전쟁 당시 승도의 동원과 통솔에 활용된 점, 도승의 원칙이 무력화되고 승도가 직접 동원된 점 등을 들 수 있다. 이는 15세기 후반, 16세기 전반의 변화를 계승한 것이자, 임진왜란 이후 승도와 사찰 관련 제도 운영의 단초가 된 것으로 보인다.

명종대 말기에 승정체제가 폐지된 이후, 선조대에는 중종대와 마찬가지로 교화론적 불교정책이 지향되었는데, 이는 성리학에 투철한 유자의 기본적인 정책 지향이라고 할 수 있다. 이에 선조대에도 불교계에 대한 직접적인 제재는 거의 확인되지 않으며, 선조대가 조선시대를 통틀어 사찰의 불교서적 간행이 가장 활발한 시기였다는 점은 주목할 만한 사실로 보인다. 16세기 말의 임진왜란을 계기로 조선후기에는 승군을 통솔하고 승역을 관리하는 제도가 성립하였는데, 이는 기존의 승정체제와는 달리 도총섭, 총섭과 같은 승직을 임명하여 승군을 통솔하거나 지방관을 통해 승역을 관리하기 위한 것이었다. 조선전기의 승정체제가 복구되지 않아 선종과 교종이 설치되거나 승과가 시행되지는 않았지만, 조선후기에 성립된 승군, 승역 제도는 조선말기까지 지속되었다. 이에 이러한 조선전기와 조선후기의 불교, 승도, 사찰에 대한 제도의 연속성, 차이점 등은 앞으로 심도 있는 논의가 필요한 연구 과제로 보인다.

이러한 조선전기 승정체제와 불교정책에 대한 논의를 통해 볼 때, 기존의 일반적인 조선시대 불교사 이해는 크게 다음과 같은 세 가지 측면에서 재고될 필요가 있어 보인다. 첫째, 조선의 불교정책은 시기에 따라 변모하였고 각 정치세력이 그 방향을 두고 대립, 갈등하기도 하였다. 일반적 인식과는 달리 이른바 억불 정책이 조선 개국 이래 일관적이고 지속적으로 추진되었다고 보기 어렵고, 조선의 건국에 따라 불교의 쇠퇴가 결정되었다고 보기도 어렵다. 둘째, 불교정책이 불교계 전반에 즉각적이고 직접적인 영향을 미친 것이 아니었다. 조선초기 불교정책의 주요 개혁 대상은 국가 체제의 일부인 승정체제와 그 소속 사찰에 한정된 것이었고, 승도와 사찰에 대한 전면적이고 직접적인 제재는 15세기에도, 16세기에도 실효적으로 이루어진 바 없다. 이에 불교정책에 따라 불교계 전체가 부침을 거듭하였다고 보기 어려우므로, 불교정책 변화와 불교계의 부침을 동일시하는 것은 바람직하지 않다. 셋째, 불교계에 대한 불교정책의 영향력이 제한적이었다면 불교정책이 불교 전통의 계승에 미친 영향도 제한적일 수밖에 없다. 조선초기의 승정체제 개혁에 따른 사찰과 사사전의 혁거가 이른바 억불 정책으로 널리 알려져 있으나, 각 사찰들이 국가의 재정 지원만으로 유지된 것이 아니었고, 애초에 사찰 혁거가 모든 사찰에 대한 것도 아니었다. 그러므로 불교정책으로 인해 불교 전통이 단절되다시피 하였다고 보기는 어려운 듯하며, 국가 제도, 사찰 운영, 불교 전통 등의 변화 못지않게 그 연속성 또한 주의 깊게 고려되어야 할 것으로 보인다.

(7) 4장 1절에서는 조선시대에 편찬된 관·사찬 전국 지리지에 각 군읍별로 수록된 사찰 정보를 조사하여, 승정체제 개혁에 따라 혁거된 '지정 사찰'의 존립 여부에 대해 논하였다. 이는 앞서 3장에서 논한 바와 같이 사찰이 승정체제로부터 혁거된다고 해서 망폐한 것은 아니었다는 사실을 분명히 확인해 두기 위한 것이라고 할 수 있다. 현재 파악되는 1406년, 1424년의 개혁과 그 후속 조치에 따른 혁거 사찰, 연산군대 말과 중종대 초 승정체제 폐지에 따른 혁거 사찰 등은 실제로 16~18세기에 이르기까지 상당수 존립하였으며, 사찰의 지정 및 혁거 여부와는 별개로 조선 사회

에는 다수의 사찰이 존재하고 있었다. 1407년 지정되었다가 1412년 혁거된 사찰은 『신증동국여지승람』이 편찬된 16세기 전반까지 60%가량, 『동국여지』가 편찬된 17세기 중엽까지 50%가량, 『여지도서』가 편찬된 18세기 중엽까지 40%가량 존립하였으며, 세종~연산군대의 승정체제 지정 사찰은 16세기 전반까지 90%가량, 17세기 중엽까지 80%가량, 18세기 중엽까지 60%가량 존립하였다. 이러한 조사 결과는 승정체제 개혁과 운영, 사찰의 지정과 혁거, 지리지의 사찰 수록 방식 등에 대한 앞선 논의에 부합하는 것으로, 승정체제로부터의 혁거는 사찰 망폐의 필연적 사유가 아니었다. 혁거는 사찰 망폐 사유의 하나였을 뿐이며, 혁거 사찰은 저마다의 사회경제적 기반에 따라 망폐할 수도, 존립할 수도 있었다. 이는 조선 사회에서 사찰이 다양한 사회경제적 기반을 통해 존립하기도, 다양한 사유로 인해 망폐하기도 하였음을 의미한다. 그러므로 사찰의 존립과 망폐 양상은 각 시기별로 정치, 사회, 경제적 배경을 고려하여 그 추이를 검토하고 직간접적인 요인을 분석해야 할 연구 과제라고 할 수 있다.

이에 조선전기의 사찰 혁거에 관한 이상의 논의를 종합해 보면, 1406년과 1424년의 개혁은 승정체제를 대상으로 한 것이었고, 이로써 성립한 2개종, 36개 지정 사찰의 승정체제가 연산군대까지 운영되었다. 승정체제의 개혁이나 폐지로 인해 혁거된 지정 사찰이 망폐하지 않고 상당수 존립하였을 뿐만 아니라, 사찰 혁거와는 별개로 조선 사회에는 다수의 일반 사찰이 존재하고 있었다. 조선 태종대와 세종대에 단행된 1406년과 1424년 개혁에 대한 이러한 이해는 기존의 일반적 이해와는 크게 다른 것이므로, 만약 이러한 논의가 타당하다면 기존에 1406년과 1424년 개혁에 대한 부정확하고 불명확한 이해가 통용되어 온 이유에 대한 성찰도 필요해 보인다. 이는 기본적으로 기존의 연구 방법과 연구 관점의 한계와 문제점으로 인한 것으로 보이는데, 이를 크게 세 가지로 간략히 정리해 보면 다음과 같다.

첫째, 기존 연구에서는 불교와 관련한 국가 정책의 대상을 엄밀히 구분하지 않았고, 정책의 목적, 성격에 대한 이해가 불명확했으며, 승도와 사찰의 다양한 층위, 복합적 성격 등과 같은 불교계 현실에 대한 고려가 부족했다. 둘째, 기존 연구에서는 국가의 불교정책과 불교계의 현실을 파악하고 해석하면서 여말선초의 변화를 지나치게 강조한 반면, 조선 500여 년간의 변화는 간과하였으며, 이에 따라 조선시대의 불교는 시기별 변화가 계기적으로 파악되지 않은 채 피억압의 역사, 퇴행적인 사상으로 일반화되었다. 셋째, 조선의 억불 정책은 비단 조선시대뿐 아니라 한국사의 전개를 해석하는 강고한 프레임으로 작용하고 있는 듯하다. 그러나 1406년과 1424년 개혁에 대한 오해처럼, 이른바 억불 정책은 상당수 잘못된 이해와 인식에 근거하고 있는데, 이에 대해 엄밀한 논의와 비판적 성찰은 부족했고, 관념적인 해석의 악순환이 이루어져 왔다. 그러므로 고려와 조선, 불교와 유교 등에 대한 기존의 관념과 분별에 매이지 않고 당대의 자료를 통해 구체적 역사 현실의 실상을 담담히 관찰하는 연구 방법과 관점이 요구되며, 이를 위해서도 기존의 과장되고 단선적인 역사상, 막연하고 부정확한 이해가 수용되고 통용된 연구사적 배경에 대한 비판적 성찰이 필요해 보인다.

(8) 4장 2절에서는 전국 지리지, 사찬 읍지 등에 기재된 사찰 정보를 분석하여, 조선전기 '일반 사찰'의 양적 실태와 존재 양상에 대해 살펴보았다. 16세기 후반~17세기 전반에 편찬된 경상도 지역의 사찬 읍지인 『함주지』, 『영가지』, 『진양지』, 『상산지』, 『일선지』의 '불우' 조에 수록된 사찰 정보를 검토하고, 이를 15세기 후반, 16세기 전반에 편찬된 『여지승람』, 17세기 중엽에 편찬된 『동국여지지』 등의 전국 지리지에 수록된 사찰 정보와 비교·분석함으로써, 당시 사찰의 양적 실태와 존재 양상을 파악하기 위한 기초적인 검토를 수행한 것이라고 할 수 있다. 이에 연구 방법, 연구 내용의 두 측면으로 나누어 검토 결과를 간략히 정리해 보면 다음과 같다.

먼저 연구 방법의 측면이다. 첫째, 사찬 읍지의 불우 조는 『여지승람』, 『동국여지지』 등과 같은 전국 지리지보다 수록 정보 및 기술 내용이 충실하다. 사찬 읍지에는 전국 지리지보다 크게 많은 수의 사찰이 수록되었으며, 전국 지리지에는 기술되지 않은 사실을 확인할 수 있다. 둘째, 사찬 읍지 간에도 편찬 방침 및 수록 기준에 차이가 있고, 불우 조 수록 내용의 충실성에도 차이가 있다. 『영가지』, 『진양지』, 『일선지』는 불우 조의 내용이 충실한 반면, 『상산지』는 충실하지 않다. 셋째, 읍지에 따라 후대에 계속 추보하여 편찬된 경우가 있으므로, 해당 불우 조의 정보가 어느 시기의 것인지 주의를 요한다.

넷째, 전국 지리지와 사찬 읍지의 비교를 통해 볼 때, 전국 지리지에는 해당 군읍의 사찰을 대부분 수록한 것이 아니라 주요 사찰을 선별 수록한 것이다. 그러므로 지리지의 사찰 정보를 연구하고 활용할 때는 당시 현실에 존재하던 사찰을 수록한 비율, 곧 '현존 사찰 수록률'을 고려해야 한다. 전국 지리지인 『여지승람』, 『동국여지지』, 『여지도서』 불우 조의 '현존 사찰 수록률'은 후대에 편찬된 지리지는 높고, 앞서 편찬된 지리지는 낮은 것으로 분석된다. 이는 조선전기에 편찬된 지리지는 당시 존재하던 사찰을 상당히 수록하지 않은 반면, 조선후기로 갈수록 당시 존재하던 사찰을 상당히 수록했음을 의미한다. 특히, 15세기 후반, 16세기 전반에 편찬된 『여지승람』은 당시에 존재하던 사찰이 불우 조에 다수 수록되지 않았으므로, 이를 연구하고 활용할 때 주의해야 한다. 다섯째, 조선전기에도 사찰은 혁거, 화재, 경제 기반의 약화, 승도의 이산 등의 여러 사유로 인해 망폐했으므로, 지리지, 읍지에서 확인되는 망폐 사찰이 조선시대의 억불 정책으로 인해 망폐했을 것으로 막연히 추정, 해석해 온 기존 관행은 바람직하지 않다.

다음으로 연구 내용의 측면이다. 첫째, 조선전기에는 승정체제 개혁, 폐지에 따른 '지정 사찰'의 혁거와는 별개로, '일반 사찰'이 다수 존립하고 있었다. 이는 15세기에 승정체제를 대대적으로 개혁하여 '지정 사찰'이 혁거되었으나, 혁거된 사찰은 '일반 사찰'로 존립할 수 있었으며, 애초에 '지정 사찰'이 아닌 '일반 사찰'도 다수 존재하고 있었기 때문이다. 15, 16세기 조선 사회에 존재한 사찰은 15세기 후반, 16세기 전반에 편찬된 관찬 지리지인 『여지승람』에 수록된 1,600여 개보다도 상당히 많았던 것으로 파악되며, 전국에 고루 분포한 기관이자 경관이었다. 15, 16세기 조선 사회에 사찰이 상당히 많았다는 점은 『실록』의 여러 기사를 통해서도 확인되는데, 15세기 후반인 성종대에는 전국의 사찰이 9,500개에 이른다는 기록도 확인된다. 둘째, 16세기 후반~17세기 전반에는 아직 서원, 서당 등이 사찰에 비해 지역 사회의 경관에서 차지하는 비중이 적었다. 셋째, 임진왜란으로 인해 많은 사찰이 망폐하였으며, 그럼에도 다수의 사찰이 중창되었고 존립하였다. 임진왜란의 영향을 고려할 때, 16세기 후반에는 임진왜란 이후보다 사찰의 수도 더 많았고, 불교서적 간행과 같은 사찰의 활동도 더 활발하였다. 실제로 사찬 읍지와 불서의 간기를 통해 『여지승람』에 수록되지 않은 다수의 사찰이 확인된다. 그러므로 조선전기에는 조선후기나 말기보다 사찰의 수도 많았고, 그 규모도 컸던 것으로 보인다. 그만큼 사찰의 사회·경제적 기반은 상당했음을 의미하며, 이를 통해 임진왜란 이후에도 다수의 사찰을 중창할 수 있었던 것이다.

넷째, 기존에 알려진 바와는 달리 사찰 터[遺址]나 건물을 관사, 서원으로 전용하는 것은, 사찰 망폐의 주요 사유가 아니었다. 사찰은 고려후기 이래 화재, 전란, 경제 기반의 약화, 승도의 이산, 승정체제의 개혁 등과 같은 다양한 사유로 망폐하였다. 그러므로 당시 전국 도처의 있던 망폐 사찰이 관사나 서원으로 활용되기도 하였으나, 전용이 사찰 망폐의 직접적인 사유인 사례는 드물었다. 다섯째, 임진왜란 이전에도, 이후에도 사찰의 중창은 이루어졌으며, 여러 계층의 참여와 지원으로 여러 목적에 따라 중창되었다. 이는 조선 사회에서 사찰이 그만큼 여러 기능을 담당했으며, 사찰에 따라 그 기능이 다양하고 복합적이었음을 의미한다. 사찰의 지속적인 유지 자체에도 상당한 인적·물적 토대가 필요했다는 점을 고려한다면, 조선시대, 특히 조선전기의 사회를 이해하기 위해서는 사찰의 사회·경제적 기반, 사회적 기능과 영향 등에 대한 연구가 필요해 보인다.

(9) 4장 3절에서는 앞선 논의를 바탕으로 조선전기 강진 무위사와 영광 불갑사의 존립과 운영, 위상을 사례 검토함으로써, 조선전기 사찰 운영의 실제를 구체적으로 살펴보았다. 강진 무위사는 승정체제에서 혁거된 이후 15세기 후반에 국가나 왕실과의 일정한 관계와 지원으로 중창, 운영된 사찰로 보인다는 점에서 주목할 만한 사례라고 할 수 있는데, 15세기 승정체제 개혁, 운영과 관련하여 강진 무위사의 위상 변화를 간략히 종합·정리해 보면 다음과 같다. 첫째, 무위사는 고려초기 이래로 승정체제에 소속된 '지정 사찰'이라는 국가적 위상을 대체로 유지해 왔으나, 1406년과 1424년의 승정체제 개혁으로 인해 '일반 사찰'이 되었다. 이에 무위사는 주지 임명, 사사전 지급 등을 통해 국가가 지원하고 관리하던 사찰에서, 국가의 지원과 관리를 받지 않는 사찰이 되었다. 그 자체적인 경제 기반의 유무나 확보에 따라 유지될 수도, 퇴락할 수도, 망폐할 수도 있는 일반 사찰이 된 것이다.

둘째, 무위사는 1407년에 '읍내 자복사'를 대체하는 '명산대찰'로 지정되어 승정체제에 소속되었다가, 1412년에 이 조치가 철회되면서 다시 일반 사찰이 되었다. 1406년의 승정체제 개혁은 지방 군읍의 위계를 따른 승정체제의 대대적인 개편이 다소 무리하게 시도됨으로 인해 성공적이지 못했고, 이에 읍내 자복사의 혁거 여부가 계속 논란이 되었다. 1406년 개혁의 이러한 실패가 사실상 1424년 개혁의 배경이 되었던 것으로 보이며, 이에 1424년의 승정체제 개혁은 주요 명산대찰에 사사전을 분급하는 방식으로 이루어지게 되었다. 셋째, 무위사는 1476년경의 중창을 계기로 '수륙사'

로 지정되었는데, 그 중창도 국가나 왕실의 일정한 지원하에 이루어졌을 가능성이 없지 않다. 15세기에 수륙사는 국가나 왕실이 조종, 곧 선왕·선후들의 명복을 빌기 위해 지정한 사찰이었다. 15세기 후반에 국가나 왕실의 수륙사 지정은 증가하였고, '국행 수륙사'와 '내행 수륙사'의 구분이 모호하게 되었을 가능성도 있다. 이처럼 15세기 후반 무위사의 수륙사 지정은 승정체제 운영의 지속하에 국가나 왕실의 수륙사 지정이 증가한 시기에 이루어진 것이었다. 그러므로 15세기 개별 사찰의 연구는 승정체제, 자복사, 수륙사 등의 국가 제도에 대한 이해를 바탕으로 이루어질 필요가 있으며, 15세기 승정체제의 연구는 개별 사찰의 구체적인 사례 검토를 통해 보완될 필요가 있어 보인다.

영광 불갑사는 16세기에 지역 사회에서 일반 사찰로서의 위상을 확인할 수 있는 사찰이라는 점에서 주목할 만한 사례라고 할 수 있다. 불갑사는 고려 말기인 1350년 국왕(국가)이 당시 왕사인 각진국사 복구(復丘)의 '하산소'로 지정한 사찰이었다. 하산소 지정 이후 불갑사는 기본적으로 국가가 주지를 임명하는 지정 사찰이었으나, 왕사와 그 문도에게 독자적 운영 권한이 주어진 사찰이었다. 1355년 왕사 복구의 입적 후에 불갑사에는 국왕의 명에 따라 복구의 비인 각진국사비가 건립되었는데, 이로써 불갑사는 승정체제에 소속된 사찰이기는 하지만, 복구의 문도가 독점적 운영 권한을 부여받은 사찰이 되었던 것으로 보인다. 이처럼 불갑사는 고승비를 통해 고려시대의 그 역사를 구체적으로 확인할 수 있는 사찰인데, 복구의 비가 건립된 정황을 통해 볼 때 불갑사는 왕사의 하산소 지정 이전에도 국가가 주지를 임명하고 사사전을 지급하는 승정체제 소속의 지정 사찰이었을 가능성이 커 보인다.

조선초기의 승정체제 개혁에 따라 불갑사는 국가 지정 사찰이 아닌 일반 사찰의 위상을 가지게 되었다. 『동국여지승람』과 『신증동국여지승람』의 영광군 불우 조를 통해 볼 때, 불갑사는 15세기 전반의 승정체제 개혁으로 인해 혁거되었지만 망폐하지 않았고, 15세기 후반, 16세기 전반에도 지역의 주요 사찰로 건재했던 것으로 보인다. 영광 지역의 유력 사대부인 강항이 찬술한 「불갑사중수권시문」에 따르면 불갑사는 16세기 후반에 500칸에 이르는 거찰이었으며, 지역민이 독서, 의례, 유람 등을 위해 찾아오는 지역 거점 사찰의 위상을 가지고 있었다고 할 수 있을 듯하다. 16세기 후반인 1575년 불갑사에서 간행된 『불설예수시왕생칠경』을 통해서는 불갑사가 사찰을 안정적으로 유지하면서 불법을 유포하는 활동을 하고 있었음을 확인할 수 있다. 이로써 볼 때, 조선전기에 영광 불갑사는 승정체제에서 혁거되었지만, 그 이후에도 일반 사찰로서 거찰의 규모를 유지하고 있었고, 지역 사회에서 수행, 신앙 등의 불교적 기능뿐만 아니라 독서, 의례, 유람 등의 사회적 기능도 지속적으로 담당하고 있었던 것이다.

2. 과제와 성찰

　(1) 조선시대 불교, 승도, 사찰과 관련한 국가 제도를 구체적으로 연구할
필요가 있다. 조선시대에는 불교, 승도, 사찰과 관련한 다양한 국가 제도가
있었으며, 이는 목적, 대상, 주체, 실효성 등이 달랐고, 시기에 따라 변화하
였다. 사실 조선시대 불교에 대한 잘못된 이해나 과장된 해석은 제도사적
연구가 충실히 이루어지지 않은 채, 사상사적 논의가 막연히 이루어져 온
데에 기인한 바 크다고 생각된다. 최근의 연구에 따르면 조선후기에는 승
역이 제도화되면서 기본적으로 중앙정부 – 지방관 – 사찰의 행정 체계가
정립되었다고 할 수 있다.[1] 시기별 변화, 구체적인 사례 등에 대한 실증적
연구, 심충적 논의가 필요하지만, 조선후기 승도와 사찰에 대한 국가 제도

---

[1]　김선기, 2023, 앞 박사논문. 이 논문은 조선후기 승도와 사찰에 관한 '국가의 제도'에 대하여 주
　　목할 만한 연구로 보인다. 사실 조선시대 불교에 대한 오해는 일제강점기에 형성된 인식이 해
　　방 이후 비판, 성찰되지 못했기 때문이기도 하지만, 이 책에서 논의한 바와 같이 그간 불교, 승
　　도, 사찰에 관한 '제도' 연구가 부실, 부진했기 때문이기도 하다. 해방 이후 불교, 승도, 사찰에
　　관한 '제도사' 연구만 충실히 이루어졌더라도, 기존과 같은 낮은 수준의 이해와 인식이 고착화
　　되지는 않았을 것이다. 이에 김선기의 연구는 그간 마치 조선 사회에서 불교, 승도, 사찰이 격
　　리된 것처럼 해석되던 것과는 달리, 조선시대 국가 제도사적 맥락을 고려하여 불교, 승도, 사
　　찰에 관한 제도를 파악하고 해석했다는 점에서 연구사적 의의가 크다고 생각된다.

의 큰 그림은 그려졌다고 할 수 있다. 그러나 조선전기의 경우 불교, 승도, 사찰에 관한 국가 제도가 조선후기에 비해 상대적으로 복잡다단하였으나, 아직 그 연구와 논의는 부족하다. 승직, 승계, 승과, 사사전 등으로 구성된 조선전기 승정체제에 대한 연구가 심화될 필요가 있고, 승정체제에 소속되지 않은 일반 사찰에 관한 제도 연구도 필요하며, 조선전기와는 다른 성격, 위상인 조선후기의 승직 제도에 대한 연구도 필요하다. 정책 지향, 제도 운영에 관한 국가와 왕실, 중앙정부와 지방정부(지방관), 승직자와 일반 승도, 지정 사찰과 일반 사찰 등의 역할과 입장의 차이를 구분하고 그 시기별 변화를 검토함으로써 불교, 사찰, 승도에 관한 국가 제도의 구체적인 운영 양상도 논의될 필요가 있다. 최근의 연구 성과를 종합해 볼 때, 조선전기 불교, 사찰, 승도에 대한 국가 제도 전반을 '승정체제'로 규정한다면, 조선후기 사찰, 승도에 관한 국가 제도 전반은 '승역체제(僧役體制)'라고 규정할 수도 있을 듯한데, 그 제도와 운영의 변화는 대체로 그 시기의 정치, 제도적 변화와 밀접한 상관관계가 있다고 할 수 있다. 이처럼 조선시대 불교, 사찰, 승도에 관한 국가 제도의 연구와 논의는 조선시대 국가의 정치, 제도, 행정 등을 이해하는 데에 일조할 수 있을 것으로 보인다.

(2) 조선시대 지역 사회에서 사찰의 기능, 위상 등을 구체적으로 연구할 필요가 있다. 조선전기에는 국가 제도인 승정체제 소속으로 지정된 사찰과는 별개로, 많은 수의 일반 사찰이 전국 군읍에 고루 분포하였다. 고려시대에 비해 그 수가 줄거나 규모가 축소되었다 하더라도, 15세기 후반, 16세기 전반에 『여지승람』에 수록된 각 군읍별 주요 사찰만 1,600여 개에 이르렀다. 사찰은 그것을 유지하는 데만 하더라도 토지, 시주 등의 상당한 경제적 기반이 필요했으므로, 지역 사회와 일정한 관계를 형성하며 운영되었다고 할 수 있다. 이에 조선전기 지역 사회에서 사찰의 사회, 문화적인 기능을 사족, 향리, 민 등과 같은 다양한 계층과의 상호관계를 고려하여

연구될 필요가 있다. 또한 사찰은 그 운영을 담당할 승도가 없으면 유지될 수 없었다. 조선 사회에는 다양한 성격, 층위의 사찰이 존재했던 것과 마찬가지로, 다양한 성격, 층위의 승도층이 다수 존재했던 것으로 보인다. 이 상당한 수의 승도층은 지역 사회의 사찰을 중심으로 다양한 활동을 했다고 할 수 있다. 그러므로 사찰과 승도는 지역에서 일정한 기능과 역할을 수행한 조선 사회의 일원으로 연구될 필요가 있다.

18세기 중엽 균역법의 시행 이후 승도의 수가 줄면서 사찰의 수도 감소하는 현상이 나타난다는 점에는 주목을 요하는데, 이는 18세기 중엽 이후 지역 사회에서 승도와 사찰의 위상을 18세기 중엽 이전으로 일반화하는 것이 적절치 않음을 의미하기도 한다. 특히 임진왜란 이전의 조선전기에는 조선후기에 비해 사찰의 수도 많고 그 규모도 컸던 것으로 보이는 만큼, 조선전기에는 지역 사회에서 사찰의 사회, 문화적 기능이 다양했고 그 위상도 높았을 것으로 보인다. 그러므로 조선전기 사찰에 대한 연구와 논의는 당시 지역의 사회, 문화를 이해하는 데에 일조할 수 있을 것으로 보인다.[2]

(3) 조선전기의 불교 사상사는 그 계승, 변화 등을 충분히 고려하여 연구할 필요가 있다. 기존에 조선전기 불교 사상사는 고려시대의 불교 전통으로부터 단절되다시피 했다고 이해되어 온 듯하다. 그렇게 이해되어 온 데에는 조선전기에 국가가 불교를 억압함에 따라 아주 소수의 사찰만 운영될 수 있었다고 파악해 온 것과 무관치 않다고 할 수 있다. 그러나 이렇

---

2 다만 18세기 중엽 이후 승도의 수, 사찰의 수와 규모가 감소했다고 해서, 19세기의 불교계가 쇠락했다고 단정하는 것은 타당하지 않을 수 있다. 예컨대 개항 직후인 19세기 말에 조선을 방문한 일본 승도는 일본에 비해 조선은 사찰의 규모가 크고, 승도가 계율을 잘 지킨다고 인식하였다(오가와 히로카즈, 2024, 앞 박사논문, 67~84쪽). 19세기는 그 이전에 비해 상대적으로 사찰의 수와 규모가 상당히 감소한 상황이었음에도 불구하고, 당시 일본에 비해서는 규모가 크다고 인식되기도 하였던 것이다. 이처럼 사찰의 수, 규모에 대한 평가는 상대적인 것이라는 점에 주의할 필요가 있어 보인다.

게 잘못 알려진 것과는 달리, 조선전기에도 국가가 승정체제를 운영하였고, 승정체제 개혁, 폐지와는 별개로 지역에 수많은 사찰이 유지되고 있었다고 한다면, 조선전기 불교 사상사를 단절로 해석하는 것은 지나치다고 할 수밖에 없을 듯하다. 물론 조선초기 승정체제 개혁에 따라 '종'을 통폐합하고 혁거 사찰의 사사전을 환수한 것이 불교계에 미친 영향이 적지 않았을 것임은 틀림없다고 할 수 있다. 하지만 승정체제 개혁에 따른 불교계의 변화는 구체적인 검토가 필요한 연구 과제이므로, 막연히 사상 전통이 단절되다시피 했다고 과장 해석하는 것은 부적절해 보인다.

특히 승정체제 개혁 대상 중의 하나인 '종'을 기존 연구에서는 단순히 불교계의 '종파'와 동일시해 온 경향이 있는데, 기본적으로 '종'은 승과, 승직 등의 운영 단위가 되는 국가 제도였다고 할 수 있다. 국가가 승정체제를 개혁하면서 통폐합한 것은 기본적으로 국가 제도로 운영된 '종'이었으므로, 그 '종'의 통폐합이 불교계에 어떤 영향을 미치고, 어떤 영향을 초래했는지는 구체적인 연구가 필요한 것이다. 이에 국가 제도인 '종'과 불교계의 '승단'과의 상호관계에 대해서는 고려후기 국가 제도의 운영, 불교계의 동향 등의 맥락에서 파악될 필요가 있어 보인다. 예컨대 고려후기에 '종'이 국가에 상당히 종속되어 간 것으로 평가되는 점, 고려후기에도 조계종, 천태종, 화엄종 등이 주류인 것으로 파악되는 점 등을 고려하여, 조선초기 승정체제 개혁의 사상사적 의미를 해석할 필요가 있는 것이다. 그렇다면 조선전기의 불교 사상사는 승정체제 개혁에 따라 불교계가 어떻게 재편되었는지, 불교 사상의 계승, 변화 양상이 구체적으로 어떠했는지라는 관점으로 연구될 필요가 있다. 실제로 조선전기 국가와 사찰의 불교서적 간행 양상을 살펴보면, 기존의 사상 전통을 선택적으로 계승하면서 새로운 경향을 형성해 간 것이 확인된다. 그러므로 이러한 연구와 논의는 한국 불교 사상사의 큰 흐름을 제대로 파악하고, 조선시대의 사상사를 다각도로 이해하는 데에 일조할 수 있을 것으로 보인다.

(4) 조선전기에 국가가 승정체제를 지속 운영하였다는 점을 전제로 사상사에 대한 논의가 이루어질 필요가 있다. 이는 조선전기의 사상사를 국가의 불교 억압, 유교와 불교의 대립으로 형상화하는 경향에 대한 비판적 성찰이 필요함을 의미한다. 국가체제의 일부로 불교, 사찰, 승도에 관한 제도인 승정체제를 운영한 15~16세기의 조선을, 불교를 사상적으로 억압한 국가, 시기로 규정하는 것은 타당하지 않다. 승정체제가 16세기 초, 명종대 말에 결국 폐지되었다는 점을 근거로, 조선 건국 이후 100년 이상 지속된 국가 제도의 운영을 단지 과도기적 현상으로 규정하는 결과론적 해석도 타당하지 않다. 물론 고려시대에 비해 국가체제에서 승정체제의 규모, 위상 등이 크게 약화되었다는 점에 대해서는 그에 걸맞는 해석과 평가가 필요하지만, 역사적 사실에 부합하지 않는 지나치고 단순한 해석과 평가는 지양되어야 할 것으로 보인다.

조선전기 사대부의 불교 비판은 기본적으로 불교가 '국가를 다스리는 데에는 적합하지 않은 사상[非治國家之道]'이라는 인식에 따른 것이었다. 이는 유교가 국가를 다스리는 데에 적합한 사상이며, 사대부가 국가와 사회를 다스리는 주도층이어야 한다는 인식이 강화됨에 따른 것이었다고 할 수 있다. 이에 사대부들은 국가체제에서 불교 제도를 축소, 폐지하고자 한 것이며, 고위 승도층의 역할과 위상을 격하하고자 한 것이었다. 그러므로 이러한 지향이 유교와 불교 간의 이분법적 대립을 의미하거나, 조선 사회 전반에서 불교에 대한 사상적 억압을 의미한다고 보기 어렵다. 조선전기의 『실록』에서는 불교를 비판하는 정치적 수사를 어렵지 않게 찾아볼 수 있지만, 이는 국가 제도의 개혁이나 폐지, 국가와 왕실의 불교 숭상에 대한 비판 등과 같은 특정한 목적과 맥락에 따른 것이었다고 할 수 있다. 이러한 논의와 비판의 맥락을 정확히 파악하여 고려하지 않은 채, 조선전기의 사상사를 막연히 국가의 불교 억압, 유교와 불교의 대립으로 형상화하는 것은 바람직하지 않은 것이다.[3] 이는 조선전기 국가와 사회를 유교만으로 해석하거나, 조선전기 인물의 사상을 특정한 하나의 사상만으로 규정하려는 연구 경향이 바람직하지 않을 수 있음을 의미하기도 한다.[4] 그러므로 조선전기에 유교, 불교, 도교 등의 여러 사상이 그 국가, 사회적인 역할, 위상 등은 어떠했고, 어떤 상호관계에 따라 어떻게 변화해 갔는지, 조선전기의 인물들이 어떤 사상적 스펙트럼으로 사유하고 행위했는지 등이 다층, 다각적으로 연구될 필요가 있어 보인다.[5]

---

3 정도전의 『불씨잡변』은 조선전기 사상사의 대표적 저술로 거론되는데, 유교와 불교의 사상적 대립, 국가와 유자의 불교 배척 등의 근거로 해석되는 듯하다. 그러나 『불씨잡변』의 내용, 형식 등을 살펴보면, 이 저술은 기존에 유교가 불교에 대해 비판해 온 주요 논점들을 정리함으로써, 불교계와 대결하기 위해 저술된 것이라기보다, 당시 고위 사대부의 성찰과 각성을 촉구하기 위해 저술된 것으로 보인다. 이처럼 『불씨잡변』의 내용 분석을 바탕으로, 당시의 국가 제도, 사대부의 사상 경향 등의 역사적 배경과 맥락을 고려할 때, 이 저술의 성격에 대한 해석은 상당히 달라질 수도 있다. 이에 대해서는 추후 별도의 논문을 통해 상세히 논할 것이다.

4 조선시대 역사 현실의 원인을 단순히 유교로 환원하여 해석하는 연구 경향에 대해서는 근래에 허태용에 의해 강하게 비판된 바 있다(허태용, 2019, 「성리학으로 조선시대를 설명하는 연구 경향의 비판적 고찰」, 『역사비평』 127, 역사문제연구소).

5 최근에 박희병은 15세기 후반의 인물인 김시습의 저술을 분석하여 그의 불교 사상에 대해 논하였는데(박희병, 2024, 『김시습, 불교를 말하다: 청한잡저2와 임천가화』, 돌베개), 김시습은 유교만이 진리가 아니며 불교 역시 하나의 독자적 진리임을 승인하고 있으며 두 사상의 우열을 따지기보다는 그 공존을 염두에 두었다고 하였고(67쪽), 김시습은 국가 통치는 기본적으로 유교의 도에 의거해야 하지만 불교는 마음의 다스림과 깨달음을 중시하므로 이로써 세상에 도움이 되고 나라와 인민에 도움이 된다고 여겼다고 하였다(79쪽). 그렇지만 김시습은 국왕과 왕실의 불교 숭상, 고승의 정치 참여 등에 대해서는 비판적이었다고도 하였다(67~72쪽, 102~106쪽). 이러한 박희병의 해석은 여러모로 반추하고 음미해 보아야 할 연구 성과로 생각된다. 박희병은 동아시아나 한국에서의 유교, 불교, 도교 회통의 역사적 맥락에서 김시습의 사상사적 위상을 확인하는 데에 주력하였는데, 그러한 맥락에서도 김시습을 독특한 면모의 사상가로 평가하였다. 이 책에서 논의한 제도사적 맥락을 통해 볼 때, 김시습은 승정체제가 운영된 15세기 후반에 활동한 인물로, 그가 국가 제도에서 유교와 불교가 공존하고 고승이 승직에 임명된 시기에 활동하였다는 점도 김시습의 사상을 해석하는 데에 고려될 수 있어 보인다. 이처럼 조선전기의 사상사는 그 사상적 맥락이나, 제도사적 배경을 고려할 때, 단순히 유불 대립, 불교 억압으로 규정하는 것은 적절하지 않아 보인다. 한편, 불교계 언론에서는 박희병의 『김시습, 불교를 말하다』를 소개하면서 "불교를 말할 수 없던 시대, 불교 말하다."라고 기사 제목을 달기도 하였다(현대불교 인터넷판, 2024.9.9). 기사 내용에서는 책의 내용을 충실히 소개하였으나, 기사 제목에서는 책의 내용, 역사적 사실과는 달리 김시습이 활동한 조선전기를 '불교를 말할 수조차 없던 시대'인 것처럼 형상화하였다고 할 수 있다. 이는 여러 서적, 기사, 콘텐츠 등을 통해 조선전기가 불교를 강력히 억압한 시대라는 역사상이 재생산되고 있는 현실을 단적으로 보여주는 사례로 생각된다.

(5) 조선시대 불교의 역사를 논하는 개념에 대한 성찰이 필요해 보인다. 우선 '억불'은 조선시대의 불교정책을 논할 때 흔히 쓰이는 용어이다. 불교에 대한 '억압'인지, '억제'인지는 용어를 쓰는 사람이나 맥락에 따라 다소 차이가 있지만, 일반적으로는 조선시대에 국가가 불교 사상을 억압하는 정책을 지향했다고 이해되고 있는 듯하다. 국가 제도 개혁을 통해 불교를 억제하고자 했다기보다, 사회 전반에 걸쳐 불교 사상을 억압하고자 했다고 이해하는 경향이 더 강해 보인다. 불교 관련 제도나 정책을 통한 일정한 억제라고 이해되기보다, 불교라는 사상에 대한 전면적 억압으로 이해하는 경향이 강한 것이다. 그러나 앞서 논의한 바와 같이 15세기 초 국가 제도인 승정체제는 대대적으로 개혁되었지만, 개혁 이후 안정적으로 운영되었다. 16세기 전반 승정체제가 폐지된 이후에 국가는 기본적으로 국왕이 모범을 보이면 승도는 저절로 교화될 것이라고 여겼고, 불교, 승도, 사찰에 대한 직접적인 제재를 지향하지 않았다. 이로써 볼 때 조선전기의 불교정책은 불교라는 사상에 대한 전면적 억압이라기보다, 불교 관련 제도나 정책을 통한 일정한 억제로 해석하는 것이 타당해 보인다. 일반적인 이해와는 달리, '사상적 억압'이라기보다, '제도적 억제'에 가까워 보이는 것이다.

『실록』 기사를 살펴보면, 승정체제 개혁이나 폐지의 명분은 불교가 국가를 다스리는 데에는 적합하지 않은 사상이라고 인식했기 때문이었다. 불교 사상 자체를 부정하고 폄하했다기보다, 국가체제에서 불교의 기능, 승도의 역할을 축소하거나 배제하고, 유교, 사대부를 중심으로 국가를 다스리고자 했기 때문이라고 할 수 있다. 이에 국가 운영의 상징이자 주체로서 모범을 보여야 하는 국왕이 불교를 신봉하는 것은 최우선으로 비판되어야 했던 것이다. 이는 정치 사상사적으로는 아주 큰 변화임이 틀림없다. 고려시대에는 국가의 운영에 유교, 불교, 도교(선교) 등의 사상이 역할이나 기능을 분담했던 데에 비해, 조선시대가 되면 국가 운영이 점차 유교 중심적인 양상으로 변모되어 갔다고 할 수 있다.[6] 그러나 이에 따라 불교가 불온한 사상으로 인식되어 사회 전반에서 억압 받았다고 보기는 어렵다. 기존에 비해 불교의 국가적 위상이 크게 낮아진 것은 분명하지만, 불교가 조선 사회에서 배척하고 억압해야 할 사상으로 인식되었다고 보기는 어려운 것이다. 이러한 이해는 조선전기에 승정체제가 개혁, 폐지된 것과는 별개로, 수많은 사찰이 지역 사회에서 유지되었다는 사실에도 부합한다고 할 수 있다.

그러므로 조선전기의 불교정책을 '억불'로 규정하는 것이 타당하지 않다고 말할 수는 없지만, 그 '억불'을 불교 사상에 대한 전면적 억압으로 규정하거나 이해하는 것은 타당하지 않다고 할 수 있다. 이처럼 조선전기의 불교정책을 규정하는 개념에 대한 심도 있는 논의는 조선전기 국가 제도사, 정치 사상사에 대한 이해를 위해서나, 한국 사상사의 큰 흐름을 제대로 설명하고 평가하기 위해서도 필요해 보인다.

(6) '숭유억불'은 '억불' 앞에 '숭유'를 붙인 용어이다. '숭유억불'은 조선시대 국가의 정책 지향을 규정하는 용어로 주로 쓰이는데, 대체로 조선이 유교를 숭상하고 불교를 억압했다는 의미로 쓰이는 것으로 보인다. 이 용어를 사용할 때에도 '억불'이 사상적 억압인가, 제도적 억제인가라는 데에 대한 규정이 필요하다고 할 수 있으나, 유교에 대한 숭상과 대비하여 규정됨에 따라, 일반적으로 불교 사상에 대한 전면적 억압의 의미로 이해되고 있는 듯하다. 앞서 논했듯이 조선전기에 유교를 중심으로 국가를 운영해야 한다는 인식에 따라, 불교, 도교 등과 관련된 제도를 국가체제에서 축소, 배제해 간 것은 사실이다. 그러한 조치가 불교, 도교의 국가적 위상을

---

6 최봉준, 2021, 「고대~고려시대 다원적 사상지형과 유학의 전개과정」, 『한국사상사학』 67, 한국사상사학회.

기존에 비해 크게 약화시킨 것은 분명해 보이지만, 사회 전반에서 불교 사상에 대한 억압을 초래했다고 보기는 어렵다. 또한 유교에 투철한 사대부가 불교 탄압을 일삼았다거나, 유교와 불교 사상 간에 대립 양상이 크게 나타났다고 보기도 어렵다. 유교 사상의 지향에 따른 국가체제 개혁으로 불교의 국가적 기능이 크게 축소되거나 폐지된 것은 분명하지만, 이를 단순히 사상 간의 대립 양상으로 해석하는 것은 당시의 현실을 파악하는 데에 그리 적절한 방식이 아닌 듯하다. 이와 관련하여 근현대인들이 사상과 사상이 서로 대립할 수밖에 없는 것으로 인식하고, 다른 사상에 대한 일방적인 탄압, 사상 간에 공존이 어려운 대립 양상 등을 익숙하게 여기는 것에 대해서는 앞으로 심도 있는 논의가 필요한 연구 과제라고 생각된다. 그렇다면 '억불'과 마찬가지로, 조선전기의 정책 지향, 정치(경세) 사상을 '숭유억불'로 규정하는 것이 아주 타당하지 않다고 말할 수는 없지만, '숭유억불'을 오직 유교만을 숭상하도록 강제하기 위한 불교에 대한 사상적 억압으로 이해하는 것은 타당하지 않다고 할 수 있다.

그런데 '숭유억불'이라는 용어는 조선시대 불교의 역사상뿐만 아니라, 조선시대의 역사상을 규정하는 강고한 프레임으로 작용하고 있는 듯하다. 사실상 '숭유억불'이라는 용어에 대한 학술적 논의가 거의 이루어진 바 없음에도 불구하고, 이 용어가 조선시대의 역사상을 규정하는 데에 결정적인 영향을 미쳐 온 것으로 보인다. '숭유억불'에 대한 일반적인 이해에 따라, 조선시대가 불교 사상을 억압한 시대로 형상화되어 온 것이다. 이에 유교 사상을 숭상하는 국가와 사대부가 불온한 사상인 불교를 억압하고자 했고, 이에 따라 사찰과 승도를 탄압했다는 것은 일반적으로 통용되는 조선시대의 역사상인 듯하다. 그러나 앞서 논의했듯이 이는 잘못 파악한 사실에 근거하여 과장 해석한 데에 따른 역사상이라고 할 수 있다. 이러한 역사상의 핵심적인 근거가 이 책에서 논의한 조선초기의 승정체제 개혁인데, 그간에는 그 실제에 대한 구체적인 논의는 충분히 하지 않은 채, 불교

사상을 억압한 정책으로 막연히 해석해 왔던 것이다. 그러나 조선은 개혁 이후에도 16세기 초에 이르기까지 승정체제를 계속 운영하였고, 승정체제에서 혁거된 사찰을 철훼하지 않았다. 승과, 승직, 사사전 등의 제도를 국가체제의 일부로 운영한 국가인 조선을, 불교 사상을 억압한 국가로 규정하는 것은 타당한 이해로 보기 어렵다. 조선초기에 국가가 인정한 소수의 사찰 이외의 사찰들을 모두 없앴다고 하는 것은 명백히 잘못 파악된 사실이며, 조선시대에 승도가 천인 신분으로 전락하였다는 것도 명백히 잘못 파악된 사실이라고 할 수 있다.

그러므로 이렇게 잘못 파악된 사실에 근거하여 과장 해석된 이른바 '숭유억불' 담론은 조선시대의 역사상을 부정확하고 부적절하게 형상화해 왔다고 볼 수밖에 없을 듯하다. '숭유억불'이라는 용어 자체가 아주 부적절한 것이라기보다는 그 용어가 불교 사상에 대한 전면적 억압, 승도와 사찰에 대한 심각한 탄압, 유교와 불교의 이분법적 대립 등과 같이 기존의 과장 해석된 역사상을 형상화하는 데에 사용되어 왔다면, 그 용어와 그 용어가 연상시키는 역사상에 대한 비판적 성찰이 필요하다는 것이다. 이에 조선시대의 역사를 제대로 이해하기 위해서는 국가 제도, 사찰, 승도, 불교 등에 대한 구체적인 연구와 함께, '숭유억불'이라는 용어에 대한 비판적 성찰이 다각도로 이루어질 필요가 있어 보인다.

(7) '숭유억불'로 규정되는 기존의 과장 해석된 조선시대 불교의 역사상이 형성되고 통용되어 온 연구사적 맥락이나 배경에 대한 검토도 필요해 보인다. 조선시대 불교에 대한 기존의 역사상은 대체로 일제강점기에 형성되었고, 해방 이후 제대로 비판과 성찰이 이루어지지 않은 채 근래에까지 통용되고 있다고 할 수 있다. 다른 시대, 분야와 마찬가지로 일제강점기에 이른바 근대적인 방법과 관점에 따라 연구가 이루어져 역사상이 형성되었다는 점에서는 공통적이지만, 다른 시대, 분야는 대체로 해방 이후 기

존 역사상에 대한 연구와 비판, 성찰이 비교적 활발히 이루어진 데에 비해, 조선시대 불교는 거의 그러하지 못했다는 점에서 차이가 있어 보인다.

일제강점기에 발간된 다카하시 도루의 『이조불교』는 조선시대 불교 역사상의 형성과 유포에 결정적인 영향을 미친 것으로 평가된다. 다카하시는 일제강점기에 한국의 역사, 사상, 문화를 연구한 대표적인 일제 관학자로, 『이조불교』는 그의 대표적인 저서이다. 『이조불교』는 이른바 근대적인 연구 방법과 저술 형식에 따른 최초의 조선시대 불교사 연구서로 그 학술사적 영향력이 지대했다고 할 수 있다. 그러나 근래에 이르러서야 그 연구 방법이나 관점에 대한 비판적인 검토가 이루어지기 시작했는데, 교화권 국가탈취설, 승도 천인신분설, 승도 무지설, 산중불교설, 쇠퇴지속설, 명맥유지설, 부녀자·서민신앙설 등과 같이 지금까지도 흔히 통용되는 조선시대 불교에 대한 일반적인 서사와 해석이 대부분 『이조불교』에서 발견된다. 앞서 논한 사상적 억압과 피억압의 전형적인 역사상이 대부분 『이조불교』에서 확인된다고 할 수 있는 것이다. 잘못 파악된 사실을 근거로 과장 해석된 조선시대 불교의 역사상이 『이조불교』에 의해 최초로 주장된 것이라고 말하기는 어렵지만, 『이조불교』가 그 역사상의 형성과 유포에 결정적인 영향을 미친 것은 분명한 듯하다. 이에 조선시대 불교 역사상의 전형이 『이조불교』를 통해 형성, 유포되었고, 지금까지도 통용되고 있다고 해도 과언이 아닐 듯하다.

그런데 앞서 논했듯이 기존의 과장 해석된 조선시대 불교의 역사상은 단지 조선시대 불교의 역사상에 그치지 않고, 조선시대의 역사상을 부정확하고 부적절하게 형상화해 왔다고 할 수 있다. 『이조불교』의 내용을 살펴보면, 국가, 유교, 사대부가 불교, 사찰, 승도를 억압하는 억압과 피억압 구도로 서술했고, 국가, 유교, 사대부는 폭압적인 이미지로, 불교, 사찰, 승도는 무기력한 이미지로 형상화되었다. 유교 사상을 바탕으로 사대부가 다스리는 국가인 조선을 억압적이고 부정적인 것으로 형상화한 한편, 피

억압의 대상으로 서사된 불교, 사찰, 승도는 쇠퇴하고 무기력한 것으로 형상화하였다. 식민 지배의 대상인 조선의 역사를 부정적이고 무기력한 이미지로 폄하하여 형상화한 것이 일제의 식민 지배를 정당화하고 용이하게 하기 위함이었음은 물론이다. 다시 말해, 지금도 통용되는 사상적 억압과 피억압 구도의 조선시대 불교 역사상은 조선의 역사와 문화를 폄하하고자 한 일제 식민사학의 산물이기도 한 것이다. '숭유억불'이라는 용어도 조선시대에는 사용되지 않았으며, 지금까지 확인된 바로는 1906년에『대한매일신보』에서 일본 정토종의 한국 진출을 논하면서 조선은 500년간 숭유억불하여 불교가 쇠퇴한 데에 반해 일본은 불교를 숭상하였다고 언급하면서 처음 사용되었다.[7] 일제의 침탈이 본격화된 시기에 한국 불교와 일본 불교를 비교하면서 조선시대 불교를 폄하하는 맥락으로 사용된 것이다. 이처럼 일제강점기에 형상화된 조선시대 불교의 역사상은 일제강점기라는 시대적 배경하에 형성된 것이며, 이는 당시의 정치, 사회, 사상, 학술 등의 맥락을 고려하여 분석할 필요가 있는 연구 과제라고 할 수 있다.[8]

---

7 김용태, 2018,「조선 불교, 고려 불교의 단절인가 연속인가?」,『역사비평』123, 236쪽.

8 최근에 오가와 히로카즈는 조선시대 불교, 승도, 사찰에 관한 '인식(관점)의 형성'에 대하여 주목할 만한 연구를 수행하였다(오가와 히로카즈, 2024, 앞 박사논문). 오가와는 메이지(明治, 1868~1912) 시기 일본의 불교 잡지, 신문 등을 분석하였는데, 그에 따르면 일본이 이른바 근대화를 추진하면서 서양의 기독교에 대응하기 위한 종교, 철학으로 불교를 주목하였고, 제국주의 침탈, 식민 지배를 위해 한국 불교는 일본 불교에 비해 열등한 것이어야 했다. 개항 직후에 조선을 방문한 일본 승도는 일본에 비해 조선은 사찰의 규모가 크고, 승도가 계율을 잘 지킨다고도 기록하였으나, 이러한 조선 불교에 대한 긍정적 평가는 이후 점차 사라져 갔다. 그대신 조선의 승도가 '팔천'에 속하는 천인이었다는 거짓 사실, 국가, 유교가 '억압'하여 불교가 '쇠퇴'하였다는 부정적 담론 등이 주로 유포되었으며, 이에 조선 불교는 부정적으로 형상화되어 갔다. 이러한 서사, 인식, 관점은 다카하시 도루의『李朝佛敎』(1929)에 계승되었고,『이조불교』를 통해 널리 유포, 고착화되었다고 할 수 있다. 이처럼 오가와의 연구는 근대 일본 제국주의의 관점에 따라 한국(조선) 불교, 특히 조선시대 불교가 재단되고 폄하되었다는 점을 분명히 밝혔다는 점에서 연구사적 의미가 크다고 생각된다. 한편, 오시카와 노부히사는 최근에 조선전기 승도 관리 정책을 연구한 성과를 책으로 출간하였는데, 일제강점기 이래 조선전기 불교 정책 연구사의 검토를 바탕으로 이른바 '억불 정책'이라는 개념이 조선시대 불교가 쇠망했다는 견해를 전제로 한 것이며, 개항 이래 조선에 들어온 일본 지식인들이 만들어낸 것이라는 점

해방 이후 역사학계에서는 조선시대 불교에 대한 관심이나 연구가 부족했다. 식민사학 극복이 시급한 시대적 과제인 상황에서 한국사의 발전적 전개가 주요 관심의 대상이 되었고, 조선의 건국과 발전이 유교 사상에 의거한 사상사적 변혁이자 발전임이 강조되면서, 조선시대 불교는 관심 밖의 영역으로 소외되었던 것으로 보인다. 불교국가에서 유교국가로의 발전, 지배 이데올로기의 유불 교체, 근대 지향의 역사발전론 등과 같은 단선적 발전론, 단편적 이해가 통용될수록, 조선시대 불교는 구시대의 퇴행적인 사상, 중요도가 낮은 연구 주제로 인식될 수밖에 없었던 듯하다. 서언에서 논한 바와 같이 1960~1980년대 역사학 연구자들이 조선초기의 억불을 전면적인 억압으로 보기 어렵다는 점을 지적하기도 하였지만, 조선시대 불교에 대한 전반적인 관심 부족에 따라 논의는 진전되지 못하였다. 불교 학계에서도 조선시대 불교에 대한 관심이나 연구가 부족했던 것은 마찬가지였다. 조선시대 불교에 대한 전문적인 연구는 이루어지지 못한 반면, 조선시대 불교의 역사가 종교적 고난의 서사로 수용되면서 일제강점기 이래 통용된 역사상을 답습하고 재생산하는 경향을 보였다고 할 수 있다.

　이처럼 불교 사상에 대한 전면적 억압, 승도와 사찰에 대한 심각한 탄압, 유교와 불교의 이분법적 대립 등으로 과장 해석된 기존의 조선시대 불교의 역사상은 일제강점기에 형성된 것이며, 해방 이후 제대로 비판, 성찰되지 못함에 따라 지금까지 통용되고 있는 것이라고 할 수 있다. 그러므로 조선시대 불교의 역사상이 근현대에 형성되고 통용된 맥락이나 배경에 대한 연구와 논의는 근현대에 한국학(조선학)이 연구되고, 한국의 역사상이 형성되는 과정을 학술사적으로 이해하고 성찰하는 데에도 일조할 수 있을 것으로 보인다.

을 지적하였고, '숭유정책'의 상대어로 '억불정책'을 사용해 온 기존 연구 경향에 대해 비판하기도 하였다(押川信久, 2022, 앞 책, 3~16쪽, 273~284쪽, xiii~xv쪽).

(8) '숭유억불'로 규정되는 기존의 과장 해석된 조선시대 불교의 역사상이 고착화되는 데에 기여해 온 상투적인 서사 방식에 대한 비판과 성찰도 필요해 보인다. 조선시대 불교에 관한 논문, 연구서, 개설서, 안내문 등에는 조선시대 불교가 '숭유억불 정책에도 불구하고 명맥을 유지했다'라는 식의 서술이 흔히 발견된다. 이러한 서술은 조선시대에 국가가 불교를 사상적으로 억압하는 정책을 시행했다는 점을 전제로, 그럼에도 불구하고 조선시대 불교, 사찰, 승도가 어느 정도 유지되고 활동하고 있었다는 사실을 해설할 때 일반적으로 사용된다고 할 수 있다. 우선 '명맥을 유지했다'는 서술이 조선시대 불교를 무기력한 이미지로 형상화해 왔다는 점에 주목할 필요가 있거니와,[9] 기존의 역사상으로는 '불구하고'라는 서술어의 사용이 불가피했다는 점에도 주목이 필요해 보인다. '불구하고'라는 서술어가 필요했던 것은, 조선시대에 국가가 불교, 사찰, 승도에 대해 전면적인 억압을 지향하는 정책을 시행했다고 하는데, 그러한 정책에 부합하지 않는 현상이 확인될 때 이에 대한 설명을 해야 했기 때문이라고 할 수 있다. 불교를 억압하는 정책을 시행하는 국가에서 나타났다고 하기에는 설명하기 어려운 현상을 서술할 때, 이 '불구하고'라는 서술어를 사용할 수밖에 없었던 것이다. '숭유억불 정책에도 불구하고 사찰이 건축되었다', '숭유억

---

9 '명맥을 유지하다'라는 표현은 조선시대 불교에 대한 서술에서 유독 많이 확인된다. '명맥'은 본래 '맥이나 목숨이 유지되는 근본'이라는 긍정적인 의미이나, '어떤 일의 지속에 필요한 최소한의 중요한 부분'이라는 다소 부정적인 의미로 파생된 것으로 보인다. 이에 명맥을 유지했다는 것은 겨우 목숨을 유지할 정도로 최소한만이 유지될 수 있었다는 의미라고 할 수 있다. 『표준국어대사전』(인터넷판, 2024.05.01.)에는 '명맥'의 두 번째 부정적인 의미에 대한 예시문으로, "조선시대에는 불교의 교세가 땅에 떨어져 아녀자와 서민층을 중심으로 명맥만 이어 가게 되었다."라는 조선시대 불교에 대한 서술이 제시되었다. 기존 조선시대 불교사 인식의 유포에 큰 영향을 비친 다카하시 도루의 『이조불교』(1929)에서 조선후기의 불교가 '겨우 사찰에 의지하여 명맥을 유지하였다'라는 등의 서술이 확인되는데, 조선시대 불교가 억압과 쇠퇴로 인해 무력할 수밖에 없었다는 부정적인 맥락으로 '명맥을 유지하다'라는 표현을 사용하였음은 물론이다(高橋亨, 1929, 『李朝佛敎』, 寶文館, 29쪽; 다카하시 도루 저, 이윤석, 다지마 데쓰오 역, 2020, 『(경성제국대학 교수가 쓴) 조선시대 불교통사: 李朝佛敎』, 민속원, 40쪽).

불 정책에도 불구하고 불교 서적이 간행되었다' 등과 같이, 이러한 서술 방식은 불교 건축, 미술, 서적, 문학 등을 포함한 조선시대 불교에 관한 거의 모든 분야에서 확인되는데, 그렇다면 과연 그간 조선시대 불교의 역사를 적절히 서술해 왔다고 할 수 있는 것일까?

조선시대 불교가 '숭유억불 정책에도 불구하고 명맥을 유지했다'라는 서술은 불교를 사상적으로 억압한 정책은 기정 사실로 수용하고, 불교를 사상적으로 억압했다고 보기 어려운 여러 현상을 예외적인 사실로 해석한 데에 따른 것이라고 할 수 있다. 조선이 불교, 사찰, 승도를 억압하는 정책을 시행했다는 점이 부정할 수 없는 사실로 받아들여졌기 때문에, 그러한 정책을 시행한 국가에서 나타나기 어려운 수많은 현상들이 예외적인 사실로 해석되었던 것이다. 이러한 정책과 현실의 불합치는 오히려 조선시대 불교정책에 대한 기존의 역사상을 수정하면 간명하게 설명된다고 할 수 있다.

기존에 명백한 사실인 것처럼 통용되어 온 이른바 '숭유억불 정책'은 사실 그에 대한 학술적 논의가 거의 이루어진 바 없는 용어이며, 이에 그 역사적 실체도 명확하지 않다고 할 수 있다. 조선초기의 승정체제 개혁, 사찰의 수와 성격, 승도의 지위와 위상 등에 대한 잘못된 이해가 조합되어 형성된 막연한 역사상일 뿐이며, 조선시대 500여 년간의 시기별 변화가 제대로 고려되지 않는 몰역사적 역사상이라고도 할 수 있다. 이 책에서 구체적으로 논의한 바와 같이, 그간 숭유억불 정책으로 이해되어 온 조선초기의 승정체제 개혁은 단순히 불교를 사상적으로 억압하기 위한 단행된 조치로 규정하는 것은 적절하지 않아 보인다. 고려시대에 비해 상대적으로 불교의 국가적 기능이 크게 약화된 것은 분명하나, 승정 기구, 승과, 승계, 승직, 사사전 등의 제도로 구성된 승정체제는 15세기에도 국가체제의 일부로 계속 운영되고 있었다. 승정체제 개혁으로 혁거된 사찰이 철훼된 것이 아니었고, 승정체제 개혁과는 별개로 조선 사회에는 수많은 일반 사찰이 유지될 수 있었다. 이에 조선시대에 전국에 고루 분포한 사찰에서 불교 건축, 불교 미술, 불교서적 간행 등의 활동이 활발히 이루어진 것을 이례적인 현상이라고 보기는 어렵다. 다시 말해 조선은 사찰에서 전각을 건축하고 불상, 불화를 조성하며 불서를 간행할 수 있는 국가였고, 불교를 수행하고 신앙할 수 있는 사회였다고 해석하는 것이 더 적절하다고 볼 수밖에 없을 듯하다.

그러므로 조선을 '숭유억불 정책'을 시행한 국가로 규정함에 따른, 기존의 과장 해석된 조선시대 불교의 역사상은 역사적 사실이라기보다 막연한 관념에 가깝다고 할 수 있으며, 그러한 정책을 역사적 사실로 전제한 기존의 해석은 현실에 부합하지 않을 수밖에 없었던 것이다. 이에 숭유억불 정책이라는 막연한 관념을 전제로 한 '불구하고 ○○하였다'라는 상투적인 서사 방식은 사실에 근거한 역사 해석, 현실에 부합하는 역사 서술 등의 기본적인 역사학 방법론이 작동하는 것을 방해하고, 기존의 역사상이 통용되고 고착화되는 데에 기여해 왔다고 할 수 있다. 그러므로 기존의 서사 방식에 대한 비판과 성찰을 통해 조선시대 불교, 국가와 사회의 현실에 부합하는 역사 서술 방식을 함께 모색해 가야 할 것으로 보인다.

주요 참고문헌

1. 자료

1) 총서류

『古文書集成』(한국학중앙연구원).

『韓國文集叢刊』(한국고전번역원).

『韓國佛教全書』(동국대 출판부).

『韓國寺志叢書』(아세아문화사).

『朝鮮時代 私撰邑誌』(한국인문과학원).

『朝鮮寺刹史料』(1911, 朝鮮總督府內務部地方局).

『朝鮮王朝實錄』(국사편찬위원회).

『韓國高僧碑文總集: 朝鮮朝·近現代』(지관 편, 2000, 가산불교문화연구원).

『韓國金石文大系』(조동원 편, 원광대학교 출판국).

2) 자료, 자료집, 번역서

『各司受敎』(2002, 청년사).

『經國大典』(1985, 한국정신문화연구원).

『(國譯)新增東國輿地勝覽』(1969~1970, 민족문화추진회).

『大典續錄·後續錄』(1975, 법제처).

『大典會通』(1996, 한국법제연구원).

『東國輿地志』(筆寫本, 규장각 古 4790-51).

『續大典』(1965, 법제처).

『受敎輯錄』(1964, 법제처; 2001, 청년사).

『新補受敎輯錄』(2000, 청년사).

『輿地圖書』(1973, 국사편찬위원회).

『朝鮮經國典』(『三峯集』 卷 7·8; 1977, 민족문화추진회).

『朝鮮王朝實錄 佛敎史料集』(1997~2003, 동국대 불교문화연구원).

3) 웹DB

국가유산 지식이음(국립문화유산연구원, https://portal.nrich.go.kr).

규장각 원문검색서비스(서울대 규장각한국학연구원, https://kyudb.snu.ac.kr).

불교기록문화유산 아카이브(동국대 불교학술원, https://kabc.dongguk.edu/).

조선왕조실록(국사편찬위원회, https://sillok.history.go.kr).

한국고문헌종합목록(국립중앙도서관, https://www.nl.go.kr/korcis).

한국고전종합DB(한국고전번역원, https://db.itkc.or.kr).

2. 저서

가마다 시게오(鎌田茂雄) 저, 신현숙 역, 1988, 『韓國佛敎史』, 민족사.

권상로, 1917, 『朝鮮佛敎略史』, 新文館(『1982, 『朝鮮佛敎史』, 보련각).

김기종, 2015, 『불교와 한글: 글로컬리티의 문화사』, 동국대 출판부.

_____, 2019, 『한국고전문학과 불교』, 동국대 출판부.

김갑주, 1983, 『朝鮮時代 寺院經濟硏究』, 동화출판공사.

김승호, 2023, 『한국 불교서사의 세계』, 소명출판.

김영수, 1939, 『朝鮮佛敎史藁』, 中央佛敎專門學校(2002, 『朝鮮佛敎史』, 민속원).

김영태, 1986, 『韓國佛敎史槪說』, 경서원(1997, 『한국불교사』, 경서원).

김용태, 2010, 『조선후기 불교사 연구: 임제법통과 교학전통』, 신구문화사.

_____, 2021, 『조선불교사상사: 유교의 시대를 가로지른 불교적 사유의 지평』, 성
　　균관대 출판부.

김종진, 2009, 『불교가사의 계보학, 그 문화사적 탐색』, 소명출판.

다카하시 도루(高橋亨), 1929, 『李朝佛敎』, 寶文館(1988, 경서원).

다카하시 도루 저, 이윤석, 다지마 데쓰오 역, 2020, 『(경성제국대학 교수가 쓴) 조
　　선시대 불교통사: 李朝佛敎』, 민속원.

대한불교조계종 교육원 편, 2004, 『曹溪宗史: 고중세편』, 조계종출판사.

동국대학교 불교문화연구원 HK연구단 편, 『테마 한국불교 1∼10』, 동국대 출판부, 2013∼2021.

박윤진, 2006, 『高麗時代 王師·國師 研究』, 경인문화사.

박희병, 2008, 『유교와 한국문학의 장르』, 돌베개.

_____, 2024, 『김시습, 불교를 말하다: 청한잡저2와 임천가화』, 돌베개.

배상현, 1998, 『高麗後期 寺院田 研究』, 국학자료원.

불교사학회 편, 2024, 『한국불교사: 조선·근대』, 한울아카데미.

송수환, 2000, 『朝鮮前期 王室財政 研究』, 집문당.

안계현, 1982, 『韓國佛教史研究』, 동화출판사.

에다 도시오(江田俊雄), 1977, 『朝鮮佛教史の研究』, 國書刊行會.

오시카와 노부히사(押川信久), 2022, 『朝鮮前期の国家と仏教: 僧尼管理の変遷を中心に』, 九州大学出版会.

이능화, 1918, 『朝鮮佛教通史』, 新文館.

이병희, 2008, 『高麗後期 寺院經濟 研究』, 경인문화사.

_____, 2009, 『高麗時期 寺院經濟 研究』, 경인문화사.

정병삼, 2020, 『한국불교사』, 푸른역사.

정요근 외, 2019, 『고려에서 조선으로: 여말선초, 단절인가 계승인가』, 역사비평사.

최병헌 편, 2013, 『한국불교사 연구 입문』, 지식산업사.

한기문, 1998, 『高麗寺院의 構造와 機能』, 민족사.

한우근, 1993, 『儒教政治와 佛教: 麗末鮮初 對佛教施策』, 일조각.

허흥식, 1986, 『高麗佛教史研究』, 일조각.

황인규, 2003, 『고려후기·조선초 불교사 연구』, 혜안.

3. 학위논문

김선기, 2023, 「조선후기 僧役의 제도화와 운영 방식」, 동국대 한국불교융합학과 박사논문.

김용태, 2008, 「朝鮮後期 佛教의 臨濟法統과 教學傳統」, 서울대 국사학과 박사논문.

김윤지, 2022, 「高麗 僧政 研究」, 고려대 한국사학과 박사논문.

박정미, 2015, 「조선시대 佛教式 喪·祭禮의 설행양상: 왕실의 국행불교상례와 사족의 봉제사사암을 중심으로」, 숙명여대 역사문화학과 박사논문.

사문경, 2011, 「高麗末·朝鮮初 佛教機關 研究」, 충남대 사학과 박사논문.

손성필, 2013, 「16·17세기 불교정책과 불교계의 동향」, 동국대 사학과 박사논문.

양혜원, 2005, 「16세기 安東地域 佛教界의 量的 轉變過程과 그 意味」, 이화여대 사회생

활학과 석사논문.

양혜원, 2017, 「조선초기 법전의 '僧' 연구」, 서울대 국사학과 박사논문.

오가와 히로카즈, 2024, 「근대 일본의 朝鮮佛教 인식 형성 연구」, 동국대 한국불교융합학과 박사논문.

이상백, 2021, 「조선 후기 사찰의 불서 간행 연구」, 한국학중앙연구원 고문헌관리학 전공 박사논문.

이종수, 2010, 「조선후기 불교의 수행체계 연구: 三門修學을 중심으로」, 동국대 사학과 박사논문.

이봉춘, 1991, 「朝鮮初期 排佛史 研究: 王朝實錄을 中心으로」, 동국대 불교학과 박사논문.

최재복, 2011, 「朝鮮初期 王室佛教 研究」, 한국학중앙연구원 한국학대학원 역사전공 박사논문.

4. 연구논문

강덕우, 1994, 「조선중기 불교계의 동향: 明宗代의 佛教施策을 중심으로」, 『국사관논총』 56, 국사편찬위원회.

강현찬, 2016, 「조선후기 『화엄경소초』의 판각과 영징이본대교(靈澄二本對校)」본의 의의」, 『한국사상사학』 53, 한국사상사학회.

강호선, 2013, 「조선 태조 4년 國行水陸齋 설행과 그 의미」, 『한국문화』 62, 서울대 규장각한국학연구원.

_____, 2017, 「조선전기 국가의례 정비와 '국행'수륙재의 변화」, 『한국학연구』 44, 인하대 한국학연구소.

고정혁·최연식, 「조선 세조 7년(1461) 사리분신(舍利分身) 상서의 출현과 역사적 의미」, 『불교연구』 60, 한국불교연구원.

권내현, 2023, 「조선 후기 신분 변동론 그 이후」, 『조선시대사학보』 105, 조선시대사학회.

김상현, 2002, 「朝鮮佛教史 研究의 課題와 展望」, 『불교학보』 39, 동국대 불교문화연구원.

김선기, 2022a, 「15~16세기 조선의 度僧制 운영과 役僧」, 『사림』 79, 수선사학회.

_____, 2022b, 「15~16세기 조선의 지정 사찰 운영과 賦稅」, 『조선시대사학보』 100, 조선시대사학회.

_____, 2023, 「조선후기 사찰의 토지 소유와 변동」, 『한국사연구』 200, 한국사연구회.

_____, 2024, 「조선후기 사찰 재정문서의 분류 : 불교기록문화유산아카이브 자료를 중심으로」, 『불교학연구』 80, 불교학연구회.

김영태, 2002, 「불교」, 『한국사 26: 조선 초기의 문화 I』, 국사편찬위원회.

김용태, 2009, 「조선시대 불교의 유불공존 모색과 시대성의 추구」, 『조선시대사학보』 49, 조선시대사학회.

_____, 2011a, 「동아시아 근대 불교연구의 특성과 오리엔탈리즘의 투영」, 『역사학보』 210, 역사학회.

_____, 2011b, 「조선전기 억불정책의 전개와 사원경제의 변화상」 『조선시대사학보』 58, 조선시대사학회.

_____, 2013, 「조선시대 불교 연구의 성과와 과제」, 『한국불교학』 68, 한국불교학회.

_____, 2017, 「식민지기 한국인·일본인 학자의 한국불교사 인식: 공통의 지향과 상이한 시각」, 『한국사상사학』 56, 한국사상사학회.

_____, 2018, 「조선 불교, 고려 불교의 단절인가 연속인가?」, 『역사비평』 123, 역사문제연구소.

_____, 2019, 「다카하시 도오루(高橋亨)의 조선학, 『이조불교(李朝佛敎)』와 조선사상의 특성」, 『한국사상사학』 79, 한국사상사학회.

김천학, 2001, 「일본의 조선시대 불교 연구동향」, 『일본의 한국불교 연구동향』, 장경각.

류명환, 2015, 「조선시대 사찰 기록 비교를 통한 『가람고』 편찬의 의의」 『한국사상과 문화』 79.

박광연, 2018, 「고려후기 僧政의 변화와 불교 宗團」 『한국중세사연구』 53, 한국중세사학회.

박선경, 2019, 「조선 세종대 『사리영응기』 편찬과 왕실불사의 전통」, 『동국사학』 67, 동국대 동국역사문화연구소.

박윤진, 2015, 「고려시대 불교 정책의 성격」 『동국사학』 59, 동국사학회.

_____, 2023, 「高麗時代 승정 제도의 구조와 기능」, 『인문사회과학연구』 66-2, 호남대 인문사회과학연구소.

손성필, 2012, 「17세기 전반 高僧碑 건립과 조선 불교계」, 『한국사연구』 156, 한국사연구회.

_____, 2013a, 「16세기 사찰판 불서 간행의 증대와 그 서지사적 의의」, 『서지학연구』 54, 한국서지학회.

_____, 2013b, 「조선시대 승려 賤人身分說의 재검토: 高橋亨의 주장에 대한 비판을 중심으로」, 『보조사상』 40, 보조사상연구원.

_____, 2013c, 「조선 중종대 불교정책의 전개와 성격」, 『한국사상사학』 44, 한국사상사학회.

_____, 2014a, 「虛應 普雨의 불교사적 위상 재검토」, 『한국사상사학』 46, 한국사상사학회.

_____, 2014b, 「조선시대 불교사 자료의 종류와 성격」, 『불교학연구』 39, 불교학연구회.

_____, 2015, 「조선시대 불교사 시기구분 시론」, 『불교학연구』 45, 불교학연구회.

_____, 2016a, 「16세기 전반 불교계의 실태: 전라도 지역을 중심으로」, 『조선시대사학보』 77, 조선시대사학회.

_____, 2016b, 「16세기 조선의 정치·사회와 불교계」, 『동국사학』 61, 동국대 동국역사문화연구소.

_____, 2018a, 「15세기 불교서적의 재발견: 조선의 유교화 담론과 불교서적의 소외」, 『역사비평』 123, 역사문제연구소.

_____, 2018b, 「조선시대 불교정책의 실제: 승정체제, 사찰, 승도에 대한 정책의 성격과 변천」, 『한국문화』 83, 서울대 규장각한국학연구원.

_____, 2019a, 「16세기 후반~17세기 전반 寺刹의 존립 실태 (1): 경상도 지역 私撰 邑誌 '佛宇' 조의 검토」, 『남도문화연구』 36, 순천대 남도문화연구소.

_____, 2019b, 「寺刹의 혁거, 철훼, 망폐: 조선 태종·세종대 승정체제 개혁에 대한 오해」, 『진단학보』 132, 진단학회.

_____, 2019c, 「조선 태종·세종대 '혁거' 사찰의 존립과 망폐 : 1406년과 1424년 승정체제(僧政體制) 개혁의 이해 방향과 관련하여」, 『한국사연구』 186, 한국사연구회.

Son Seongpil, 2020, 「Increased Temple Publication of Buddhist Texts in the Sixteenth and Seventeenth Centuries: Reading the Political and Cultural Significance of the Monastic Community」, 『Journal of Korean Religions』 11-2, Institute for the Study of Religion, Sogang University.

_____, 2021, 「17세기 순천 선암사의 중창과 수행 전통 성립」, 『남도문화연구』 42, 순천대 남도문화연구소.

_____, 2022a, 「14~18세기 영광 불갑사의 역사와 위상」, 『불갑사 사적 지정을 위한 학술대회 자료집』(2022.04.29.).

_____, 2022b, 「15세기 강진 무위사의 국가적 위상: 승정체제의 개혁, 운용과 관련하여」, 『동국사학』 75, 동국대 동국역사문화연구소.

_____, 2024a, 「조선 전기 승정체제 운영의 실제」, 『한국불교사: 조선·근대』, 한울아카데미.

_____, 2024b, 「불교 서적 간행의 추이와 시기별 경향」, 『한국불교사: 조선·근대』, 한울아카데미.

손성필·김준섭, 2021, 「'1760년 상송 읍지'의 성립과 전래, 그리고 현존본: 한국교회 사연구소 소장 '여지도서'와 신발굴 '여지승람' 2종에 대하여」, 『고전번역연구』 12, 한국고전번역학회.

손성필·전효진, 2018, 「16·17세기 '사집(四集)' 불서의 판본 계통과 불교계 재편」, 『한국사상사학』 58, 한국사상사학회.

송수환, 1992, 「朝鮮前期의 寺院田: 특히 王室關聯 寺院을 중심으로」, 『한국사연구』 79, 한국사연구회.

송양섭, 2023, 「大同法 실시와 '三政體制'의 성립: 役에 의한 지배에서 재정에 의한 지배로」, 『조선시대사학보』 107, 조선시대사학회.

양혜원, 2013, 「고려후기~조선전기 免役僧의 증가와 度牒制 시행의 성격」, 『한국사상사학』 44, 한국사상사학회.

_____, 2017, 「『경제육전』 도승·도첩 규정으로 본 조선초 도승제의 의미」, 『한국사상사학』 57, 한국사상사학회.

_____, 2018a, 「조선 초 도승제(度僧制) 강화의 역사적 의의」, 『역사비평』 123, 역사문제연구소.

_____, 2018b, 「『經國大典』 판본 연구」, 『규장각』 53, 서울대 규장각한국학연구원.

_____, 2019a, 「16세기 지방 불교 시설과 공간 질서의 변동: 안동 읍지 『永嘉誌』 분석을 중심으로」, 『사림』 67, 수선사학회.

_____, 2019b, 「15세기 僧科 연구」 『한국사상사학』 62, 한국사상사학회.

_____, 2019c, 「조선전기 승직의 위상 변화와 그 역사적 의미: 환속 승직자 서용 규정을 중심으로」, 『인문학연구』 40, 경희대 인문학연구원.

_____, 2020, 「『經國大典』 度僧 항목의 성립과 그 의미」, 『한국문화』 90, 서울대 규장각한국학연구원.

_____, 2021, 「조선 초기 궁궐 사찰 '내원당(內願堂)'의 설치와 변동」, 『한국사상사학』 69, 한국사상사학회.

유기정, 2002, 「朝鮮前期 僧政의 整備와 運營」, 『청람사학』 5, 청람사학회.

有井智德, 1976, 「李朝初期における收租地としての寺社田」, 『朝鮮學報』 81, 朝鮮學會.

_____, 1979, 「李朝初期における私的土地所有としての寺社田」, 『(旗田巍先生古稀記念) 朝鮮歷史論集』 上.

윤기엽, 2007, 「朝鮮初 寺院의 實態와 그 機能: 寺院施策에 의한 公認寺院을 중심으로」, 『불교학보』 46, 동국대 불교문화연구원.

이규대, 1994, 「朝鮮初期 佛教의 社會的 實態: 嶺東地方 寺院을 중심으로」, 『국사관논총』 56, 국사편찬위원회.

이능화, 1920, 「朝鮮僧侶와 社會的 地位」, 『朝鮮佛敎叢報』 20, 三十本山聯合事務所.

이병휴, 1994, 「朝鮮前期 內佛堂·忌晨齋 革罷論議와 그 推移」, 『(구곡황종동교수정년기념)사학논총』.

이병희, 1993, 「朝鮮初期 寺社田의 整理와 運營」, 『전남사학』 7, 전남사학회.

_____, 1997, 「朝鮮時期 寺刹의 數的 推移」, 『역사교육』 61, 역사교육연구회.

_____, 2006, 「高麗後期 寺院의 亡廢化와 土地問題」, 『문화사학』 26, 한국문화사학회.

_____, 2007, 「高麗後期 寺院의 重修·重創과 經濟問題」, 『문화사학』 27, 한국문화사학회.

_____, 2011, 「朝鮮前期 寺刹의 亡廢와 遺物의 消失」 『불교학보』 59, 동국대 불교문화연구원.

이봉춘, 1997, 「中宗代의 불교정책과 그 성격」, 『한국불교학』 23, 한국불교학회.

_____, 1998, 「불교계의 동향」, 『한국사 31: 조선중기 사회와 문화』, 국사편찬위원회.

이상백, 1954, 「儒佛 兩敎 交代의 機緣에 對한 一硏究」, 『韓國文化史硏究論攷』, 을유문화사.

이수환, 1984, 「嶺南地方 書院의 經濟的 基盤(Ⅱ): 寺院과의 關係를 中心으로」, 『대구사학』 26, 대구사학회.

_____, 2005, 「조선전기 국가의 사원정책과 사원의 유교적 기반으로의 전환」, 『대구사학』 79, 대구사학회.

이영숙, 2008, 「17세기 후반 호적대장의 승려등재비율에 대한 고찰: 丹城縣 戊午式年(1678) 호적대장의 栗谷寺를 중심으로」, 『민족문화논총』 40, 영남대 민족문화연구소.

이윤석, 2016, 「다카하시 토오루[高橋亨]의 경성제국대학 강의노트 내용과 의의」, 『동방학지』 177, 연세대 국학연구원.

_____, 2019, 「다카하시 토오루(高橋亨)의 한국 불교 연구: 『이조불교』를 중심으로」, 『한국연구』 3, (재)한국연구원.

이정주, 1999, 「朝鮮 太宗·世宗代의 抑佛政策과 寺院建立」 『한국사학보』 6, 고려사학회.

_____, 2007, 「세종 31년(1449) 刊 『舍利靈應記』 所載 精勤入場人 분석」, 『고문서연구』 31, 한국고문서학회.

이정훈, 2012, 「고려후기 僧官의 구성과 역할」, 『한국사학보』 49, 고려사학보.

이종수, 2008, 「숙종 7년 중국선박의 표착과 백암성총의 불서간행」, 『불교학연구』 21, 불교학연구회.

_____, 2012, 「조선후기 불교 私記 집성의 현황과 과제」, 『불교학보』 61, 동국대 불교문화연구원.

_____, 2013a, 「1652년 官府文書를 통해 본 효종대 불교정책 연구」, 『한국불교학』 67, 한국불교학회.

_____, 2013b, 「조선후기 가흥대장경의 復刻」, 『서지학연구』 56, 한국서지학회.

_____, 2017, 「조선후기 불교 講學私記의 종류와 定本化의 필요성」, 『남도문화연구』 33, 순천대 남도문화연구소.

_____, 2024, 「조선시대 불교 고문서의 유형과 수집 현황」, 『국제학술대회 '韓日 近世 寺刹 史料의 探索' 발표자료집』(2024.05.11), 동국대 불교학술원.

이종영, 1963, 「僧人號牌考」, 『동방학지』 6, 연세대 국학연구원.

장경준, 2006, 「조선후기 호적대장의 승려 등재 배경과 그 양상」, 『대동문화연구』 54, 성균관대 대동문화연구원.

장동익, 1981, 「惠謨의 大禪師告身에 대한 檢討: 高麗 僧政體系의 理解를 중심으로」, 『한국사연구』 34, 한국사연구회.

전영근, 2007, 「조선시대 僧官制와 僧人 人事 관련 文書」, 『고문서연구』 30, 한국고문서학회.

_____, 2022, 「1465년 圓覺寺 慶讚會 契文에 대한 고찰」, 『고문서연구』 61, 한국고문서학회.

_____, 2023, 「옥천사 고문서의 종류와 특징 연구: 공문서의 발급 특징과 효력 문제에 대해」, 『공존의 인간학』 10, 전주대 한국고전학연구소.

정병삼, 1998, 「불교계의 동향」, 『한국사 31: 조선중기 사회와 문화』, 국사편찬위원회.

_____, 2007, 「몽산 저술의 간행과 16세기 조선불교」, 『불교학연구』 18, 불교학연구회.

_____, 2022, 「『金石集帖』 수록 불교자료의 역사적 의의」, 『민족문화연구』 97, 고려대 민족문화연구원.

_____, 2023, 「『금석집첩』 수록 17~18세기 普賢寺 僧碑와 불교계 승비 건립의 변화」, 『민족문화연구』 100, 고려대 민족문화연구원.

정영미, 2019, 「『舍利靈應記』 재검토: 편찬자와 특징을 중심으로」, 『동국사학』 67, 동국대 동국역사문화연구소.

_____, 2021, 「조선 전기 儀軌 편찬 관련 기록 검토」, 『동국사학』 70, 동국대 동국역사문화연구소.

조남호, 2003, 「다카하시 토오루의 조선불교연구」, 『한국사상과 문화』 20, 한국사상문화학회.

최병헌, 1993, 「『월인석보(月印釋譜)』 편찬의 불교사적 의의」, 『진단학보』 75, 진단학회.

최봉준, 2021, 「고대~고려시대 다원적 사상지형과 유학의 전개과정」, 『한국사상사학』 67, 한국사상사학회.

최재복, 1998, 「世宗代 36寺의 指定과 機能」, 『청계사학』 14, 청계사학회.

최연식, 2013, 「高麗時代 高僧의 僧碑와 門徒」, 『한국중세사연구』 35, 한국중세사학회.

탁효정, 2016, 「조선초기 陵寢寺의 역사적 유래와 특징」, 『조선시대사학보』 77, 조선
시대사학회.

_____, 2017, 「15~16세기 정업원의 운영실태: 새롭게 발견된 端宗妃 定順王后의 고
문서를 중심으로」, 『조선시대사학보』 82, 조선시대사학회.

_____, 2018, 「조선 예종~명종대 陵寢寺의 설치현황과 특징」, 『조선시대사학보』
87, 조선시대사학회.

_____, 2022, 「조선전기 능침사의 설치와 변화: 서울 지역 능침사를 중심으로」, 『남
도문화연구』 45, 순천대 남도문화연구소.

하종목, 2000, 「조선 초기의 사원 경제: 국가 및 왕실 관련 사원을 중심으로」, 『대구
사학』 60, 대구사학회.

한기문, 2011, 「고려시대 資福寺의 성립과 존재 양상」, 『민족문화논총』 49, 영남대
민족문화연구소.

_____, 2015, 「고려시대 州縣 資福寺와 香徒의 역할」, 『동국사학』 59, 동국대 동국역
사문화연구소.

허태용, 2019, 「성리학으로 조선시대를 설명하는 연구 경향의 비판적 고찰」, 『역사
비평』 127, 역사문제연구소.

* 기타 여러 참고문헌은 각주 참조.

찾아보기

저자 소개

손성필

조선대학교 역사문화학과 교수.

조선시대사, 한국불교사 전공. 동국대학교 사학과를 졸업하고, 동 대학원에서 석사, 박사학위를 받았다. 한국고전번역원 부설 고전번역교육원을 졸업하고, 한국고전번역원에서 연구직으로 일했다. 조선시대의 문헌, 불교, 사상, 지역 등에 관심을 두고 연구하고 있다.

『고려에서 조선으로: 여말선초, 단절인가 계승인가』(공저), 『한국불교사: 조선·근대』(공저) 등을 저술했고, 『북새기략·북관기사·북여요선』(공역), 『동국여지지 2: 경기』(공역) 등을 번역했다. 「『진심직설』 판본 계통과 보조지눌 찬술설의 출현」, 「17세기 전반 고승비 건립과 조선 불교계」, 「17세기 부휴계 승도의 비 건립과 문파 정체성의 형성」, 「16, 17세기 '사집' 불서의 판본 계통과 불교계 재편」, 「Increased Temple Publication of Buddhist Texts in the Sixteenth and Seventeenth Centuries」, 「'1760년 상송 읍지'의 성립과 전래, 그리고 현존본」, 「조선 정조대 『증정문헌비고』 예문고 편찬의 목록학적 의의」 등의 여러 연구를 수행하였다.

조선전기
국가와 사찰

조선시대
불교 역사상에 대한
비판과 성찰

초판 인쇄 | 2024년 12월 20일
초판 발행 | 2024년 12월 30일

지은이 | 손성필
펴낸이 | 김성배

책임편집 | 최장미
디자인 | 송성용, 엄해정
제작 | 김문갑

펴낸곳 | 도서출판 씨아이알
출판등록 | 제2-3285호(2001년 3월 19일)
주소 | (04626) 서울특별시 중구 필동로8길 43(예장동 1-151)
전화 | (02) 2275-8603(대표) 팩스 | (02) 2265-9394
홈페이지 | www.circom.co.kr

ISBN   979-11-6856-298-1 (93220)